인적자원
이론과
정책

김형만 저

박영사

머리말

　이 책은 필자가 그간 국책연구기관에서 수행했던 연구와 정부정책 수립 경험, 대학에서 경제정책론을 강의하면서 공부했던 내용에 바탕을 두고 정리한 것이다. 그동안 연구하고 강의하면서 내내 가졌던 성찰적인 물음은, 인적자원이 이론적으로나 정책적으로 실체가 있는가 하는 것이었다. 학문적으로 경제학에서는 '인적자본', 교육학과 경영학에서는 '인적자원개발'이라는 분명한 이론을 가지고 있다. 사회학에서도 '이익사회와 공동사회' 또는 '기계적 연대와 유기적 연대'와 같은 사회현상을 설명하는 분명한 이론이 있다.

　인적자본은 사람이 경제활동을 할 수 있는 능력 또는 역량으로 시장에서 거래될 수 있음을 상정한다. 인적자원개발은 사람이 일터라는 조직에서 일할 수 있는 능력을 기르고, 길러진 능력을 사용하는 활동으로 이해할 수 있다. 그리고 사회적 관계에 대한 논의의 변천도 노동 분업의 진화와 같은 생산 활동과 깊은 관계를 가진다. 이들 이론의 공통적인 맥락은 일 또는 생산 활동에 집중되어 있다. 하지만 각 학문 영역에서의 논의들은 인간이 추구하는 삶의 궁극이 무엇인지에 대한 논의가 부족할 뿐만 아니라 학문 영역별 논의들이 독자적으로 구분되는 논리에 의존하고 있다. 왜 학문적으로 높은 장벽의 구분되는 논의에 집착하는가? 이것이 인적자원을 새롭게 조명해보고 싶은 하나의 이유였다.

　또한 우리가 흔하게 접하는 정책에 있어서도 크게는 경제정책과 사회정책, 좀 더 세부적으로는 복지, 교육, 고용, 산업, 과학기술 등 각각의 분명한 영역이 있다. 그것들은 귀에 익숙하지만 인적자원이라는 이름은 생경하다.

인적자원과 관련한 정책으로 산업인력, 국가인적자원개발, 인재개발 등, 그 명맥이 영 없는 것은 아니다. 국가인적자원개발은 2000년에 중앙정부의 중요한 정책이기도 했다. 하지만 정권이 바뀌면서 「인적자원개발기본법」이라는 이름만 남겨둔 채 실체가 없어졌다. 왜 그랬을까? 이 또한 인적자원이라는 이름으로 정책을 새롭게 탐구해보고 싶었던 다른 하나의 이유였다.

인적자원은 아직 이론과 정책의 독립된 영역으로 자리 잡지 못했지만 우리나라 경제·사회 발전의 중심이라는 사실은 부인하기 어려울 것이다. 이런 점을 감안할 때 용어에 거부감을 갖는 학자들도 있겠지만 학문적으로나 정책적으로 인적자원은 새롭게 조명될 필요가 있다. 이 책 "인적자원 이론과 정책"은 전통적인 학문과 정책의 세계를 넘나들면서 인적자원을 '시간, 공간, 인간'의 3간이 서로 융합되는 간학문적인 관점에서 논의한다. 이 책은 인적자원으로서 사람의 역량을 기르는 것뿐만 아니라 길러진 역량을 활용하는 것도 중요하게 다룬다. 특히 한 인간의 삶 전체를 인적자원의 관점에서 조망한다.

이 책은 11장으로 구성되었다. 인적자원과 관련한 기초·이론·정책 세 영역이다. 기초는 인적자원을 논의하는 근거와 개념, 그리고 인적자원에 대한 거시적 구조에 대해 살펴본다(제1장~제3장). 이론은 인적자원의 역량을 기르고, 길러진 역량이 발현되는 것과 관련한 내용이다(제4장~제7장). 정책은 경제정책과 사회정책을 인적자원에 초점을 맞추어 조망한 다음 인적자원정책의 구조적 특성에 대해 논의한다(제8장~제11장). 각 장의 내용은 기존의 여러 이론을 바탕으로 인적자원의 관점으로 재정립하였다.

이 책을 쓰기로 결심하는 데에는 가족들의 격려가 있었다. 아내는 수시로 책 쓰는 일이 어떻게 진전되었는지 물었고, 그 물음은 나의 게으름을 극복하는 토양이 되었다. 그리고 교육학을 전공하고 있는 딸의 논문들은 이 책의 내용을 구성하는 데 도움을 주었다. 컴퓨터와 전자분야를 전공한 아들이 학교를 마치고 취업을 하는 과정에의 고민은 이 책의 논리를 전개하는 데 도움이 되었다. 사랑하는 가족에게 고마움을 전한다.

끝으로 이 책의 집필에는 다른 이의 도움이 있었다. 서강대학교 남성일 교수님은 저의 석·박사학위논문 지도교수로 인적자원에 대해 공부할 수 있도록 길을 열어 주셨다. 이 책 여러 곳의 내용은 남성일 선생님의 저술에 의존하였다. KDI 우천식 박사님은 오랜 도반으로 함께 국가정책을 기획·수립하면서 인적자원정책에 대해 고민하게 만들었다. 한국직업능력연구원 전재식 박사님은 한국의 인적자원 수급전망 모형에 대해 조언을 주었고, 최현식 연구원님은 인적자원개발 및 교육에 관한 필자와의 토론에 응해주었다. 이분들께 지면을 빌려 감사드린다.

끝으로 박영사는 책 출판을 흔쾌히 수락하고, 책의 교정과 출판의 노고를 아끼지 않으셨다. 책 출판을 위한 의사결정과 출판과정에서 수고를 아끼지 않은 관계자에게 감사드린다.

2021년 7월

김 형 만

차 례

Chapter 03

인구구조와 인적자원

Chapter 04

개인의 역량

Chapter 07

학습과 일의 연계

Chapter 08

경제정책과 인적자원

Chapter 09

사회정책과 인적자원

Chapter 10

인적자원정책

Chapter 11

미래의 인적자원정책

표 차례

그림 차례

Chapter 01

왜 인적자원인가?

인간은 삶을 영위하는 과정에서 경제문제뿐만 아니라 사회문제를 해결해야 하고, 또 자신의 내면에 자리하고 있는 욕구 또는 갈애(渴愛)도 조절해야 한다. 경제문제는 인간의 생존과 관련하여 욕구 또는 욕망을 충족시켜 줄 수 있는 생산, 소비, 분배 등의 경제활동을 위하여 인적 및 물적 자원을 어떻게 활용·배분할 것인가의 문제이다. 사회문제는 인간이 혼자 삶을 지탱하기에 부족하고 나약함으로 인해 직면하게 되는 사회적 위험을 어떻게 극복할 것인가의 문제이다. 그리고 인간이 직면하는 경제문제와 사회문제를 극복하는 것은 자연환경과 다른 사람과의 관계 이외에 자신의 내면을 다스리는 것과도 밀접하게 관련된다. 인간은 내·외적으로 연관되는 복잡한 상호의존적인 환경에서 살아가야 하기 때문이다. 이 장은 인간이 직면한 문제를 해결하는 데 있어서 요구되는, 그리고 내면의 세계를 성찰할 수 있는 핵심을 인적자원의 관점에서 조망한다.

01 인간의 욕구와 행복

인적자원(human resources)은 인간이 경제·사회 활동을 하는 데 요구되는 역량이다. 인적자원은 물적 자원과 더불어 인간의 경제문제를 해결하기 위한 수단으로 여겨져 왔다. 경제문제는 인간의 무한한 욕망을 충족시켜 줄 수단으로서의 자원이 유한하기 때문에 발생하는 것이다. 또한 인간은 기본적인 욕구를 충족하지 못하는 사회문제에 직면하는 경우도 있다. 이와 같은 경제문제와 사회문제는 인간이 행복을 추구하려는 욕구와 깊은 관계를 가지고 있다. 즉 인적자원에 대한 논의는 인간이 삶의 여정에서 욕구와 행복과 깊은 관계를 가진다고 할 수 있다.

1. 인간의 욕구

인간은 식욕, 수면, 성욕 등의 기본적인 욕구 이외에도 탐구욕, 명예욕, 성취욕 등과 같이 인간만이 지니는 정신적 욕구도 가지고 있다.[1] 인간은 기본적 욕구가 충족되지 못할 때 삶을 유지하는 데 있어서 심각한 위험에 직면하게 된다. 그러면 기본적인 욕구가 충족되면 인간다운 삶을 영위한다고 할 수 있는가? 인간은 동물과 달리 이성을 지니고 있으므로 기본적 욕구를 넘어서는 좋은 삶을 추구한다.

정신적 욕구는 생존을 위한 최소한의 욕구와는 달리 인간의 내면에 자리하고 있는 것이다. 인간의 욕구 충족이 도덕성, 인격, 인성 등의 선(善)의 자질로 이어질 경우 정신적 욕구는 사회적 결속을 강화시키는 데 기여할 수 있다. 하지만 이기심으로 가득한 불선(不善)의 자질로 이어지면 개인의 만족은 끝이 없고, 다른 사람과의 관계에 있어서 사회적 갈등의 씨앗이 된다. 불선의 지나친 욕구는 개인적으로는 만족 또는 자족을 모르는 데에서 오는 고(苦)를 형성할 뿐만 아니라 사회적으로는 다른 사람의 삶에 좋지 못한 영향을

---

1 매슬로의 욕구단계(Maslow's hierarchy of needs)에 의하면 인간의 욕구는 다섯 유형으로 구분된다(전재식 외, 2019: 18-19): ① 의식주, 수면 등의 생리적 욕구, ② 신체의 안정성, 고용, 도덕, 가족, 건강, 재산 등의 안전에 대한 욕구, ③ 우정, 가족, 성적 친밀감 등의 사랑과 소속감의 욕구, ④ 자기 존중, 확신, 성취감, 타인에 대한 존경 등의 존중에 대한 욕구, ⑤ 도덕성, 창조성, 자발성, 문제해결, 사실에 대한 수용성 등의 자아실현에 대한 욕구. 이들 중 전자의 세 번째까지는 결핍의 욕구로 한 번 충족되면 동기가 사라지며, 후자의 두 가지는 성장 욕구로 충족될수록 더욱 증대되는 것이다. 또한 브래드쇼(J. Bradshaw)는 다음 네 가지 유형의 인간 욕구를 정의하고 있다(안병영 외, 2018: 5): ① 개인이 느끼고 의식하는 '느낀 욕구(felt need)', ② 공공연하게 밖으로 밝혀진 '표명된 욕구(expressed need)', ③ 전문적 규범이나 일정 기준에 따라 정의되는 '규범적 욕구(normative need)', ④ 비교기준을 도입하여 다른 집단과 비교하여 정의하는 '비교욕구(comparative need).'

미치게 된다.

더욱이 인간의 이러한 기본적 욕구와 정신적 욕구는 상호의존적으로 결합되어 끊임없이 갈애(渴愛: 끝없이 또는 과도하게 행복을 추구하는 마음)를 만든다. 그동안 복잡하게 얽혀 있는 과학기술과 지적 역량은 향상되어 왔지만 인간의 욕구 때문에 그러한 향상이 항상 인간의 좋은 삶(well-being)을 이끄는 것만은 아니었다. 오늘날 문명의 발달에도 불구하고 경제문제와 사회문제가 사라지지 않고 있는 것도 인간의 과도한 욕구에 기인하는 것이다. 따라서 경제문제와 사회문제를 해결할 수 있는 역량도 또한 인간이 가지고 있는 욕구와 깊은 관계를 가진다고 하겠다.

2. 인간의 행복: 무엇을 위한 욕구인가?

인간의 욕구는 궁극적으로 행복을 얻는 데 있다. 즉 모든 사람은 행복한 삶을 원한다. 사람이 지식, 숙련, 태도 등의 역량을 갖추려는 노력도 행복 또는 좋은 삶을 추구하는 데에서 비롯된다. 하지만 사람들은 재산이나 명예를 행복으로 여기기도 하고, 건강을 행복이라고 여기기도 한다. 인간은 물질적 풍요나 더 높은 사회적 신분을 갈구하지만 그러한 욕구는 끝이 없다. 그리고 인간은 불안 속에서 살아가야 하는 현실에 직면하고 있다. 그러면 행복 또는 행복한 삶은 무엇인가?

아리스토텔레스(Aristoteles)에 의하면 행복한 삶은 물질적인 풍요로움에 국한되는 것이 아니라 모든 사람들이 보편적으로 좋아하는 더 이상 욕구되지 않는 상태에 있는 고유한 것이다. 그 고유한 것은 다른 동물에게는 없는 인간이 태어날 때부터 가지고 있는 것으로 이성으로부터 나오며, 이성은 덕을 실천하는 최고의 선을 의미한다. 또한 최고선은 일상적인 생활 욕구를 충족한다는 단순한 목적으로 시작하여 선한 삶(good life)을 살아갈 수 있는 공동체에서 덕을 실천하는 인간의 고유기능에서 나오는 것이다. 이와 같은 아리스토텔레스의 행복은 그 자체가 궁극적인 목적인 자기 목적성을 갖추고 있을 뿐만 아니라 부족함이 없는 그 자체로 좋고 바람직한 자족성을 갖춘 것이다 (김광연, 2019: 82; 정진우, 2013: 58; 박호성, 2014: 61-74; 김대오, 2000: 52-56).

에피쿠로스(Epikuros)는 행복과 쾌락을 동일한 것으로 간주하고 쾌락을 최고선에 놓는다. 쾌락은 인간의 행동 원천이면서 모든 가치의 기준이 되는 것으로 고통이 없는 평온한 상태이다. 즉 고통을 제거함에 의해 도달한 고통이 없는 상태(ataraxia)가 최대의 쾌락이며 최고의 행복이다(류지한·장혜정, 2018: 152; 애덤 스미스, 2016: 박세일·민경국 공역, 562−566). 반면 스토아철학은 부적절한 감정인 정념(apatheia)이 없는 상태가 마음의 평화를 얻은 행복한 자이라고 주장한다. 정념은 마음의 평정을 잃고 헛된 욕망으로 덧없는 쾌락에 도취되거나 사소한 일에도 지나친 슬픔과 좌절의 어리석음에 빠지는 것이다. 정념으로부터의 자유로움은 어떠한 외부 상황에서도 동요하지 않는 '정신적인 의연함 또는 내면의 덕'에 의지하는 삶으로 자연에 합치하는 것이다. 스토아철학은 인간 본성으로서 이성에 따르는 덕스러운 삶이 사유에 의한 내면의 연마를 통해 도달되는 것으로 본다(김진아, 2020: 4−8; 정진우, 2013: 60−65).

벤담(Geremy Bentham)과 밀(John Stuart Mill)로 대표되는 공리주의는 쾌락을 최대화하고 고통을 최소화하는 관점에서 '최대다수의 최대행복'을 주장하였다. 공리성은 이성과 법률을 바탕으로 고통을 줄이고 쾌락을 증진시킴에 의해 행복을 추구하는 것이다. 그것은 개인과 공동체 모두에게 이익이 되는 공공성의 원리에 바탕을 둔다. 벤담의 행복은 공공성에 입각하여 고통의 최소화와 쾌락의 최대화라는 양적인 개념이다. 반면 밀은 쾌락의 양적인 개선보다는 질적 행복을 추구하고 있다.[2] 밀은 개인과 전체의 이익이 최대한 조화를 이루도록 법과 사회를 만들어야 하고, 이를 위한 교육의 필요성을 제기하였다(성신형, 2013: 76). 또한 밀은 개인의 자유도 공리성, 즉 효용성의 원리에 의해 행복의 원천임을 논의하였다. 그는 개성의 자유로운 발전이 인간 행복을 위해 있어야 하며, 자유에 바탕을 두는 정신적 및 도덕적 힘이 남들에게 영향을 미칠 수 있도록 각자의 개성에 맞춰서 능력을 발전시켜야 하고, 그러한 능력은 사용함에 의해 훈련되는 것이라고 하였다(존 스튜어트 밀, 2018: 박문재 옮김, 134−142).

---

2 밀은 "만족한 돼지보다는 불만족한 인간이 되는 것이 더 낫다. 만족하는 바보보다는 불만족한 소크라테스가 되는 것이 더 낫다"고 하여 뛰어난 재능의 소유자가 자신의 관점 이외에 다른 사람의 관점도 본다고 하였다(존 스튜어트 밀, 2020: 27).

　쇼펜하우어(Authur Schopenhauer)도 쾌락과 고통에 대한 '삶의 지혜'에서 교육으로 형성 가능한 개인의 '개별적 성격'의 역할을 강조한다(강용수, 2015: 151). 그는 행복의 가치를 객관적 세계 밖에서 입증하려는 유물론의 이원론적 인식론을 넘어서 인간 안의 내적 힘에서 찾는다. 인간의 욕구는 결핍과 고뇌에서 생겨 그것이 충족되면 끝나지만 또 다른 여러 형태의 욕구가 남아있고 그것은 끝없이 지속되며, 결국 인간이 욕구의 주체인 한 지속적인 행복도 마음의 안정도 주어지지 않는다. 쇼펜하우어는 행복을 결정하는 조건을 인간됨, 소유, 평판의 세 가지를 제시하고,[3] 인간됨이 소유와 평판보다 더 본질적이고 포괄적이라고 보았다. 그는 행복의 핵심이 소유나 명성보다 인간됨이므로 정신적 수양에 힘써야 한다고 주장하였다.

　또한 동양의 유학은 인간의 주체적 도덕성에 바탕을 두고 있으며, 도덕성에 의해 욕망을 극복하고 모든 탓을 자기에게 돌리는 것이 행복의 조건으로 본다. 즉 행복은 부귀에 있는 것이 아니라 자연과 함께 스스로 만족하는 내면의 세계에 있는 것이다. 동양의 유학은 인성론에 바탕을 두고 행복과 삶의 조화로운 공동체 사회를 실현하는 것에 초점을 둔다. 행복의 근거는 하늘이 명한 천명을 인간에게 내재한 성(性)에 있으며, 행복을 추구하는 방법으로 자신에게서 구하는 수양에 바탕을 둔다.[4]

　이상의 고전적 논의들은 인간의 내면에 있는 정신 또는 도덕적 측면을 중요시 한다. 인간의 욕구는 외적인 성취를 통해서도 충족되기는 하지만 내적 성취를 통하여 행복의 궁극에 이를 수 있다는 것이다. 하지만 행복한 삶을 위해서 내면적인 도덕적 힘을 어떻게 기를 수 있는지에 대한 논의는 분명하지 않다. 인적자원의 관점에서 개인의 성공적인 삶을 위한 행복은 개인의 역량을 기르는 문제로 귀결된다.

3 인간됨은 건강, 힘, 아름다움, 기질, 도덕적 성격, 지능, 교양 등이다. 소유는 재물과 재산이다. 그리고 평판은 타인의 생각에서 드러나는 평판, 위신, 명예를 의미한다(강용수, 2015: 167).
4 성은 내면적 심성의 총체로 원리이면서 동시에 도덕적 주체이다(민황기, 2019: 64). 사서(四書)에서 마음을 성(性), 명덕(明德), 천명(天命)이라고 표현하였는데, 유학에서 말하는 마음수양 공부가 궁극에 이르고자 하는 경지는 바로 마음 속에 性으로 내재하고 있는 하늘의 밝은 빛인 明德을 회복하여 하늘의 빛과 하나가 되는 天命을 아는 데 있는 것이다(최동락, 2011: 234).

3. 행복과 지혜

　　행복한 삶이 인간 욕구의 궁극적인 지점이라고 하더라도 어떻게 거기에 도달할 수 있는가? 개인의 수양과 학습 또는 교육이 인간의 행복을 실현시켜 주는 충분조건은 아니다. 앞에서 살펴본 동양 유학의 수양, 쇼펜하우어의 교육, 밀의 능력 등에서 역량을 기르는 논의가 있지만 역량이 어떻게 발현될 때 행복한 삶으로 이어지는지에 대한 논의가 없었다. 행복한 삶은 현실에 존재하는 것이 아니라 인간의 상상에 존재하는 것이다. 그렇지만 과학기술과 같은 지식5은 인간의 욕구를 충족시키는 데 기여하지만 그러한 지식이 행복한 삶을 가져다준다는 보장은 없는 것이다. 고통이 없는 쾌락도 도덕적 가치의 최고선에 이르는 것도 우리가 아는 지식만으로 한계가 있는 것이다.

　　사람들이 목표로 하는 행복은 원하는 바가 모두 충족되고, 부족한 것이 없는 상태가 지속되는 것이다. 불교철학은 여기에 해당하는 개념으로 열반을 제시한다. 열반은 일체의 고통으로부터 해방된 자유롭고 행복한 삶으로 욕망(탐), 증오(진), 망상(치)의 불이 꺼진 깨어진 마음의 고요함이다(정진우, 2013: 76; 하유진, 2016: 213). 이것은 인간의 탐욕이란 끝이 없어서 그것을 채움으로써 행복을 얻으려 한다면 영원히 행복을 찾을 수 없고, 집착을 버림에 의해 마음의 평온을 얻는 것을 의미한다. 이러한 갈애와 집착은 인간이 만물에 대한 본래의 모습(담마)과 괴리된 지식을 감각기관과 의식을 통해 받아들여 형성된 것으로 고(苦)의 근원이다.6 이에 따르면 우리가 일상에서 교육훈련을 통하여 습득하는 지식만으로는 삶에 있어서 갈애와 집착을 벗어나지 못해 고

---

5 지식은 단순히 사적으로 아는 것을 넘어 다른 사람과 더불어 교환할 수 있는 인식의 형태로 전환된 것이다. 사적으로 아는 것은 감각 기능에 의해 인지된 또는 마음 밖에서 전달된 것으로 정보이다. 반면에 지식은 이들 정보 중에서 이해하고, 소화하고, 인격화해서 사용하는 것이다(이돈희, 2020: 213).

6 불교철학에 의하면 갈애와 집착은 십이연기(十二緣起) - 무명(無明), 행(行), 식(識), 명색(名色), 육입(六入), 촉(觸), 수(受), 애(愛), 취(取), 유(有), 생(生), 노사(老死) - 에 의해 형성되는 진리와 괴리되는 식(지식)을 축적함에 의해 존재를 의식하게 되는 고(苦)의 근원이다. 이러한 고에 대한 성스러운 진리가 바로 사성제(四聖諦)이며, 그것은 고성제(苦聖諦), 집성제(集聖諦), 멸성제(滅聖諦), 도성제(道聖諦)를 가리킨다. 그리고 도성제에서 갈애와 집착을 멸하는 지혜를 쌓는 길이 바로 팔정도(八正道) - 정견(正見), 정사(正思), 정어(正語), 정업(正業), 정명(正命), 정정진(正精進), 정념(正念), 정정(正定) - 이다(활성, 2015, 2016).

의 근원에서 벗어나지 못하게 된다.

　　그러면 고로부터 어떻게 벗어날 수 있는가? 그 방법은 식(지식)을 넘어서 지혜로 나아가는 것이다. 고를 멸하는 길은 팔정도를 바탕으로 계(戒)·정(定)·혜(慧) 삼학(三學)을 실천함에 의해 지혜를 향상하는 것이다.[7] 삼학의 세 가지 실천하는 공부는 지식을 넘어서 지혜의 향상을 이루는 것이다. 결국 지혜는 사람의 삶을 성찰함에 있어서 길러질 수 있는 것으로 인적자원에 대한 논의에 있어서 역량의 근간으로 고려될 필요가 있다. 사람의 역량을 향상하기 위해 지식을 습득하는 것만으로는 온전하게 행복 또는 좋은 삶의 목표로 나아가는 데에 한계가 있기 때문이다.

02 역량과 관련한 논의

　　앞의 절에서 논의한 바와 같이 인간의 욕구는 행복을 추구하는 데에서 비롯되는 것이다. 그렇지만 욕구는 행복한 삶의 수단일 뿐이다. 결국 인간의 욕구 충족을 위한 사람의 역량도 궁극적으로 행복을 목적으로 길러지고 활용되어야 한다. 인간의 능력 또는 역량은 태어나서 배우고 습득하는 지식을 넘어서 최고선 또는 지혜의 향상과 맥락을 함께 할 때, 개인과 공동체의 행복이라는 목표를 획득할 수 있다. 이 절에서는 사람의 역량이 길러지고 활용되는 인적자원의 본질에 대해 살펴본다.

1. 행복을 위한 인간의 능력

　　앞의 절에서 살펴본 바와 같이 아리스토텔레스는 다른 동물들과 구분되

---

7 불교철학에서 공부하는 방법으로서 참선은 계정혜 삼학이 기본이다. 계정혜 삼학에서 계는 팔정도의 정사, 정업, 정명, 정정진의 일부를 포함한다. 그리고 정은 정념과 정정, 혜는 정견과 정사유가 해당된다(활성, 2017).

는 인간이 지닌 이성은 최고선의 근원으로서 인간의 마음을 지배하는 핵심이라고 하였다. 인간은 이성에 바탕을 두는 고유한 능력으로 지식을 생산한다.[8] 인간의 능력은 이성에 지배를 받아 용기, 절제 등의 덕성을 유지하게 하는 것이다. 그리고 영혼의 가장 상위에 있는 마음 혹은 이성은 사유와 이해를 통해 추리하고 변별하여 현상을 직관적으로 인지하는 능력이다.

　　스토아학파는 부적절한 감정을 제거하여 외부적 조건에 영향을 받지 않는 상태의 내면을 유지하기 위해 철저한 사유를 통해 연마해야 한다고 하였다. 즉 자연과 신의 섭리와 인간의 이성이 합치되는 덕을 연마하는 것이 덧없는 쾌락을 넘어 행복을 얻는 길이다(정진우, 2013: 64). 밀의 공리성도 고통이 없는 고상한 쾌락을 위한 지적인 훈련의 중요성을 지적하고 있으며(존 스튜어트 밀, 2020: 이종인 옮김, 28-29), 또한 그의 「자유론」에서 인간의 능력을 발전시켜 자유와 다양한 상황이 결합되어 개인의 활력과 다양성에 의한 독창성이 발현되어야 함을 강조하였다(존 스튜어트 밀, 2018: 박문재 옮김, 138).

　　이상의 논의들은 행복을 위해 이성과 도덕적 자세를 함양하는 것을 인간의 능력으로 보는 것이다. 이러한 능력은 가르침을 통해 함양되는 것으로 능력심리학에서의 심성도야설(mental discipline theory)로 발전하였다. 심성도야설은 기억과 암기 등의 반복적 단련을 통해서 마음의 힘으로서 지성을 계발하는 것을 의미한다. 오늘날 주로 모방과 암기에 의존하는 교육훈련 또는 학습은 심성도야설의 훈련방식에 뿌리를 두는 것이다.

2. 인식론에 근거하는 이론의 한계

　　전통적으로 행복을 위한 인간의 능력 계발은 사유의 힘을 기르기 위해 지식을 생산하고 전수하는 활동이었다. 오늘날 인적자원의 역량을 축적하기 위한 지식의 생산과 전수도 언어와 문자에 의존하는 전통적인 인식론에 크게

----

8 아리스토텔레스의 논의에 따르면 존재하는 실체는 형상과 질료의 이원론적 구조를 가진다. 영혼은 자연적 또는 유기체적 몸체의 형상이고, 여러 개의 특별한 기능을 하는 기관이 질료에 해당한다. 식물은 영양을 흡수하여 성장하고 재생산하는 영혼을 지니고 있고, 동물은 거기에 더하여 감각적 반응과 사물의 지각과 운동의 힘을 발휘하는 영혼을 지니고 있다. 인간은 식물과 동물의 경우와는 달리 생각하고 추리하는 영혼을 지니고 있다(이돈희, 2020: 153).

영향을 받고 있다. 인식은 마음 밖에 존재하는 대상(현상 또는 사물)을 받아들여 어떤 형상으로 알게 되는 것이다. 사람은 마음 외적으로 존재하는 것을 어떤 모습 또는 형상으로 인식함에 의해 능력을 획득한다.[9] 즉 사람은 인식에 의해 실재를 파악하고 이해하여 지식을 창출하게 된다.

이러한 인식론에서 이해하는 지식의 가장 대표적인 것이 바로 이론적 사고에 바탕을 두는 것이다. 이론은 사물, 실천, 현실 등과는 대립되는 추상화된 것으로 언어나 기호 등의 상징적 수단을 이용하여 사물의 활동이나 상황에 대한 내용과 그 의미를 서술적으로 표현한 것이다(이돈희, 2020: 37). 학술대회 또는 학회 등에서 인정된 이론은 비록 현실 세계의 검증을 거치지 않았을지라도 이성의 힘에 의한 마음의 총제적인 움직임의 결과로 도출된 것으로, 즉 정신의 논리적 사고가 현상의 세계와 매개된 것으로 인정된다.

인식론의 관점에서 전개되는 이론은 존재와 진리를 밝히는 데 초점이 있고, 이론을 바탕에 두는 지식은 곧 진리와 같은 것으로 취급된다. 인식론에서의 지식은 대상 혹은 세계를 설명하고 이해하는 데 이론적 사고에 바탕을 둔다. 이와 같은 이론적 사고를 중심에 두는 인식론은 이성적 존재로서 인간이 지니고 있는 잠재적 합리성을 계발하여 행복한 삶을 영위할 수 있게 한다고 보는 것이다. 인간의 역량을 계발하기 위한 학교 또는 훈련과 관련한 제도들은 이론적 사고에 중점을 두는 경향이 있다.

하지만 이론은 복잡한 현실을 상상 또는 가상적 공간에서 체계화하여 정형화된 지식을 창출하지만, 그러한 가상적 조작이 현실과 괴리될 수도 있다. 이것은 이론을 통해서 길러지는 추상화된 지식 중심의 역량이 실제 또는 현실과 괴리될 수 있음을 의미한다. 현실에는 이론적 사고가 아니면서도 체계적으로 사고하는 경우가 있다. 일터에서 작업자가 기계를 작동할 때 항상 이론적인 사고에 바탕을 두는 매뉴얼에만 의존하지는 않는 것이 그러한 경우이다. 일터 현장의 변화무쌍한 실제적 상황에서 작업자는 고도의 체계적인

---

9 흄이나 로크는 기하학적 인식이 감각이나 인상으로 환원될 수 있다고 보았고, 데카르트나 라이프니츠는 이성의 선험적 규칙에 의해 지배되는 정신적 내적 활동으로 환원될 수 있다고 보았다. 반면 칸트(Kant)는 상상력의 선험적 종합과 연관시키는 직관 능력은 처음부터 완성되어 있는 생득적인 능력이 아니라 점진적으로 발달하는 능력이라고 하였다. 이것은 직관이 정신적 능력이라면 처음부터 완성된 능력이 아니라 점진적으로 발달한다는 것을 의미한다(문장수, 2020).

사고를 한다. 이러한 점을 고려하면 이론 중심의 인식론은 직업교육, 직업훈련, 일터학습에 의한 인적자원의 역량개발의 중요성을 간과하게 된다.

3. 이원론적 사고의 한계

인식론은 기본적으로 이원론적 사고에 바탕을 두고 있다. 인적자원의 역량은 이론에 의해 추상화된 지식뿐만 아니라 일상적인 삶의 과정에서 경험으로부터도 축적된다. 이원론은 사람이 사고하는 데 있어서 두 가지의 특징을 대립시켜서 관조하는 것이다.[10]

데카르트의 심신이원론에 따르면 마음 밖의 세계를 감각기관을 통해 인식하는 사유과정(오감을 통한 인식 과정)은 사람, 시간, 장소, 분위기 등의 조건에 따라 달라 확실하지 않고, 사람의 마음에 선천적으로 주어지는 '생득적 표상'에 의해 사유의 틀을 형성한다. 데카르트의 "나는 생각한다. 고로 나는 존재한다"고 하는 명제는 마음 밖에 있는 감각적 인식이 아닌 마음의 기능인 사유작용을 하는 생득적 표상에 의해 존재를 인식하게 된다는 것을 의미한다(이돈희, 2020: 82).

경험주의자 로크는 경험에 의해 인간의 마음이 만들어진다는 인식론적 이원론을 전개하였다. 그는 감각기관을 통해 소리, 맛, 느낌, 냄새 등을 인식하지만 이러한 정보를 분별하여 기억하고 추리하고 연상함에 의해 범주화하는 반성적 작용을 하는 것은 마음에 의한 것으로, 그러한 결과로 만들어지는 것은 경험이라고 하였다. 로크에 의하면 오감에 의한 정보로부터 기억, 추리, 연상하는 인지적 능력과 감정이나 의지를 제어하는 정의적 능력은 지속적으

---

10 이원론적 사고는 배타적 이원론, 범주론적 이원론, 상대적 이원론, 대칭적 이원론 등의 유형으로 구분할 수 있다. 배타적 이원론은 A와 B가 이원론을 구성하는 요소라면 A를 취하면 B를 버리는 것이다. 유신론과 무신론, 플라톤의 이성적 사유에 의해 인식하는 이데아와 감각기관으로부터 지각하는 것 등이 여기에 속한다. 범주론적 이원론은 A와 B의 어느 하나를 취하는 것이 아니라 서로 환원할 수 없는 대조적 관계에 두는 것이다. 아리스토텔레스의 형상과 질료, 데카르트의 정신과 물질 등이 대표적이다. 상대적 이원론은 A와 B를 관심의 대상으로 하되 양극에 놓고 서로 대립되는 관계를 설정하는 것이다. 부자와 빈자, 우파와 좌파, 승자와 패자, 우수반과 열등반, 선진국과 후진국, 문명인과 미개인 등이 여기에 속한다. 대칭적 이원론은 A와 B는 각기 서로 상대의 존재로 인하여 의미가 성립하는 관계이다. 인식의 주체(인간)와 객체(대상), 원고와 피고, 공격자와 수비자, 생산자와 소비자, 노예와 주인 등이 여기에 속한다(이돈희, 2020: 77−78).

로 도야하면 향상된다(이돈희, 2020: 90).

뒤르켕의 사회적 관계를 '기계적 연대'와 '유기적 연대'의 대립된 관계로 이해하는 것도 이원론의 한 부류이다(Durkheim, 1984: Translated by Halls). 기계적 연대는 공동체의 소속감과 공유된 이해가 중시되지만 유기적 연대는 개인의 이익과 자유로운 활동을 전제하는 연대이다. 사회 구조는 살아있는 유기체로 한 구성원과 다른 구성원의 관계는 사회 내재적으로 서로 연관된다. 법률, 가족, 범죄 등의 사회문제는 개인들 사이의 상호 사회적 관계에 대한 특징을 나타내는 것이다. 문화, 정치, 경제 등도 사회적 연대의 결과물이라고 할 수 있다.

이상과 같은 이원론에 바탕을 두는 논의들은 자연 또는 사회 현상을 구분해서 인식하는 것이다. 즉 이론에 의해 생산되는 지식은 특정한 것에 국한되는 것이다. 불교에 의하면 어떠한 현상 또는 사물을 분리해서 인식한 지식은 현상과 괴리되게 되며, 그러한 지식은 인간이 올바로 판단하고 행동하는데 장애가 된다(활성, 2015).

4. 인식론과 이원론의 한계 극복

인식론과 이원론의 관점에서 전개되는 이론은 대부분 인간의 삶에 있어서 한 부분의 특정 영역에서 국한되는 것이다. 특정 부분에 집중하게 되면 이론과 무관한 영역은 사람의 마음에서 중요하지 않은 것으로 치부될 수 있다. 또한 인식론과 이원론은 훈육 또는 단련을 통해 이성 또는 도덕적 힘을 기를 수 있다고 본다. 암기와 지식전달 방식의 교육은 인식론과 이원론에 바탕을 두고 있다. 이론적이지 못한 일터에서의 관찰과 경험을 통해 습득하는 앎은 삶의 중요한 부분임에도 흔히 주목받지 못한다. 우리의 현실에서 직업교육 또는 훈련이 이류로 치부되는 것이 그러한 예라고 할 수 있다.

인식론 또는 이원론의 전통적인 사상은 기본적으로 현상이 고정된 것으로 보는 것이다. 하지만 우주가 고정된 것이 아니듯이 우리의 현실도 시공간을 초월하여 변화한다. 우리의 일생의 삶의 과정도 끊임없이 변화하는 과정이라고 할 수 있다. 인간에게는 경험을 통해서 확장되고 변화하는 모습을 포착할 수 있는 상황 맥락에 대응할 수 있는 역량이 요구된다. 인간의 삶에 있어서 시공간을 초월하는 변화에 대응하기 위해서는 세분화되고 분리된 이론에 바탕을 두는 지식의 경계를 넘어서는 것이 중요하다. 인간의 진정한 역량은 정신과 육체, 영혼과 육신 등의 이원론적 지식을 넘어서 그러한 지식으로부터 얽매어진 욕구 또는 갈애를 벗어나게 하는 힘 또는 지혜를 쌓는 것도 포함하는 것이다.

하지만 현실에서 체계적인 학습(학교교육, 직업훈련 등)의 대부분은 이론에 치우친 지식전달 방식이 중심을 이루고 있다. 이러한 학습 방식만으로는 현실의 경제문제와 사회문제를 해결하기 위한 역량을 확충하는 데 한계를 가지게 된다. 인적자원을 논의함에 있어서 이와 같은 인식론 또는 이원론적 한계를 극복하는 것은 중요한 과제이다.

03 삶의 원천으로서 인적자원

사람의 욕구를 성취하여 행복에 이르는 길은 지식의 축적 이외에도 길러진 지식을 제대로 사용하는 방법을 아는 것과도 밀접한 관계를 가진다. 분리된 또는 세분화된 지식 또는 능력을 기른다고 해서 그것이 좋은 또는 성공적인 삶을 실현한다는 보장이 없다. 왜냐하면 현실은 시공간의 틀에 고정되지 않고 끊임없이 변화하고 있기 때문이다. 따라서 단편적인 지식이 아닌 총합적인 또는 지혜로운 역량은 인적자원의 질적인 차원과 깊은 관계를 가진다.

1. 일을 위한 획일적인 역량

획일적인 역량이라 함은 인적자원의 양적인 특성을 반영하는 것이다. 사람에 체화된 지식이 질적 특성(질성)을 가지기는 하지만 일정 수준의 역량을 획득하고, 평생의 삶을 유지한다면 그것은 획일적인 역량이다. 이러한 획일적 역량은 인적자원의 양적인 특성을 결정짓는다.

애덤 스미스는 「국부론」에서 노동의 분업에 의해 생산력이 빠르게 증가되고, 비교우위에 있는 생산에 집중하여 자유롭게 교환함에 의해 모두의 부를 증대시킬 수 있다고 주장하였다(애덤 스미스, 2007: 김수행 역). 실제로 애덤 스미스 이후 역사는 증기기관과 방적기로부터 촉발된 자본축적, 소위 산업혁명에 의해 생산의 급격한 증가로 이어졌다. 또한 칼 마르크스는 자본은 노동의 잉여가치에 의해 축적되고, 자본가의 노동착취에 의해 유산계급과 무산계급의 격차는 더욱 확대된다고 주장하였다(칼 마르크스, 1987: 김영민 옮김). 이들 논의는 상품 가치의 본질이 노동으로부터 나온다는 노동가치설에 기반을 두고 있으며, 여기서의 노동은 분업에 의해 생산의 중심적인 역할을 하는 인적자원의 양적인 개념이다.

산업혁명 이후 자본주의의 발전은 테일러리즘 또는 포디즘 방식의 노동을 과학적 관리방식에 의해 투입함에 따른 효율적인 생산에 바탕을 두고 이루어졌다. 말하자면 최근까지 자본주의의 생산력 증대는 노동의 분업이 더욱 정교하고 효율적으로 이루어진 데에서 비롯된 것이다. 여기서의 노동도 분업에 의해 전문성이 향상되기는 했지만 자본의 고도화에 의해 전문성이 강화되었다는 점에서 또한 생산을 위한 인적자원의 양적인 투입으로서의 의미를 가진다. 한편 우리나라의 발전과정에서 인적자원의 위상이 어떠했는가? 한국의 경제발전은 획일적인 숙련을 필요로 하는 일터에 인적자원이 투입되었다는 점에서 획일적 역량 또는 인적자원의 양적 투입에 의한 것이었다.

2. 역량의 질적 특성

역량의 질적 특성(질성)은 두 가지의 의미를 가지고 있다. 하나는 감각기관을 통해 얻는 정보와 이들 정보를 기호와 언어의 도구적 수단을 통해서 탐색과 관찰에 의해 추론하고 분석한 결과로 얻어진 지식이 다른 사람과 소통할 수 있는 지식으로 전환된 것이다.[11] 학교교육을 통해 습득할 수 있는 지식

---

11 듀이(John Dewey)는 시각, 촉각, 청각, 미각, 후각 등의 감각기관을 거쳐 지각하는 색깔, 소리, 촉감, 맛, 냄새 등을 통해 얻는 정보를 '감각적 질성', 그리고 감각적 질성에서 탐색과 관찰을 통

은 역량의 질적 속성을 가지고 있다. 하지만 일터에서 이들 지식의 역량이 정형화된 또는 획일화된 형태로 활용된다면 역량의 획일적 특성을 가지게 되고, 인적자원의 양적인 투입으로 이어지게 된다. 역량의 다른 의미는 현상의 상황적 맥락에서 '반성적 성찰[12]'을 통해 무한한 욕구를 통제하고 문제를 해결할 수 있는 지혜를 말한다.

학교교육 또는 직업훈련을 통해 길러진 지식, 숙련, 태도뿐만 아니라 의사소통, 수리, 읽기 등의 하위 능력 요소들은 각각을 구분하여 계발하는 것이다. 이들 각각의 구분하여 습득된 역량은 현실의 상황 맥락에 알맞게 발현되는 데에 있어서 필요조건이기는 하지만 충분조건은 아니다. 지혜는 이들 하위 능력이 어떤 상황적 맥락에 따라 내면과 마음 밖의 현상의 실체가 조화롭고 적절하게 발휘하게 하는 고차원으로 역량을 발현하게 하는 받침이다.

이러한 논의에 의하면 앞에서 논의한 노동은 지식의 관점에서 역량의 질적 특성은 가지고 있지만 지혜의 관점에서 역량의 질적 특성은 반영하지 않는다. 남성일(2017)은 노동을 '경제적 가치를 만드는 인적 행위'라고 정의하고 있다. 여기서 인적 행위는 육체적 행위뿐만 아니라 정신적 행위를 포함한다. 경제적 가치는 시장에서 거래되는 가치뿐만 아니라 스스로 생산해 소비하는 가치도 포함한다. 여기서 주목할 점은 경제적 가치에서 만족은 제외된다는 점이다. 만족을 얻고자 하는 행위는 소비나 여가이다. 소비 또는 여가는 만족을 위해 경제적 가치를 사용하는 행위를 의미한다. 반면 노동은 경제적 가치를 만드는 행위이다. 즉 노동은 투입이고 경제적 가치는 산출이다.

이상과 같은 역량의 질적 특성에 따르면 인적자원에 대한 논의에 있어서 역량을 기르는 상황 이외에도 길러진 역량을 활용하는 상황을 모두 고려할 때 진정한 인적자원의 질적 특성(질성)의 함의를 가지는 것이라 할 수 있다. 최근에 고등교육이 보편화된 우리의 현실에서 인적자원의 양적 고도화가

해 상황을 지배하는 또 다른 차원을 구분해 내는 '편재적 질성'으로 구분하고 있다(이돈희, 2020: 52).

12 성찰은 개념들에 이를 수 있는 주관적 조건들을 발견하려는 마음의 상태를 말한다. 즉 반성 (reflexion)을 통해서만 대상과 주관의 상호관계가 올바르게 규정될 수 있다는 것이다(김영례, 2020: 104). 표상들은 감성 및 지성과 이중적 관계를 갖는 데 표상들의 결합과 비교는 그것들이 귀속하는 위치에 따라 달라지기 때문에 오직 초월적 성찰(반성)을 통해서만 그 상호관계를 규정할 수 있다.

이루어졌다는 말은 이러한 질적 특성의 수준을 반영하지 못하고 있음을 의미하는 것이다.

3. 인적자원의 역량: 양에서 질로 진화

경제적 관점에서 인간의 욕구 충족은 재화와 용역, 그리고 여가의 소비에 바탕을 두는 것이다. 이러한 관점에 의하면 인적자원은 일을 통해 소득을 창출할 수 있는 생산성의 근간이 된다. 따라서 역량의 질적 수준이 높으면 소비와 여가를 향유할 기회가 높아진다. 반면 인적자원의 질적 특성이 아닌 물적 자원의 투입의 증가 또는 그 효율성의 향상에 의해 생산성이 증가할 수도 있다. 이러한 경우 생산성 향상에 의한 산출물의 성과는 주로 자본의 소유자에게 귀속된다. 산업혁명에 의한 자본주의의 발전은 물적 자원에 바탕을 두는 도구의 발달 또는 자본의 발달에 의해 주도되어 왔다. 생산에 있어서 이러한 특성은 노동 분업에 의한 인적자원의 양적인 투입에 의존하여 생산력을 확장하는 것이다. 소위 자본집약적인 기술의 발달이라고 할 수 있다.

또한 사회적 관점에서도 역량의 질적 특성은 사회적 결속에 긍정적인 영향을 미친다. 인간의 행복 추구는 부와 물질적 충족 이외에 다른 사람과의 관계와도 밀접하게 관련된다. 문화를 창출하는 정신성과 물질성은 인간이 다른 구성원과의 유기적인 관계를 가지는 것이다. 인간의 마음은 이러한 유기체적 관계에 의해 영향을 받는다. 애덤 스미스의 「도덕감정론」에 따르면 인간의 내면에 연민, 동정심, 동류의식 등에 의한 동감(sympathy)을 통하여 즐거움을 가진다(애덤 스미스, 2016: 박세일·민경국 공역). 또한 그의 「국부론」에서 제시하는 자유방임주의 사상에 바탕을 두는 시장경제와 자유민주주의 체제도 동감의 원리에 바탕을 두고 있다. 이러한 관점에서 인적자원의 질적 수준은 사회적 결속과 민주주의의 뿌리를 강건하게 한다.

한편 산업화시대의 인적자원은 테일러리즘적인 일터의 특성에 따라 획일적인 역량이 요구되었지만, 지식정보화 시대 또는 디지털 시대에는 다원적·복합적 역량이 요구되고 있다. 이것은 일터가 요구하는 인적자원의 질적 특성이 매우 빠르게 변화하고 있음을 의미하는 것이다. 더욱이 최근의 디지털 전환은 획일적 역량과는 다른 역량의 질적 특성의 중요성을 부각시키고 있다. 읽고, 쓰고, 소통하는 등의 개별적으로 길러지는 역량만으로 일터에서 생산성을 올리고 나아가 삶의 질을 향상시키는 것을 보장하지 않는 상황이 전개되고 있는 것이다. 사람의 역량이 발현되기 위해서는 길러진 역량뿐만 아니라 인간의 내면적인 이성적 작동을 발동시키는 반성적 성찰(reflectivity)에 바탕을 두는 지혜도 중요한 의미를 가진다.

　하지만 아직도 학교교육 또는 직업교육훈련 등에서의 학습이 암기 또는 지식전달 방식의 종국교육 또는 종국학습의 틀이 유지되고 있다. 교육훈련에 있어서 인적자원의 양적인 특성이 지배하고 있는 것이다. 학습을 통해서 지혜를 어떻게 향상시킬 것인가의 문제는 인적자원의 역량을 기르고 활용하는 미래의 중심적 논의가 될 필요가 있다. 일방적인 지식전달 방식의 학습으로부터 학습자가 스스로 학습할 수 있는 힘을 길러주는 것은 인적자원의 질적 투입으로 전환하는 출발점이라고 할 수 있다. 일터에서도 일과 학습이 공존하는 학습자가 중심의 일터 문화로 전환이 요구된다. 생애에 지속적인 경력개발도 개인이 태어나서 생을 마감할 때까지 이러한 지혜를 기르는 것부터 시작할 필요가 있다.

　이상을 고려하면 인적자원의 의미는 일과 여가의 선택뿐만 아니라 일과 삶, 그리고 학습이 개인과 공동체의 특성과 함께 어우러져 만들어지는 것임을 알 수 있다. 인적자원의 역량에서 협력하는 능력의 중요성은 개인의 지식과 숙련을 향상시키는 이외에도 다른 사람과 함께하는 것도 매우 중요하다는 사회적 관점을 갖는다. 이렇게 보면 인적자원은 개인의 역량과 함께 공동체의 역량도 고려하는 매우 폭넓은 시각을 필요로 함을 알 수 있다. 인적자원의 질성은 인간의 욕구 충족이 행복의 실현으로 이어지게 하는 원천이 되는 것이다.

Chapter 02
인적자원의 개념

제1장에서 살펴본 바와 같이 인적자원은 인간의 삶과 관련한 것으로 교육 또는 학습의 영역을 넘어서 정치, 경제, 사회 등의 넓은 영역과 관계를 가진다. 인적자원에 대한 논의는 궁극적으로 인간이 원하는 좋은 삶 또는 행복을 추구하는 의미를 가지고 있음에도 불구하고 이론적 토대가 튼튼하지 못한 것도 사실이다. 그 이유는 인적자원이 이론으로서 보다는 여러 학문 영역에서 논리 전개에 필요한 용어로서 자주 사용되어 왔기 때문일 것이다. 그렇지만 최근 들어 인적자원의 중요성이 크게 부각되고 있음도 부인할 수 없다. 기존의 여러 학문적 영역에서의 논의들도 인적자원의 중요성이 강조되고 있다. 그것은 인적자원이 인간의 더 나은 삶 또는 행복을 추구하는 본질적인 함의를 갖기 때문일 것이다. 이 장에서는 인적자원과 관련한 기존의 논의를 살펴본 다음 인적자원이라는 이름으로 접근할 수 있는 개념적 틀을 제시한다.

01 인간과 자원

인적자원에 대한 개념을 제대로 이해하기 위해서는 인간과 자원 사이의 관계를 정립하는 것으로부터 출발할 수 있다. 통상적으로 인적자원을 자원이라는 의미에 비중을 두는 경향이 있다. 이러한 인식은 인간의 존엄성을 경제적 자원으로 취급한다는 부정적인 것이다. 이러한 시각은 사람을 조직을 위한 수단적 또는 도구적 존재로 보아 인간에 내재한 인격을 무시한다고 인식하는 것이다. 그렇지만 직업세계에서 거래되는 인적자원은 인격이 아니라 사람이 가진 특정된 요소로서 지식, 숙련, 태도 등의 역량이다. 역량의 관점에서 인적자원은 인간의 삶과 이상을 실현하는 실체로서의 의미를 가진다.

인간의 삶과 관련한 철학적 또는 정치적 관점에서 보면 인적자원에 대해 가장 보편적으로 사용된 용어는 노동이다. 애덤 스미스의 「국부론」과 칼 마르크스의 「자본론」은 노동의 분업에 의해 생산력이 크게 증대되고 있음을 제시하고 있다. 이들이 제기하고 있는 노동가치설은 생산물 가치의 근원이 노동에 있음을 논증하고 있다.[1] 노동가치설에서의 노동은 투입요소이기는 하지만 최종 재화에 남아있는 진정한 가치를 나타내는 것이다. 인간으로서의 노동은 생산된 최종 재화에 투하된 가치로 남아 있다. 여기서 재화에 투하된 노동의 가치는 노동력으로서 투영되어 있는 교환가치의 근본을 이루고 있음을 의미한다. 만약 자연자원 또는 다른 자원과 인간을 동일한 투입요소로 간주한다면 인간은 분명 투입요소로 시장에서 거래될 수 있는 존재로 전락하게될 것이다. 이것은 인간을 노예제도에 의해 노동을 투입하는 생산구조에서 존재할 수 있는 것이다. 인적자원은 인간이 노예가 아니면서 인간이 가지고 있는 역량 또는 능력이 시장에서 거래될 수 있는 것이다. 인적자원의 거래는 인간의 경제활동을 통해서 생명을 유지시켜 주는 다양한 활동을 하는 데 필요한 역량을 의미한다.

고전적 논의에 따르면 이 책에서 상정하는 인적자원은 상품에 투영되어 있는 노동력 또는 노동서비스의 가치를 의미한다. 즉 고전적 의미에서의 인적자원은 시장에서 거래될 수 있으면서도 자연자원과 다른 속성을 가지는 노동력이라는 의미로 해석되어야 할 것이다. 이와 유사하게 인적자원에서의 자원의 의미는 물적 자원과 구분되는 지식, 숙련, 태도 등의 인간이 가지는 소

---

1 애덤 스미스는 국부론(애덤 스미스, 2007: 김수행 역)에서 핀을 제조하는 공정에서 분업에 의해 생산이 크게 증가하는 사례를 제시하고(제1장), 상품의 가치는 상품의 교환을 가능하게 하는 노동의 양과 같으므로 노동은 상품의 교환가치를 측정하는 진실한 척도라고 하였다(제5장). 반면 칼 마르크스는 자본론(칼 마르크스, 1987: 김영민 역) 제1장 상품에서 상품의 가치를 논의함에 있어서 상품은 사용가치와 교환가치를 가지며 교환가치는 상품에 노동의 가치가 내재해 있는 즉 그 상품을 생산하는 데 소요되는 추상적인 노동의 양으로 나타남을 논증하였다.

양으로서의 의미를 가진다. 다만 노동력이 사람의 머릿수를 다루는 수량적 접근에 집중되고 있는 반면,[2] 인적자원은 질적 특성과 인간의 삶을 함께 고려한다는 점에서 접근에 차이가 있다고 하겠다.

결국 인적자원은 생산에 투입되는 자원으로서의 의미를 넘어서 인간의 삶의 과정에 대한 의미도 포함한다. 인간은 생산, 소비, 분배를 통해서 물질적 수단을 향유함에 의해 행복을 추구할 권리를 가지고 있으며, 이러한 기본적 권리는 인간다운 삶을 누리는 공동체의 가치이기도 하다. 인간은 자유, 정의, 안전 등의 삶을 향유할 수 있는 공동체의 기본가치가 확립될 때 좋은 삶(well-being)을 누릴 수 있다.[3] 인간의 삶은 원하는 것을 할 수 있는가의 문제가 자유, 정의, 안전 등과의 상호 의존적인 관계에 의해 영향을 받는다. 즉 원하는 것을 할 수 있기 위해서 자유, 정의, 안전을 누릴 수 있어야 하고, 이를 위해 인간의 의지를 실현하는 데 있어서 직면하게 되는 한계를 극복할 수 있어야 한다.

인간이 의지를 실현하는 데 있어서의 한계는 자연 앞의 나약함, 개인적

2 애덤 스미스는 국부론 제1장에서 노동생산력을 개선 또는 증진시킬 때 발휘하는 기능, 숙련, 판단 등은 분업의 결과라고 논의한다. 그러나 여기서 기능 또는 숙련 등의 질적 특성은 분업의 효과를 설명하는 것으로 노동의 양적 투입에 초점이 맞추어지고 있다. 한편, 칼 마르크스의 자본론 제1장에서 노동은 노동생산물에 남아있는 추상적인 노동으로 환원되는데, 동질적인 인간노동으로 간주되는 상품에 체현된 노동에 대한 가치의 크기는 사회적으로 필요한 평균적인 노동시간을 의미한다.

3 '자유, 정의, 안전'의 의미는 자유주의와 공동체주의의 논의로부터 살펴볼 수 있다. 첫째, 자유는 적극적인 의미로서 '무엇을 할 수 있는 자유'와 소극적인 의미로서 '무엇으로부터의 자유'로 구분되는 개인주의에 바탕을 둔다. 자유주의는 소극적인 자유를 추종하는 것으로 타인의 평등한 권리를 침해하지 않는 한 관용의 태도를 가지는 것이다. 자유민주주의는 이러한 자유주의에 '평등, 사회적 결속, 복지정책'에 주된 관심을 가지는 민주주의를 물리적으로 결합한 것이다(박호성, 2014: 292-300). 둘째, 정의는 개인의 자유를 본질로 하는 자유주의가 자본주의의 사적소유에 있어서 개인과 사회 사이의 상호성을 정립하는 토대이다. 애덤 스미스의 『도덕감정론』은 개인과 사회가 서로 나누는 상호성의 발로로서 동감을 제시하고 개인의 이기심이 공공복리 사이의 조화를 믿었다. 또한 사적 소유로부터 등장하는 불평등과 공정으로서 기회균등과 관련하여 공리주의는 '최대다수의 최대행복'을, 그리고 롤스는 '차등의 원칙'을 주장하였다. 공리주의가 가지는 정의는 사람들의 효용의 총량을 늘리는 데 치중하고 있으며, 롤스는 사회에서 사적 소유로 인해 발생하는 억압되는 개인적 권리가 발생할 수 있는 공리주의를 비판한다(박호성, 2014: 340-354). 셋째, 안전은 공동체주의와 관련되는 것이다. 소극적인 자유주의가 전제된다면 공동체주의는 가족, 민족, 문화, 전통에 바탕을 두고 공공선을 추구하는 시민적 덕성과 책임의식을 강조한다. 이와 같은 세 가지는 개인과 공동체가 양립할 수 있어야 하며, 인적자원은 이를 위한 역량을 기르는 것을 포함하는 것이다.

내면세계의 통제, 타인과 함께 하는 인간관계 등의 관점에서 등장한다. 자연은 끊임없이 변화하고 있고, 그 변화는 인간의 의지와는 무관한 것이라 할 수 있다. 자연의 법칙에 순응하기 위해서는 인간은 자연의 법칙을 이해하는 능력 또는 역량을 넘어서 자연과 함께 하는 지혜를 필요로 한다. 또한 인간은 무한한 욕망을 개인의 성장을 위해 발전적으로 전환시키기 위해서는 자성적 성찰을 해야만 한다. 스스로의 내면적 성찰은 인간의 능력을 발현하는 데에 있어서 원동력이다. 한편 인간은 혼자가 아닌 다른 사람과 더불어 살아가야 한다. 권력, 관습, 협력 등에 의해 타인과의 관계는 개인의 자유, 공정, 안전을 스스로의 의지로 실현하는 데 한계에 직면하게 된다. 타인과의 협력은 인간의 의지를 실현하는 중요한 부분이라고 할 수 있다.

이와 같이 삶을 잘 유지하기 위해서는 인간이 직면한 자연, 성찰, 협력 등을 통해서 자유의지를 실현할 수 있는 역량을 갖추는 것이 중요하다. 인적자원은 바로 이러한 자유, 정의, 안전을 누리는 데에 요구되는 역량뿐만 아니라 그러한 역량을 발휘할 수 있는 지혜를 포함하는 의미를 가진다. 매우 추상적인 의미 같지만 학교에서 또는 직장에 배운 지식들은 자연의 법칙 속에서 깊은 내면적 성찰과 타인과의 협력이 없으면 발현될 수 없다는 것은 분명한 사실이다.4 공동체와 자신을 보호하기 위해 칼과 창으로 무장하고, 끊임없이 이들 장비를 사용하는 훈련을 하는 것과 실제로 그 칼과 창을 사용하는 것은 매우 다른 것과 유사하다. 무기를 능숙하게 다루는 역량도 중요하지만 그 무기를 사용하는 것은 깊은 내면적 성찰에 의한 지혜에 바탕을 두어야 한다. 실제로 길러진 높은 수준의 역량은 발현되지 않는다면 사회적 생산성에 긍정적이지 못할 것이다. 이러한 점을 고려한다면 인적자원은 지식, 숙련, 태도 등의 역량을 습득하는 것 이외에 이러한 지식과 숙련을 사용 또는 발현할 지혜도 중요하게 고려되어야 하는 것이다.

인적자원은 인간이 행복을 추구하는 의지를 실현시키기 위해서 정보를 수집하고 지식을 창출하는 것을 넘어서는 것이다. 노동은 고통과 피로가 아

---

4 OECD는 DeSeCo 프로젝트에서 역량(competence)과 수요가 연결되기 위해서 비판적 사고(critical thinking)와 반성적 성찰(reflective approach)에 바탕을 두고서 개인과 사회가 직면하는 삶의 과정에서 복잡한 요구와 도전에 대처해야 함을 제기하고 있다(OECD, 2002: 11).

닌 삶의 한 부분으로 조망될 수 있을 때 인적자원으로서 의미를 가진다. 즉 반성적 성찰에 의한 자유의지가 발현되는 것이 곧 인적자원으로서의 의미를 가진다. 따라서 인적자원은 생산에 투입되는 한 요소로서의 자원만이 아닌 자아를 실현하는 실체이기도 하다. 인적자원은 사람의 수량이 아닌 사람의 내면에 숨어 있는 인간의 존엄성을 중요하게 고려하는 것이다. 따라서 인적 자원은 자원과 구별되는 인간의 내재적 가치를 함축하는 의미를 가진다.

더욱이 디지털 시대에 노동으로부터의 지식과 숙련은 인공지능에 의해 그 역할이 대체되고 있다. 일터에서 사람이 하던 일의 획일적 숙련은 대부분 자동화되고, 전문직이 수행하던 일도 이제 인공지능 로봇으로 대체되고 있다. 이러한 시대적 변화는 인적자원이 가지는 자원으로서의 의미보다는 인간의 내면적 가치의 영역이 점점 중요해지고 있음을 보여주고 있는 것이다. 많은 전문가들은 빅데이터에 바탕을 두는 인공지능이 종래의 인적자원이 수행해오던 일터에서의 지식과 숙련을 로봇 또는 자동화된 기계로 대체할 것이라고 예견하고 있다. 이러한 변화는 정보와 지식의 중요성이 강조되던 지식기반 사회도 디지털 기술에 의해 점령되고 있음을 말하는 것이다. 그동안 인적자원의 역량도 이제 디지털 기술이 대신할 수 있는 시대에 다른 모습으로 진화하고 있다. 따라서 디지털 시대의 인적자원은 이와 같은 지식, 숙련, 태도 등의 역량이 내면적 성찰과 결합되어 능력을 발현하는 진화된 의미를 가진다.

이상의 논의는 인간의 존엄성과 자원으로서의 의미가 구분되던 시대에서 이제 인간의 본성과 내면의 세계에서 형성되는 인간과 자원이 융합되는 시대로 변하고 있음을 제기하는 것이다. 고전적 이론에서의 노동과 산업화 시대의 인력은 인간을 투입요소로서의 양적 측면의 의미가 강조되었다. 또한 그것은 인간이 생산 활동을 하는 영역에 국한하는 특성을 가진다. 하지만 지식기반 사회로 이행과 디지털 시대로 이행은 인간의 능력에 대한 중요성을 부각시켜 왔고, 자원으로서 의미보다는 사람이 갖춘 질적 특성과 사람이 누리는 삶을 모두 중요하게 만들고 있다. 인적자원은 인간의 존엄, 삶, 그리고 일의 관계로 재정립될 필요가 있다. 인적자원은 종래의 개인의 역량을 증진시키는 일과 함께 그 역량을 잘 사용할 수 있는 내면적 성찰의 특성도 가진다.

02   개발 대상으로서의 인적자원

개발 대상으로서의 인적자원은 인적자원과 개발이라는 두 용어의 개념적 특성을 반영한다. 인간이 공동체 또는 사회조직 속에서 개인의 욕망을 끊임없이 추구하는 과정에서 공동체의 이익과 개인의 욕망은 서로 정합성을 갖기도 하고 상충하기도 한다. 인적자원은 공동체 구성원이 가지는 역량과 그들의 관계를 통한 사회적 역량도 포함하는 개념이다. 그리고 개발이란 인간의 성장과 발달을 위한 일련의 활동을 말한다. 통상 인적자원개발에 대한 논의는 사회조직 또는 기업차원의 논의와 국가차원에서의 인적자원개발로 그 이론적 접근을 확장해 왔다. 이절은 조직차원의 인적자원개발과 국가인적자원개발에 대한 논의를 차례로 살펴본다.

1. 조직 차원의 인적자원개발

사람의 역량은 교육, 훈련 등의 학습뿐만 아니라 일을 하는 과정에서도 축적된다. 인적자원개발은 주로 학습을 통해서 개인과 조직의 성과를 높이기 위한 역량을 기르는 활동이다(장원섭, 2011: 22-38; 김형만, 2005: 64). 사람들은 기업과 같은 조직에서 교육 또는 학습을 통하여 지식, 숙련, 태도 등을 획득하여 조직이 요구하는 업무를 수행하거나 다른 사람과의 관계를 맺으면서 배우고 성장한다. 인적자원의 특성을 고려한다면 인적자원개발은 개인으로서뿐만 아니라 공동체의 구성원으로서 사람의 역량을 기르는 일과 길러진 역량을 활용하는 것을 포함하는 것이다.[5]

사람은 조직을 만들고 다른 사람들과 함께 삶을 영위한다. 혼자서 살기

---

5 장원섭(2011: 28-29)은 '인적자원개발은 조직 구성원의 성장과 발달을 돕는 모든 활동을 의미한다.'고 정의한다. 그것은 공식적인 교육프로그램을 통한 학습 활동과 조직 구성원들의 무형식 또는 비공식적으로 이루어지는 다양한 배움과 성장의 과정을 포함하는 것이다. 또한 그는 인적자원개발의 개념이 조직, 사람, 그리고 성장의 세 가지 핵심으로 사람의 성장을 기초로 조직의 성장을 도모하는 활동으로 보고 있다.

는 어렵고 사회조직 속에서 삶을 영위하는 것은 인간이 생존해가는 역사적 과정이기도 하다. 앞의 절에서 논의한 자원의 관점에서의 인간은 자본 또는 자연자원과 다르게 조직을 이루어 경제 또는 사회활동을 한다. 더욱이 토지, 노동, 자본 등의 양적 투입에 바탕을 두는 테일러리즘의 생산양식도 지식정보화시대를 넘어 디지털 전환 시대에도 조직을 구성하는 방식에 있어서 다원화되고 있다.

테일러리즘 또는 포디즘의 생산조직은 획일적 숙련 또는 역량에 바탕을 두고 있다. 테일러리즘 생산양식은 조직에서 개인을 관리대상으로서 통제하고 수단화한다. 인간은 조직의 목표와 운영에 수동적으로 대응하는 것이 특징이라고 할 수 있다. 이것은 분업에 의한 생산성 효과를 극대화하는 것이다. 물론 조직의 특성에 따라 조직에서 인적자원의 존재에 대한 성격에 차이를 가질 수 있다. 역할 구조와 위계가 엄격한 조직이 있는가 하면 상당히 느슨한 네트워크에 의해 운영되는 조직이 있다. 위계적 조직에서 포디즘적인 조직 운영의 특성이 있는 반면, 네트워크 조직은 보다 다원화된 숙련과 역량을 활용하는 특성을 보인다.

디지털 시대의 생산조직은 다원화된 그리고 끊임없는 향상된 기술력과 창의력을 요구한다. 위계적 조직의 운영에 의해 인적자원을 활용하는 방식은 신속한 의사결정의 장점은 있지만 조직이 경직성이 높아 상황변화에 비탄력적이다. 따라서 빠르게 변화하는 환경 하에서 위계조직은 낮은 경쟁력을, 즉 인적자원의 비효율적인 사용을 가져오게 된다. 디지털 시대는 생산, 유통, 소비 등이 융·복합적으로 연결되는 네트워크 조직의 중요성이 크게 증대되고 있다. 이러한 경우 조직의 성과와 미래의 가치는 인적자원 역량에 더욱더 크게 의존하게 된다. 결국 조직은 구성원 개개인의 인적자원과 다른 사람과의 관계를 통해 생산적으로 발전할 수 있으므로 인적자원은 개별 조직뿐만 아니라 사회적 결속의 근간이 되는 것이다.

다음 인적자원이 지식, 숙련, 태도 등의 역량이라고 한다면, 이들 역량은 길러지는 것이다. 개발은 바로 이러한 역량을 기르는 일련의 활동이다. 조직은 새로운 구성원을 충원하고, 업무에 배치한다. 그리고 조직은 임금과 근로조건에 대해 노사관계를 통해 조직의 운영에 대해 경영자와 협의하면서 형성된다. 개발은 이러한 조직의 운영 과정에서 조직의 성장과 발달을 위해 지식과 숙련을 체득하는 것을 의미한다. 이것은 사회적 역량과 연결시키는 넓은 개념의 인적자원개발이라고 할 수 있다.

좁은 의미에서의 인적자원개발은 조직의 역량을 강화하기 위해 훈련, 교육 등을 통해 개인의 역량을 확장하는 일련의 활동을 의미한다. 니들러(Nadler)는 훈련은 현재의 직무수행을 위해서, 교육은 미래의 직무수행을 위해서, 그리고 개발은 직무에 초점을 두지 않고 개인의 성장을 도모하기 위해서 이루어지는 학습활동이라고 개념화하였다. 장원섭(2011: 26−27)은 이렇게 각각의 용어를 정의하는 것이 개념적으로 엄밀하지 못하다고 지적한다. 그의 논의에 따르면 교육이란 가르치고 배워서 인간을 변화시키고 성장하도록 돕는 모든 활동이다. 이러한 교육의 개념적 범주에 따르면 훈련은 교육의 한 부분에 포함되고, 개발은 교육을 통하여 길러진 역량을 활용한다는 의미를 내포하고 있다. 인적자원개발은 역량을 기르는 것뿐만 아니라 길러진 역량을 기업의 조직에서 활용하는 것을 강조하는 것이다.[6]

그러나 인적자원개발이 조직의 구성원으로서 사람을 활용하는 활동이긴 하지만 예컨대 기업조직의 경우 사용자가 자의적으로 인적자원을 개발할 수는 없다. 비록 조직 구성원이 지속성을 가지고 일하기 위해서는 인적자원개발을 통하여 조직에 기여해야 하지만 개별 구성원의 자유의지와 존엄성이 무시될 수는 없는 것이다. 인적자원개발은 조직의 목표와 개별 구성원의 목표가 적절하게 조화를 이루도록 하는 것이 전제될 필요가 있다. 즉 인적자원을 개발하는 것은 조직의 가치와 인간에 대한 존엄 또는 가치가 함께 고려될 수밖에 없는 것이다.

이상의 논의를 고려하면 인적자원개발은 조직 구성원의 역량을 길러서 그들의 성장과 발달 이외에 조직의 성과를 높이는 모든 활동을 의미한다. 인

---

6 인적자원개발은 활용을 강조하는 교육 활동이고, 조직의 가치를 높이기 위한 활동이다. 한숭희(2010)는 인적자원개발 개념 그 자체를 인간을 사물화하고 비인간화하는 개념이라고 지적한다. 하지만 인적자원개발은 인간이 가진 지식과 숙련을 기르는 것과 길러진 역량을 이용하려는 의미를 가지고 있다. 자연을 개발하는 것이 수확체감으로 나타나는 것과 달리 인간의 지식과 숙련은 수확체증의 법칙이 작동한다. 새롭고 높은 수준의 지식 창출은 더 새롭고 더 높은 수준의 지식을 창출하기 때문이다(장원섭, 2011: 27).

적자원개발은 조직이 제공하는 공식적인 교육훈련 프로그램을 통한 학습과 비공식 또는 무형식적인 일을 통한 배움(learning by doing)의 다양한 활동들을 포함한다. 인적자원개발은 조직과 사람의 관계에 의한 다양한 활동들로 나타 난다.7 인적자원개발은 개인의 학습을 통한 역량 증진, 조직학습(organization learning)을 통한 조직의 역량 증진, 그리고 개인의 역량과 조직의 역량이 결 합되는 조직의 성과의 세 측면이 종합적으로 연계된 것이라 할 수 있다. 인 적자원개발은 개인과 조직학습이 업무수행에서 성과를 내게 하는 데 목적이 있는 것이다.

2. 국가 차원의 인적자원개발

국가인적자원개발은 조직 차원의 인적자원개발의 개념을 국가와 지역 차원으로 확대하는 논의이다. 통상적으로 인적자원개발은 기업조직에서 주 로 사용되는 개념이었다. 일단의 논의들은 앞에서 논의한 조직 차원에서 사 회조직의 어떤 차원인지에 의해 조직의 차원을 확장하는 것으로 이해하고 있 다(장원섭, 2011: 30). 이러한 논의는 사회 또는 집단의 차원을 국가 또는 지역 의 차원에서 개념화를 시도하고 있는 것이다.

그러나 국가인적자원개발은 역량을 기르는 인적자원의 공급측면과 길러 진 역량을 활용하는 인적자원의 수요측면에서 노동시장 또는 산업의 특성을 고려하고 있으므로 기업의 조직 차원에서 인적자원개발과는 매우 다르다. 국 가 차원의 인적자원개발은 교육훈련과 제반 학습활동과 그 결과가 거래되는 특성들로서 자격제도와 경력개발 시스템도 중요하게 고려한다. 국민의 정부 와 참여정부에서 추진된 국가인적자원개발은 거시적 차원에서 국가의 발전 과 국민의 삶의 질을 향상시키는 데에 목적을 두고 있다. 따라서 국가 차원 의 인적자원개발은 지역사회, 시민단체, 정부가 협력하여 인적자원개발 기반 을 조성함과 아울러 모든 국민의 역량을 강화시키는 것에 초점이 모아진다.

---

7 장원섭(2011: 29)에 의하면 경영학적 인사관리(HRM)의 차원에서는 조직의 관점을 더 강하게 가 지고 있지만, 근래에는 일터에서의 학습이라는 교육학적 관점이 강하게 대두되고 있다. 실제로 인적자원개발은 인간, 조직, 성장의 세 요소가 핵심이며, 이 가운데 어느 측면을 강조하는가에 따라 다양한 패러다임으로 나타난다.

따라서 조직 차원의 인적자원개발은 국가인적자원개발의 한 부분이라고 할 수 있다.[8]

김형만(2005: 65)에 의하면 국가 차원의 인적자원개발에서 인적자원은 저량(stock)으로 그리고 개발은 유량(flow)으로 각각의 개념적 구분을 할 수 있다. 저량 개념으로서의 인적자원은 사람에 체화된 지식, 정보, 숙련, 경험과 지혜 등에 의한 경제적 부가가치를 창출할 수 있는 잠재적 역량을 의미한다. 즉, 인적자원은 지식, 숙련, 경험, 태도, 건강 등 인적 요소의 종합으로서 축적된 역량이다. 반면 유량 개념으로서 개발은 인적자원을 축적해 가는 과정으로 교육, 훈련, 연구개발, 기타 다양한 형태의 학습 등의 활동이다. 흔히 정규교육과 일터에서 행해지는 숙련형성(skill formation)도 인적자원을 축적하는 과정이다.

이러한 논의에 따르면 국가인적자원개발(national human resources devel-opment)은 개인의 역량을 개발하는 영역, 개발된 역량을 활용하는 영역, 그리고 양자를 연결하는 세 영역으로 구분할 수 있다. 개인의 역량개발은 흔히 인적자원 양성의 영역이며, 교육훈련과 학습을 통해 지식, 숙련, 태도를 함양하는 것이다. 인적자원의 양성은 위에서 논의한 인적자원을 축적하는 과정이다. 고등교육, 직업교육, 직업훈련, 연구개발, 일터 학습 등은 인적자원을 축적하는 과정으로 일터에서의 직무수행을 통해서 부가가치를 높이는 기반이 된다. 또한 국민기초교육에 해당하는 초·중등 교육은 인적자원의 기초역량을 기르는 것으로 교육의 본질적 가치이면서 사회적 자본의 형성과 관련된다. 인적자원개발이 사회적 자본을 축적하는 과정을 포함하는 것이다. 전통적인 학교교육과 직업훈련을 통한 형식적인 학습과 일터에서 경험으로부터 습득하는 무형식 또는 비형식 학습도 인적자원의 양성의 중요한 영역이라고 할 수 있다.

인적자원의 활용과 관련한 영역은 길러진 인적자원을 일터에서 배치하

---

8 「인적자원개발기본법」제2조의 제1항은 "인적자원이라 함은 국민 개개인·사회 및 국가의 발전에 필요한 지식·기술·태도 등 인간이 지니는 능력과 품성을 말한다"고 정의하고 있다. 동 법은 2002년 제정되었으며, 인적자원개발위원회와 교육인적자원부총리를 통해 인적자원개발기본계획, 인적자원정책평가 등의 내용을 담고 있다. 현재의 법은 2007년 인적자원개발위원회를 대통령이 의장인 국가인적자원위원회로 개정되었다.

고, 일터가 요구하는 숙련을 확장하는 과정을 포함한다. 일터에서의 인적자원 배치는 인적 역량 또는 숙련의 수요와 공급에 대한 특성을 반영하는 것이다. 기업의 생산조직, 생산성, 노사관계 등은 인적자원을 활용하는 데에 있어서 중요한 영향을 미친다. 일터에서의 숙련형성도 숙련의 수요에 맞추어 지속적으로 역량을 개발하는 과정으로서 고용관계를 지속하면서 이루어지는 것이다. 최근 일터에서 숙련의 생존주기가 빠르게 단축되고 있어서 지속적인 숙련 갱신을 위한 학습활동의 중요성이 증대되고 있다. 따라서 평생학습은 인적자원의 양성 이외에 활용의 측면에서 재조명될 필요가 있다. 일터의 재직자들이 학습을 통해서 그들의 업무수행 능력을 향상시키고, 지속적으로 고용을 유지하려는 제반 활동들은 인적자원 활용의 중요한 부분이다. 또한 학교를 졸업하고 취업을 하는 과정, 즉 신규노동력의 노동시장 진입도 인적자원 활용의 중요한 부분이다. 흔히 직업탐색 이론에 따르면 취업자의 유보임금이 역량과 일자리를 합치시키는 중요한 역할을 하지만 산업에서 생산성과 생산조직의 특성도 신규노동력의 진입에 영향을 미친다. 이러한 점에서 인적자원의 활용은 산업조직의 특성과 깊은 관계를 가진다고 할 수 있다.

한편 교육과 노동시장 또는 훈련과 노동시장을 연결해 주는 장치들은 직업세계에서 숙련의 효율적인 거래를 위한 기초로서 역할을 한다. 양성과 활용의 연계 장치는 자격제도와 인적자원정보가 중요한 축이다. 자격제도는 노동시장에서 숙련에 대한 신호기능을 한다. 개인들은 학교교육과 학습을 통해서 자신의 역량에 대한 증표로서의 자격을 바탕으로 노동시장에서 직장탐색을 하게 된다. 그리고 기업은 양성을 통해 갖춘 자격을 바탕으로 인적자원을 선발하고 배치한다. 경력개발 또한 인적자원의 거래에 있어서 매개 장치로서 기능한다. 학교에서 직업진로에 대한 진로교육과 상담은 미래의 직업을 선택하기 위한 준비를 하게 하는 것이다. 과거와 달리 직업상담은 학교교육에서 뿐만 아니라 학교교육을 마친 성인들도 끊임없는 경력개발을 설계하는 데 필요하다. 왜냐하면 산업화시대와 달리 일터에서 요구되는 숙련은 매우 빠르게 변화하고 있고, 새로운 기술에 적응하는 직무수행이 요구되기 때문이다.

이와 같은 국가 차원의 인적자원개발은 2000년대 「인적자원개발기본법」의 제정과 국가인적자원개발기본계획이 수립되면서 본격적으로 논의되기 시작하였다(권대봉 외, 2016; 장원섭, 2011; 권대봉, 2003). 많은 학자들이 논의했던 국가인적자원개발을 조직 차원의 인적자원개발으로부터 확장하려고 시도하였지만 위에서 살펴본 바와 같이 그것은 큰 차이가 있다. 또한 국가인적자원개발은 중앙정부 차원에서 추진하는 정책이었지만 지역차원에서 지역인적자원개발도 함께 논의되었다.

지역인적자원개발(regional human resources development)은 국가인적자원개발에 대응하여 지역에서 추진하는 인적자원개발이다. 「인적자원개발기본법」에 의하면 지방자치단체가 인적자원의 양성 및 활용과 사회적 네트워크를 형성하는 제반 활동을 의미한다.[9] 기존의 연구들도 인적자본과 사회적 자본, 학습과 사회통합, 주민(또는 개인)의 삶의 질 등이 지역과 국가발전의 중요한 요소라고 논의하고 있다. 하지만 이러한 논의는 법령에서 제시하는 개념에 바탕을 두는 것이다. 지역인적자원개발은 주민들이 학습과 고용뿐만 아니라 지역(또는 마을공동체)단위에서 스스로 참여하는 자생적인 활동과 깊은 관계를 가진다. 특히 지역주민이 일, 학습, 삶뿐만 아니라 의사결정의 주체로서 역할을 함에 의해 풀뿌리민주주의의 역량에 바탕을 둔다. 하지만 국가인적자원개발과 지역인적자원개발은 모두 중앙정부가 주도하고 있다는 점에서, 그리고 지역주민의 자생적인 활동보다는 중앙정부의 기획에 의해 추진되었다는 점에서 모두 국가주도형 인적자원개발이라고 할 수 있다.

03 투자의 대상으로서 인적자원

투자는 기본적으로 생산 활동으로서 자본의 증가 또는 유지를 위한 지

---

9 「인적자원개발기본법」 제2장의 2항에서 인적자원개발을 "국가·지방자치단체·교육기관·연구기관·기업 등이 인적자원을 양성·배분·활용하고, 이와 관련되는 사회적 규범과 네트워크를 형성하기 위한 각종 활동"으로 정의하고 있다. 그리고 동법의 제7조의 3은 지역인적자원개발에 관한 조항으로 '자치단체장의 지역인적자원개발 시책의 수립 및 시행, 지역인적자원개발협의회의 구성·운영 등을 명시하고 있다.

출로서 이윤가능성과 수익에 바탕을 둔다.[10] 통상적으로 자본은 주식, 조립라인, 철강공장, 은행계좌 등을 뜻한다. 이것은 소득 또는 장기간에 걸친 유용한 산출물을 생산하는 자본의 모든 형태이다. 이들과는 다른 인적자원도 개인, 사회, 국가 차원의 역량을 증진시킴에 의해 미래의 수익과 이윤 가능성을 증진시킬 수 있다. 이러한 역량을 위한 투자는 개인 역량, 사회적 역량, 민주시민 역량 등 역량의 종합적인 관점에서 고려할 수 있다.

1. 개인의 역량을 위한 투자

개인의 역량개발을 위한 투자의 대표적인 논의는 베커(Gery G. Becker)의 인적자본이론이다. 인적자본이론은 생산의 투입요소로서 물적 자본과 다른 사람과 관련한 또 다른 형태의 인적자본(human capital)을 상정하고 있다. 인적자본 투자는 기대비용과 기대수익을 합리적으로 계산할 수 있다는 것을 전제로 하는 것이다.

개인의 역량을 기르는 학교교육과 다양한 형태의 훈련과 학습은 인적자본투자의 중요한 부분이다.[11] 예컨대 고등학교에서 대학으로 진학하는 학교교육의 선택은 졸업 후에 노동시장에서 임금소득을 높이지만 더 많은 교육을 받는 데에는 가족적 배경 하에서의 직접비용과 간접비용의 크기에 의해 결정된다. 만약 노동시장에서 소득이 학습비용을 능가한다면 고등교육으로 진학하는 인적자본투자가 증가할 것이다. 일자리의 기회도 만약 고숙련에서 많다면 교육과 훈련의 인적자본투자가 증대하게 된다. 또한 인권 개선 등을 통하여 특정 계층(예컨대 여성)의 경제적 위상이 개선되어 노동시장에서 일자리

---

10 여기서 투자는 개인의 자산을 증식시키기 위해 행해지는 유가증권 또는 부동산 구매와 같이 일반인들이 부르는 투자와는 달리 생산에 투입되는 자본의 증가 또는 유지를 위한 지출을 의미한다.

11 베커는 인적자본에 대한 투자의 형태로 일터훈련(on-the-job training), 일반훈련(general training), 특수훈련(specific training), 학교교육(schooling), 기타 지식(other knowledge) 등을 제시하고 있다. 여기서 일반훈련과 학교교육을 통해 습득한 역량은 어떤 일터에서나 사용될 수 있는 반면 일터훈련과 특수훈련을 통해 습득한 역량은 훈련을 받은 일터에서 수익을 올리지만 다른 일터로 이직하게 되면 훈련으로부터의 수익을 누리지 못하는 특성을 가진다(Becker, 1993: 29-57).

기회가 확장되면, 이들의 인적자본투자는 확대될 것이다. 이와 같은 인적자본이론은 교육훈련이 지식, 숙련, 문제해결 등에 긍정적인 영향을 미쳐 소득과 생산성을 향상시킨다는 것을 전제로 하는 것이다.

　　반면 선별가설(screening hypothesis)은 교육이 생산성을 개선시킨다는 관점을 부정한다. 이 논의는 사람의 능력과 자질은 타고난 것으로 교육 또는 학위는 그 타고난 자질에 대한 정보를 제공해 줄 뿐이라고 주장한다. 즉 대졸자들이 고졸자들보다 더 높은 소득을 받는 것은 대학교육이 생산성을 증대시켰기 때문이 아니라 좀 더 생산적인 학생들이 대학에 진학하기 때문이라는 것이다. 하지만 타고난 자질이 존재하는 것은 사실이지만 모든 사람의 소득과 학력 사이의 관계를 설명하지는 못한다.[12]

　　한편 인적자원에 대한 투자의 또 다른 관점으로 생산함수에서 동질적인 노동이 아닌 지식과 숙련을 생각해 볼 수 있다.[13] 경제이론에서는 생산에 투입되는 노동이 동질적이라면 투입량의 증가에 따라 수확체감의 법칙이 적용된다는 것을 상정한다. 동질적인 노동은 학교교육을 통한 숙련 또는 지식의 습득이 수확체감의 법칙이 적용되는 산업의 획일적인 숙련수요를 반영하는 것이다. 반면 인적자원의 질적 특성(질성)으로서 숙련과 지식은 생산에 있어서 수확체증이 나타나게 된다. 일터에서 지식과 숙련은 그것의 사용에 의해 더욱 생산적이 되는 특성이 있기 때문이다. 하지만 교육훈련 등의 투자에는 흔하게 시장실패가 나타난다. 왜냐하면 기업은 재직자들이 훈련을 받은 이후 다른 직장으로 이직을 하게 되면 투자비용을 회수할 수 없게 될 때 투자를 꺼리기 때문이다. 근로자들도 일터에서 훈련을 받은 이후 적절한 소득을 보

---

12 Layard and Psacharopoulos(1974)는 선별가설의 한계로 세 가지를 지적하고 있다. 첫째, 학업 탈락자의 수익률이 학업 완정자의 수익률과 마찬가지로 높다. 둘째, 표준적 교육의 임금격차는 고용주가 나이 많은 근로자의 능력에 대해 더 좋은 정보를 가지고 있을 때도 연령과 함께 증가한다. 셋째, 만약 우수한 능력의 선별이 교육의 중요한 기능이라면 단순한 시험 절차에 의해 드러날 수 있다.

13 내생적 성장(endogenous growth) 이론은 인적자본을 생산함수에 내생변수로 구체화하고 있다. 내생적 성장이론은 기술진보의 내생화와 인적자본의 외부효과의 두 가지 형태로 논의되었다. 전자는 지적자본(knowledge capital)과 인적자본(human capital)이 생산에 중요한 역할을 하면서 수확체감의 법칙이 적용되지 않게 됨을 보이며, 이것은 Romer(1986, 1990)와 Lucas(1988)의 논문이 대표적이다. 후자는 지적자본이나 인적자본이 생산요소에 포함될 때 총생산함수가 규모의 보수증가로 나타난다고 상정한다(안국신, 1995: 437-438).

장받지 못하면 투자할 유인을 갖지 못할 뿐만 아니라 금융제약과 기회비용 등으로 개인이 훈련투자를 하는 데 한계에 직면하게 된다. 이러한 현상이 만연하는 사회에서는 사회적으로 필요한 숙련이 과소 공급되는 결과를 초래하게 된다.

2. 좋은 삶을 위한 투자

일과 학습에 있어서 개인의 역량을 축적하고 발휘하는 데 있어서 정신적 및 육체적 건강도 중요하다. 학교교육, 컴퓨터 훈련과정, 의료 돌봄, 시간 엄수 및 정직한 강의 등도 건강을 개선하고 소득을 증대시키거나 또는 개인의 평판을 높인다는 점에서 자본이다. 인적자본(human capital)은 지식, 숙련, 건강, 가치 등과 같이 사람과 분리되지 않는다. 하지만 인적자본을 축적하는 과정인 교육과 훈련 이외에도 의료, 돌봄 등도 인적자본투자의 중요한 부분이다(Becker, 1993: 15). 왜냐하면 지식 또는 숙련과 같이 건강은 생산성의 향상에 의해 미래의 소득을 증진시키기 때문이다.

흔히 기업은 근로자들에게 건강진단, 점심, 티타임 등을 제공할 뿐만 아니라 사고 또는 사망의 비율을 줄이기 위한 노력을 통하여 근로자의 건강과 안전에 투자한다. 기업이 제공하는 근로자의 건강과 안전에 대한 투자는 그 기업 내에서만 효과를 얻을 수 있는 특수적 훈련과 같은 효과를 가진다. 반면 일터 밖에서 행해지는 가정, 병원, 진료소 등에서 행해지는 건강에 대한 투자는 일반적 훈련과 같은 효과를 가진다. 만약 기업이 근로자의 소득을 한계생산보다 낮은 수준으로 지불함에 의해 인적자본의 투자비용을 부담할 수 있다면 일터 밖에서의 인적자본투자를 이용할 가능성은 낮아질 것이다.

또한 일터 밖에서의 돌봄과 사회보장은 복지의 관점에서 인적자본투자의 중요한 영역이다. 영·유아의 돌봄의 질은 한 개인이 학교를 거쳐 일터로 나간 이후의 사회적 위험과도 밀접하게 관련된다. 인적자원의 영·유아기에 돌봄과 교육이 부진할 경우 초·중등 단계에서 학습부진으로 이어질 가능성이 높고, 이러한 경우 학교를 마친 이후 노동시장에서 저임금 계층으로 떨어질 가능성을 높이게 된다. 이러한 경우 성인이 된 이후 지속적인 역량개발을 위한 학습 참여에 제약을 받게 된다. 소위 불평등의 대물림을 야기하게 되고, 전 생애 동안 학습에 대한 투자가 저조하여 개인의 역량개발 기회를 손상시키게 된다.

노인의 돌봄도 인적자본투자의 새로운 영역으로 등장하고 있다. 장수시대에 노인 인적자원의 활용과 건강한 삶은 사회적 생산력을 향상시키는 데 있어서 중요한 부분이다. 노년기에 직면하는 빈곤, 질병, 무위, 고독 등의 4대 고통은 인간이면 직면하게 되는 생노병사(生老病死)의 한 과정임에는 틀림없다. 하지만 노인에게 축적된 지식 또는 지혜는 노인들이 직면하고 있는 4대 고통이 심한 상황에서는 제대로 활용될 수 없다. 노인의 고통이 심한 사회에서는 노인 부양이 청·장년층의 부담을 가중시키는 결과를 초래한다. 청년과 노인이 상생하는 공동체적인 삶의 터전이 중요한 이유이다.

한편 OECD에서는 최근 학습의 지향점을 미래에 가질 수 있는 행복한 삶(well-being)에 두고 있다. 생애 단계에서 좋은 삶은 학령기에 개인의 역량을 충분히 쌓고 그 역량을 발휘할 수 있는 인적자원으로 성장하는 것이다. OECD가 제시하는 사람의 역량을 기르기 위해 학습하는 목적은 개인의 성공적인 삶과 사회의 유지·발전에 기여하는 것이다(전재식 외, 2019: 143). 이러한 논의는 지식, 숙련, 태도 및 가치 등의 인적 역량을 기르는 것 이외에 다른 사람과 협력할 수 있는 사회적 역량도 길러서 활용할 수 있는 것이 중요함을 의미한다. 왜냐하면 개인에 체화된 역량을 발휘하는 것은 다른 사람과의 사회적 관계 속에서 형성될 수 있기 때문이다. 이와 같이 사람의 생애 과정에서 학습활동은 좋은 삶을 위한 경제활동과 밀접한 관계를 가진다.

3. 사회투자 관점의 인적자원

사회투자는 사람들이 사회적 위험에 처하지 않도록 하기 위한 적극적인 정책의 일환으로 추진된 것이다. 이것은 제2차 세계대전 이후 복지국가(welfare state)에서 사회적 위험이 새로운 형태로 등장한 데 따른 것으로 흔히 사회투자국가 또는 적극적 사회정책이라는 용어로 알려져 있다.[14]

---

14 사회투자국가는 복지가 생산적 측면에 긍정적인 영향을 미칠 수 있다는 사회투자의 중요성을

표 2-1 OECD가 제시하는 적극적인 사회정책

영역	세부 사항
어린이에게 가장 좋은 삶의 출발 기회 제공	(1) 양질의 영·유아 및 어린이에 대한 투자 (2) 불리한 소득의 위치에 놓이지 않도록 하는 어머니의 고용 촉진 (3) 돌봄, 휴가 등에 의한 가정과 일의 책무성 보장 (4) 돌봄 지원 및 청년 부부의 노동시장 보장
청·장년층의 좋은 일자리를 위한 장애 극복	(1) 무능력자, 홀부모 등의 일을 통한 복지 완성 (2) 일자리 유지, 저임금 노동의 경력관리, 근로소득창출 등 일터에서 복지 강화 (3) 연금, 보상, 등 사회적 프로그램의 효과성 강화 (4) 빈곤과 배제에 영향을 미치는 다른 정책과 일관성 강화
경제·사회적 향상을 통한 노인 후생 증진	(1) 소득수준별 은퇴자의 노인연금 비용 제한 (2) 노인 고용 확대, 연금 수급 연령 확대 등을 통한 더 긴 근로 유인 (3) 돌봄 기간과 질 개선

자료: OECD(2005).

제2차 세계대전 이후 서구에서의 복지국가는 높은 실업수당으로 인해 근로의욕의 약화, 노동절약적인 산업구조 등장, 낮은 출산과 고령화, 여성의 경제활동참가 확대, 가족구조와 특성의 변화 등 경제사회 환경의 변화로 인해 새로운 도전에 직면하고 있었다(김형만·최영섭·노대명, 2018: 20). 더욱이 일터에서 생산양식도 획일적 숙련수요에서 자동화 및 지식정보화가 진전되어 숙련의 질적 특성이 중요해지면서 인적자본투자의 새로운 국면을 맞이하게 되었다. 남성 중심의 가족부양과 획일적 숙련에 바탕을 두는 복지국가를 지향하는 사회정책도 인적자본투자에 바탕을 두는 보완이 요구되었다. 즉 은퇴, 사망, 사고 능에 대비하는 사후적인 사회석 위험에서 미래에 실업과 불평등에 직면하게 되는 잠재적인 사회적 위험이 크게 증가함에 따라 새로운 대응이 요구되었다. 사회투자는 실업에 대한 적극적인 노동시장정책(active labor market policy), 아동복지와 일-가정의 양립을 위한 여성의 노동복지, 시장을 중시한 결과로 나타나는 불평등 해소 등에 초점이 있으며, 이는 인적자원의 역량에 중점을 두는 복지와 사회보장을 재정립하려는 시도와 밀접하게 관련

제기하는 것이다. 사회투자국가에 대한 논의는 제2차 세계대전 이후 복지국가와 신자유주의의 양 극단과는 다른 것으로 기든스의 「제3의 길」로부터 출발한다(Giddens, 1998). 반면 적극적 사회정책(active social policy)은 남성 중심의 가족부양과 숙련을 바탕으로 하는 복지국가를 지향하는 사회정책을 보완하는 것으로 주로 OECD가 사용한 용어이다(OECD, 2005).

된다(<표 2-1> 참조).

　　이와 같은 사회투자는 사회적 위험 또는 배제를 사전적으로 예방하기 위하여 평생학습과 직업훈련, 아동기의 빈곤예방, 학교시설 개선 및 지역도서관 확대 등을 통해 인적자원을 축적하는 것에 초점이 있다. 실업자의 경우도 실업수당과 직업훈련을 연계함에 의해 근로유인을 약화시키지 않도록 인적자원의 역량을 기르는 데에 초점이 맞추어진다. 이것은 교육훈련 등의 직업능력개발을 강조하는 적극적 노동시장 정책을 중심으로 하는 근로연계복지(workerfare)를 중시하는 것이다. 이와 같이 사회투자는 개인이 기존의 전통적인 복지국가에서 시도했던 것과는 달리 인적자원 관점에서의 사회투자에 바탕을 두고 있다.

　　그러나 사회투자 전략은 신자유주의에 기반을 두고 있어서 개인의 사회권이 축소된다는 비판이 있다. 복지대상자에게 급여를 주기보다는 근로기회를 제공함에 의해 노동을 강제하는 근로복지와의 구분이 모호하다. 실제로 유럽의 복지국가에서 근로연계복지 프로그램의 확산은 실업수당에서 급여 수준을 감소시키고, 빈곤층에 대한 급여프로그램을 약화시켜 결국 빈곤을 높이는 결과를 가져왔다(김형만·최영섭·노대명, 2018: 25). 좀 더 구체적으로 안병영 외(2018: 119)는 다음 세 가지의 비판을 가하고 있다. 첫째, 사회투자는 핵심 개념들이 애매하고 다의적이어서 다양한 해석과 정책 응용 가능성이 있다. 즉 인적자원의 중요성을 권리, 기술형성, 능력부여에 두는지 아니면 의무 또는 유인에 두는지에 따라 상이한 결과를 가져오게 된다. 둘째, 미래에 초점을 맞추면서 오늘의 빈자는 방치하는 경향이 있다. 이것은 세대 간의 대립으로 인한 사회문제를 야기하는 것이다. 셋째, 경제화(economization)를 강조함으로써 상대적으로 사회적 차원이 뒷전으로 밀리고, 사회적 시민권이 약화된다.

　　이러한 비판은 사회투자가 인적자원에 대한 개념을 분명히 하지 않은 것에서 비롯되는 것이다. 이것은 교육훈련 또는 학습이 불평등의 대물림을 단절할 수 있는 사회투자의 중심축으로 자리매김하지 못했음을 의미한다. 즉 미래의 사회적 위험에 대비하기 위해 사람의 역량을 개발하는 것은 중요한 함의를 가진다. 따라서 사회적 위험을 극복하기 위한 교육훈련, 고용, 지역공동체, 문화 등도 인적자원이라는 통합적 관점에서 재조명될 필요가 있다.

04 인적자원 개념의 새로운 국면

인적자원은 경제문제와 사회문제를 해결하는 역량으로서의 의미 이외에도 개인의 성공적인 삶을 위한 역량이라는 의미도 가진다. 왜 인간이 학습하고 일해야 하는지, 그리고 인간이 무엇을 추구해야 하는지에 대한 의문은 생노병사(生老病死)로부터 등장하는 고(苦)를 어떻게 해결할 것인지에 대한 의문과도 같은 것이다. 인적자원이라는 용어에서 이러한 심오한 사고를 기존의 이론을 바탕으로 개념을 재확립하는 것은 쉽지 않은 일이다. 이 절에서는 앞의 이론적 또는 개념적 논의의 변천과정을 축약하고, 그에 이어서 새로운 형태의 개념적 틀을 제시한다.

1. 인적자원 개념의 시대적 변천

원시시대 인간은 자연의 이치를 터득하고 자연과 더불어 살아가는 것이 존재와 삶의 기본이었을 것이다. 그 당시 인간이 직면한 사회적 위험은 인간 이외의 동물과 자연으로부터 스스로를 보호하는 것이었다. 이후 산업혁명 시기까지 인적자원은 생산활동에 있어서 주인과 노예 또는 머슴으로 특정 지어지는 공동체 삶의 구조이다. 노예 또는 머슴은 농업 중심의 일터를 중심으로 지배자인 주인에게 예속되는 특징을 가진다. 생산 활동은 토지와 농노의 투입에 의해 이루어졌다. 이와 같이 산업혁명 이전의 인적자원은 육체적인 힘과 자연의 이치에 순응할 수 있는 지혜가 삶의 기본이었을 것이다.

영국에서 시작되어 미국과 유럽국가로 확산된 산업혁명은 인적자원의 특성도 지주와 소작 또는 농노의 형태의 인적 예속 관계에서 자본과 노동의 관계로 전환되었다. 이 시기의 인적자원은 자본가에 의해 고용되는 노동의 형태로 중세의 노예와는 달리 사람이 아닌 노동력으로서의 의미를 가진다. 인적자원에 체화된 능력으로서 노동력은 상품과 마찬가지로 노동시장에서 거래되는 것이다. 당시의 노동력으로서 인적자원은 교육과 훈련 등을 통하여 길러진 역량을 의미한다. 또한 생산은 노동의 분업에 의해 비약적으로 증가하면서 지주와 자본가, 그리고 자본가와 노동자의 대립이 격화되었으며, 동시에 분업에 다른 공동체의 특성도 유대보다는 이익이 중요시되는 사회적 관계가 등장하였다.[15]

산업혁명은 노동의 분업을 과학적으로 전개하는 계기를 제공하였다. 산업에서는 자본의 대형화 및 정교화가 진행되면서 노동의 분업에 의한 생산성 향상이 나타났다. 소위 테일러리즘 또는 포디즘적인 생산양식의 변화는 인적자원을 과학적 관리기법에 의해 생산요소로 투입하여 생산성을 향상시켰다. 하지만 과학적 관리기법에 의한 노동력의 사용은 사람을 마치 기계처럼 규격화함에 의해 인간소외의 문제를 야기하였다. 창의적이고 고도화된 기술개발과 적용을 위한 생산의 기획은 전체 공정을 관리하는 소수의 관리자가 하고, 현장에 투입되는 노동력은 마치 기계와 같이 일을 하는 형태이다.

우리나라의 경우도 1962년 경제개발 5개년 계획이 시작되면서 농업의 비중이 줄어들고 공업에 바탕을 두는 고도성장이 일어났다. 경공업에서 중화학공업으로 그리고 이어서 전기전자 산업으로 발전해 온 과정에서 산업인력(industrial manpower)이라는 이름하에 인적자원을 기르고 활용하는 체제가 구축되었다. 특히 선진국을 따라잡기 위한 모방은 산업에서 요구되는 획일적인 숙련 또는 역량을 요구하였으며, 따라서 인력은 산업에서 일을 통하여 형성되는 것이 대부분이었다. 즉 인력은 기업에서 필요한 숙련을 길러서 사용하는 것의 중요성이 증대되었다. 이와 같은 산업화시대의 인력은 길러진 역량 또는 산업에서 일을 할 수 있는 역량을 갖춘 인적자원을 의미한다.

이상과 같은 노예 또는 농노, 노동 또는 노동력, 인력 등은 최소한의 역량개발이 필요하기는 하지만 전체적으로 생산요소로서 인적자원의 양적인 투입을 틀 속에서 위상을 가진다. 산업이 고도화되는 과정에서도 소수의 고급인적자원은 지속적인 역량개발을 하지만 다수의 인적자원은 양적인 관점에서 생산요소로 간주되어 왔다. 경제이론에서 제기되는 노동의 투입에 대한 수확체감의 법칙도 동질적인 노동의 투입에 근거하는 것이다. 하지만 지식과 숙련

---

15 애덤 스미스(Adam Smith)의 「국부론」, 칼 마르크스(Karl Marx)의 「자본론」, 뒤르켕(Emile Deurkheim)의 「노동 분업」 등은 자본주의 사회에서 노동의 분업에 의해 야기되는 생산과 사회구조의 변화를 설명하고 있다.

의 투입은 수확체증의 법칙이 적용된다. 여기서 숙련과 지식은 학교에서 배운 역량 이외에도 일하는 경험을 통하여 축적된 지식과 숙련을 포함한다. 이것은 일과 학습이 상호작용하면서 인적 역량을 축적하게 되고, 이러한 종류의 경험학습 또는 일과 학습은 생산성을 지속적으로 향상시키는 역할을 한다.

　　과거 분업에 바탕을 두는 산업화시대의 생산양식 또는 대량생산 체제가 요구하던 획일적 숙련은 노동의 동질성이 전제되는 생산요소의 투입이었다. 하지만 최근 지식정보화시대 나아가 디지털 시대에는 다원적이고 가변적인 숙련의 이질성을 갖는 인적자원 투입이 보편화되고 있다. 디지털 시대에는 일터에서 숙련의 생존기간이 매우 짧아 인적자원의 지식과 숙련의 축적과 활용을 위한 학습이 지속적으로 일어나야 한다. 즉 디지털 시대의 일과 학습은 분리된 것이 아니라 함께 상호작용을 하면서 존속하는 특성을 보인다. 뿐만 아니라 디지털 사회는 사회적 자본에 대한 논의도 인적자원과 분리하여 논의하였지만 협력이라는 사회적 맥락도 인적자원이 가지는 역량으로서 의미가 중요해지고 있다.

2. 생애주기를 고려하는 인적자원

　　삶의 질은 다른 사람들과의 관계에 의해 영향을 받는다. 개인의 삶은 경제활동과 사회보장, 그리고 사회적 위험에 대비한 인적 및 사회적 역량을 기를 수 있는 기회에 의해 달라질 수 있다. 예컨대, 영·유아기에 취약한 돌봄과 교육은 학령기에 학습부진에 직면하게 되고, 성인이 된 이후에도 상대적으로 열악한 일터에서 일하게 될 가능성이 높다. 성인이 된 이후 학습의 기회를 갖지 못하면 저소득에 직면하게 되고 역량개발에 투자할 여력을 갖지 못한다. 소위 불평등의 대물림으로 인해 개인적 역량뿐만 아니라 사회적 결속력도 약화시키는 결과를 초래한다.

　　한편 장수사회로 진전은 새로운 측면에서 불평등의 대물림을 강화시키게 된다. 노인 인구의 급격한 증가는 중·장년층이 노인의 부양을 위한 부담을 증가시킨다. 또한 디지털 전환은 일터에서 요구되는 숙련의 생존주기를 단축시키고 그 결과 중·장년 성인들의 학습 수요도 크게 증가시킨다. 중·장년층은 고령화에 따른 부양비와 디지털 시대 학습을 위한 비용의 부담의 빠른 증가에 직면하게 되는 것이다. 이러한 부담을 줄이기 위해서는 고령자들이 건전한 활동을 통하여 죽음을 맞이할 수 있는 기회를 제공하는 것이다. 따라서 고령자의 역량개발은 청년과 중·장년의 일 중심 역량개발과는 달라야 한다. 고령자를 위한 학습은 평생학습의 새로운 영역이라 할 수 있다.

또한 디지털 시대에는 사라지는 일자리와 새로 등장하는 일자리가 많아질 것으로 전망된다. 이러한 경우 전통적인 학교교육으로 학습이 끝나는 종국학습을 넘어서 성인기의 학습의 중요성이 증대될 것이다. 따라서 학습의 투자도 학령기에서 성인 또는 노년 단계로 확장될 필요가 있다. 전통적으로 학령기 학습을 보충하는 평생교육도 일과 삶을 위한 일상화된 학습으로 진화해 갈 것으로 예상된다.

3. 공동체 역량을 강화하는 인적자원

삶이 공동체(community)의 중심이지만 죽음도 또한 공동체 의식의 중요한 부분이다. 공동체의 의식에서 삶은 적어도 개념적으로는 죽음을 내포하는 것이라 할 수 있다. 죽음의 삶과 연결은 가장 분명하게 여러 종교에서 등장하지만 사실상 우리의 의식에 존재하는 것이다. 우리는 각가지의 사자를 기리는 추모행사를 행하고 있다. 세월호 침몰로부터 죽음, 6.25 참전용사의 죽음, 그리고 주변의 평범한 사람들의 죽음 등에 대한 의식 또는 제사는 살아 있는 사람들의 의식에 죽은 사람의 생각과 의식이 내재하고 있음을 보여주는 것이다.[16] 공동체 의식은 인간의 삶에 대한 문화의 형태로 승화되어 등장하고 인간은 이러한 문화를 통하여 사회적 결속을 강화해 나가고 있다. 따라서 이러한 문화적 특성은 사회통합을 위해서도 인적자원의 개념의 중요한 요소로 포함해야 한다.

공동체는 일반 결사체와 달리 만남과 상호작용이 규칙적이면서도 안정

---

16 권헌익(2012)은 베트남전에서 미군과 한국군에 의한 민간이 학살이 있었고, 지금도 베트남 마을에는 당시에 죽은 사람들의 영혼을 가족 또는 마을에서 자리를 잡게 하는 노력들이 진행되고 있음을 보여주고 있다. 이것은 사자의 영혼이 공동체의 의식에 자리하고 있음을 보여주는 것이다.

적이다.[17] 공동체는 공유된 이해, 정체성, 소속감 등을 통하여 구성원들이 상호간의 정신적 유대감을 가지면서 상호 교감을 가지는 곳이다. 구성원들 사이의 공유된 이해는 더불어 살아가는 협력의 기반이 된다. 또한 이러한 공유된 이해를 바탕으로 구성원들은 공동체의 가치와 문화를 형성하면서 강한 소속감을 가지게 된다. 공동체의 유대는 사회적 신뢰와 협력이라는 사회적 자본을 형성하는 기초가 된다. 공동체에서 구성원들의 유대관계의 바탕이 되는 협력과 신뢰는 사회적 역량으로서 인적자원의 중요한 부분이다. 또한 공동체는 주민 참여의 민주적 의사결정 역량을 통해 개인의 자유가 적절하게 보장되면서도 협력과 신뢰의 틀에서 개인의 역량을 발현할 수 있는 장으로서 의미를 가진다.[18]

4. 인적자원 개념의 새로운 관점

인적자원은 앞의 절에서 논의한 바와 같이 지식, 숙련, 태도 등 개인에게 축적된 역량뿐만 아니라 이러한 역량을 발현할 수 있는 지혜도 필요로 한다. 사람이 태어나서 무덤으로 갈 때까지 배우고 학습하는 것에는 역량을 활용하게 하는 반성적 성찰이 중요하기 때문이다. 이것은 일터에서 직무를 수행하는 것에 집중되는 노동 또는 인력보다는 넓은 개념이다. 또한 인적자원은 일터 내에서도 생산에 있어서 노동 또는 인력이 동질적이라는 전제와는 다르게 질적 특성을 중요하게 고려하는 것이다.

인적자원의 질적 특성은 교육훈련과 학습을 통해 길러진 '인적 역량, 사회적 역량, 민주시민 역량'의 세 축의 상호작용에 의해 그 역량이 발현되는 과정을 함축한다. 새로운 형태의 인적자원은 역량을 기르는 것 이외에도 길

---

17 결사체(association)는 만남과 상호작용이 우연적이고 일과적인 특성을 가지며, 이러한 특성은 구성원들의 관계가 규칙적이고 안정적인 공동체와 다른 점이다(박효종, 2008: 128).

18 박세일(2008)에 의하면 자유는 사회적 무질서와 혼란, 비리와 패륜을 양산하는 것이 아니라 개인의 인격완성과 자아실현을 위한 공정한 행위준칙으로서의 법과 선한 행위준칙으로서 도덕을 지향하는 선한 삶이 이루어지는 자유주의에 바탕을 둔다. 이러한 선한 삶을 지향하는 자유주의는 자율, 조화, 예지가 계승되는 좋은 공동체를 필요로 한다. 그는 좋은 공동체 또는 좋은 사회의 원천으로 선한 삶과 선한 공동체는 떨어질 수 있는 것이 아니며, 자유주의와 공동체가 함께하는 공동체자유주의에 대해 논의하였다.

그림 2-1 인적자원 개념과 위상도

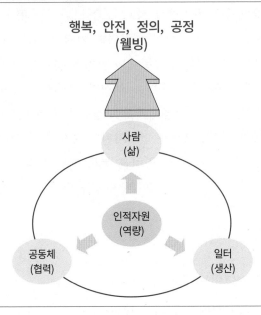

러진 역량이 발현되는 과정을 포함한다. 역량은 공동체, 일터, 사람(개인의 자아)의 특성의 상호작용에 의해 발현된다. [그림 2-1]에서와 같이 이러한 인적자원의 질적 특성은 행복, 안전, 정의, 공정의 실현을 보장하는 것이다. 인적자원의 개념적 틀은 사람의 역량이 길러지고 활용됨에 의해 인간이 추구하는 행복한 삶에 도달할 수 있음을 상정하는 것이다. 이를 토대로 인적자원의 개념은 세 가지의 관점으로 정리할 수 있다.

첫째, 인적자원 개념이 지향하는 바가 무엇인가 하는 점이다. 인적 역량과 사회적 역량의 목표는 행복, 안전, 정의, 공정에 두어진다. 개인의 역량이 욕망 또는 이기심에 집착하여 발현되면 사회질서의 혼란과 비리를 야기하게 된다. 정의와 공정은 타인과 공존하는 개인의 인격과 자아의 실현의 장을 만들어 준다.[19] 또한 사람이 생애 동안 실업, 해고, 은퇴 등으로 인한 사회적 위험에 직면하게 되면 협력도 생산(성)도 발휘하기 어렵게 되고 종국에서는 행복하지 못한 삶을 맞이하게 된다. 일을 하고 있는 경우에도 낮은 생산성으로

----

19 박세일(2008)에 의하면 선한 삶을 가져올 수 있는 개인의 인격과 자아를 실현하는 것이 자유의 질적 완성을 이루는 것이다.

저소득에 직면하게 되면 또한 좋은 삶을 누리기 어렵다. 따라서 행복, 안전, 정의, 공정의 네 요소는 인적 역량과 사회적 역량이 길러지고 활용되어야 하는 지향점이다.[20]

둘째, 인적자원이 어떻게 길러지는가 하는 점이다. 전통적인 경제이론에서 상정하는 동질적인 노동은 길러진 노동력 또는 인력을 생산에 투입(활용)하는 것을 의미한다. 이때 인적자원의 형성은 학령기 학생들을 대상으로 하는 가르침의 교육훈련 또는 학습이 대부분이고 일부 재직 근로자의 역량개발을 위한 훈련이 포함된다. 하지만 지식기반경제 또는 디지털 전환은 배움의 관점에서 조망되어야 하고, 모든 연령층에서 학습자가 주도하는 인적자원 형성이라는 특징을 가진다.

셋째, 길러진 역량이 어떻게 발현될 수 있는가의 관점이다. 통상 인적자원의 활용은 지식, 숙련, 태도 등의 개인 역량을 기르면 일터에서 생산성을 올릴 수 있다는 것을 전제로 한다. 하지만 지식과 숙련이 발현되는 것은 다른 문제이다. 개인의 반성적 성찰과 비판적 사고는 자아의 성찰과 다른 사람 또는 조직과의 협력을 필요로 한다. 개인과 공동체에서 개인의 인격완성과 자아실현을 통하여 일터에서의 생산성 나아가 사회적 생산성 또는 결속력을 강화시킬 수 있다. 인적자원은 개인의 역량과 더불어 사회적 역량의 상호작용을 통하여 발현될 수 있다.

이상과 같은 관점에서의 인적자원은 종래의 양성과 활용에 중점을 두던 정책적 시각과는 다른 것이다. 이제 인적자원이 사람의 삶, 일터에서의 생산성, 공동체의 결속에 있어서 중심을 이루는 것이다. 인적 역량, 사회적 역량, 그리고 민주시민 역량은 경제, 교육, 문화, 복지 등의 넓은 영역과 연관된다.

---

20 이러한 목표는 OECD가 제시하는 웰빙(well-being) 프레임워크와 밀접하게 관련된다. 그 프레임워크는 11개의 지표와 웰빙이 시간이 지남에 따라 지속되는 네 가지의 여건으로 구성된다. 개인의 웰빙에 대한 11개의 지표는 삶의 질과 관련되는 건강상태, 일과 삶의 균형, 교육과 숙련, 사회적 관계, 시민참여와 거버넌스, 환경의 질, 개인적 안전, 주관적 웰빙 등의 8개와 물질적 조건인 소득과 부, 일자리와 근로소득, 주택 등의 세 개로 구성된다. 그리고 지속가능성을 고려하는 네 가지 여건은 자연자본(natural capital), 인적자본(human capital), 경제적 자본(economic capital), 사회적 자본(social capital) 등이다(OECD, 2015: 23).

Chapter 03
인구구조와 인적자원

인구는 인적자원의 근간이다. 인구규모는 한 나라의 생산력을 결정한다
는 점에서 흔히 국력의 측도로서 사용된다. 인구의 생산성이 적어도 단기에
는 일정하므로 인구의 규모가 한 나라의 GDP를 결정하는 중요한 변수이다.
그러나 좀 더 장기적인 관점에서 인구의 질적 수준을 고려한다면 인구규모만
이 국가의 역량을 결정한다고 보기는 어렵다. 인적자원의 질적 수준이 높을
수록 생산력이 높을 것이다. 뿐만 아니라 고령화가 빠르게 진전되고 출산율
이 낮아지면 인구규모의 변화는 없을 지라도 인적자원의 구조는 크게 바뀌게
된다. 저출산은 학령인구의 감소를 가져오고, 종국적으로 교육에 있어서 수
요와 공급의 급격한 변화를 가져온다. 고령화는 노인복지 수요의 급격한 증
가를 가져옴에 따른 인적자원의 질적 변화를 초래할 것이다. 이 장에서는 인
구구조를 바탕으로 인적자원의 특성을 고려한다.

01 인구규모와 인구관의 변천

1. 세계 인구규모의 변화

역사적으로 산업혁명 이전까지 인구증가는 미미한 수준이었다. 그 주된
이유는 산업혁명 이전의 원시시대와 농경시대에 전쟁, 질병, 기아 등의 재난

그림 3-1 　세계 인구의 변화 추이 및 전망

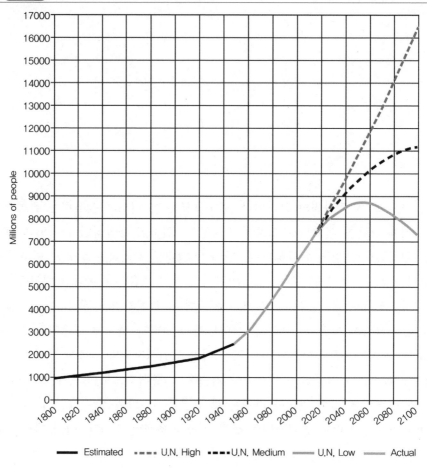

자료: 위키백과(ko.wikipedia.org)

으로 인한 높은 사망률이 있었던 반면 출생률은 낮았기 때문이었다. 세계 인
구는 농경문화 시대의 BC 4,000년경 700만, 철기문명 시기 BC 1,000년경
5,000만, 그리스 및 춘추전국시대인 BC 500년경 1억이었다. 그리고 로마 및
한나라 시대 기원년 인구는 2억이었다(위키백과).
　　산업혁명 이후 소득과 위생이 개선되면서 인구는 빠르게 증가하였다.
[그림 3-1]과 같이 인구 규모는 1800년에 10억, 1900년 17억, 2020년 5월
23일 기준 77억 86백만이다. 향후 2050년경에 지구상의 인구는 UN의 중위수
준 전망에 따르면 약 100억에 이를 것으로 예상된다. 이것은 선진국에서 인

구증가율이 둔화되고 있음에도 개발도상국을 중심으로 지구상의 많은 국가에서 높은 인구증가율은 지속될 것임을 보여주는 것이다. 선진국의 경우 1700~1950년 사이에 인구변천이 완성되었으며, 개발도상국은 제2차 세계대전 이후 인구가 빠르게 증가하고 있는 양상을 보이고 있다(구성열, 1996: 25). 이러한 개발도상국에서의 인구증가를 고려할 때 세계 인구의 증가는 지속될 것이다.

2. 고대 및 중세의 인구에 대한 시각

고대와 중세의 인구에 대한 관점은 생산과 군사 및 정치적 안정성을 고려한 것이었다. 공자는 토지와 인구의 이상적인 비율을 상정하였고, 유교적 규범으로 출산에 대한 강조, 특히 남아 출산에 대해 의미를 크게 부여하였다. 유교적 전통의 남아선호는 노동력으로서 출산의 가치에 의미를 부여하는 것이다. 플라톤은 노예제를 전제로 도시국가의 적정인구를 2,040명으로 규정하였다. 아리스토텔레스는 여가를 향유할 수 있는 수준이 적정인구라고 하였다. 로마인들은 대제국을 운영하는 데에 필요한 군사목적으로 인구증가를 장려하였고, 아우구스투스 법전에는 유자녀가구와 무자녀가구를 재정적으로 차별하였다. 기독교인들은 순결과 금욕을 찬양하는 인구관을 가졌으며, 이슬람에서 칼툰(Ibn Khaldoun)은 인구의 밀집이 노동 분업을 가져오고 자원을 효율적으로 활용하게 하며, 군사 및 정치적 안정에 이른다고 보았다(구성열, 1996: 39; 권태환·김두섭, 2002: 34).

14세기 이후 산업혁명 이전 르네상스 시기에는 항해술과 지리상의 발견으로 무역이 급증하고 절대국가가 출현하면서 인구증가가 장려되었다. 이것은 중상주의[1] 사상에 바탕을 두고 있는 것으로 인구증가를 국부의 원천인 세원으로 보는 것이다.[2] 이와는 달리 당시의 경제체계의 중심을 토지로 상정하

---

1 중상주의(mercantilism)는 유럽 역사에서 중세에서 근세로 이어지는 과도기적인 시대적 배경으로 국가의 이익은 다른 나라의 희생에 바탕을 두는 사업에 의한 금화의 축적이 국가의 부를 가져온다는 경제사상이다. 외국과의 무역을 통하여 금화를 벌어들이고 이들 금화로 국왕은 정치, 경제, 군사력을 가졌다.

2 중상주의 시대에 인구를 늘리려는 노력을 아끼지 않았다. 프랑스의 콜베르는 출산을 장려하고

는 농업이 생산적이라고 보아 인구증가가 식량생산 증대의 가능성 때문에 호의적이었다.

우리나라의 경우도 유교적 가치에 입각한 다출산이 강조되었다. 17세기 실학자들은 인구조사의 중요성을 역설하였으며, 유교적 원리의 하나인 효는 다산을 장려하는 것이다. 실학자들은 토지 면적당 노동력 투입이 증가하면 단위 면적당 생산이 늘어나는 것으로 믿었다. 유형원은 17세기 초 임진왜란으로 인구가 감소하여 늘어난 유휴 토지를 경작하기 위한 인구증가의 중요성을 강조하였다. 박지원도 과거 응시자의 수가 늘어나 일할 수 있는 유휴인력이 증가함에 의해 노동력부족이 나타난다고 지적하였다(권태환·김두섭, 2002: 39-40).

3. 맬서스의 인구론

맬서스의 인구론은 산업혁명 초기 농업이 국가 생산의 중심인 시대에 제기된 것이다. 산업혁명이 시작되면서 저임금 노동자, 그리고 토지에 기반을 두는 지주와 자본가의 대립이 심화되었다.[3] 이러한 가운데 영국은 18세기 말 산업혁명으로 교통, 통신, 과학기술 등이 진전되면서 농업생산성은 크게 향상되고 인구도 크게 증가하였다.

맬서스의 인구론은 인간의 본능인 식욕과 성욕을 전제조건으로 논의를 시작한다. 식량은 인간의 생존, 즉 종의 보존을 위하여 필수불가결한 것이다. 성욕은 종의 증식을 위한 본능으로 소득수준에 상관없이 일정하다. 맬서스는 이와 같은 가정을 토대로 인간의 번식력은 생존을 위하여 식량을 산출하는 토지의 힘보다 무한정하게 크다고 주장한다. 즉 식량의 생산은 한정된 토지의 수확체감으로 인해 산술급수적으로 증가하는 반면, 인구는 기하급수적으

국민의 해외이주를 금지시켰으며, 위그노 교도와 유태인들이 영국과 네덜란드로 이주할 수 있었던 것도 외국의 숙련 노동자의 경쟁적인 요구에 의한 것이었다. 그러나 인구의 증가에 의해 부랑자와 범죄도 동시에 나타나게 되었는데 이들의 국내에서 넘치는 인구들을 해외식민지로 이주시켜 중상주의의 기반을 확대하였다(권태환·김두섭, 2002: 36-37).

3 1846년 곡물법이 폐지되면서 영국은 공업국가로 나아가게 된다. 곡물법의 폐지는 당시 미국과의 식민지전쟁(1775~1781), 영불전쟁(~1815)으로 인한 곡물가격의 폭등과 노동자 폭동으로 인한 것이다. 전쟁으로 영국의 농업을 보호하기 위해 곡물법이 제정되었지만 전쟁이 종식되면서 곡물법이 폐지되고 결국 자본가계급이 승리하게 된다(구성열, 1996: 42).

로 증가한다.

맬서스의 논의는 두 가지의 함의를 가진다. 첫째, 인구는 필연적으로 식량공급의 범위(임금기금) 내에서 억제된다. 둘째, 만약 도덕적 억제(preventive checks)가 없으면 적극적 억제(positive checks)가 발생하여 인구는 식량공급 수준에 맞게 조절된다.4 이러한 억제는 죄악과 가난이 자연의 법칙이라는 생각에 바탕을 두고 있으며, 이것은 인간의 이성과 완전성을 강조하는 계몽주의 사상과는 배치되는 것이다. 특히 당시 지주와 자본가, 그리고 노동자와 자본가의 대립으로 사회 혼란이 심한 상황에서 맬서스의 이론은 지배계층으로부터 환영을 받았다. 하지만 사회주의 경제학자들은 과잉인구가 자본주의의 소산으로 노동자들은 최저임금에 직면하거나 실업에 머물게 한다고 맬서스 이론에 반대한다. 즉 자본주의는 완전고용보다 과잉인구를 통하여 의도적으로 노동착취가 일어난다고 보고 있다.

맬서스의 인구론은 제한된 토지로부터 나타나는 수확체감에 근거를 두고 있으며, 기술진보가 없고 경작할 수 있는 토지의 개간이 정체된 농경사회에서 타당한 것으로 평가된다. 수확체감은 공업에서도 자본재로 사용되는 자원이 한정되어 있기 때문에 나타나는 현상이다. 그러나 과잉인구는 기술진보가 있으면 생산에 적정한 인구규모로 활용될 여지가 생기게 된다.

이러한 점에서 맬서스 이론은 몇 가지 비판을 받는다. 첫 번째 비판은 '도덕적 억제'는 가족 부양의 책임을 완수할 때까지 결혼을 연기함에 의해 성적 절제를 하는 것인데 일반대중에게 이를 요구하는 것은 실효성이 거의 없다는 것이다.5 두 번째 비판은 인구문제를 식량에만 한정하여 인간의 생존을

----

4 맬서스는 『인구론』 초판에 의하면 적극적 억제는 '가난과 악덕'이라는 자연법칙에 의해 인구가 제거되는 것이다. 적극적인 억제는 모든 동식물이 생존을 위해 일정한 한도 내에서 제한되는 자연의 법칙에 의해 줄어드는 것이다. 동물과 식물에게는 종자의 낭비와 질병과 성숙하기 전의 죽음으로 존재하지만 인류에게는 가난과 악덕의 형태로 존재한다. 즉 가난은 질병에 의한 사망을, 범죄 및 전쟁 등의 악덕은 인간의 인간에 의한 제거를 가져온다. 제2판에서는 초판에 대한 여러 가지 비판을 고려하여 도덕적 억제는 출산을 의식적으로 피하기 위하여 결혼의 연기와 결혼 후에 금욕을 통하여 출산을 억제함에 의해 인구가 일정한 수준에 유지된다고 주장하였다(권태환·김두섭, 2002: 42).

5 당시 피임이 크게 확산되었고, 이후 인구를 억제하는 중요한 수단이 되었다. 하지만 맬서스는 인구 억제의 가장 효과적인 수단인 피임에 대해서는 인식하지 못했다. 그는 합법적인 결혼생활 이외에 비도덕적인 성관계를 조장한다는 의미에서 피임을 반대하였다(권태환·김두섭, 2002: 46).

위한 의복과 주택 등은 제대로 고려하지 못하고 있는 것이다. 식량 이외에 의복과 주택도 인간의 삶에 있어서 중요한 부분임을 고려하지 않은 것이다. 세 번째 비판은 인구가 반드시 기하급수적으로 늘어나지도 그리고 식량이 산술급수적으로 증가하지만은 않는다는 점이다. 과학기술의 발달에 따른 농업 및 공업의 발달을 고려하지 못한 것이다. 실제로 산업혁명 이후 과학기술의 발달에 따라 식량의 생산은 인구증가를 상회하고도 남을 정도로 증가되었다.

4. 인구변천이론

인구변천이론은 맬서스의 경제적 요인에 근거하는 비관적인 인구이론을 벗어나 인구증가에 영향을 주는 요인을 복합적으로 고려하려고 시도하는 것이다. 인구변화에 영향을 주는 요인들은 경제적 요인 이외에 계급, 자녀에 대한 가치관, 생활양식, 삶의 가치관, 생물학적 요인 등이 있다. 인구변천이론은 경제적인 발전단계를 고려하여 국가별로 공업화단계에 이르지 못한 나라, 공업화 초기단계의 나라, 인구가 감소하기 시작한 나라의 세 유형으로 구분하였다. 하지만 이러한 세 단계의 구분은 국가별 특성을 모두 반영하지 못하는 한계가 있다. 이를 감안하여 UN은 인구의 변천과정을 [그림 3-2]와 같이 다섯 단계로 구분한다.

제 I 단계는 전통적인 높은 수준의 출생률과 높은 사망률을 나타낸다. 이 단계에서 인구는 안정적으로 낮은 인구성장률을 보인다. 산업혁명 이전 세계 모든 나라들이 이 부류에 속한다. 제 II 단계는 사망률이 떨어지지만 높은 출생률로 인구의 증가속도가 빨라지는 단계이다. 이 유형에는 일본, 대만, 한국, 싱가포르, 홍콩, 태국 등의 국가를 제외한 대부분의 아시아 국가들이 해당된다. 제 III 단계에 인구증가율은 가장 높은 수준에 도달한 이후 감소하기 시작하여 제 IV 단계에는 출생률의 하락이 사망률의 하락보다 빨라 인구증가율은 급속하게 감소한다. 제 III 단계의 유형에는 중남미 국가들이, 그리고 제 IV 단계의 유형에는 남미 몇 나라와 태국 등이 포함된다. 제 V 단계에 인구변천이 종료되면 출생률과 사망률은 모두 낮아지고 인구는 다시 낮은 상태에서 안정된다. 제 V 단계의 유형에는 인구변천이 끝난 나라들로 선진국과 그 외

그림 3-2 연구 변천의 단계

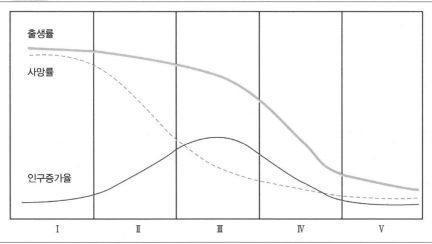

자료: 권태환·김두섭(2002). 50쪽.

한국, 대만, 싱가포르가 포함되는 것으로 평가된다.

　　이러한 인구변천이론의 중요한 점은 출생률과 사망률의 하락에 있어서 출생률의 지속적인 저하는 사망률의 지속적인 저하가 있은 이후에 나타난다는 것이다. 그러나 이 이론은 현실적으로 사망률이 떨어지기 전에 출산율이 떨어지는 경우가 있어 한계를 가진다. 하지만 인구변천이론은 역사적 맥락에서 인구변화를 조망하고 그에 따른 사회 전체의 결과에 대한 관심을 가지게 할 뿐만 아니라 세계적인 수준에서 인구에 대한 전망을 한다는 의의를 가진다.

02 인구규모의 변동

　　한 나라 또는 특정 지역에서의 인구규모는 출생, 사망, 그리고 인구이동에 의하여 결정된다. 출산은 소득과 소비의 여건과 교육 및 육아에 소요되는 비용 등에 의해 영향을 받는다. 사망도 소득수준 이외에 건강에 대한 투자의 정도에 의해 영향을 받는다. 그리고 인구이동은 경제활동의 특성에 따라 발생한다. 이 절에서는 출생, 사망, 인구이동에 관해 차례로 살펴본다.[6]

1. 출생과 출산력의 결정 요인

우선 출생은 출산율을 통해서 살펴볼 수 있다. 출산율 지표는 조출산율, 일반출산율, 합계출산율, 순재생산율, 대치출산율 등이 자주 사용된다.[7] 첫째, 출생과 관련한 대표적인 지표는 조출산율(crude birth rate)이다. 이는 다음과 같다.

$$(3.1) \quad CBR = \frac{B}{P} = \frac{\sum_i B_i}{P} = \sum_i A_i \frac{F_i}{P} = \sum_i A_i^m \frac{F_i^m}{F_i} \frac{F_i}{F} \frac{F}{P}$$

여기서 B는 출산아 수, P는 연중앙인구, B_i: 나이 i인 여성인구의 출산아 수, F_i는 나이(i)별 여성인구수, A_i는 나이(i)별 출산율($= B_i/F_i$), F_i^m: 나이(i)별 유배우여성인구수, A_i^m은 나이(i)별 유배우출산율($= B_i/F_i^m$)이다. 식 (3.1)의 좌측 등식의 대표적인 조출산율은 1년간 출산아 수를 연중앙인구로 나눈 것이다. 여기서 분모는 출산아수이고 분자는 총인구로 출산의 가능성을 분명하게 나타내지 못하고 있다. 실제로 15~44세의 출산 가능한 가임여성 인구를 고려하면 두 번째와 세 번째 등식의 나이별 출산율을 나타낼 수 있다. 하지만 이러한 나이별 출산율 또한 출산 가능성을 완전하게 고려하지 않고 있다. 이를 감안하여 혼인을 고려하는 유배우출산율을 사용하면 마지막 등식과 같다. 이 마지막 등식은 나이별 출산율이 동일해도 인구구조가 다르면

6 이 절은 구성렬(1999)의 제2편의 내용을 토대로 재구성하였음을 밝힌다.

7 인구통계와 관련된 지표는 정태적 지표(=저량/저량 또는 유량/유량), 동태적 지표(=유량/저량(期中平均)), 확률(=유량/기초저량)의 세 유형으로 나뉜다. 여기서 저량(stock)은 일정시점 시재량(時在量)을 말하고, 유량(flow)은 일정기간 누적량을 나타낸다. 따라서 정태적 지표는 계측기간의 장단에 상관없지만 동태적 지표는 계측기간의 장단에 따라 달라질 수 있다. 동태적 지표는 기간의 중앙시점 시재량 또는 기간중 평균저량을 분모로 하는 데 비하여 확률지표는 기간 초의 시재량을 분모로 하는 점이 다르다. 통상 정태적 지표에는 부양비, 성비 등과 같이 비라는 접미어가 사용되고, 동태적 지표에는 출생률, 사망률 등에서처럼 율이라는 접미어가 붙는다.

조출생률이 다르게 나타남을 보여준다. 즉 조출생률이 인구구조의 함수임을
나타낸다.

둘째, 일반출산율(general fertility rate)과 합계출산율(total fertility rate)은 인
구구조의 영향을 완화한 지표이다. 일반출산율은 조출생률에서 전체 인구에
대한 가임기 여성인구의 비중 대신에 가임기 여성인구의 연령구조를 적용한
것이다. 합계출산율은 가임기 여성의 연령분포가 균등할 때의 특수한 것으로
일반출산율의 다른 형태이다. 이는 다음과 같이 나타낼 수 있다.

$$(3.2) \quad GFR = \frac{B}{F_{15-44}} = \sum_i A_i \frac{F_i}{F_{15-44}}$$

$$(3.3) \quad TFR = \sum_{i=15}^{44(49)} A_i \times 1.0$$

셋째, 조재생산율(gross reproduction rate)은 합계출산율에서 분자의 총출
산아 수 대신 여아 출산아 수만 고려하는 것이다. 순재생산율(net reproduction
rate)은 여아가 성인으로 살아남을 가능성을 생명표상의 생잔확률을 이용하는
것이다. 그리고 순재생산율이 1.0인 경우가 대치출산율(replacement level fertility)
이며, 이를 합계출산율로 환산하면 2.1정도가 된다. 조재생산율과 순재생산
률은 다음과 같다.

$$(3.4) \quad GRR = \sum_{i=15}^{44(49)} A_i^{W}$$

$$(3.5) \quad NRR = \sum_{i=15}^{44(49)} A_i^{W} \frac{5L_i}{l_0}$$

여기서 A_i^{W}는 나이 i인 여성인구의 여아 출산율이고, $5L_i/l_0$는 생명표 상의
나이 i에서의 생잔확률이다. 그러나 이들 지표는 인구통계가 잘 갖추어져 있
는 경우에 측정가능하다.

이외에도 조출생률의 국가간 또는 시점간 비교를 위한 표준화된 출생률

이 사용되며, 인구통계가 미비한 경우 모아비를 사용하는 경우도 있다.[8]

다음 출산력을 결정하는 요인에 대한 가설은 경제학을 중심으로 제시되었다. 논의의 핵심은 출산력이 감소[9]하는 이유와 생활수준과의 관계에 대한 논의로 집약된다. 경제학적인 시각에서 출산력 감소의 중요한 변인은 소득증가와 관련된다. 대표적인 논의는 수요측면, 공급측면, 그리고 상대소득측면의 이론이다.

첫째, 수요측면에서의 논의는 라이벤스타인(H. Leibenstein)의 한계효용이론과 베커(Becker)의 소비수요이론이다. 우선 한계효용이론은 경제성장에 따른 출산력 저하 현상을 자녀 양육의 효용과 비효용의 차이인 한계적 순효용에 의해 설명하였다. 소득이 증가하면 핵가족화 및 사회보장제도 도입 등으로 자녀의 생산적 효용과 보험적 효용이 감소하는 반면 생활수준의 향상에 따라 직접적 육아비와 기회비용이 증가함에 의해 총비용이 증가한다(소득효과). 또한 소득의 증가는 유아사망률을 저하시켜 자녀의 성장에 따른 효용이 증가하고 비용은 감소하게 된다(생잔효과: survival effect). 그리고 경제발전에 따른 새로운 직업환경은 아동 노동의 기회를 줄이는 대신 자녀 교육비와 양육비를 증가시키고, 부모는 새로운 직업에 적응하기 위해 가사에 소홀하게 되어 자녀의 순효용을 감소시키게 된다(직업분포효과). 이와 같이 한계효용이론은 세 가지의 효과에 의하여 소득이 증가할 때 출산을 줄이게 된다고 논의한다. 다음 베커의 소비수요이론은 평생소득의 예산제약 하에 효용을 극대화하는 소비자수요함수를 도출하는 것에 바탕을 둔다.[10] 소득이 상승할 때 자녀수의 증가보다는 자녀의 질적 수준 증가가 현저하여 자녀수의 소득탄력도가 상대적으로 낮아서 출산율이 하락한다는 것이다.

둘째, 공급측면의 이론은 이스터린(Easterlin)이 제시한 자연출산력과 가

---

8 표준화된 출생률(SBR: standardized birth rate)은 $SBR = \sum A_i (F_i/P)^s$ (단, $(F_i/P)^s$: 표준인구구조)이며, 모아비(CWR: child-woman ratio)는 $SBR = P_{0-4}/^t F_{15-44}$ 이다(구성열, 1996: 56–57).

9 한국의 경우 1960년대 이후부터 출생률이 본격적으로 저하되기 시작하였다. 이러한 출산력의 저하는 경제발전에 따른 가족관의 변화와 가족계획의 확산에 기인한 것이다.

10 효용함수가 $U = U(n,q,s)$ 이고 평생소득이 $y = nq + ps$ 일 때 평생소득의 제약하여 효용극대화 1계 조건으로부터 수요함수 $n = n(y,p)$, $q = q(y,p)$, $s = s(y,p)$ 을 얻을 수 있다. 여기서 y는 평생소득, n은 자녀수, q은 자녀의 질, s는 재화의 소비량, p는 재화의 가격이다.

임능력실천 정도에 의해 영향을 받는다는 이론이다. 이 논의에 의하면 잠재적 생잔아수는 부부의 가임력과 성교의 빈도에 의하여 결정되는 자연출산력 (natural fertility) 및 유아사망률(infant mortality)과의 함수관계를 가진다. 원하는 생잔자녀수보다 잠재적 생잔아수가 많으면 초과수요로 별다른 조치가 필요 없지만 반대로 초과공급의 경우 출산력을 억제하고자 하는 동기가 생기게 된다. 이때 산아 제한은 심리적 및 물질적 비용이 수반되므로 산아 제한에 따른 비용과 초과 출산에 따른 비용의 상대적 크기에 의해 결정된다.

마지막으로 상대소득의 변화에 의한 출산력 저하를 설명하는 이론이다. 이와 관련한 모형은 세대 간 상대소득가설과 사회적 상대소득가설이 있다. 세대 간 상대소득가설은 자신의 생애소득이 일정할 때 부모의 생애소득이 높을수록 출산력과 여타 소비지출이 감소한다는 것이다. 사회적 상대소득가설은 출산력과 소비지출에 대한 기호는 사회계층별로 다르고, 계층 내에서 개인의 소득이 사회준거집단의 평균소득에 비하여 낮을수록 출산력과 소비지출이 낮다는 것이다. 상대적으로 부유한 구성원이 양육비 지출뿐만 아니라 기타 소비재 지출의 여력이 높아서 출산력 수준도 높다.

2. 사망과 사망력의 결정 요인

앞의 [그림 3-2]에서 살펴본 바와 같이 인구증가는 출산력 증가보다는 사망력의 저하로 인해 발생한다(그림의 II와 III 영역). 사망력을 측정하는 대표적인 지표는 조사망률, 사망률, 정지인구이다.

첫째, 조사망률(crude death rate)은 사망력을 나타내는 대표적인 지표로 총인구 중에서 사망자가 차지하는 비율이다. 이는 다음과 같이 나타낼 수 있다.

$$(3.6) \quad CDR = \frac{D}{P} = \frac{\sum_i D_i}{P} = \sum_i m_i \frac{P_i}{P}$$

여기서 D는 사망자수, P는 연중앙인구, D_i는 나이(i)별 사망자 수, m_i는 나이(i)별 사망률($= D_i/P_i$), P_i는 나이(i)별 인구수이다. 식 (3.6)의 조사망률은 1년간 사망자 수를 연중앙인구로 나눈 값이며(첫 번째 등식), 이것은 나이별 사망자수를 합한 것으로 나이별 사망률과 인구구조의 곱으로 나타낼 수 있다(두 번째 및 세 번째 등식). 식 (3.6)의 마지막은 조사망률이 인구구조의 함수임을 보여준다. 만약 시점별 또는 국가별 인구구조가 다르면 조사망률이 다르게 되는데 이러한 경우 표준화된 사망률이 사용된다.[11]

그리고 1년 미만인 신생아의 사망률은 다른 연령계층과 차이가 현저하므로 이는 영아사망률(infant mortality rate)로 다음과 같이 나타낼 수 있다.

$$(3.7) \quad IMR = \frac{D_0}{B}$$

여기서 D_0: 영아(0세) 인구 중 사망자수, B: 출산아수이다. 영아사망률은 UN이 2030년까지 각국이 추진할 것을 권고하는 지속가능발전목표(sustainable development goals)의 중요한 지표 중의 하나이기도 하다.

둘째, 사망률은 나이, 성 등의 인구특성에 다라 다르며, 인구특성별 사망력을 하나의 지표로 종합한 생명표를 통해 산출할 수 있다. 인구예측에 사용되는 생명표는 기간에 근거를 두고 측정된다.[12] 나이(i)별 사망확률(q_i)을 알고 있다고 하면 생잔자수(l_i)와 사망자수(d_i)의 관계를 다음과 같이 정의할

---

11 인구구조의 영향을 제거한 표준화된 사망률(standardized death rate)은

$$SDR = \sum_i m_i (P_i/P)^s$$

(여기서 $(P_i/P)^s$: 표준인구의 나이구조)

이다. 만약 조사망률과 인구의 나이구조를 알고 있다면 세별사망률을 모른다고 해도 세별사망률이 표준인구의 세별사망률과 비례관계에 있다고 가정하면, '간접 표준화된 사망률(indirectly standardized death rate)'은

$$ISDR = k\sum_i m_i^s (P_i/P)^s = k \ CDR^*$$

(여기서 m_i^s: 표준인구의 세별사망률, CDR^*: 조사망률)

이다. 표준인구의 사망률이

$$CRD^* = \sum_i m_a^s (P_i/P)^s \text{ 일 때 } m_i = km_i^s \text{ 임을 가정하면 } CDR = k\sum_i m_i^s (P_i/P)$$

이기 때문이다. 여기서 $k = CDR/(\sum_i m_i^s (P_i/P))$이다.

12 생명표는 횡단면자료에서 관찰된 사망률에 근거하여 가상적으로 도출한 기간생명표(period life table)와 실제 특정 인구집단의 생애 사망률 자료에 근거하는 코호트 생명표(cohort life table)가 있다.

수 있다.

(3.8) $d_i = l_i \cdot q_i$, 여기서 $l_{i+1} = l_i - d_i$

이제 미래의 생존 가능성을 알면 기대생존연수를 구할 수 있다. 이를 위해 i 연령집단 l_i가 1년간 사망확률이 q_i이면 1년간 사망자(d_i)가 몇 날을 살수 있는지에 대한 정보를 필요로 한다. 1년간 평균생존연수를 a_i라고 할 때 1년간 살게 되는 날 수를 감안한 기대생존연수(L_i)는 다음과 같이 정의된다.[13]

(3.9) $L_i = l_{i+1} + a_i \cdot d_i$

그리고 마지막 연령계층, 예컨대 85세 이상의 경우 생존연수 L_{85+}는 이들의 사망률 추정치를 통하여 추계할 수 있다.

(3.10) $L_{85+} = \dfrac{l_{85}}{m_{85+}}$ $\left(\text{여기서, } m_{85+} = \dfrac{d_{85+}}{L_{85+}} = \dfrac{l_{85}}{L_{85+}} \right)$

그러면 동일 연령층 l_i가 i세 이후부터 사망까지 기대되는 총생존연수와 1인당 평균적으로 기대할 수 있는 생존가능연수인 i세 이후 기대여명(e_i)과 출생 시의 기대여명인 평균수명(e_0)은 다음과 같이 정의된다.

(3.11) $e_i = \dfrac{T_i}{l_i}$, $e_0 = \dfrac{T_0}{l_0}$, $\left(\text{단, } T_i = \displaystyle\sum_{x=i}^{w} l_x \right)$

여기서 T_i는 동일 연령집단 l_i가 i세(특정 연령 x) 이후부터 사망(w)에 이르기까지 기대되는 총생존연수이다.

....

13 만약 1년간 균등하게 발생한다면 사망자는 평균적으로 0.5년을 생존한다. 따라서 a_i는 대부분의 연령집단에 대해 0.5를 가정할 수 있다. 그러나 영아(0세)의 경우에는 0.3을 가정하는 것이 보통이다(구성열, 1996: 95).

마지막으로 정지인구(stationary population)는 성별 및 나이별 사망률이 일정하고 사망자수(D)와 출산아수(B)가 매년 l_0로 동일하다면 발생하는 정체상태에 이르는 인구를 말한다. 정지인구의 규모와 동태율은 생명지표와 다음과 같은 관계를 가진다.

$$(3.12) \quad CDR = CBR = \frac{l_0}{T_0} = \frac{1}{e_o}$$

여기서 T_0는 $T_0 = \sum L_i$로 나이별 인구(L_i)를 합한 총인구이다. 식 (3.12)는 현재의 사망률에서 출생률과 사망률이 같을 때 장기적으로 수렴하게 되는 가상적인 인구이다. 정지인구의 연령구조는 현재의 실제 연령구조와 무관하며 실제보다 노년인구의 비중이 큰 경향이 있다.

이상의 사망력은 앞의 소절의 출산력과 같이 경제발전에 따른 소득수준에 크게 영향을 받는다. 소득수준의 상승은 사람들의 영향과 건강상태를 개선하게 되고, 교육투자에 의해 건강 및 의료서비스 정보 등의 지식수준을 향상시켜 고령화를 촉진시킨다.[14] 이것은 경제발전이 건강에 대한 투자를 증진시키도록 함에 의해 나타나는 현상이다. 반면 경제발전은 산업화의 진전에 따라 감염성질환과 영양결핍에 따른 사망률은 줄어들지만 당뇨, 고혈압 등의 성인병과 만성퇴행성 질환뿐만 아니라 산업화에 의해 공해 및 산업재해 등에

---

14 소득수준과 사망률의 관계에 대한 분석모형은 듀란드(Durand)의 사망률 결정요인, 프레스톤(Preston)의 소득과 평균수명의 관계, 곰베르츠(Compertz) 성장곡선 또는 사망원인 제거 방식 등이 있다. 튜란드의 모형은 사망률을 종속변수로, 그리고 소득수준, 과학기술, 사회정책, 자연적 요인 등을 독립변수로 하는 함수를 설정하고 인류 역사의 사망률 변화과정을 4개 국면으로 설명하고 있다. 프레스톤의 모형은 기대수명(평균수명)을 소득수준의 증가함수로 설정하여 소득수준에 따라 계층을 나누어 총계화하여 사망률이 소득수준과 소득의 분포에 의해 영향을 받는 것을 분석하는 것이다. 그러나 이들 모형은 경제발전에도 불구하고 인간의 수명 연장에 한계가 있다는 점을 반영하지 못한다. 대안적으로 곰베르츠 성장곡선 방정식은 $e = k \cdot g^{c^t}$ (C는 평균수명, k는 한계수명, t는 연도)로 평균수명(e)의 데이터가 있으면 k, g, c의 파라미터 값을 추정하여 값을 얻는 것이다. 이 추정 방식은 인간의 수명이 곰베르츠곡선의 특성에 따라 변한다는 사전적인 가정에 바탕을 두고 있어 특정 인구에 대한 타당성과 미래의 인구의 추세선을 장담할 수 없다. 이러한 문제를 해결하기 위한 것이 사망원인 제거 방식이다. 이것은 $e^* = f(q^*)$로 여기서 q^*는 사망원인이 제거되었을 때 가상적인 사망률 체계(성, 연령, 사망률)벡터를 나타내고, 따라서 e^*는 q^*에 근거한 기대수명이 된다. 하지만 사망률 제거 방식은 모든 사망의 원인 통계의 정확성이 선행될 때 실제적인 의미를 가진다(구성열, 1996: 104–108).

의해 사망률을 높인다. 이러한 현상을 고려할 때 경제성장에 따라 영아와 아동의 사망률보다는 노인인구의 사망률이 중요해진다.

한편 과학기술과 보건 및 의료정책은 소득증가 및 산업재해로 인해 등장하는 의료수요의 증가에 상응하여 의료공급을 확장시킨다. 의학과 의료 기술의 발달은 불치병으로 인한 사망의 근원을 제기시켜 사람의 생명을 연장시키고 있다. 의료정책도 새로운 과학기술과 의료기술의 보급을 확산시키고, 공중보건과 위생을 개선함으로써 사망률을 낮추도록 한다.

3. 인구이동

인구이동은 교육과 직업을 찾아서 이동하는 경우가 대부분이다.[15] 국내에서의 인구이동은 행정구역을 중심으로 파악할 수 있으며, 특정지역에서 인구이동의 영향은 전출과 전입의 차이인 순전입자의 수에 의해 나타난다. 이와 같은 인구의 사회적 변동은 출생과 사망의 차이로 인한 자연 증가와는 다른 것이다. 일정기간 동안 특정 지역의 인구증가율은 다음과 같이 나타낼 수 있다.

$$(3.13) \qquad \frac{P_{i,t+1} - P_{i,t}}{P_{i,t}} = \frac{B_{i,t} - D_{i,t}}{P_{i,t}} + \frac{M_{i,t} - M_{0,t}}{P_{i,t}}$$

여기서 P_i는 i지역 인구, B_i는 i지역 출생아수, D_i는 i지역 사망자수, $M_{i,t}$는 t년도 연간 전입자수, $M_{0,t}$는 t년도 연간 전출자 수이다. 식 (3.13)은 인구증가율이 자연적 증가와 사회적 증가에 의해 구성됨을 보여준다. 우변의 첫째 항은 자연증가율이며, 두 번째 항은 사회적 증가율이다. 특정 지역의 인구이동 성향은 전입에서 전출을 뺀 순이동률($(M_{i,t} - M_{0,t})/P_{i,t}$)과 전출과

---

15 교육과 직업에 의한 이동 이외에도 자연재해나 정치적 이유로 이동하는 경우도 있다. 최근 시리아 및 아프리카에서의 유럽으로 가려는 난민과 미국의 멕시코 국경 봉쇄는 글로벌 인구이동의 모습을 보여주고 있다. 우리나라의 경우 한일합방 이후 만주, 일본으로의 강제 이동 이외에도 하와이, 멕시코 등지로의 이민이 있었다. 그리고 해방 이후 이들의 귀국은 인구이동의 대표적인 사례이다.

전입을 합한 총이동률($(M_{i,t}+M_{0,t})/P_{i,t}$)에 의해 측정된다. 이와는 달리 특정 지역의 총인구 대신 인구증가분을 사용하는 지수는 사회증가지수라고 한다. 이는 순유입률에서 순유출률을 뺀 $(M_i/\delta P)-(M_0/\delta P)$로 측정된다.

그러면 인구이동은 왜 일어나나는가? 이 질문에 대한 이론은 환경에 대한 적응 과정에서 발생하는 인구이동과 사회적 상승이동에 대한 욕구에 의한 인구이동의 두 유형으로 구분할 수 있다.

전자는 인구에 대한 생태학적인 설명으로서 중력모형과 이에 사회학적인 것을 가미하는 생태학적인 논의이다. 중력모형은 전출입의 양이 지역의 인구규모에 비례하고 지역 간 거리에 반비례한다는 것이다.[16] 이것은 인구규모가 크면 경제적 기회가 많고, 출발지와 목적지간 거리가 멀수록 그 사이에 개재한 중간기회가 많아지기 때문에 목적지에 도달할 가능성도 높아진다는 것이다. 또한 배출흡인(push－pull)모형에 의하면 어떤 지역에서 환경적, 사회적, 기술적으로 배출을 요구하면 인구의 배출(순전출)이 나타나고, 반대의 경우 흡인(순전입) 요인이 작용하게 된다는 것이다. 생태학적 불균형을 해소하는 경우로 농촌에서 과잉인구는 생활환경을 유지하기 위해 배출되는 반면 도시의 산업화와 기술발전은 새로운 노동력의 도시로 이동을 발생시킨다.

후자는 사회적 상승이동의 욕구를 실현하려는 경제이론에 의한 것으로 소득격차이론과 인적자본이론이 대표적이다. 소득격차이론은 노동력의 산업부문 간 이동과 산업부문 내에서의 이동, 그리고 주거이동 및 노동시장 이동을 수반하는 인구의 지역 간 이동을 노동시장의 임금격차를 통해 설명한다. 신고전학파 이론은 노동이동을 지역 간에 임금 또는 실업률을 해소하는 과정으로 본다. 만약 노동시장이 경쟁적이어서 부문 간 이동 자유롭다면 두 지역의 임금격차가 같아질 때까지 노동이동이 계속될 것이다.[17] 또한 국제적으로

----

16 중력모형은 $M_{ij}=k\cdot(P_i\cdot P_j/D_{ij})$로 표현된다. 여기서 M_{ij}는 $i\sim j$간 전출입인구, P_i는 i 지역의 인구규모, P_j는 j 지역의 인구규모, 그리고 D_{ij}는 $i\sim j$ 지역 간의 거리이다. 중력모형은 물리학의 중력이론에 바탕을 둔 것이지만 점차 사회학적 해석이 가미되었고, 인구규모와 거리가 인구이동에 대하여 미치는 영향에 대한 경제적 기회와 연관 지우게 되었다(구성열, 1996: 116).

17 농업부문과 비농업부문의 노동수요가 각각 L_a, L_m이라고 하면 각각의 노동수요는 임금과 노동생산성이 일치하는 $W_a=P\cdot MPL_a$와 $W_m=P\cdot MPL_m$에서 결정된다. 완전경쟁시장에서 시간이 지나면 부문 간의 임금격차는 노동이동에 의해 양측의 한계생산물가치와 임금이 같게 되어 해소

도 저소득 국가에서 고소득 국가로 노동이동도 국가 간의 소득격차에 의해
발생하는 것이다. 두뇌유출(brain drain) 현상도 소득수준이 낮은 나라에서 높
은 나라로 우수한 인적자원이 이동하는 것이다. 한편 인적자본이론에 바탕을
두는 인구이동은 경제적 순이익의 현재가치가 나이, 성, 교육수준에 따라 차
이가 나기 때문에 발생하는 것이다.18 이에 따르면 장래 소득의 지역 간 격차
가 학력이 높을수록 크고, 남녀 간 성별 임금격차를 고려할 때 여자보다 남
자가 크다. 특히 최근의 한국의 상황에서 대학 진학을 위해 서울의 특정 지
역으로 이주하려는 욕구로 인하여 높은 주택가격이 형성되는 것은 교육이 인
구이동의 중요한 원인임을 알 수 있다.

03 인적자원 구조의 거시적 조망

앞의 두 절에서 논의된 인구는 인적자원의 양적인 규모를 파악하는 논
의였다. 최근 지식기반경제를 넘어 디지털 시대로 이행하면서 노동 또는 인
적자원의 질적인 측면이 강조되고 있다. 인적자원의 질적인 특성을 논의하기
위해서는 인구의 구성별 특성을 살펴볼 필요가 있다. 이 절에서는 거시적 시
각에서 인구의 구성별 특성을 살펴본다.

1. 인적자원의 범주와 구조

인적자원이 가지는 질적 특성은 기본적으로 인구구조와 밀접하게 관련
된다. 통상 인구구조 파악은 가장 기초적인 통계인 '인구센서스'와 '동태통계'

된다.

18 샤스타드(L. Sjaastad)는 인적자본이론을 처음으로 인구이동에 적용하였다. 이에 따르면 이동에
따른 경제적 수익의 현재가치는 $PV = \sum (R_t - C_t)/(1+r)^t$이다. 여기서 C는 이주비용과 이주 후
정착 시까지의 기회비용 및 심리적 비용을 포함하며, R은 장래소득의 차이와 생활비(물가, 통근
비)의 차이 등 화폐적 수익과 기후, 학군, 정치 등 비화폐적 수익을 포함한다.

에 기반을 둔다. 인구센서스는 일정지역에 살고 있는 인구의 전체 수를 일정 기간의 간격을 두고 조사하는 것이다.[19] 동태통계는 출생, 사망, 사산, 혼인, 이혼의 다섯 가지의 인구학적 사건에 관한 것으로 사건이 발생할 때 마다 신고에 의해 작성되는 통계이다. 이와 같은 인구 통계는 지역 또는 영토 내에 국한되는 인구정보를 생성하는 것이다. 이것은 양적인 특성을 가진다.

하지만 인적자원은 인구의 질적 특성에 대한 함의도 중요하므로 특정된 공간에 국한될 이유가 없다. 민족의 개념에 의하면 인적자원은 국제적 이동 과정에서 나타나는 글로벌 차원의 두뇌유출 또는 두뇌활용을 포괄할 수 있다. 두뇌유출(brain drain)은 해외에서 고등교육을 받고 귀국하지 않고 교육을 받은 나라에서 잔류하는 현상으로 국가적 인적자원의 유출을 의미한다. 흔히 후진국에서 고급인적자원의 유출에 대해 논의되어 왔다. 하지만 고급인력이 국제적 역량을 강화함에 의해 인류의 복지에 기여한다는 측면에서 긍정적인 측면도 가진다. 더욱이 디지털 시대에 인적자원의 교류 및 협력을 상징하는 글로벌 고급인적자원순환(brain circulation)을 의미하는 새로운 차원(global brain network)의 중요성이 증대되고 있다.

국경을 경계로 하는 양적인 정보의 한계를 넘어서기 위해서 민족의 개념에 의해 인적자원을 파악하면 국내에 거주하는 내국인 이외에 해외에 거주하는 한국인도 포함할 수 있다. <표 3-1>은 인적자원의 범주를 보여준다. 좁은 범위를 상정하면 국내에 거주하는 일반 국민이지만 재외동포 국내 유학생, 기타 외국인 국내 유학생과 전문 인력이 포함될 수 있다. 또한 국외 거주 유학생과 파견자, 재외동포 및 입양인도 포함될 수 있다. 이와 같은 넓은 범주의 인적자원은 민족적 특성을 고려하는 것이다. 한편 인적자원은 인적 역량과 사회적 역량을 기르고 활용한다는 개념적 관점으로부터 민족적인 혈연 관계가 아닌 외국인도 한국의 인적자원 범주에 포함시킬 수 있다. 가장 넓게 외국 거주 외국인 중 지한파 또는 친한파를 포함시키는 것이다.

이러한 점을 고려하면 인적자원의 전체 구조는 [그림 3-3]과 같이 나타

---

19 UN의 정의에 따르면 인구센서스는 개인(또는 개별)조사, 일정지역 내에서 조사의 보편성, 조사의 동시성, 한 조사와 다음 조사 사이의 일정한 간격 등의 네 요소를 필수적으로 구비해야 한다. 1960년 이후 세계 거의 모든 나라에서 이러한 개념에 따라 센서스를 실시하고 있다(권태환·김두섭, 2002: 18).

표 3-1 국내외 인적자원의 분포

	국내거주	국외 거주
순수 한국인	일반국민	유학생, 국외파견 전문인력
한국계 외국인	재외동포 모국 유학생	재외동포, 입양인
순수외국인	유학생, 전문인력	지한파, 찬한파 인사

자료: 우천식(2009), 미발표 부총리보고자료.

낼 수 있다. [그림 3-3]은 특정 시점에서 인적자원의 총량, 인적자원의 공급, 인적자원의 수요, 교육 및 노동시장 퇴장, 그리고 인적자원 유출입 등의 다섯 영역의 상호 의존관계를 보여주고 있다.

인적자원의 총량은 국내외에 거주하는 한국인과 한국계 외국인을 포함하는 국내 총인구와 해외이민자로 구성되며, 2018년 59,122천명이다. 공급측

그림 3-3 인적자원의 구조와 흐름(2018년)(단위: 천명)

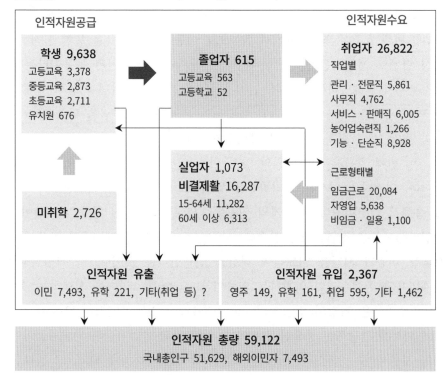

자료: 통계청, 「인구총조사」, 「경제활동인구조사」, 교육부·교육개발원, 교육통계연보, 법무부,
「출입국·외국인정책 통계월보」.

면의 인적자원은 학교에 다니고 있는 학령인구로 9,638천명이다. 수요측면의 인적자원은 취업상태에 있는 인구로 26,822천명이다. 학교와 노동시장 밖에 머물고 있는 인적자원은 미취학자, 실업자와 비경제활동인구 등으로 20,086 천명이다. 이러한 인적자원의 구조는 경제발전 단계에 따라 변해왔으며, 2000년대 이후 고등교육이 보편화되어 인적자원의 질적 수준도 크게 향상되었다. 특히, 고령화로 인한 비경제활동인구는 크게 증가하고 있는 상황이다.

2. 인적자원의 흐름

[그림 3-3]에서 알 수 있는 바와 같이 인적자원의 생애주기별 흐름은 크게 영·유아에서 취학, 학교를 졸업한 이후 직업탐색, 은퇴의 세 가지 흐름과 관련된다. 이들 흐름은 인적자원의 양성 및 활용과 돌봄의 과정으로 나타난다.

먼저 양성 및 활용의 관점에서 세 가지 흐름의 관점에서 살펴볼 수 있다. 첫 번째 흐름은 영·유아에서 취학으로 이동은 정규교육을 통한 인적자원 양성 단계로 전환하는 출발점이다. 영·유아기의 인적자원은 돌봄이라는 인적자본투자에 해당하는 것이다. 인적자원의 돌봄이 부족하면 개인의 생애 동안 역량 축적을 약화시켜 사회적 불평등과 불평등의 대물림을 낳을 뿐만 아니라 경제 및 사회적 생산력을 제약하게 된다.

두 번째 흐름은 인적자원의 양성 이후 일터로 이행하는 직업탐색의 과정이다. 인적자원 양성은 일터학습을 통해서도 행해지지만 대부분 학교교육을 통해서 이루어진다. 학령기의 인구는 대부분 인적자원 양성의 대상이다. 직업탐색이론은 직업탐색을 할수록 좋은 일자리를 얻을 가능성과 탐색에 소요되는 비용과 시간을 비교하여 직장을 선택한다는 것이다. 즉 직업탐색의 한계비용과 한계수입이 일치하는 의중임금(reservation wage)을 선택하는 것이다. 의중임금은 기업의 임금제의(wage offer)와 졸업자의 임금수락(wage accept) 여부를 결정하는 중요한 변수이다. 만약 학교 졸업자들의 의중임금이 기업이 지불하려는 임금보다 높으면 그들은 탐색을 계속하게 되고, 그 결과 취업은 장기화될 것이다. 이와 관련해서는 제7장에서 자세하게 논의될 것이다.

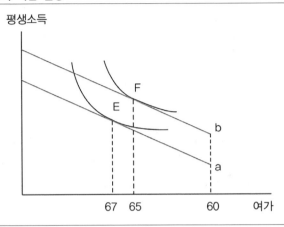

그림 3-4 은퇴 시점 결정

자료: 남성일(2017), 34쪽.

　　마지막 흐름은 노동시장에서의 은퇴이다. 이것은 개인들이 언제까지 일
하고 은퇴할 것인가를 선택하는가에 의해 결정된다. 개인들은 노동시장에서
일하는 마지막 시기에 계속 일을 하면 소득을 얻고, 은퇴를 하면 남은 생애
여가시간을 가지게 되는 상황에서 선택의 문제에 당면하게 된다. 은퇴를 늦
게 하면 근로를 함에 의해 여가를 포기해야 하는 것이다. [그림 3-4]에서 가
로축은 여가시간을, 그리고 세로축은 통상적인 은퇴 시기인 60세 시점에서
현재가치로 환산한 평생소득을 나타낸다. 60세에 은퇴하면 b만큼의 연금을
받는다고 하자. 만약 은퇴 연령을 늦추면 근로소득도 연금소득도 늘어나므로
여가의 기회비용과 같은 F점이 최적 선택점이 되고, 은퇴 연령은 65세까지
늘어난다. 이제 정부가 연금을 삭감하면 예산선은 아래로 이동하게 되어 여
가의 상대적 한계효용이 여가의 기회비용보다 작아지고 개인들은 은퇴 시점
을 늦추게 된다. 이때 최적은 E점으로 은퇴시기를 늦추어 소득 손실의 일부
를 보전하려 할 것이다. 이와 같이 인적자원의 노동시장 퇴장은 연금체계의
구조와 밀접하게 관련된다.

　　다음 돌봄은 영·유아기와 노년기로 구분된다. 영·유아기의 돌봄은 학
령기의 교육에서부터 노동시장에서 직업선택과 일터에서의 생산성과 밀접한
관계를 가진다. 만약 영·유아기의 돌봄과 학습이 부진하면 이후 학교교육에
서 학습부진에 직면하게 되고, 성인이 되어서는 저소득층에 머물 가능성을

높이게 된다. 따라서 돌봄은 인적 역량을 기르는 중요한 부분이라 할 수 있다. 그리고 노년기의 돌봄도 인적자원정책에 있어서 매우 중요하다. 노령인구가 급격하게 증가하면서 고령 인적자원의 사회적 역량을 활용하는 것은 장수시대의 새로운 과제로 등장하고 있다. 고령화로 인한 장수사회는 만약 준비가 부족하면 노인부양비의 급격한 증가와 이로 인한 세대 간 갈등을 야기하게 된다.

이상과 같이 인적자원의 흐름은 사람의 생애주기의 전 과정의 특성과 관련된다. 반면 인적자원의 질적인 흐름은 대부분 학령기의 인적자본투자에 의해 형성된다. 그리고 최근에는 일터학습 또는 평생학습도 인적자원의 질적 흐름에 있어서 중요한 요소로 등장해 있다. 또한 인적자원의 생애 흐름은 개인이 사회적 위험에 직면하게 되는 관점도 중요하게 포착한다.

3. 인적자원의 활용과 경제활동

인적자원의 생애단계 흐름에 있어서 경제활동은 돌봄과 학교교육을 받는 단계 이외에 인적자원을 활용을 하는 단계로서 의미를 가진다. 인적자원의 활용을 통해서도 질적 수준이 향상될 수 있다. 인적자원이 활용되지 못하면 인적자원의 마모 또는 퇴화가 빠르게 진전되는 특징을 가진다. 흔히 일을 통한 배움(learning by doing)은 인적자원이 사용되면 될수록 그 역량이 확대되는 의미를 함축하고 있다. 이러한 이유 때문에 일을 못하는 상태로서 실업, 특히 청년들의 실업은 경제발전 또는 경제성장을 저해할 뿐만 아니라 개인들이 사회적 위험에 빠지게 하는 사회정책의 핵심적 요소가 된다.

경제활동을 하는 인적자원은 노동시장에서 생산 활동을 하는 노동력을 의미한다. 경제활동은 의무교육을 받는 학령인구를 제외한 15세 이상의 생산가능인구의 노동력에 의해 행해진다. 생산가능인구는 취업자와 실업자로 구성되는 경제활동인구와 비경제활동인구로 구성된다. 경제활동인구와 비경제활동인구의 정의[20]에 따르면 이들은 사실상 노동시장에서 인적자원의 흐름을

----

20 통계청의 분류 기준에 따르면 생산가능인구는 경제활동인구와 비경제활동인구로 분류되고, 경제활동인구는 실업자와 취업자로 구성된다. 취업자는 '① 조사대상 기간 중 수입을 목적으로 1

그림 3-5 경제활동과 인적자원의 흐름

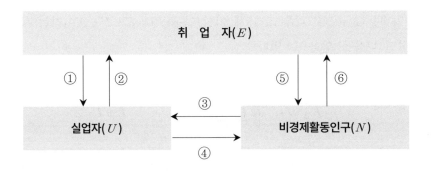

자료: 남성일(2017), 184쪽.

나타낸다.

[그림 3-5]는 개인이 직면한 경제상황에 따라 취업자, 실업자, 비경제활동인구의 세 유형이 각각 서로 쌍방으로 이동하는 인적자원의 흐름을 보여주고 있다. 이러한 흐름은 구체적으로 실업으로의 유입과 유출이 같은 정상상태를 고려하여 살펴볼 수 있다. ①과 ③을 합한 값은 실업으로 유입이며, ②와 ④를 합한 값은 실업으로부터 유출이다. 매달 취업자(E) 중에서 d의 비율만큼 실업으로 유입된다고 가정하면 ①의 크기는 dE가 된다. 그리고 비경제활동인구(N) 중에서 e의 비율만큼 실업으로 유입되면 ③의 크기는 eN이 된다. 따라서 총유입 ①+③은 $dE+eN$이다.

한편 매달 실업자(U) 중에서 b의 비율로 취업자자로 유출된다고 하면 ②의 크기는 bU이고, x비율로 비경제활동인구로 유출되면 ④의 크기는 xU이다. 따라서 총유출 ②+④는 $bU+xU=(b+x)U$가 된다. 정상상태에서 유출과 유입의 크기는 다음과 같다.

시간 이상 일한 사람, ② 같은 가구 내 가구원이 운영하는 사업체나 농장의 수입을 위해 일주일에 18시간 이상 무급으로 일한 사람, ③ 직업이나 사업체가 있지만 일시적인 병, 사고, 연·휴가, 교육 등의 사유로 조사기간 중에 일을 못했으나 이러한 사유가 해소되면 다시 일할 수 있는 사람'으로 정의된다. 실업자는 '① 조사기간 중에 수입이 있는 일을 하지 않았고, ② 지난 4주간 적극적으로 구직활동을 했으며, ③ 조사대상 기간에 일이 주어지면 즉시 취업이 가능한 사람'으로 정의된다. 그리고 비경제활동인구는 15세 이상 인구 중에서 취업자도 아니고 실업자도 아닌 사람이다.

$$(3.14) \qquad dE + eN = (b+x)U$$

이제 양변을 $E + U$로 나누고, 15세 이상 인구$(P) = E + U + N$이라는 사실을
이용하면 다음을 얻을 수 있다.

$$(3.15) \quad d\left(1 - \frac{U}{E+U}\right) + e\left(\frac{1}{\frac{E+U}{P}} - 1\right) = (b+x)\frac{U}{E+U}$$

여기서 $U/(E+U)$는 실업률(u)이고 $(E+U)/P$는 경제활동참가율(a)이므
로 이를 고려하면 실업률은 다음과 같이 나타낼 수 있다.

$$(3.16) \qquad u = \frac{e\left(\frac{1}{a} - 1\right) + d}{b + x + d}$$

식 (3.16)은 정상상태에서 취업자로 유출(b)과 비경제활동인구로 유출(x)이
크면, 그리고 비경제활동인구에서 실업으로 유입(e), 취업자에서 실업으로
유입(d)이 크면 실업률이 높아짐을 보여준다.

이와 같이 노동시장에서의 인적자원의 양적인 흐름은 경제활동 상태에
의해 영향을 받는다. 최근 기술혁신과 정보통신의 발달로 인적자원의 실업,
취업, 비경제활동으로의 이동이 잦아지고 있다. 이러한 양적인 흐름은 노동
시장에서의 숙련수요에 대응하는 교육훈련 등을 통한 인적자원의 질적 향상
과 밀접하게 관련된다.

한편 좀 더 질적 특성을 반영하는 인적자원의 활용과 경제활동에 대한
논의는 노동시장의 구조적 관점에서 접근하는 것이다. 우리나라 노동시장은
삼중의 구조적 특성을 가지고 있다. 임금근로자 중에서의 정규직과 비정규
직, 그리고 자영업 등의 비임금근로자 등 세 유형은 일터환경과 생산성에 있
어서 다른 여건을 가지고 있다. [그림 3−6]에서와 같이 통계청의 경제활동
인구조사의 2020년 8월 부가조사에 따르면 현재 15세 이상 인구는 4,481만 3
천명이며 이중 경제활동인구는 62.4%, 비경제활동인구는 37.6%이다. 그리고

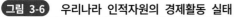

그림 3-6 우리나라 인적자원의 경제활동 실태

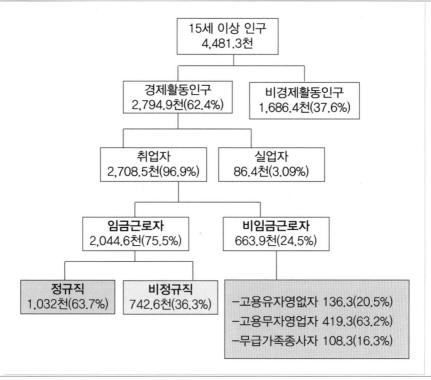

자료: 통계청, 경제활동인구조사, 2020년 8월 부가조사.

취업자는 2,708만 5천명으로 이 중에서 임금근로자는 2,044만 6천명(75.5%), 비임금근로자는 633만 9천명(24.5%)이다. 그리고 임금근로자 중에서 정규직은 63.7%, 비정규직은 36.3%이다.

또한 정규직, 비정규직, 비임금근로자로 구분되는 일터는 생산성과 조직의 구조적 특성도 매우 다르다. 정규직의 고용이 비교적 안정되고 높은 임금인 반면 비정규직과 자영업은 장시간 노동과 열악한 근로조건과 상대적으로 낮은 소득에 직면한다. 특히 공기업과 대기업은 노동조합이 존재하는 반면 중소기업과 자영업은 노조조직률이 매우 낮다. 그뿐만 아니라 [그림 3-7]과 같이 비정규직과 비임금근로자는 사회보험가입률도 미미한 수준이어서 사회적 위험과 소득불평등에 노출되어 있다.[21]

---

21 4대 보험은 고용보험, 건강보험, 국민연금, 산재보험을 의미하며, 사회보험은 4대 보험 이외에

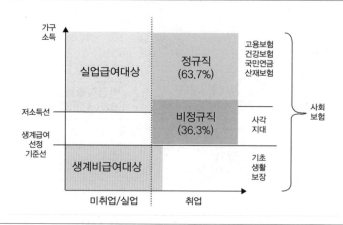

그림 3-7　우리나라 노동시장의 구조적 특성

4. 인적자원의 유출입

　　인적자원의 국가 간의 이동을 의미하는 유출입은 주로 지역 또는 국가 간의 임금격차에 의해 발생한다. [그림 3-8]에서와 같이 인적자원 유출이 있는 X국의 임금은 인적자원 유입이 있는 M국에 비해 임금이 낮다. 그러면 임금격차로 인해 인적자원이 X국에서 M국으로 이동하게 된다. 인적자원 유출국의 노동시장 균형은 a점에서 b점으로 이동하여 임금이 XW_1에서 XW_2로 상승한다. 반면, 인적자원 유입국의 노동시장 균형은 c에서 d로 이동하고 임금은 MW_1에서 MW_2로 하락하게 된다.

　　이와 같은 인적자원의 국제적 이동으로 인해 인적자원 유출국의 근로자들은 임금 상승으로 이득을 보지만 유입국의 근로자들은 임금이 낮아져 손해를 보게 된다. 하지만 인적자원 유입국의 소비자잉여가 증가하고, 생산증가에 따른 GDP가 늘어나는 결과를 가져온다. 반면 인적자원 유출국에서 소비

사학연금, 공무원연금, 군인연금, 노인장기요양보험을 포함한 것이다. 다음 표와 같이 2020년 산재보험을 제외하면 4대 보험가입과 노조조직은 비정규직이 상대적으로 열악하다.

4대 보험 가입률 현황

	고용보험	건강보험	국민연금	산재보험	노조가입
전체	90.3	91.1	91.3	97.8	10.0
정규직	94.4	98.5	98.3	97.0	13.0
비정규직	74.4	64.9	61.7	97.5	0.7

자료: 고용부, 고용형태별근로실태조사

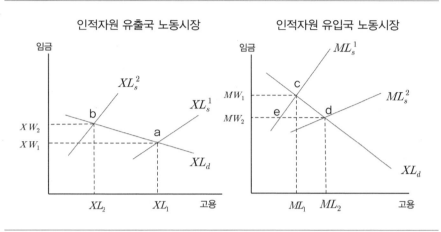

그림 3-8 인적자원의 국제적 이동 효과

자료: 남성일(2017), 153−155쪽.

자잉여는 줄어들지만 GDP는 줄어들지 않을 수 있다. 왜냐하면 해외 이민자들이 임금 수입의 일부를 자국의 가족에게 송금하기 때문이다.

만약 외국인 인적자원을 내보내는 정책을 취한다면, 즉 [그림 3−8]에서 ed 만큼의 외국인 인적자원을 내보내면, 노동공급은 ML_s^1로 줄어들고 새로운 균형 c에서 고용은 ML_1이 된다. 이것은 ML_2보다 훨씬 작아 내보낸 외국인 인적자원을 내국인으로 모두 채우지 못하는 결과를 낳는다. 이러한 정도는 노동공급이 비탄력적일수록 임금은 높게 상승하지만 고용은 크게 증가하지 않게 된다. 이것은 외국인과 내국인이 노동시장에서 대체 관계가 강하지 않은 데에서 기인하는 것이다. 현실적으로 내국인과 외국인은 노동시장에서 보완 관계에 있는 것이 일반적이다.

한편 두뇌유출(brain drain)은 인적자원의 유출과 유입을 야기한다. 예컨대 우수한 인적자원이 해외 유학 이후 귀국하지 않는 경우에 해당된다. 소득수준이 높은 나라로 인구 이동은 개도국에서 선진국으로 이동의 경우 주로 고급인적자원이 유출로 인해 개발도상국에서 인적자원 양성의 효과를 선진국이 누린다는 점이 문제다. 그러나 장기적으로 경제가 개방되면 해외 동포들이 모국의 경제발전에 직간접으로 기여하게 된다. 뿐만 아니라 모국의 경제성장 전망이 밝으면 선진국에서의 학습과 경험을 통해 익힌 역량을 모국의 발전을 위해 활용될 수 있다. 따라서 인적자원의 유출은 장기적 관점에서 조망될 필요가 있다.

04   인적자원 수급전망 모형

미래의 인적자원의 흐름으로서의 인적자원과 관련한 전망은 인구추계와 인적자원 수급전망의 다른 두 유형으로부터 살펴볼 수 있다. 전자는 주로 인구정책과 복지재정추계와 관련한 사회정책을 위해 사용된다. 후자는 인구구조와 거시경제모형을 바탕으로 생성되는 정보로, 주로 산업별 및 직업별 인적자원의 수요에 맞추어 교육훈련 등의 인적자원 양성 규모를 확정하기 위한 기초 정보를 생산하는 데에 초점이 있다. 최근에는 인적자원 수급전망이 역량의 수준별 전망 결과를 도출하는 형태로 그 모형이 발전되고 있다. 이 절에서는 인구추계, 거시경제전망, 인력수급전망에 관하여 살펴본다.

1. 장래인구추계

장래인구추계는 미래의 인구구조 변화를 관찰할 수 있는 중요한 지표이다. 통계청은 코호트요인법에 의해 장래인구를 추계하고 있다. 코호트요인법은 출생, 사망, 국제이동 등의 인구변동 요인별 미래 수준을 각각 예측한 후 추계의 출발점이 되는 기준인구에 출생아 수와 국제수준의 이동자 수는 더하고, 사망자 수는 빼는 인구균형방정식(demographic balancing equation)을 적용하여 다음 해의 인구를 반복적으로 산출해 나가는 인구추계 방법이다.[22] 인구균형방정식은 다음과 같다.

---

22 기준인구는 장래인구추계의 출발점의 인구이다. 최근의 것은 2017년 7월 1일 인구로 2017년 11월 1일 총조사인구(등록센서스)에 2017년 7~10월 사이 발생한 인구변동요인을 감한 것이다.

그림 3-9   코호트요인법 작성 흐름

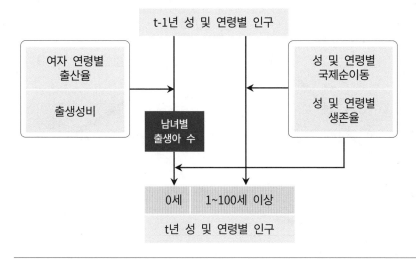

자료: 통계청(2019.12).

(3.17) $P_t = P_{t-1} + B_{t-1,t} - D_{t-1,t} + M_{t-1,t}$

여기서 P_t는 t년 인구, $B_{t-1,t}$는 $t-1$과 t년 기준시점 사이의 출생아수, $D_{t-1,t}$는 $t-1$과 t년 기준시점 사이 사망자수, $M_{t-1,t}$는 $t-1$과 t년 기준시점 사이의 순인구이동지수이다.[23] 식 (3.17)을 이용한 작성 흐름은 [그림 3-9]와 같다. 연도별 0세의 인구는 여자의 연령별 출산율과 출생 성비, 남녀별 출생아수 및 생존율의 예측 결과를 반영하여 도출된다. 그리고 연도별 1~100세 이상의 나머지 연령층 인구는 성 및 연령별 국제 순이동 및 생존율

- -

23 출산 추계는 출생아수, 합계출산율(완결출산율), 평균출산연령, 출생성비 등의 기초 자료가 이용된다. 출산률은 기준 시점부터 3년간은 출산비율 추세의 다항식 모형으로 합계출산율(TFR: total fertility rate)을 예측하고, 10년 이후는 코호트 완결출산율 시계열모형 [$CFR = \beta_0 + \beta_1 \ln(t) + \epsilon_t, (\epsilon_t = \phi_1 \times \epsilon_{t-1})$]으로 예측한다. 그리고 연령별 출산율은 로그감마모형으로 산출한다. 사망은 사망자수, 조사망률, 기대수명, 성별격차 등의 자료를 이용하여 LLG(Li−Lee −Gerland, 2013) 확장모형(log $m_{x,t,i} = a_{x,i} + B_{x,t}K_t + b_{x,i}k_{t,i} + \epsilon_{x,t,i}$, 여기서 $a_{x,i}$: 개별집단(남여)의 연령별 사망률 평균수준, $B_{x,t}$: 전체 집단(남여전체) 시점 t의 연령별 사망률 패턴, K_t, k_t: 전체 집단시간지수와 개별집단 시간지수, $b_{x,i}$: 개별 집단(남여) 고유(i)의 연령과 연령별 사망률 변화패턴)에 의해 추계된다. 그리고 국제이동 추계에는 내외국인별 국제순이동, 국내이동은 총이동률, 시도 간 이동자수/이동률, 시도별 순이동률 등의 자료가 이용되며, 시도별 성·연령 순이동자수는 이동확률 추정치를 적용하는 변동전이확률모형에 근거한다(통계청, 2019.12: 3−5).

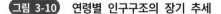

그림 3-10 연령별 인구구조의 장기 추세

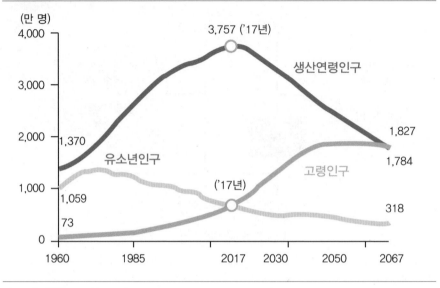

자료: 통계청(2019.12), 39쪽.

의 예측결과를 반영하여 도출된다.

　　통계청의 2017년 이후의 장래인구추계 결과에 의하면 2028년 5,194만명을 정점으로 감소하고 2067년 3,929만 명으로 감소할 전망이다. 연령구조를 보면 15~64세의 생산가능인구의 비중은 2017년 73.2%에서 2067년 45.4%로 감소하고, 65세 이상 고령인구는 같은 기간 13.8%에서 46.5%로 증가할 것으로 전망된다. 경제 전체의 일할 수 있는 인적자원의 규모가 양적으로 크게 감소하고, 또한 고령층 인구가 빠르게 증가여 장수사회가 도래할 것으로 전망된다. 반면 0~14세 유소년인구는 13.1%에서 8.1%로 감소할 것으로 전망된다(그림 3-10 참조). 이와 같은 저출산으로 인해 인구는 빠르게 감소할 것으로 전망되고, 이러한 유소년인구의 감소는 학교교육의 중심축인 학령인구의 급격한 감소를 야기할 전망이다.

　　이상의 장래인구추계는 미래의 인구구조 변화에 대한 정보를 제공한다. 추계결과에 따르면 유소년 인구의 급격한 감소는 학령인구의 감소로 교육시장에 큰 충격을 주고 있고, 고령자의 급격한 증가는 고령자의 돌봄과 복지의 사회정책에 큰 변화가 필요함을 알 수 있다. 또한 생산가능인구의 감소는 노

동공급의 감소를 의미하고, 따라서 생산성 향상을 위한 경제정책 이 필요함
을 시사한다.

2. 인적자원 수급전망을 위한 거시경제 모형

장래인구추계가 인적자원 공급을 전망하는 근간이라고 한다면 거시경제
전망은 산업구조에 바탕을 두는 인적자원 수요를 전망하는 기초가 된다. 예
컨대, 인구구조변화에 대응한 각종 정부지출이 복지, 고용 등에 어떤 파급효
과는 계량경제모형에 근거하여 분석 및 전망할 수 있다. 인적자원의 수요를
전망하기 위해서는 경제전망을 필요로 한다. 인적자원의 수요는 소비, 생산,
투자 등의 경제활동과 상호의존되어 있기 때문이다([그림 3-11] 참조).

통상적으로 경제의 각 부문 간 상호의존 관계를 고려하는 연립방정식
형태의 거시계량경제모형은 거시경제균형모형과 일반균형모형으로 대별된
다. 거시경제균형모형[24]은 거시경제변수간의 복잡한 행태방정식의 설정에 의
한 부문별 경제변수 사이의 상호 인과관계를 파악하는데 적합하지만 산업별
또는 지역별 세분화된 변화를 포착하는 데에는 한계가 있다. 이에 반해서 일
반균형모형[25]은 산업연관표(input-output table)의 기술계수를 바탕으로 경제

---

[24] 거시경제균형모형은 케인스주의 거시경제(적응적 기대)이론을 바탕으로 변수간의 인과관계를
구조식으로 식별하고, 연립방정식체계로 설정하는 고전거시계량모형(old style macroeconomic
models), 석응석 기대에 대한 루카스 비판(Lucas critique)을 수용하여 합리적 기대를 노입한 현
대거시계량모형(modern macroeconomic models), 그리고 부분균형의 한계를 극복하기 위한 모
든 시장의 동시적 균형을 고려하는 동태확률일반균형모형(dynamic stochastic general equilibrium
moedls)으로 발전하고 있다(이진면 외, 2008: 6). 우리나라에서 개발된 모형들은 대부분 거시계
량경제모형이다. KDI 모형은 총공급, 총수요, 국제수지, 노동, 물가, 금융 등 6개 부문으로 14개
의 정의식 및 27개의 행태식을 가진다(신석하, 2005). 한국은행은 5개의 수요부문(최종수요, 대
외거래, 금융시장, 부동산시장, 재정)과 4개의 공급부문(임금 및 물가, 노동, 잠재 GDP, 자본스
톡)에서 48개의 행태식과 33개의 정의식을 포함하는 81개의 연립방정식으로 구성되어 있다(한
국은행, 2005). 이외에도 한국경제연구원(조경협·김창배·장경호, 2010), 과학기술정책연구원(신
태영·박영무, 1998; 이우성 외, 2012) 등에서 거시계량모형을 이용하여 경제적 파급효과를 분석
하였다.

[25] 일반균형모형은 산업연관표에 바탕을 두는 산업연관모형에서 산업연관모형과 거시경제모형을
연계하는 하향식 산업·거시모형(top-down dynamic interindustry macroeconomic models)으로
그리고 상향식 다부문모형(bottom-up dynamic interindustry macroeconomic models)으로 발전
하고 있으며, 또한 미시경제의 일반균형을 실증모형으로 구축하여 산업간 및 거시경제를 연계
하는 연산가능일반균형모형(computable general equilibrium models: CGE)으로 발전하고 있다(이

정책의 산업별 파급효과를 분석에서부터 미시경제의 기반이 되는 '왈라스 일반균형이론26'에 바탕을 두는 연산가능일반균형(computable general equilibrium) 모형으로 발전하고 있다.

일반균형모형은 인적자원 수급전망을 위해 산업별 세분화된 정보를 얻을 수 있다는 장점이 있다. 기본적으로 인적자원에 대한 수요 전망에는 거시 다부문모형과 CGE 모형에서 도출되는 인적자원의 양적 규모를 이용할 수 있다. 총량거시경제전망에서 전망치를 산업별로 세분화한 다음 이를 산업별 인적자원수요로 전환할 수 있는 기초 정보가 되는 것이다. 하지만 산업연관분석은 산업의 생산물에 대한 총수요의 과부족이 모든 산업의 산출량을 분석하는 일반균형모형의 특성을 가지지만 재화의 가격이 고정되어 있다는 점, 중간투입의 변화만 관찰한다는 점, 최종수요를 외생변수로 처리한다는 점에서 현실을 설명하기 어려운 문제가 발생한다. 다부문모형은 산업부문간 상호작용과 동태적 변화, 특히 투자와 생산성에서의 동태적 변화를 산업 수준에서 모형을 설정할 수 있다. 그리고 CGE 모형은 인적자원의 이질성과 동태적 모형으로 전환할 수 있고, 산업뿐만 아니라 지역을 세분화할 수 있다는 장점이 있다. CGE 모형은 경제학에서의 일반균형이론과 컴퓨터 프로그래밍을 통한 수치 해석 기법을 결합한 것이다.27 CGE 모형을 바탕으로 거시경제를 분석을 하기 위해서는 적합한 데이터베이스를 필요로 한다.28

이상의 거시경제 모형은 산업별 또는 지역별로 세분화된 노동수요를 전

진면 외, 2008: 5-11).

26 왈라스균형(Warlasian equilibrium)은 각 시장에서 초과수요가 0인 상태인 가격체계와 배분이 달성되는 경제이다. 즉 모든 경제주체의 효용과 이윤이 극대화되는 상황에서 모든 상품과 서비스에 대한 수요와 공급량이 일치하는 상태를 말한다.

27 CGE 모형은 ORANI 방식과 World Bank 방식이 있다. 전자는 Gempack(general equilibrium modelling package)을, 그리고 후자는 GAMS(general algebraic modeling software)를 사용한다(남상호 외, 2015: 28-29).

28 그러한 데이터베이스는 사회회계행렬(social accounting matrix: SAM)로 산업연관표(input-output table) 또는 공급사용표(supply-use table: SUT)와 국민계정(national income accounts)을 바탕으로 만들 수 있다. 사회회계행렬 작성은 산업연관표 자료를 바탕으로 부족한 정보를 국민계정으로부터 보충한다. 최종적으로 사회회계행렬로 각 행의 합과 열의 합이 일치하지 않을 수 있으므로 정방행렬을 갖는 내적일관성을 갖도록 조정해서 만들어진다. 행과 열의 합이 같도록 맞추어 정방행렬을 구축하는 과정(balancing)은 RAS 방법, Cross-Entropy 방식, 최소자승법 등이 있다(남상호, 2018: 35-36).

망하는 데 사용될 수 있다. 특히 노동수요에 있어서 인적자원의 질적 수준을 고려하기 위해서 거시경제모형에서 노동력의 수준별로 세분화하는 것은 장래의 인적자원 수급전망에 있어서 새로운 과제라고 할 수 있다.

3. 인적자원 수급전망 모형[29]

  인적자원 수급의 대상은 교육훈련 또는 학습 프로그램을 통하여 일을 할 수 있는 역량을 갖춘 자를 의미한다. 인적자원 수요는 기업이 생산을 위해 필요한 투입요소로서의 노동수요이다. 경제이론에서 노동수요는 노동의 한계생산물가치와 임금에 의해 결정된다. 반면 인적자원 공급은 인구구조를 바탕으로 경제활동인구에 속하는 개인의 여가와 소비재에 대한 선호에 의해 결정된다. 인적자원 수급전망은 공급과 수요의 균형에 의해 나타나는 고용량을 추정하는 것이다. 전망 결과는 미래의 교육훈련 및 고용에 대한 인적자원 정책의 기초정보로 활용된다. 한국에서 사용되고 있는 대표적인 인적자원 수급전망 모형은 [그림 3-11]과 같이 크게 인적자원의 총량전망과 신규 인적자원 전망의 두 부분으로 구성된다. 인적자원의 총량전망은 저량(stock)으로 전체 인적자원의 수요와 공급을 측정하는 것이고, 신규 인적자원 전망은 새롭게 노동시장에 진입하는 인적자원의 흐름을 나타내는 유량(flow)이다.

  우선 총량전망에서 총공급은 경제활동참가율을 고려한 인적자원의 수를 추정하는 것이다. 이것은 거시경제모형에서 다루는 노동시장에서 노동의 공급을 의미한다. 통상적으로 경제활동인구 중에서 일할 의사가 있는 사람은 취업자와 실업자로 구분된다. 인적자원의 공급은 직업을 탐색하고 있지만 일자리를 구하지 못한 마찰적 실업을 고려하는 자연실업률을 고려하는 취업자수를 의미한다. 그리고 총수요는 경제의 총생산을 바탕으로 산업별 및 직업별 취업자 수를 추정하는 것이다. 경제의 총생산은 연산가능일반균형(CGE)모형 또는 다부분거시경제모형(multi-sector macroeconomic model)을 통해 도출

---

29 인적자원 수급전망은 여러 나라에서 시행되고 있으며 사람의 머릿수에 의존하는 전통적인 양적 전망에서 최근 숙련을 고려하는 질적 전망으로 발전하고 있다. 이와 관련하여 이상일(2002)과 김형만 외(2014)를 참고할 수 있다.

그림 3-11 인적자원 수급 전망모형

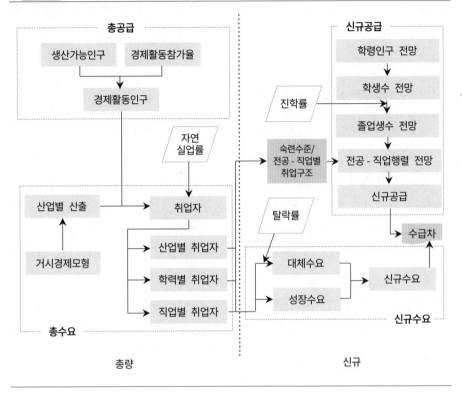

자료: 이상돈 외(2008: 49)에서 수정.

할 수 있다. 인적자원의 총수요는 이러한 거시경제전망으로부터 요구되는 인적자원을 산업별, 직업별, 학력별로 취업자 수를 예측하는 것이다. 이것은 경제성장 전망을 바탕으로 인적자원의 총량을 구하는 것으로 이 총량을 산업은 표준산업분류, 직업은 표준직업분류, 학력은 정규학교의 학력을 기준으로 취업자를 분해하는 것이다.

다음 신규 인적자원 전망은 총량전망에서 구한 취업자 전망과 학교를 졸업하고 노동시장에 새롭게 진입하는 인적자원 수에 대한 전망치의 차이를 구하는 것이다. 신규 인적자원 수급차는 일터에서 요구와 인구구조와 학교교육으로부터 배출되는 신규 학교졸업자의 직업탐색에 의해 나타나는 인적자원 수급의 균형을 의미한다.

신규 인적자원의 수요는 성장수요와 대체수요에 의해 발생한다. 성장수요는 경제성장에 따라 고용이 증대되어 일자리가 확장되는 것이다. 하지만 경제성장이 있음에도 불구하고 일자리가 늘어나지 않거나 미미한 경우 신규 인적자원의 성장수요는 침체된다. 최근 공장자동화 등으로 인하여 고용창출이 부진한 현상은 신규 인적자원의 성장수요를 약화시키는 사례라 할 수 있다. 반면 대체수요는 인적자원의 연령구조, 노동이동, 일터에서의 숙련변화 등에 의해 결정된다. 인적자원의 연령구조는 인적자원의 생애동안 일과 은퇴의 변화에 따른 것이다. 노동이동은 취업한 인적자원이 직장을 바꾸는 것으로 특정된 산업 또는 직업에서 신규인력수요를 발생시킨다. 그리고 일터에서 기술발전으로 인해 필요한 지식과 숙련이 변화할 때 기존의 인적자원으로 대응하기 어려우면 역량을 갖춘 새로운 인적자원을 찾게 되면서 신규 인적자원 수요를 발생시킨다.

한편 신규 인적자원의 공급은 학교교육을 통해 길러진 인적자원이 노동시장으로 진입하는 규모에 의해 결정된다. 공급전망은 학교교육과 노동시장 진입 단계를 구분하는 전망절차를 따른다. 먼저 학교교육의 수준별 전망은 진학률을 고려한 졸업생 수의 변화에 바탕을 둔다. 노동시장의 진입은 인적자원의 학교교육과 일터에서의 특성이 반영된다. 흔히 직업탐색은 학교에서 배운 지식과 전공이 기업 또는 산업의 수요와 부합하는지에 대해 구직자와 구인자가 확인하고 협상하는 과정이다. 이를 감안하면 신규 인적자원의 공급전망은 경제의 일터의 특성으로 산업, 학력, 직업의 세 요소에 대한 정보를 필요로 한다. 신규 인적자원 공급전망은 숙련, 산업, 직업 구조의 분석과 졸업생 수의 전망 결과를 바탕으로 신규 인적자원 공급의 전망치를 도출하는 것이다.

인구구조의 변화도 신규 인적자원의 수요와 공급에 영향을 미친다. 최근 우리나라에서 낮은 출산율은 학령기의 학령인구를 크게 줄이고 있고, 이는 장기적으로 노동력의 규모를 위축시키는 결과를 초래하게 된다. 또한 고령화가 크게 진전되면서 노동시장에서 인적자원의 고령화가 빠르게 진전되어 은퇴자의 규모가 확대되면 일정기간 대체수요가 크게 증가하는 현상이 나타나게 된다. 인적자원 수급 모형에 있어서 인구구조의 변화는 산업의 생산력을 유지한다는 차원에서 새롭게 고려될 필요가 있다.

　　한편 디지털 전환으로 인해 일터에서 요구되는 숙련이 수시로 변화하고 있어서 숙련의 수명도 크게 단축되므로 기존의 일터에 취업자들은 지속적으로 학습을 하거나 아니면 실업에 직면하는 현상이 확대될 수 있다. 이를 고려할 때 사람의 머릿수로 셈을 하는 수량적인 접근만으로는 인적자원 수급에 대한 공신력 있는 정보를 구하기가 어렵다. 왜냐하면 숙련은 인적자원의 질적인 속성을 반영하기 때문이다. 따라서 인적자원 수급 모형에서 숙련의 특성을 새롭게 반영할 수 있어야 한다. 인적자원 수급의 질적 전망체제를 구축하기 위해서는 [그림 3-11]에서 학력과 숙련수준을 고려하는 것은 질적 특성을 반영할 수 있어야 한다. 미래의 신기술의 분야별 인적자원 수급전망은 질적 전망 체계에 바탕을 둘 필요가 있다.

Chapter 04

개인의 역량

　　제2장에서 살펴본 바와 같이 인적자원은 사람의 역량에 바탕을 둔다. 그리고 사람은 혼자서 문제를 해결하기도 하지만 다른 사람과 협력하면서 문제를 해결하고 의사결정을 하면서 경제 및 사회활동을 영위한다. 나 이외의 다른 사람과 협력하는 것도 기본적으로 자신의 역량을 기르는 것으로부터 시작된다. 이러한 인간의 활동을 위한 역량은 학습을 통해서 이루어지지만 그 역량을 발현하는 것은 정신적인 판단 또는 지혜를 필요로 한다. 이것은 인적자원을 개인의 역량을 기르는 것 또는 인적자원을 양성하는 것만으로는 어디서나 항상 경제 및 사회적 성과를 올릴 수 있는 것이 아니라는 것을 의미한다. 전통적인 인적자원개발이론에 따르면 개인의 역량을 기르는 데에 초점이 맞추어져 있고, 인적자본이론 또한 학습을 통해 길러진 역량은 일터에서 생산성을 올릴 수 있다는 것을 상정하고 있다. 교육도 사람이 올바로 살아갈 수 있는 소양을 함양하는 데 목적으로 두고 있다. 과연 그러한가? 이 장에서는 개인의 역량을 기르는 것과 그 역량을 발현하는 것도 함께 고려한다.

01 인적 역량의 구조와 개념

　　사람의 역량은 사람이 태어나서 생을 마감할 때까지의 활동과 관련된다.

즉 인간의 삶은 역량을 기르고 활용하는 과정으로서 인적자원의 의미를 함축하고 있다. 역량을 활용한다는 것은 인간의 행위가 동기와 이유를 불문하고 동물의 행동과는 다른 인간의 정신으로부터 발현되는 것이다. 인적 역량은 교육훈련 등에 의해 길러진 또는 개인의 내면에 체화된 지식과 숙련 이외에도 이들 길러진 역량을 삶의 과정에서 활용하는 것도 포함한다.

1. 역량에 대한 논의의 진화

역량(competence)에 대한 초기 연구는 White(1959)가 제시한 개념이다. White는 역량을 환경과 효과적으로 상호작용을 하는 능력으로 보았다. 인간의 삶에 있어서 환경과 효과적으로 상호작용을 하는 능력은 욕망이나 본능에 따른 유기체적 동기에 의해 행해지는 것과 구별된다. 인간의 능력은 동물의 본능과는 다른 것으로 타고난 것이라기보다는 길러지고 학습될 수 있는 특성을 가지는 것이다.[1] McClelland(1973)는 인간이 가지는 역량을 측정하고 검사할 수 있는 것으로 논의를 확장하였다. 그는 기존의 적성검사나 지능검사가 개인의 삶에서 이루어지는 성취를 예측하지 못한다고 비판하고, 역량을 평가할 수 있어야 한다고 주장하였다(윤정일 외, 2010: 15; 문용린 외, 2010: 270). 이들의 논의에 의하면 역량은 사람이 자신을 둘러싼 환경과의 효과적인 상호작용을 하면서 형성된 능력으로 학습이 가능할 뿐만 아니라 구체적인 상황에서 효과적인 수행을 가능하게 하는 능력이다.

Boyatzis(1982)는 역량을 어떤 역할을 수행함에 있어서 효과적이고 우수한 성과를 낼 수 있게 하는 개인에 내재한 특성으로 정의하였다. 그 특성의 주된 요소는 지식(knowledge), 숙련(skills), 특질(traits), 동기(motive), 자기이미

---

1 Chomsky(1968: 25-27)는 인간의 언어에는 표층과 다양한 문장과 동렬에 놓을 수 없는 심층의 측면이 있다고 보았다. 이것은 인간의 언어행위가 동기와 이유를 불문하고 필연적이면서도 창조적인 행위로 성립한다는 점은 그 언어행위 내부에 사고와 심리만큼이나 인간 정신으로부터 비롯된 근원으로 언어능력이 있다고 보는 것이다. 이와 같은 능력에 대한 설명은 인간 행위가 동기와 이유를 불문하고 동물 행동과는 다른 인간 정신의 소산임을 보여주는 것이다. 하지만 언어를 바탕으로 하는 인간 행동의 동기와 이유에 대한 설명이 동물의 행동과 구별해 주지만, 그 행위가 어떤 의도적이고 자유로운 행위인지 또한 어떤 경우에 합리적이고 당위적인지는 해명해 주지는 못한다(고영준, 2010: 125).

그림 4-1   역량 구조의 내면과 표면

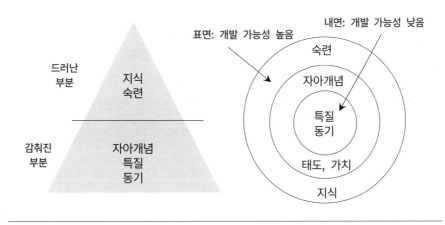

자료: Spencer & Spencer(1993: 11), 오헌석(2007: 35)에서 재인용.

지(self-image), 사회적 역할(social role) 등이다. Boyatzis의 논의는 McClelland (1973)의 특정 직무나 역할에만 적용되지 않는 일반적으로 유용한 역량이 있다는 주장을 개념화한 것이다. 지식, 숙련, 태도 등의 특성에 대한 조합으로 정의되는 역량은 우수한 수행자, 평범한 수행자, 낮은 수행자를 구분할 수 있는 잠재적 특성이다. Boyatizis의 기여는 역량의 차이를 우수, 평균, 낮은 수준으로 분류하여 이해한 점과 어느 조직 또는 어느 직무에서나 일관되게 나타나는 우수한 관리자의 능력으로 일반역량(general competencies)의 존재를 규명한 것이다(오헌석, 2010: 39).

Spencer & Spencer(1993)는 역량을 특정 상황이나 직무에서 구체적인 준거를 기준으로 평가했을 때, 효과적이고 우수한 수행을 할 수 있게 하는 개인의 내적 특성(underlying characteristics)으로 정의하였다(오헌석, 2010: 39; 문용린 외, 2010: 271). [그림 4-1]에서와 같이 역량은 가시적으로 드러나는 지식(knowledge)과 숙련(skill), 그리고 드러나지 않는 동기(motives), 특질(traits), 자기개념(self-concept) 등의 5가지로 구성된다. 이것은 역량빙산모형에서 유래하여 가시적인 상층부와 비가시적인 하층부로 구분되며, 드러난 표층의 지식과 숙련은 개발가능성이 높은 반면 드러나지 않은 내면의 특질과 동기는 개발가능성이 낮은 특성을 가진다. 이와 같이 동기, 특질, 자기개념 등으로 구성되는 개인의 내적 특성은 복잡한 상황에서 나타나며 비교적 장시간 지속되는 행동 및 사고방식을 의미한다. Spencer & Spencer(1993)의 정의는 지식과 숙련에 국한하지 않고 동기, 특질, 자아개념 등의 심층적인 부분의 중요성을 부각시킴에 의해 기존의 역량에 대한 정의와는 구별된다.

이상과 같은 역량에 대한 논의는 현실에 적용될 수 있는 논리적 기반으로 반향을 불러 일으켰다. 이러한 역량에 대한 논의는 개인이 보유한 역량을 일을 수행하는 데 있어서 최대한 활용하게 하는 것이 논의의 핵심이라고 할 수 있다.

2. OECD의 역량에 대한 개념

OECD는 DeSeCo(Defining and Selecting Key Competencies) 프로젝트를 통해 일반인의 성공적인 삶을 영위하기 위한 핵심역량을 도출하였다. OECD(2002: 8)는 역량을 성공적으로 개인적 또는 사회적 수요에 맞게 직무 또는 활동을 수행할 수 있는 능력으로 정의하고 있다. 수요지향적 관계를 고려하는 OECD의 정의는 인간이 직면하는 내·외적 요건들을 개인에 체화된 능력으로서의 내적 정신구조와 연관시켜서 역량을 개념화하는 것이다.

[그림 4-2]에서와 같이 체화된 역량은 암묵지를 포함한 지식(knowledge), 인지적 숙련(cognitive skills), 실용적 숙련(practical skills), 태도(attitude), 정서(emotions), 가치 및 윤리(value and ethics), 의욕(motivation) 등이 결합되어 형성된 것이다. 이들 역량요소들의 결합은 사회경제적 및 정치적 환경에 의해 특정되는 상황 또는 맥락(context)에서 개인의 행동 또는 수행으로 나타난다. 사회경제 및 정치적 상황에 의해 나타나는 맥락은 내적으로는 존재지 않아 행위 또는 수행과는 독립적이지만 개인의 사회적 또는 삶의 성과에는 영향을 주는 것들이다. 따라서 OECD가 제시하는 역량은 외부의 수요를 고려하는 통합적인 개념이라고 할 수 있다. 이러한 역량은 생활 속에서 전개되고 습득되기도 하고, 다양한 형태의 기관에서의 가르침과 배움을 통해서 축적된다. 개인의 역량은 제도적 및 사회적 환경과 밀접하게 관련된다.

한편 OECD는 핵심역량(key competences)을 중요하게 고려하고 있다. 핵

그림 4-2 수요지양적인 역량과 역량의 내적구조와 관계

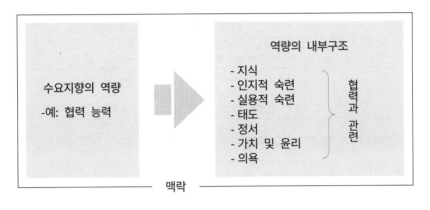

자료: OECD(2002). 9쪽.

심역량은 여러 가지 역량요소들 중에서 개인이 사회적 관점을 고려하는 복잡한 전후 맥락 하에서 효과적으로 참여하고 성공적인 삶과 사회의 유지·발전을 위해 기여할 수 있는 역량이다. 또한 핵심역량은 모든 사람을 위해 필요한 것이다. OECD가 추구하는 핵심역량은 삶의 다양한 측면에서 개인의 기회를 확장할 뿐만 아니라 전반적인 사회적 삶의 조건을 개선하는 것으로 모두를 위한 역량개발에 초점을 두고 있다.[2] 따라서 핵심역량은 개인, 집단, 제도 등에서 중요하게 고려하는 사회적 가치에 의해 영향을 받게 된다. 즉 핵심역량은 인권, 민주적 가치, 지속가능발전, 규범적 가치 등에 의해 다른 모습을 보이게 된다. 결국 핵심역량은 사회 또는 공동체 내에서 직업세계로의 성공적 참가를 위한 유능한 개인이 되어야 하는 상황적 맥락에서 고려되는 것이다.

DeSeCo 프로젝트에 의해 확립된 핵심역량은 자발적 행동(acting autono-mously), 도구의 상호적 활용(using tools interactively), 이질 집단에서의 기능(functioning in socially heterogeneous groups) 등의 세 범주로 구성된다. 자발적 행동은 자신의 올바른 세계관과 책무성, 삶의 계획과 목표, 사회적 맥락에서

2 특수적 차원의 역량(예컨대 피아노 연주, 정책관련 지수 개발 등)은 모든 사람을 위하여 필요한 것이 아니다. 하지만 피아노 연주와 같은 특수적인 역량은 특정된 개인의 성공적인 삶을 위해서는 매우 중요하다(OECD, 2002: 10).

표 4-1 핵심역량의 범주와 요소

범주	핵심역량 요소
자발적 행동	- 자신의 올바른 세계관과 책무성을 확립하는 능력 - 삶의 계획과 목표를 구체화할 능력 - 사회적 맥락에서 행동할 수 있는 능력
도구의 상호적 활용	- 상호적으로 언어, 부호, 텍스트를 활용할 능력 - 상호적으로 지식과 정보를 활용할 능력 - 상호적으로 새로운 기술을 활용할 능력
이질 집단에서의 기능	- 타인과의 좋은 관계를 맺는 능력 - 공통의 목적을 향하여 협력할 능력 - 갈등을 관리하고 해결할 능력

자료: OECD(2002), 12쪽.

행동 등을 구사할 수 있는 능력이다. 도구의 상호적 활용은 언어 및 부호, 지식과 정보, 신기술 등을 활용할 능력이다. 이질 집단에서의 기능은 타인과의 관계, 협력, 갈등 해결 등의 능력이다.

이상의 세 범주와 하위 요소들은 개인이 일과 사회적 관계를 만들어 갈 수 있는 능력으로서 모든 사람에게 요구되는 것이다. 그리고 이들 요소의 적절한 조합은 성공적인 삶과 사회적 발전을 위한 사회경제적 및 문화적 맥락을 형성하는 토대가 된다. [그림 4-3]의 3차원 공간은 핵심역량 범주에서 바람직한 결과로 이어지게 하는 핵심역량의 구성요소를 고려하는 상대적인 중요성을 보여준다. 맥락 A는 맥락 B보다 도구의 상호적 활용에 대한 중요성은 낮지만 이질적 집단에서 기능과 자발적 행동은 상대적으로 높다. 이와 같이 사회경제적 또는 문화적 관점에서의 맥락에 따라 세 범주의 상대적 중요성은 달라진다.

DeSeCo 프로젝트는 개인이 복잡한 경제사회 및 문화적 맥락에서 성공적인 삶과 사회적 삶의 질을 유지하기 위해서는 비판적 사고(critical thinking)와 반성적 및 종합적 접근(reflective and holistic approach)에 바탕을 두는 삶을 영위할 필요가 있음을 제시하고 있다. 이것은 개인의 내적 영역에 축적된 역량이 수요지향적인 경제사회 및 문화적인 외부 여건의 맥락에서 어떻게 발현될 수 있는가의 문제이다.

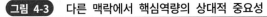

그림 4-3 다른 맥락에서 핵심역량의 상대적 중요성

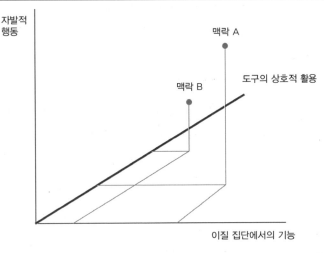

자료: OECD(2002). 16쪽.

3. 핵심역량에 의한 인적자원 평가

OECD의 DeSeCo 프로젝트는 인적자원의 역량을 측정할 수 있는 이론적 정당성을 부여하였다. OECD는 ALL(Adult Literacy and Life Skills Survey) 및 PISA(Programme for International Student Assessment), IALS(International Adult Literacy Survey), PIAAC(Programme for the International assessment of Adult Competencies) 등의 조사를 통하여 국가 간 역량을 비교할 수 있는 계량화된 정보를 생산하였다.

PISA는 15세의 연령에서 실질적인 삶의 세계에서 만날 수 있는 도전과 관련하여 읽기(reading), 수리(mathematics), 과학(science)에 대한 지식과 숙련을 측정한다. 그리고 IALS, ALL, PIAAC는 성인들의 역량에 대하여 국제적으로 비교 가능한 실증적 정보이다. IALS는 1994−98년 사이에 실시된 성인들의 문해력을 조사한 것이고, ALL은 2003−07년의 기간에 성인 문해력과 숙련에 대한 조사였다. PIAAC는 2011부터 실시된 성인숙련조사이다.[3] PIAAC에서 숙

---

3 PIAAC 조사는 10년마다 실시된다. 첫 번째 주기는 2011년부터 2018년까지 세 번의 자료수집이 있었으며, 두 번째 주기는 2018년에 시작되어 2024년에 결과가 출판될 예정이다(OECD, 2016).

련에 대한 평가는 '문해, 읽기, 기술이 확산되는 환경에서의 문제해결' 등의 내용으로 구성되어있고, 읽기는 ALL과 IALS와는 다른 새로운 차원이다 (OECD, 2016: 79). 이러한 성인들의 역량을 측정하기 위한 조사들은 모두 DeSeCo 프로젝트가 제시한 핵심역량의 이론적 논의에 기반을 둔 것이다.

또한 지역 또는 국가별로도 핵심역량에 바탕을 둔 인적자원의 양성과 활용을 효율화하는 도구를 개발하고 있다. 대표적인 것은 EU의 유럽자격체계(EQF: European Qualification Framework)이다.[4] EQF는 유럽공동체 내의 국가별 인적자원의 효율적인 활용을 위해서 고안된 것이다. 개인의 역량을 수준별로 8단계로 나누고, 유럽 각국은 국가별로 EQF의 기준에 따라 국가자격체계(NQF: National Qualification Framework)와 국가직무능력표준(NOC: National Occupation Standard)을 확립하여 이를 자격제도와 연계시키고 있다. 이러한 자격제도와 국가자격체계를 연계시키는 것은 일터에서 요구되는 숙련수준을 표준화하여 교육훈련 프로그램에 반영할 뿐만 아니라 역량의 수준을 산업의 숙련수요와 연결하는 기반을 구축하는 것이다.

우리나라에서도 산업이 요구하는 역량으로 지식, 숙련, 태도 등과 관련된 하위 요소들로 구성되는 일터에서의 직무능력을 체계화하여 표준화한 국가직무능력표준(National Competency Standards)을 개발하였다. 국가직무능력표준은 고용노동부 산하의 산업인력공단에서 직업교육훈련과 자격을 연계하고, 직업능력개발과 자격체제를 능력중심으로 전환하여 인적자원개발의 실효성을 높이기 위하여 개발한 것이다. 일터에서 요구하는 숙련수요를 교육훈련과 같은 정형화된 학습과정에 투영함에 의해 노동시장에서 인력수급의 불일치를 해소하는 것이 국가직무능력표준의 중요한 목적이다. 국가직무능력표준은 역량기반 인적자원개발의 토대를 구축하기 위한 것이다. 즉 국가직무능력표준은 학교와 훈련기관에서 학습이 일터에서의 직무와 잘 연계되도록 하기

(OECD, 2016)

4 유럽자격체계(EQF)는 자격을 "권위 있는 주체가 주어진 표준에서 개인이 학습결과를 결정할 때 얻어지는 평가 및 입증 과정의 공식적인 결과"로 정의한다. 그리고 국가자격체계(NQF)는 "성취된 학습의 기준에 따라 자격을 분류하기 위한 도구"로 정의된다. 유럽연합에서 EQF는 일종의 NQF의 가이드라인으로 자격제도를 통합적으로 확립함에 의해 노동시장과 시민사회에서 요구에 부응하고, 자격의 투명성, 접근성, 질적 특성 등을 개선함에 의해 인적자원 활용을 효율화하기 위한 것이다(European Parliament and Council. 2008).

위해 직무능력과 직업기초능력을 표준화한 것이다. 또한 고용노동부와 교육부는 「자격기본법」에 근거하여 국가자격체계(KQF: National Qualification Framework) 구축을 추진해 왔다. 국가자격체계는 지식, 숙련, 태도 등의 역량을 바탕으로 8단계의 수준으로 구분한 것이다. 이것은 교육, 훈련, 자격, 경력 등의 학습을 수준별로 체계적으로 구분함에 의해 다양한 직업능력개발 프로그램과 산업의 수요를 연계하기 위한 것이다.

이와 같은 국가직무능력표준과 국가자격체계는 모두 OECD가 논의한 핵심역량의 개념에 근거하고 있다. 그리고 핵심역량이 표준화되면 개인의 길러진 능력을 평가할 수 있고, 그 능력은 노동시장에서 거래될 수 있다는 것을 상정한다. 하지만 디지털 전환으로 인해 일터가 요구하는 숙련이 빠르게 변화하는 상황에서는 개인의 역량이 생산에 활용되고 성과를 얼마나 내는지를 확인하는 데에는 한계가 있다. 왜냐하면 그러한 역량을 표준화하고, 그것을 시행하는 동안에 일터에서는 새로운 역량을 필요로 할 것이기 때문이다. 또한 인적자원이 가지는 역량의 특정된 하위 구성 요소가 잘 길러진다고 해서 반드시 그 역량이 일터에서 또는 공동체의 활동에서 발현된다고 보장할 수 없다. 하지만 직업기초능력과 같이 기술변화 등에 영향을 받지 않는 핵심역량에 대한 평가는 인적자원이 노동시장에서 원활하게 활용될 수 있는 중요한 기반이 된다.

02 인적 역량의 축적

개인의 역량은 다양한 형태의 학습을 통해 개발되고 축적된다. 흔히 사용되는 용어 '평생학습'은 사람이 나서 죽을 때까지 배우는 것의 총체적 의미를 가지는 말이다. 삶, 일, 여가, 죽음 등의 인간이 직면한 문제를 해결하기 위해서는 학습이 필요한 것이다. 학습은 인간이 일생 동안의 삶의 과정에서 역량을 기르는 활동이라고 할 수 있다.

1. 역량의 축적과 학습 환경

학습은 체계적인 학습과 비체계적인 학습으로 구분할 수 있다. 체계적인 학습은 정형화된 프로그램을 통해서 습득한 역량을 입증하는 자격 또는 학위가 수여되는 것이다. 반면 비체계적인 학습은 정형화된 프로그램을 가지고 있지는 않지만 인간의 역량을 향상시키는 제반 활동들을 의미한다.5 [그림 4-4]는 사람, 일, 공간의 세 축과 연관되는 인적자원을 축적하는 활동으로서 학습의 특성을 보여준다.

어떤 과업을 실천할 또는 수행할 힘을 역량이라고 한다면 교육 또는 학습을 통해 길러진 역량은 잠재적 역량이라고 할 수 있다. 학습은 학습자가 학습을 통해 역량을 축적한 이후 스스로 학습할 수 있는 힘을 축적하기도 한다.6 학습하는 힘이 역량을 확장하는 데 있어서 중요하므로 학습하는 능력도 잠재적 역량으로서 의미를 가진다. 학습가능성은 [그림 4-4]에서와 같이 직업, 공간, 사람 사이의 구조에서 형성되는 것이다. 이러한 점을 고려하면 학습의 구조를 체계적 학습과 비체계적 학습으로 구분할 수 있다.

---

5 전통적으로 학습의 형태는 형식학습(formal learning), 비형식학습(non-formal learning), 무형식학습(informal learning)으로 구분되어 왔다. 형식학습은 정형화된 교수학습 프로그램을 갖추고서 졸업장, 학위 등과 같은 학습결과를 인정하는 것이다. 비형식학습은 학교 밖에서 이루어지는 학습활동으로 체계적인 교수학습 프로그램을 갖추고 있지만 학습결과를 인정하는 체계가 없는 것이다. 그리고 무형식학습은 주로 학습자가 주도적 또는 자발적으로 학습하는 것으로 동아리활동, 직장 상사로부터 배움, 인쇄매체 또는 인터넷 등을 통한 학습 등을 포함한다. 하지만 최근 일과 학습의 관계가 점점 가까워지고 있는 현실에서 무형식 학습과 비형식 학습의 경계가 불분명해 지고 있다. 이러한 점을 고려하여 이 책에서는 무형식학습과 비형식학습을 비체계적 학습으로 구분한다.

6 흔히 교육과 학습은 가르치고 배우는 관계를 일컫는다. 만약 교육을 중시하면 배움보다 가르침이 지배하는 결과를 가져온다. 반면 학습을 상징하는 배움에 지나치게 의미를 부여하면 인간이 가지고 있는 가르침의 본능을 간과하는 결과를 초래한다. 비고츠키에 의하면 가르침의 떠받침(scaffolding)에 의해 배움의 효과를 높일 수 있다(장원섭 외, 2015: 14). 여기서 학습이라는 용어는 교육훈련의 현실에서 가르침 또는 일방적인 지식전달이 아닌 일과 학습의 의존적인 관계를 고려하기 위하여 가르침과 배움의 조화를 상정하는 것이다.

그림 4-4   학습의 구조와 환경

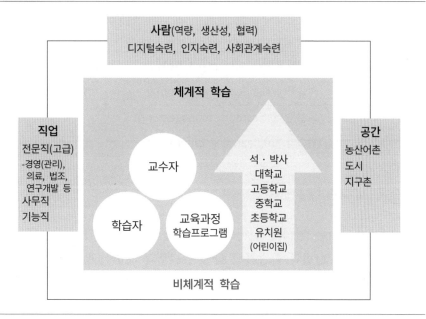

자료: 전재식 외(2019: 142).

2. 체계적 학습에서의 교수학습

체계적인 학습은 학교교육, 직업훈련, 기타 체계적 학습으로 구분된다
(전재식 외, 2019: 23). 학교교육과 직업훈련은 개인의 역량을 기르는 체계적 학
습의 가장 보편적인 형태이다. 이외에도 다양한 형태로 학습결과를 인정해
주는 정형화된 학습프로그램들이 있다. 흔히 이들은 평생교육 또는 평생학습
이라는 이름하에 행해지고 있다. 체계적인 학습의 공통적인 골격은 [그림
4-3]에서와 같이 교수자(교사), 학습자(학생), 교육과정의 세 요소로 구성된
다. 이들 세 요소의 상호작용에 대한 논의가 바로 교수학습의 운영이라고 할
수 있다.

교수학습은 [그림 4-5]에서와 같이 실시간 교실에서 실행되는 가르침
과 배움의 상호작용을 하는 것이다. 체계적인 학습에서의 가르침과 배움 사
이의 좋은 상호작용을 위해서는 기본적으로 교수자의 역량 또는 전문성이 중

그림 4-5 교수학습의 운영 구조

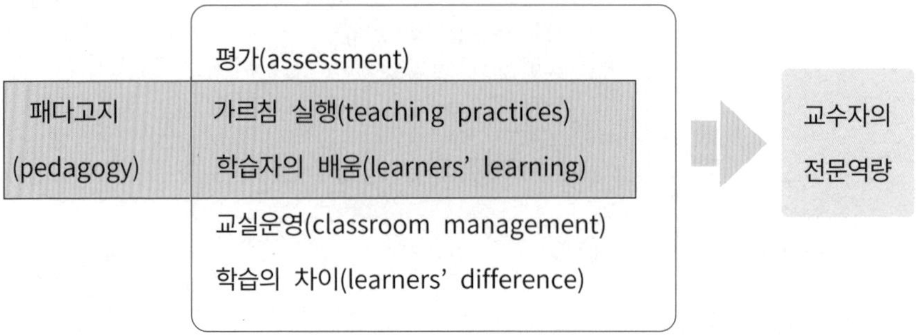

패다고지
(pedagogy)

평가(assessment)
가르침 실행(teaching practices)
학습자의 배움(learners' learning)
교실운영(classroom management)
학습의 차이(learners' difference)

→ 교수자의
전문역량

자료: Paniagua and Istance(2018), 37쪽에서 수정.

요하다. 패다고지는 지식과 실행의 문제로 집약된다. 패다고지에 있어서의 지식은 가르치는 방법과 학습자의 학습의 실행과 경험이 동태적으로 연계되는 상호작용하는 방법에 관한 것이다. 가르침의 지식은 과학(science)에 해당하고, 가르침의 실행은 기술(art)에 해당하며, 과학과 기술의 융·복합적이면서 동태적인 상호관계는 가르침의 장인성과 같은 기교(craft)로서 의미를 가진다(Paniagua and Istance, 2018: 37). 교수학습의 본질은 지식과 실행 또는 과학과 기술은 고정된 틀에서의 지식전달이 아닌 학습자가 반성적 성찰을 통해 맥락에 따라 유연하게 상호작용하는 것이다. 좋은 패다고지는 학습자의 탐색적인 창의성을 길러주는 것이다.

또한 교수학습은 [그림 4-5]에서와 같이 학습 성과를 확인할 수 있는 평가, 교실의 관리, 학습자 개인의 특성 등과도 깊은 관계를 가진다. 즉 패다고지는 평가, 교실운영, 학습자의 차이 등과도 깊은 관계를 가진다. 결국 가르침과 배움을 향한 과학과 기술의 조화 또는 지식을 축적하고 실행하는 일련의 상호적인 관계는 교수학습에 있어서 전문성, 즉 교수자들의 역량을 확장하는 것이다. 교수자의 역량은 특정한 상황이나 맥락에서 적합한 학생들이 학습을 우수하게 수행할 수 있도록 기획하고 설계하는 능력이다. 즉 교수역량은 가르침을 성공적으로 수행하는 데에 요구되는 자질로서 동기, 특질, 자아개념, 지식, 숙련 등을 모두 포괄하는 것이라 할 수 있다.

이상과 같이 체계적 학습은 교수자, 학습자, 그리고 기타의 학습 수단들이 상호의존적으로 연계되어 있음을 알 수 있다. 이러한 과정은 인간이 태어나서 죽을 때까지 무엇인가를 배우고 익히게 되며, 삶의 과정에서의 경험을 통하여 이루어진다. 듀이는 이를 '경험의 성장' 혹은 '경험의 재구성'을 교육이라고 하였다(이돈희, 2020: 20). 또한 피아제의 인지발달이론에 따르면 인간은 아동기에 감각동작기, 전조작기, 구체적 조작기, 형식적 조작기라는 이질적인 단계를 거치면서 성장한다(MeLeod, 2018). 이들 각 단계는 상이한 사고체계 또는 개념체계를 가지고 있어서 발달단계를 달리하는 사람들은 동일한 현상을 대면하면서도 이를 이질적인 현상으로 지각한다고 한다. 비록 피아제의 이론에 의하면 아동기의 발달에 집중되고 있지만 성인기와 아동기의 교수학습의 방식이 매우 다를 것임을 상정할 수 있다. 중요한 것은 개인이 역량을 습득하는 데 있어서 교수자의 역량이 학습자의 역량에 크게 영향을 미친다는 점이다. 교수자의 전문성은 모든 학습 환경을 가르침에 반영할 수 있는 지속적인 학습에 의해 확장될 수 있다.

3. 체계적 학습에서 역량개발의 유형과 특성

체계적 학습의 대표적인 유형은 학교교육, 직업교육, 평생학습의 차원에서 살펴볼 수 있다. 이들 유형별 특성은 역량을 기르는 방식이나 환경과 밀접하게 관련된다.

첫째, 학교교육을 통한 역량개발이다. OECD의 DeSeCo 프로젝트에 의하면 역량은 읽기, 쓰기, 셈하기 등의 기초능력과 문제해결 능력, 대인관계능력, 의사소통능력 등을 역량의 중요한 요소로 고려하고 있다. 이러한 역량은 생애에 걸쳐 요구되는 능력으로 학교교육에서 길러져야 할 역량의 하위영역들이다.[7] 역량에 기반을 두는 교육과정은 행동주의와 인문주의라는 두

----

7 역량기반 교육과정의 기원은 미국에서 1890년대 학교에 새로운 학생 또는 비전통적 학생들이 대량으로 유입되면서 이들에게 어떤 교육을 제공할 지에 대한 사회효율성(social efficiency)의 관점과 듀이적 입장의 두 진보주의적 관점의 논의에서 비롯된다. 사회효율성을 강조하는 입장은 학생들이 장차 수행하게 될 서로 다른 좀 더 구체적인 직업상의 역할을 고려하여 학생들에 따라 차별화된 교육과정 설계에 관심을 두고 있다. 반면 듀이의 입장은 모든 학생들이 공통으로 직면하게 될 삶의 일반적인 역할을 고려하여 모든 학생들에게 공통으로 부과할 교육과정 설계에 관심을 둔다(소경희, 2010: 177).

유형이 있다. 행동주의는 길러진 역량이 활용될 특정된 영역 내에서 수행될 구체적인 행위나 기능에 대한 직무분석을 토대로 교육과정을 설계하는 데에 관심을 둔다. 직무는 삶의 한 장면으로서 활동에 대한 분석이며 역량기반 교육과정은 학교교육에서 이러한 활동에 대하여 구체적이고 정확하게 준비하도록 하는 것이다.8 반면 인문주의는 행동주의적 접근이 과도함을 제기하는 듀이의 입장이다. 듀이의 입장은 개인의 삶에서 하나의 역량에 바탕을 두는 역할 또는 수행이 아닌 다수의 역할을 가지게 된다. 인문주의는 특정된 과제나 직무에 한정된 교육과정을 비판한다.9 이런 점을 고려하면 사람의 역량은 일터에서의 역량뿐만 아니라 민주적 시민으로서 삶을 위한 역량도 매우 중요함을 알 수 있다.10 활동가들에 의해 길러지는 민주시민 의식 또는 역량의 함양을 교육과정에 반영하는 것은 미래 학교교육의 새로운 과제라고 할 수 있다.

둘째, 일터의 요구에 초점을 맞추는 직업교육을 통한 역량개발이다. 직업교육을 통한 역량개발은 위에서 논의한 행동주의적 접근에 기반을 두는 것이라 할 수 있다. 직업교육은 통상 산업사회에 적응할 수 있도록 직업세계에 대한 구체적인 이해와 직업의 사회적 역할을 이해하고 탐색하는 일련의 활동을 포함한다. 초등학교와 중학교에서 직업교육은 직업세계에 대한 이해와 직업의 사회적 위상이 무엇인지를 아는 것에 초점이 맞추어진다. 반면 고등학교 단계에서 부터 직업세계로 이행(취업)을 위한 직업교육은 일터에서의 직무분석에 바탕을 두는 학습과정을 거쳐서 직무수행을 위한 자격을 획득하는 일련의 과정으로 이어진다. 좀 더 넓은 의미에서 직업교육은 농업자영업자에

---

8 직무분석은 Taylor(1911)의 생산에 있어서 과학적 관리의 원리에 영향을 받은 것으로 대량생산 체제에서 일터에 인력의 배치의 유용한 수단이었다. Taylor의 아이디어에 영향을 받아서 Bobbit(1918)는 과학적 방법에 기초하여 일에서 요구되는 인간의 능력, 태도, 습관, 이해, 지식의 형식 등이 실생활의 목표로서 교육과정의 목표가 되어야 함을 논의하였다(소경희, 2010: 179-180).

9 Dewey(1966)은 교육이 개인의 삶을 위해 준비해야만 하는 주요 역할이라고 본다. 그는 직무 특수적(task-specific)인 교육과정은 교육경험의 폭이 좁아 자신에게 적합한 직업을 찾는 것을 어렵게 만들고, 비민주적이어서 학습자들이 준비하는 직업의 사회적 의미에 바탕을 두는 비판적이거나 독립적인 시각을 기르지 못한다고 본다. 소경희(2010: 182)는 행동주의적 접근보다는 인문주의적 접근을 역량기반 교육의 중심에 두고 있다.

10 Kim(2019)은 한국 청년은 가르침 중심의 주입식 교육에 익숙해 있으나, 청년기에 세상을 비판적 시각에서 바라보고 활동할 수 있는 민주적 역량을 갖춘 활동가가 중요하다는 점을 강조하고 있다.

서부터 교사, 의사, 변호사 등의 교육훈련도 포함한다. 반면 협의의 개념에
의하면 전문대학 이하의 학력을 필요로 하는 특정 직업에 종사할 수 있는 사
람을 위한 정규 또는 비정규 교육이다. 우리나라에서는 협의의 관점에서 직
업교육을 인문교육과 구별되는 직업교육으로 인식되어 왔다.

셋째, 정규학교 이외에서 행해지는 직업훈련을 통한 역량개발이 있다.
직업훈련은 직업인을 양성하는 데 있어서 학교 못지않게 중요한 역할을 해왔
다. 직업훈련이란 '일터에서 직무를 수행할 수 있는 지식, 숙련, 태도 및 정서
등의 역량을 기르는 제반 활동'을 말한다.[11] 전통적으로 직업훈련은 정규교육
에서 탈락한 청소년들의 장래 일을 할 기회를 주기 위한 것이 큰 비중을 차
지하고 있었다. 하지만 지식정보화 및 디지털화에 대응하여 직업훈련은 재직
자들의 능력개발 수요를 충족시켜줄 수 있는 방향 진화하고 있다. 더욱이 최
근 디지털 전환에 따라 일터에서 빠르게 소멸되는 숙련을 갱신할 수 있는 훈

표 4-2 현행 우리나라의 직업훈련 유형

훈련 대상	지원 및 훈련 방식	세부 유형
재직자 훈련	기업지원	• 사업주 직업훈련지원(직접/위탁) • 유급휴가훈련지원 • 일학습병행제 • 중소기업 학습조직화 지원 • 직업능력개발사업훈련시설·장비자금 대부 • 사내자격검정지원
	개인지원	• 근로자 내일배움카드제 • 자영업자 고용안정·직업능력개발지원
	공동훈련	• 국가인적자원개발 컨소시엄 • 지역·산업 맞춤형 훈련 • 고용디딤돌 프로그램
실업자 훈련	민간훈련	• 구직자 내일배움카드제 • 국가기간·전략산업직종훈련 • 제4차 산업혁명 선도인력 양성 훈련 • 직업훈련생계비 대부
	공공훈련	• 다기능기술자 양성훈련 • 기능사양성훈련

자료: 고용노동부(2017b), 3쪽.

---

11 우리나라에서 1967년 「직업훈련법」이, 그리고, 1976년 「직업훈련기본법」이 제정되었다. 1981년

련수요의 확장으로 훈련도 고급 수준의 역량개발을 하는 방향으로 진화하고 있다. 현재 우리나라의 직업훈련은 공공직업훈련, 사내 직업훈련 및 인정직업훈련, 그리고 사설 강습소 등에서 실시되고 있다. 직업훈련의 유형은 <표 4-2>에서와 같이 재직자 훈련과 실업자 훈련으로 대별된다. 재직자훈련은 재정지원 방식에 따라 기업지원, 개인지원, 공동훈련으로, 그리고 실업자훈련은 민간훈련과 공공훈련으로 구분된다. 이들 직업훈련은 공공훈련을 제외하면 대부분 1년 미만 또는 일주일 미만의 단기적인 특성을 보인다.

넷째, 평생교육을 통한 역량개발이다. 흔히 평생교육에 대한 논의는 학령기를 지난 성인들에게 학습기회를 제공하는 것에 집중된다. 성인을 대상으로 하는 평생교육은 학령기 학생의 교수학습 방식과는 매우 다르다. 평생학습은 문자해독에서부터 민주시민참여 등에 이르기까지 매우 광범위하다. 평생교육이 다양한 이유는 성인들이 가지고 있는 삶의 여건이 매우 다양한 데 기인하는 것이다. 이러한 다양성은 안드라고지(andragogy)로 학령기 아동을 대상으로 교사가 주도하는 패다고지(pedagogy)와 대비되는 것이다. <표

표 4-3 안드라고지와 패다고지

구분	패다고지	안드라고지
학습자	• 의존적 성향 • 교사 주도 • 교사가 학습에 대한 내용, 시기, 방법, 평가 등을 설계·운영	• 독립적 성향 • 학습자 주도 (자기주도적) • 교사는 학습자를 조력·지원하는 관계
학습자 경험	• 학습자원으로서 가치는 없음 • 교수법은 강의식	• 경험은 풍부한 학습자원 • 교수법은 토론, 문제 해결식
학습 준비성	• 표준화된 교육과정 • 사회가 그들에게 요구하는 것을 학습	• 학습자가 원하는 것을 학습 • 실제 적용 위주의 학습 프로그램 구성
학습 경향성	• 미래를 위한 준비 • 교과 중심성	• 즉시적인 활용 • 문제 중심성
학습 동기	• 외재적 동기	• 내재적 동기

자료: 송경영(2015), 69쪽에서 수정.

· ·

12월 31일 개정된 「직업훈련기본법」은 직업훈련을 '직업에 관한 직무수행능력을 습득·향상하는 것'으로 정의하였다. 이후 직업훈련은 1995년 「고용보험법」이 시행되고, 1999년 「근로자직업훈련촉진법」으로 개정되면서 직업능력개발이라는 용어로 바뀌었다(정택수, 2008: 7).

4-3>에서와 같이 안드라고지는 자기주도적 학습과 학습 자료로 학습자의 경험을 강조한다. 특히 학습자의 학습 동기는 안드라고지에서 내재적인 특성을 가지는데 이는 성인들의 다양한 사회활동의 여건과 밀접하게 관련된다.12

4. 비체계적 학습

비체계적인 학습은 일과 학습이 함께 진행되는 일터에서의 배움(learning by doing), 일터와 사회공동체에서 선배나 다른 사람으로부터 배움, 그리고 개인이 궁금증을 해결하기 위한 학습 등으로 그 형태가 매우 다양하다. 비체계적인 학습은 체계적 학습과 달리 교수학습 프로그램이 없고, 학습결과 인정이 구체화되어 있지 않다. 특히 교수자로부터의 가르침이 없이 학습자의 자발적인 학습행위는 최근 크게 확대되고 있다. 흥미와 놀이를 위하여 동아리에 참여하여 정보, 지식, 경험 등을 공유하는 행위도 비체계적 학습의 중요한 영역이다.

우리는 일상생활에서 다양한 형태의 비체계적 학습을 하면서 살아가고 있다. 예컨대 자동차를 수리하는 동아리는 주기적으로 동아리 모임에서 차량을 점검하고 고장난 부위를 직접 수리할 때 서로 지식과 정보를 교환하는 모임이다. 동아리활동은 생활 속에서의 취미와 학습이 결합된 것이라고 할 수 있다. 또한 직장에서 특정된 일을 수행할 때 비정상적인 일이 발생하면 선배로부터 배우거나 동료들과 토의를 통해서 문제를 해결하는 것도 일속에서 학습이 이루어지는 것이다. 이와 같은 삶과 일이 결합되는 학습은 주로 성인의 시기에 나타나는 비체계적인 학습이다.

뿐만 아니라 학령기의 경우에 있어서도 학교라는 공간과 시간의 틀 속에서 벗어나 학교 밖에서의 경험을 토대로 하는 학습은 매우 중요하다. 비록 학교라는 공간과 시간의 틀 속에서 행해지는 학습이 대부분이라고 인식되고 있지만 개별 학습자의 일상생활과 공동체에서 벌어지는 경험은 학령기 학습

----

12 평생교육에 대한 논의에는 안드라고지 이외에 구성주의와 인지주의 학습이론도 중요하게 고려된다. 구성주의 학습은 학습자가 학습의 내용 구성에 주도적으로 참여하는 것이다. 인지주의 학습은 인간의 내재적 인지과정과 정신과정에 초점을 맞추는 것이다.

의 중요한 부분이다.

더욱이 교육의 본질적인 요소인 인성 또는 인간성을 계발하고 발휘할 수 있게 자극하는 것은 비체계적 학습과 관련된다. 인간성은 모든 인간에게 공통적으로 존재하거나 발견되는 성질로서의 공통성을 가져야 한다. 인간이 소통, 이해, 동감 등의 자질을 갖게 하게 하는 것이 곧 학습이다. 예컨대 타인의 처지를 이해하려는 역지사지의 상상력은 인간의 공통적인 자질로 타인의 슬픔과 고통을 동감하고, 나의 행위와 행동을 반성적으로 돌아보고 교정할 줄 아는 성찰의 능력도 인간이 갖는 공통 자질이다. 이런 자질들은 인간을 인간이게 하고 인간을 묶어준다. 그리고 이러한 자질들이 본래 인간에 내재해 있는 것이기는 하지만 특정된 사회의 문화와 삶의 조건, 그리고 성장환경에 따라 신장되기도 하지만 위축되기도 한다. 학습은 이러한 인간성을 부단히 계발하고 발휘될 수 있게 하는 것이다.

또한 학습은 인간을 만들고 인간은 사회를 구성하고 문화를 만들어낸다. 사회와 문화는 다시 인간형성에 영향을 준다. 사회적인 측면에서 학습을 통해 인간은 문화유산을 계승, 유지, 발전시키는 활동을 지속한다. 인간은 나와 너, 나와 학교, 나와 마을, 나와 국가, 나와 지구촌과의 관계를 형성한다. 학습은 지식과 기술의 습득보다 지혜, 즉 지식을 활용하는 능력과 사물의 이치와 가치, 옳고 그름과 선악을 분별하는 능력을 기르는 것이다.

이와 같은 교육이 지향하는 바는 앞에서 논의한 체계화된 학습의 틀만으로 한계가 있다.[13] 교수자 중심의 체계화된 학습과 학습결과를 인정하는 제도적 틀만으로는 선악을 분별하고, 길러진 역량을 개인의 성공적인 삶과

---

13 미국에 있는 1968년에 세워진 서드베리벨리학교(Sudbury Valley School)는 아이들이 자연적인 학습방법이나 이와 유사한 학습방법을 민주적인 공동체라는 틀에서 운영한다. 이 학교는 매사추세츠 프라밍햄의 준시골 지역에 위치한 사립학교로 학생은 대략 130~180명, 교직원은 9~11명이 재직하고 수업료도 주변의 공립학교에 비해 절반 수준이다. 학생들은 4세에서 고등학교 학령기까지 시험 성적과 어떤 다른 능력지표와 관계없이 선발한다. 학생들은 하루 종일 학교 건물과 10에이커의 캠퍼스에서 자유롭게 돌아다니면서 좋아하는 사람들과 교제를 나눈다. 그리고 학년이나 특정 공간에 배정되지 않고, 학년이 없다. 또한 교직원의 전문지식과 각종 장비들이 다양한 교과와 기능분야의 교육을 지원할 수 있는 시스템을 갖추고 있다. 특정된 수업을 요구하는 학생들이 있으면 언제든지 제공된다. 이 학교는 몬테소리 학교나 듀이 학교, 또는 피아제의 구성주의 학교와는 다르다. 이 학교에서 모든 행동규칙 제정, 직원채용 및 해고, 예산지출 등 학교운영 회의에 학생들도 자유롭게 참가할 수 있다(피터 그레이, 2015: 115~148). 서드베리벨리학교는 학교에서 비체계적인 학습이 구현되고 있다고 할 수 있다.

사회의 유지·발전을 위해 발현하게 하는 데에는 한계가 있다. 체계화된 학습과 비체계적 학습이 공존하는, 나아가서 비체계적 학습이 삶과 일 속에서 구현되도록 하는 실체를 확립할 수 있는 새로운 학습결과 인정 장치를 마련하는 것이 필요하다.

문제는 이러한 '비체계적 학습을 통해 길러진 역량을 어떻게 관찰하고 인정할 수 있는가'하는 점이다. 학교라는 틀에 벗어나 있고, 학습의 형태도 잘 드러나지 않아 그러한 학습 결과 역량이 개발 되었는지를 파악하기가 매우 힘들다. 하지만 직장 또는 공동체에서 행해지는 학습에 대한 결과를 인정할 수 있는 방안을 강구하는 것은 비체계적 학습이 인적자원의 역량을 위한 중요한 장치가 될 수 있다.

03 투자와 역량의 활용

앞의 두 절에서는 개인의 역량을 기르는 것에 대해 논의하였다. 하지만 길러진 학습이 어떻게 활용될 수 있는가의 문제는 새로운 과제이다. 학습에 참여하는 의사결정은 개인들이 역량축적을 통해 삶에 있어서 그 역량을 유용하게 활용할 수 있기 때문에 행하는 선택의 문제이다. 이 절에서는 학교교육과 훈련의 특성에 따른 투자의 양태를 살펴본다.

1. 역량을 위한 교육투자

학령기 학생을 대상으로 하는 학교교육은 인적자원의 역량을 기르는 중요한 수단이다. 교육에 있어서 인적자본투자는 두 영역으로 구분할 수 있다. 하나는 의무교육 또는 보편교육을 위해 수행되는 고등학교까지의 교육이고, 다른 하나는 일과 학습의 선택과 직결되는 고등교육의 두 유형이다. 의무교육은 인간성계발을 지향한다. 이와 같은 초·중등교육은 사회질서를 유지하고 공동체 발전의 의식을 강화시킨다는 점에서 국가의 역할이 매우 중요하고, 모든 사람을 포용하는 모두를 위한 교육의 특성을 가진다. 반면 고등교육은 일과 학습에 직면하여 만약 개인이 일을 한다면 대학가기를 포기하게 되고, 대학에 간다면 일을 포기해야하는 선택의 결과로 나타나는 것이다. 고등교육의 선택은 직접적으로는 개인의 선택문제이지만 개인이 장래 일을 고려하여 전공 또는 학문분야를 선택한다는 점에서 기업의 숙련수요가 작용하게 된다.

   이와 같은 선택의 문제는 인적자본투자 모형을 통해 살펴볼 수 있다. 예를 들어 대학 진학을 결정하는 데에는 미래 일을 통해 얻을 수 있는 소득의 현재가치를 비교하여 결정하는 것이다(남성일, 2017: 90−92; Becker, 1993: 59−70). 이제 대학 진학을 포기하고 일을 선택한다고 하자. 현재 선택시점은 $t=0$이고, 미래의 R년에 은퇴($t=R$)할 때까지 t년에 E_t의 소득을 얻는다고 하면, 그리고 할인율을 r이라고 하면, 그의 평생소득의 현재가치[14]는 다음과 같다.

$$(4.1) \quad PV_E = E_0 + \frac{E_1}{(1+r)} + \frac{E_2}{(1+r)^2} + \cdots + \frac{E_R}{(1+r)^R} = \sum_{t=0}^{R} \frac{E_t}{(1+r)^t}$$

   이와는 달리 대학에 진학(대학을 마치는 동안 일을 포기)하여 k년 걸리는 인적자본투자로부터 t년에 X_t의 소득을 얻는다면 생애소득의 현재가치는 다음과 같다.

$$(4.2) \quad PV_X = \frac{X_k}{(1+r)^k} + \frac{X_{k+1}}{(1+r)^{k+1}} + \cdots + \frac{X_R}{(1+r)^R} = \sum_{t=k}^{R} \frac{X_t}{(1+r)^t}$$

---

14 할인율이 r일 때, 0기부터 미래의 n년까지 가치(PV)는 각각 PV_0, $PV_1=PV_0(1+r)$, $PV_2=PV_0(1+r)^2$, $PV_3=PV_0(1+r)^3$, $\cdots$, $PV_n=PV_0(1+r)^n$이다. 이를 매기의 할인율을 적용한 현재가치는 1기에 $PV_0=PV_1/(1+r)$, 2기에 $PV_0=PV_2/(1+r)^2$, 그리고 n기에 $PV_0=PV_n/(1+r)^n$가 된다.

한편 인적자본투자에 소요되는 교육비용 C_k가 소요된다면 교육비용[15]의 현재가치는 다음과 같다.

$$(4.3) \quad PV_C = C_0 + \frac{C_1}{(1+r)} + \frac{C_2}{(1+r)^2} + \cdots + \frac{C_{k-1}}{(1+r)^{k-1}} = \sum_{t=0}^{k-1} \frac{C_t}{(1+r)^t}$$

이제 위의 세 식을 이용하면 인적자본투자에 대한 순수입과 비용의 현재가치를 다음과 같이 비교할 수 있다.

$$(4.4) \quad \sum_{t=k}^{R} \frac{X_t}{(1+r)^t} - \sum_{t=0}^{k-1} \frac{C_t}{(1+r)^t} \geq \sum_{t=0}^{R} \frac{E_t}{(1+r)^t}$$

그리고 이를 다시 정리하면 다음을 얻는다.

$$(4.5) \quad \sum_{t=k}^{R} \frac{X_t - E_t}{(1+r)^t} \geq \sum_{t=0}^{k-1} \frac{E_t}{(1+r)^t} + \sum_{t=0}^{k-1} \frac{C_t}{(1+r)^t}$$

식 (4.5)로부터 인적자본투자의 결정요인을 다음 다섯 가지로 정리할 수 있다(남성일, 2017: 92). 첫째, 인적자본투자에 따른 소득격차($X_t - E_t$)가 클수록 인적자본투자는 증가한다. 둘째, 대학 진학을 선택함에 따라 포기하게 되는 소득이 클수록 인적자본투자는 감소한다. 셋째, 인적자본투자의 직접비용이 높으면 교육투자는 감소한다. 넷째, 할인율이 높을수록 현재가치보다 미래가치를 낮게 평가하여 인적자본투자는 감소한다. 다섯째, 연령이 높을수록 교육 이후 인적자본투자 수익을 회수하는 시간이 단축되기 때문에 인적자본투자는 감소한다. 또한 식 (4.5)에서 부등식의 좌변은 인적자본투자에 따른 소득의 차이에 대한 수입의 현재가치이다. 즉 교육을 통해서 미래에 얻을 것으로 예상되는 소득을 현재가치로 환산한 것이다. 이것은 [그림 4-6]에서 D의

---

15 여기서 교육비용은 등록금, 책값, 생활비 등의 직접비용 이외에 일을 하지 못함에 의해 상실하는 소득을 의미하는 기회비용도 포함한다.

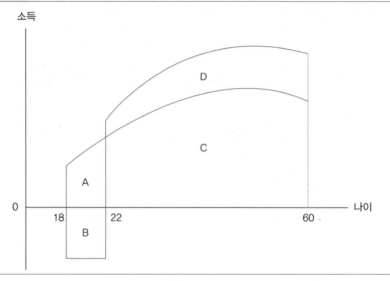

그림 4-6 고졸자와 대졸자의 연령별 소득곡선

자료: 남성일(2017), 89쪽.

면적이다. 그리고 우변의 첫 번째 항은 인적자본투자로 인해 포기한 소득의
현재가치로 [그림 4−6]의 A부분의 면적이다. 우변의 두 번째 항은 인적자본
투자의 직접비용으로 [그림 4−6]의 B에 해당한다.

　　한편 교육이 소득에 정의 영향을 미치는 정도는 교육수익률을 추정함에
의해 확인할 수 있다. 대표적인 추정모형은 Mincer(1962, 1974)의 소득함수를
추정하는 것이다. 가장 단순한 소득함수 추정 모형은 교육에 따른 소득성장
률[16]이 r이고 k년의 정규교육을 받는다고 하면 다음과 같이 나타낼 수 있다.

---

16 교육에 따른 소득성장률은 비교년도소득(E_1)에서 기준년도소득(E_0)을 뺀 값에 기준년도소득을
　나눈 $(E_1 - E_0)/E_0 = r_1$으로 나타낼 수 있다. 이를 변형하여 k년까지 정규교육을 받는다고 하면
　각 연도별 소득은 다음과 같다.
　1년째 소득: $E_1 = E_0 + r_1 E_0 = E_0(1+r_1)$
　2년째 소득: $E_2 = E_1 + r_2 E_1 = E_1(1+r_2) = E_o(1+r_1)(1+r_2)$
　　　　　　⋮
　k년째 소득: $Y_e = Y_{e-1} + r_e Y_{e-1} = Y_{e-1}(1+r_e)$
　　　　　　　　$= Y_0(1+r_1)(1+r_2)(1+r_3) \cdots (1+r_e)$
　여기서 만약 $r_1 = r_2 = \cdots = r_k = \bar{r}$이라고 가정하면 소득함수는 $E_k = E_0(1+\bar{r})$이다. 이제 양변
　에 자연로그를 취하면 $\ln E_k = \ln E_0 + k \ln(1+\bar{r})$이 된다. 여기서 $\bar{r}$이 0에 가까운 작은 값을
　가지면 $\ln(1+\bar{r})$은 $\bar{r}$에 수렴하게 된다. 이를 이용하면 $\ln E_e = \ln E_0 + \bar{r}k$을 도출할 수 있다.
　또한 학교교육 이후 추가적으로 받는 일터훈련을 T라고 하면 일터훈련의 기대수익은

그림 4-7   우리나라 대졸 인적자원 수급의 동태적 변화

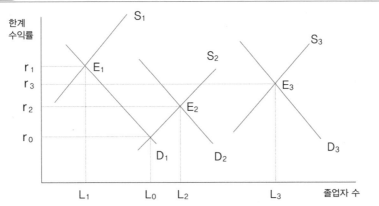

자료: 백일우(2000), 230쪽.

$$(4.6) \quad \ln E_k = \ln E_0 + \bar{r}k$$

여기서 $\bar{r}(=d\ln E_k/dk)$은 소득과 교육연수 관계에 대한 기울기로 정규교육에 대한 평균기대수익률이다. 이 추정모형은 소득을 종속변수로 하여 설명변수로 교육연수, 경험, 근속년수, 자격증 여부, 기타 변수들을 추가할 수 있다.

이상과 같이 교육에 대한 투자는 수익률의 분석을 통해서 접근할 수 있지만 현실에서 대졸 인력의 수급불일치가 나타나게 된다. 이러한 불일치는 일터가 요구하는 지식과 숙련이 불일치하는 데에 기인하지만, 그 결과는 총량적인 수급불일치로 이어지기도 한다. 앞의 식 (4.5)에서 고졸자와 대졸자의 임금격차가 크면 대졸자의 투자수익률이 높아 대학진학이 높을 것이다. 이를 [그림 4-7]을 통해 살펴보면, 대졸자의 공급곡선은 우상향하는 모양을 가진다(곡선 S_1, S_2, S_3). 이것은 한계수익률이 높으면 대학의 진학률이 높아져 졸업생의 수가 늘어남을 의미한다. 반면 노동시장에서 대졸자의 고용은 한계수익률과 관계에서 우하향하는 모양이다(곡선 D_1, D_2, D_3). 만약 노동시장에서 대졸자의 한계수익률이 떨어지면 대학 진학률은 떨어질 것이다.

[그림 4-7]은 대졸자의 수요와 공급의 변화에 대한 우리나라의 과거 사

$\ln E_e = \ln E_0 + \bar{r}k + \bar{r}_T T$이 된다.

례를 설명해 준다. 1980년대 대졸자의 한계수익률이 높았던 점을 고려하면 균형은 E_1에서 수익률이 r_1이고 노동시장에서 대졸 고용은 L_1이다. 이러한 상황에서 1990년대 인적자원 공급이 증가하여 공급곡선이 우측으로 이동하고 따라서 수요곡선 D_1과 공급곡선 S_2가 만나는 한계수익률은 r_0로 떨어지게 된다. 하지만 당시에 과학기술의 진보와 공업화의 결실로 인해 노동시장에서 대졸자의 수요가 크게 증가하여 수요곡선이 D_2로 이동함에 의해 새로운 균형은 E_2가 되고 한계수익률은 r_2에서 결정된다. 이어서 노동시장에서의 수요의 증가는 대졸자의 공급을 더욱더 증가시켜 2000년대에 한계수익률은 D_3와 S_3가 만나는 균형 E_3에서 결정되므로 r_3로 증가한다.

이와 같이 우리나라에서 대졸 인적자원의 수급에 있어서 큰 변화는 투자수익률의 변동과 밀접한 관계를 가지고 있었다. 이러한 관계는 역량을 위한 인적자본투자가 역량을 활용하는 수요와 공급의 원리에 의해 결정되고 있고, 결국 수요와 공급은 개인과 기업의 선택의 문제로 귀결됨을 보여주는 것이다.

2. 일터에서의 역량을 위한 투자

일터훈련(on-the-job training)[17]은 학교에서의 교육보다는 훨씬 직접적이고 구체적인 목적을 가진다. 일터훈련은 일터에서 요구되는 지식 또는 숙련을 습득하여 생산성을 높이기 위한 것이다. 일터에서 이루어지는 훈련은 새로운 숙련을 습득하기 위해 선임자와 함께 배우기도 하고, 학교 또는 훈련기관에서 배우기도 한다. 일과 함께 하는 또는 일을 하면서 행해지는 배움은 매우 다양한 형태로 진행된다.

단순화하기 위하여 노동시장과 생산물시장이 완전경쟁이라고 하면, 기업은 이윤을 극대화하기 위해 한계생산물과 일치하는 임금을 지불할 것이다.

---

17 Becker(1993: 30)가 소득효과의 관점에서 논의한 인적자본투자로서의 'on-the-job training'은 일과 관련된 것이다. 흔히 이 용어는 현장훈련으로 번역된다. 하지만 현장훈련은 직업교육과 각종 연수프로그램에서 사용되는 현장실습과 유사하고. 이와 같은 현장훈련 또는 현장실습은 일터 또는 일을 중심으로 전개되는 훈련과는 차이가 있다. 이러한 점을 고려하여 이 책에서는 일을 중심으로 행해지는 훈련으로 일터훈련이라 명명한다.

만약 첫 번째 기에 훈련이 주어지면 이와 관련한 지출은 다음과 같이 임금에 훈련비를 합한 값이 된다.

$$(4.7) \quad MP_0 + \sum_{t=1}^{n-1} \frac{MP_t}{(1+i)^t} = W_0 + C + \sum_{t=1}^{n-1} \frac{W_t}{(1+i)^t}$$

여기서 MP_0는 한계생산물로 훈련에 참여하지 않을 경우의 한계생산물이고, C는 명시적인 훈련비용과 훈련으로 인해 소비된 시간의 기회비용을 합한 것이다. 그리고 MP_t는 훈련을 받은 이후 한계생산물, W_0는 훈련받을 당시 임금, W_t는 훈련받은 이후 임금이다. 식 (4.7)에서 $G = \left(\sum_{t=1}^{n-1} MP_t - W_t\right)/(1+i)^t$로 놓으면, 다음과 같이 나타낼 수 있다.

$$(4.8) \quad MP_0 + G = W_0 + C$$

여기서 G는 훈련으로부터 얻는 순수입을 나타낸다. 그러므로 G와 C의 차이는 훈련에 따른 수입과 비용의 차이이다. 식 (4.8)은 한계생산물이 훈련 이후의 수입과 비용의 차이가 같을 때 초기임금과 같음을 의미한다. 이제 G가 가지는 함의와 관련하여 훈련을 받은 이후 수입을 누가 가져가는가에 따라 훈련투자가 영향을 미칠 수 있음을 짐작할 수 있다. 이것은 일반적 훈련(general training)과 특수적 훈련(specific training)의 두 가지의 경우를 고려함에 의해 살펴볼 수 있다.

　　우선 일반적 훈련은 훈련을 제공하는 기업 이외에 다른 많은 기업에서도 유용한 특성을 가지는 경우이다. 즉 일반적 훈련은 근로자가 훈련을 받은 이후 다른 기업에서도 향상된 숙련을 활용하여 생산성을 올릴 수 있다. 이러한 경우 훈련 이후 근로자의 한계생산물이 증가하는 부분을 기업이 완전하게 가져가지 못하는 현상이 나타난다. 왜냐하면 다른 기업에서 훈련비용을 들이지 않고 훈련받은 근로자를 몰래 데려갈 유인을 가지게 되고, 근로자도 또한 그러한 이직으로부터 더 큰 이득을 누릴 수 있기 때문이다.

즉 훈련 이후 노동이동이 발생하기 때문이다. 이러한 일반적 훈련의 함의는 $G=\left(\sum_{t=1}^{n-1} MP_t - W_t\right)/(1+i)^t = 0$이 됨을 의미한다. 기업의 입장에서 $G=0$이어서 훈련비용을 지불할 유인은 없고, 기업이 훈련을 제공하면 근로자들은 그들이 낮은 임금을 받음에 의해 일반적 훈련의 비용을 지불할 유인을 가지게 된다.

다음 특수적 훈련은 단지 훈련을 제공하는 기업에서만 훈련 이후 생산성을 증가시키는 경우이다. 이러한 경우 근로자가 훈련을 받은 이후 그 기업을 떠나게 되면 훈련으로부터 길러진 역량의 가치를 상실하게 된다. 따라서 기업은 특수적 훈련 이후 더 높은 생산성의 수익을 가질 수 있다. 앞의 식 (4.8)에서 $G>0$면 G는 0기에 실행된 훈련으로부터 이후 t기에 얻을 수 있는 수익의 현재가치이다. 결국 기업은 특수적 훈련으로부터 미래의 수익을 누릴 수 있기 때문에 훈련비용을 지불할 것이고, 최종 훈련투자의 균형은 $G=C$일 때 이루어질 것이다. 하지만 훈련 이후 증가된 수입을 누가 가져갈 것인가? 기업이 모두 가져갈 경우 근로자가 이직할 유인을 갖게 된다면 기업의 입장에서 훈련투자의 결과 손실을 입게 된다. 특수적 훈련 투자에 대한 근로자와 기업의 의지는 훈련 이후 근로자의 노동이동의 가능성에 달려있다고 할 수 있다.

3. 일터훈련 시기와 시장실패의 문제

일터에서의 역량개발은 지식과 숙련의 축적과 활용의 상호적 관계에 의존한다. 이것은 직업세계에서 일반적 숙련과 특수적 숙련의 극단적인 경우보다는 양자의 중간 어딘가에 위치하는 것이 일반적임을 의미한다. 따라서 대부분의 훈련투자는 일반적 숙련과 특수적 숙련이 혼재한 경우로 볼 수 있고, 따라서 기업과 근로자들이 훈련에 참여할 유인을 가지게 된다.

김형만(1999)은 일터가 요구하는 숙련의 이러한 속성을 고려하여 훈련투자가 근속연수와 밀접하게 관련하여 근속의 어떤 시점이 최적임을 이론적으로 밝히고 있다. 그의 논의에서 일터훈련은 현장훈련과 향상훈련으로 구분하고 있다. 현장훈련은 기업이 인력을 채용한 이후 지속적으로 행해지고 있는 것이고, 향상훈련은 추가적인 숙련향상을 필요로 할 때의 훈련을 하는 것이다. 이러한 경우 기업의 일터훈련 선택은 현장훈련을 지속할지 향상훈련을 추가적으로 실시할지를 결정하는 문제로 귀결된다. 통상 기업이 근로자를 채용하면 적어도 일정기간 동안 선임자로부터 배우고, 일을 하면서 숙련을 습득한다. 근속연수가 지나면서 직무의 여러 영역에 대한 지식과 숙련을 갖추면서 고숙련자로 성장하게 된다. 고숙련의 역량으로서 높은 수준의 지식과 숙련은 현장훈련만으로 습득되기 어렵고, 높은 수준의 역량을 습득하기 위해서는 향상훈련의 인적자본투자를 필요로 한다.

한편 근속연수가 짧은 신참근로자들의 높은 이직률은 기업의 훈련투자 유인을 위축시킨다. 이러한 경우 기업의 훈련 투자는 고참근로자에게 집중되는 경향을 보이게 된다. 또한 일반적 훈련의 경우 근로자의 이직가능성을 더욱 높이게 된다. 왜냐하면 훈련에 투자하지 않는 기업들이 길러진 역량을 활용하려는 밀렵의 유인이 가지기 때문이다. 이와 같이 훈련의 속성이 완전하게 특수적이지 않으면 인적자원의 역량개발에 있어서 시장실패가 발생하게 된다. 우리나라에서는 이러한 시장실패를 방지하기 위하여 실제로 1976년 「직업훈련기본법」에서 기업이 의무적으로 훈련을 실시하도록 강제하였다. 이후 고용보험제도가 도입되면서 기업이 직업훈련에 대한 분담금(levy)을 내고, 훈련을 실시할 경우 환급(grant)받는 제도로 바뀌었고, 이 제도는 아직도 시행되고 있다.

이상에서와 같은 일터훈련의 특성을 고려하면 직업훈련은 근로자의 역량을 강화시켜주지만 누가 그러한 훈련에 투자할 것인가는 매우 복잡하다. 일반적 훈련이라면 개인이 비용을 부담할 유인을 가지겠지만 기업이 투자할 유인은 없을 것이다. 기업 특수적 훈련의 경우는 기업이 비용을 부담할 것이다. 하지만 양자의 구분이 모호한 경우 기업도 개인도 비용부담을 꺼리게 될 것이다. 이러한 경우에는 시장실패를 보정하기 위하여 정부가 인적자본투자에 중요한 역할을 하게 된다.

04   자기성찰과 지혜

앞의 두 절에서 논의한 바와 같이 학습의 본질은 개인의 역량을 향상시킬 뿐만 아니라 내면적 성찰을 통해서 길러진 역량을 발휘하게 하는 힘을 길러주는 것이다. 그렇지만 사람에 체화되어 있는 역량이 어떻게 활용 또는 발현될 수 있는가에 대한 논의는 분명하지 않다. 이하에서는 이러한 개인의 역량이 발현되는 특성에 대하여 정리한다.

1. 자기성찰의 중요성

역량의 세분화된 지식과 숙련들을 갖추었다고 반드시 자신의 역량을 사회적 이익이 되도록 발현할 수 있는 것은 아니다. 일터에서 직무를 수행할 때에도 학교에서 배운 세분화된 지식들로 문제를 해결하거나 일을 완성하는 경우는 드물다. 많은 경우 상황에 대한 탐색과 반성적 성찰을 통해 문제를 해결한다. 읽기, 쓰기, 업무 매뉴얼 등의 지식 또는 숙련은 일을 수행할 수 있는 기초역량으로 중요한 의미를 가진다. 그러나 이들의 세분화된 역량 요소들은 필요조건이기는 하지만 충분조건은 아니다. 이들 역량요소들이 탐색, 관찰, 반성적 성찰 등의 내면적 역량과 결합될 때 어떤 상황의 발생에 대응하여 역량을 발휘할 수 있는 충분조건이 된다.

사람에 체화된 길러진 역량은 역량 요소들을 총합적으로 실행에 의해 발현된다는 논의가 있다. 앞의 [그림 4-1]에서와 같이 역량이 명시적으로 드러나는 지식, 숙련, 태도 및 가치 이외에 특질과 동기와 같이 내적으로 숨어있는 부분이 존재한다는 논의를 고려하면 역량이 실현되는 상황은 개별 역량요소들의 능력이 아닌 이들 요소들이 상호 의존되어 표출되는 결과라고 할 수 있다. 그리고 그러한 역량의 발현은 외부 - 일터 또는 사회공동체 - 수요에 의해 드러나는 상황 맥락에 의해 나타난다.

윤정일 외(2010)는 역량의 하위 요소들이 총체적으로 작동한다는 인간 특성으로서 총체성과 역량이 실제 수행 상황에서 가동되어 나타나는 수행성,

역량이 발휘되는 상황이 타인과 함께하는 과정으로 사회적 환경과 결부되는 맥락성, 역량이 학습할 수 있는 능력이라는 학습가능성 등의 관점에서 역량을 파악하고 있다. 이은미(2010)는 듀이의 경험에 비추어 질성으로서 개념적 인식과 과학적 지식의 방법으로 도달할 수 없는 영역이 존재하므로 역량의 하위 요소들의 합이 아닌 총합적 접근이 중요하다고 제기하였다. 그리고 이종재·송경호(2010)는 OECD의 핵심역량의 차원(<표 4-1> 참조)과 핵심역량이 지향하는 사회비전과 삶의 요구라는 상위 차원 사이를 연결하는 내적기반 차원의 반성적 성찰(reflectivity)을 중요하다고 보고, 이러한 반성적 성찰은 중용(中庸)에서와 같은 마음계발을 통해서 함양할 수 있다고 주장한다. 신춘호(2010)는 형식도야론(formal discipline theory)에 바탕을 두는 심성함양과 역량개발은 상이한 출발점을 가지고 있지만 인간의 마음이 발휘할 수 있는 능력으로서 총체로서의 마음이 본질적인 요체라고 본다. 또한 고영준(2010)은 역량을 학교에서 가르치는 교과 - 지식의 형식 - 와의 관련을 고려하지 않을 때 수반되는 성격과 한계가 나타난다는 점을 형식도야론과 촘스키의 언어이론에 근거하여 설명한다. 이것은 인간의 언어에 표층과 심층이 있고, 표층은 언어지식 또는 언어의 개념이, 그리고 심층에는 언어지식이 문장으로 옮겨지면서 재규정되는 것으로 바로 마음에 해당한다는 논의이다.[18] 이러한 논의들은 역량이 인간의 행위를 이끄는 실천적 동력이며, 그 실천은 인간의 마음 또는 정신과 연결되어 있음을 주장하는 것이다.

　이러한 주장들은 OECD DeSeCo 프로젝트에서의 논의와 밀접한 관계를 가진다. 앞의 [그림 4-2]와 [그림 4-3]에서 역량은 사람에 체화되는 명시적으로 관찰할 수 있는 하위 구성요소뿐만 아니라 사회적 수요와 상황 맥락에 의해 다른 모습으로 구현될 수 있음을 제기하고 있다. 특히 최근 OECD의 논의는 지식, 숙련, 태도 및 가치 등의 핵심역량 요소들이 경제 및 사회적 상황 맥락에서 책임감, 새로운 가치를 창조, 협력적 관계를 통하여 역량이 발현될

---

18 형식도야론은 기억, 상상 및 재생, 사고, 감정, 추론 등과 같은 일반적인 능력심리학에 바탕을 두는 정신능력을 기르는 것을 의미한다. 신춘호(2010)는 형식도야론이 주장하는 정신능력은 타고난 것일 뿐이며 교과를 온전하게 내면화한 결과로 도달하게 되는 마음은 교과와 일체의 언어를 포함하는 총체로서의 마음이라고 하였다. 고영준(2010)은 형식도야론이 거의 사장되었고, 촘스키의 언어능력에서의 마음을 통하여 역량의 개념이 학교교육과 관련됨을 논의한다.

것임을 상정하고 있다(전재식 외, 2019: 144). 이를 고려하면 사실상 OECD가 주창했던 역량에 대한 개념도 인간의 내면에서 형성되는 요소들이 인간의 정신세계의 올바른 정진도 간접적으로 고려하고 있다고 봐야 할 것이다.

이상의 논의들은 인적자원의 세분화된 역량이 역량요소의 총합성과 마음수양이 부재하여 문제가 있음을 지적하고 있다. 하지만 현실적으로 학교에서 암기 또는 지식전달 중심의 교육도 인간 내면의 특성은 매우 추상적이다. 더욱이 학교와 훈련기관에서 학습결과의 자격(졸업장, 자격증, 학위 등)에서 부여된 역량은 종이위의 평판에 불과하여 문제를 해결하는 데 있어서 취약하다.[19] 흔히 우리는 주변에서 유명대학 졸업장의 역량이 현실에서 제대로 발휘되지 못하는 허상의 명색(名色)에 불과한 경우를 자주 관찰한다. 우리의 일, 삶, 학습은 성찰을 통한 지혜에 바탕을 두는 인적 역량을 바탕으로 재조명될 필요가 있다.

2. 배움을 통한 학습: 장인의 탄생

개인에 내재해 있는 역량의 활용 또는 실현은 어떤 원리에 의해 설명될 수 있는가? 앞의 논의에서도 살펴봤지만 개인의 역량이 성공적인 삶 또는 사회결속의 강화로 드러나는 실체를 파악하는 것은 사실상 불가능하다. 그렇지만 역량의 발현을 실현해 나가는 몇 가지가 있다. 역량의 실행 또는 발현으로서 마음으로부터 나오는 정신능력은 장인정신, 선비정신, 군인정신 등의 용어로부터 간접적으로 확인할 수 있다. 흔히 말하는 장인정신은 장인의 삶에서 정신의 근간인 마음을 통해서 발현되는 것이다. 이러한 경우는 장인의 삶 그 자체가 곧 동기이자 이유라고 할 수 있는 것이다. 장인정신 또는 선비정신은 역량 요소들이 총체적으로 상호 연계되는 개인의 역량이 발현되는 모

----

19 우리나라의 국가직무능력표준도 지식, 숙련, 태도 등과 관련한 핵심역량의 하위 요소를 바탕으로 숙련수준을 구분할 수 있다고 전제한다. 이것은 역량이 길러지면 일터에서 그 역량이 잘 활용될 것이라는 것을 상정하는 것이다. 하지만 이러한 전제는 역량의 발현을 위한 인간의 내면적 특성은 고려하지 못하고 있다. 특히 각 핵심역량을 구성하는 읽기, 계산, 과학 등의 능력 이외에 의사소통, 협력 등의 역량요소들의 특정 부분을 향상하거나 이들 개별 역량을 단순한 합은 개인의 역량을 발휘하는 것과는 별개의 문제가 될 수 있다.

그림 4-8 장인 성장의 긍정적인 순환모형

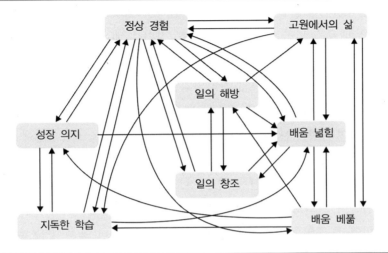

자료: 장원섭(2015), 384쪽.

습이라고 할 수 있다. 이와 같은 점을 고려할 때 역량의 논의에 있어서 역량
의 하위 요소별 접근보다는 통합적인 시각에서 접근하는 메타 역량의 관점이
요구된다.

메타 역량의 관점은 통합적 관점의 역량 개발인 장인성(匠人性)을 통해서
현실적인 모습을 확인할 수 있다. 장인성은 스스로 학습하여 일에서 창조력을
발휘하면서 최고 경지에 도달하고, 삶의 과정에서 자신이 도달한 경지를 공동
체와 나눌 수 있는 메타역량을 의미한다.[20] 이러한 장인성은 전통적인 수공업
자의 역량에 한정되는 것이 아니라 현대적 의미에서 더욱 확장된 것이라 할
수 있다.[21] 장원섭(2015)이 관찰한 장인성의 특성은 여덟 가지이다. 첫째, 장인

----

20 Cheetham & Chievers(1998: 268)에 의하면 메타역량은 다른 역량들을 함양하기 위해서 습득해야
하는 더 고차원적인 역량의 개념이다. 그리고 Sopegina, Chapeav & Simonova(2016: 7844)는 메타
역량이 동기적, 가치적, 실행적, 성찰적 기반 위에서 목표지향적이고 의식적인 지식과 숙련을
습득하는 과정을 통해 습득될 수 있다고 주장한다. 또한 McKinsey & Company(2018: 8)은 단순
히 디지털 스킬만이 아니라 오히려 창의력, 비판적 사고와 문제해결력, 사회적 지능, 책무성 등
과 같은 휴먼 스킬이 매우 중요하다고 보고하고 있다.
21 장원섭(2015)은 한복, 도자기와 같은 전통 분야와 보일러, 자동차, 양복, 제과 등의 기능 분야에
서 일하는 사람들뿐만 아니라 변호사, 의사, IT 전문가, 조각가, 배우 등을 포함한 15명의 현대적
장인들의 일하고 배우는 삶에 대해 연구했다. 이들이 하는 일의 내용과 직무를 수행하는 방법
등은 개별적으로는 상당히 달랐지만 자기를 대하는 태도와 일과 함께 하는 삶의 방식에 있어서

은 성장에 대한 의지를 가진 사람이다. 둘째, 장인은 지독한 학습자이다. 셋째, 장인은 일의 해방자이다. 넷째, 장인은 창조적으로 일하는 자이다. 다섯째, 장인은 배움을 넓히는 자이다. 여섯째, 장인은 배움을 베푸는 자이다. 일곱째, 장인은 정상에 오른 자이다. 여덟째, 장인은 고원에 사는 자이다.

[그림 4-8]은 이러한 여덟 가지의의 특성이 상호 의존되어 있음을 보여준다. 현실에서 관찰한 장인은 스스로 학습하여 역량을 기르고 그 역량을 공동체를 위하여 구현하는 모습을 보이고 있다. 장원섭(2015)의 연구에 의하면 이러한 장인의 길은 상당히 우연한 출발로부터 시작되었지만 계획적이거나 의도적이지 않았고, 체계적인 준비 과정도 별로 없었다. 그럼에도 불구하고 우연적 출발이 기회로 작용하여 자신의 분야에서 최고의 장인이 되었다. 이러한 장인의 특성은 지속적인 반성적 성찰을 통해서 더 높은 곳을 추구하는 인간의 본성을 보여주는 것이다. 생애동안 지속적인 학습을 통하여 일과 삶이 조화를 이루게 되는 경지에 이르는 것은 끊임없는 반성적 성찰을 통해서만 가능한 것이고, 학습을 통해 이를 구현하는 것은 사회의 지속가능한 발전을 위해서도 매우 중요하다.

3. 역량 증진의 본질: 지혜의 함양

이상의 논의로부터 우리는 역량을 축적하는 목적이 성공적인 삶 또는 사회발전을 위한 것이라고 하지만 좀 더 본질적인 것은 인적자원의 역량이 어떻게 발현될 수 있는가의 문제이다. 그리고 개인의 역량을 발휘하는 것도 경제 및 사회적 환경에 의한 상황적 맥락도 중요하지만 개인의 마음을 다스리는 반성적 성찰도 중요하게 고려해야 한다. 그러면 인간의 삶이 추구하는 목적은 무엇인가? OECD가 제시하는 바와 같은 성공적인 삶은 어떤 것인가? 이러한 질문의 근원은 길러진 역량은 어떻게 발현될 수 있는가의 문제라고 할 수 있다.

우선 마음에 관한 두 유형의 선행연구를 통해서 시사점을 얻을 수 있다. 홍윤경(2010)은 역량을 삶의 총체적 능력으로서 의미를 부여하면서 마음의

....

매우 유사한 특성을 나타내고 있음을 밝히고, 그것을 "장인성"이라고 명명하였다.

속성으로 영혼에 관한 일들에 대한 지혜는 진정한 행복을 가져다 줄 것이라는 점을 '마음의 아레테'로 표현하고 있다. 예컨대 장인에게 찾아볼 수 있는 기량 또는 역량은 그들의 삶 속에서 최상의 형태로 발현되는 아레테라고 할 수 있다. 마음의 아레테는 지, 덕, 체 중의 한 부분인 지식이라는 협소한 의미가 아니라 용기의 덕목이 과도해지지 않게 해주고, 역량이 올바르게 사용될 수 있도록 이끌어주며, 다양한 각각의 역량으로서 덕목들이 참다운 역량으로 완성될 수 있도록 만들어주는 것이다. 이것은 플라톤 대화편 「메논」에서 지혜와 같은 용어이다. 플라톤은 마음의 아레테를 획득하는 것은 단순히 추론능력을 발달시키는 것이 아니라 상대방의 견해를 보다 완전한 것으로 만드는 데에 필요한 인식조건을 획득하는 것으로 본다.

이종재·송경오(2010)는 OECD DeSeCo 프로젝트에서 핵심역량의 내적구조로서 반성적 성찰(reflectivity)을 제시하고는 있지만 인간 내면적 존재인 마음에 대해 구체적으로 논의하지 못했다고 비판하면서 마음의 본질과 쓰임, 그리고 마음의 형성을 대표적인 동양사상인 중용(中庸)을 통해 살펴보고 있다. 중용의 형이상학적인 핵심 개념은 성(性), 도(道), 교(敎)이다. 여기서 성(性)은 하늘의 천명을, 도(道)는 하늘의 뜻인 천명을 따라 욕망을 걷어내고 진리를 좇아가는 것이 사람이 살 길임을 의미한다. 그리고 이러한 길을 닦는 것이 교(敎)이다.[22] 중용이 추구하는 것은 욕망을 버리고 하늘의 뜻에 따르는 마음을 갖게 되는 것으로, 이러한 마음 깨우침은 교육을 통해서 이루어져야 한다는 것이다. 이러한 중용을 통한 마음의 구조는 하늘로 뚫려있는 마음인 충(忠)과 옆으로 뚫려있는 서(恕)라는 마음을 지닌 인간은 지(知), 인(仁), 용(勇)이라는 세 가지 모습[23]을 보인다. 인(仁)은 하늘의 뜻에 모든 것을 믿고

---

22 여기서 성(性,) 도(道), 교(敎)는 "天命之謂性이요 率性之謂道요 修道之謂敎라"는 중용 제1장 첫 머리글에서 따온 것이다.

23 인(仁)은 인자(仁者)는 거이사명(居易俟命)하니 관유온유(寬裕溫柔)하고, 화이불류(和而不流)하니 불우(不優)할 수 있게 됨을 의미하는 것이다. 즉 인의 길에 들어선 사람은 하늘의 뜻에 모든 것을 믿고 의지하여 맡기기 때문에 걱정 없이 편하게 지내게 되는 것이다. 지(知)는 지자(知者)는 온고지신(溫故知新)하고, 제장중정(齊莊中正)하여 불구어인(不求於人)하니 불혹(不惑)할 수 있게 됨을 말한다. 즉 지의 길에 들어선 사람은 뜻을 잘 살피어 늘 새롭게 함으로써 천명을 받들어 흔들리지 않는 모습을 보인다는 것이다. 그리고 용(勇)은 용자(勇者)는 택선고집(擇善固執)하고 발강강의(發强剛毅)하며 부도이폐(不途而廢)하니 불구(不懼)할 수 있게 됨을 말한다. 즉 용의 길에 들어선 사람은 선을 택하여 놓지 않고 끝까지 포기하지 않는 모습을 보이게 됨을 의미

의지하는 것을, 지(知)는 천명에 거슬리지 않고 바로서는 모습을, 용(勇)은 선을 택하여 포기하지 않는 모습을 의미한다. 결국 중용의 마음가짐은 자신을 다스릴 수 있게 될 뿐만 아니라 세상을 제대로 섬기게 되는 것이다. 이와 같이 중용의 마음가짐은 자신을 다스리는 것에서 출발하고 있고, 인간의 핵심 역량을 개발하기 위해서 각 역량의 하위 요소들이 통합되는 상태로 이르게 하는 것이다.

이들 두 연구로부터의 시사점은 길러진 역량이 어떻게 발현될 수 있는가는 마음 다스림 또는 마음 수양이 본질임을 논의하는 것이다. 또한 이러한 마음 수양은 반성적 성찰에 이해 역량이 발현될 힘을 갖추게 해준다고 이해할 수 있다. 과연 그러한가? 능력심리학에서 제시하는 형식도야론의 입장에서는 그렇다고 할 수 있지만 위에서 살펴본 바와 같이 형식도야론은 역량을 기르는 교육의 관점에서 역량을 축적하고 활용하는 논의에서 여전히 추상성을 벗어나지 못한다.

한편 인적자원의 역량은 듀이가 제시한 지력의 개념을 통해 관찰할 수 있다. 듀이가 제시하는 지력은 지식을 생산하고 사고를 주도하고 문제를 해결하는 능력을 의미한다. 지력은 반성적 성찰의 전후의 상태를 전환할 수 있게 하는 힘으로 문제의 상황을 해결하고 수단과 목적을 연결하는 방법을 산출하는 마음의 기능적인 힘을 말한다(이돈희, 2020: 165). 이와 같은 마음의 기능적 힘은 반성적 성찰에 바탕을 두고 발현될 수 있는 것이다. 듀이의 논의에 따르면 반성적 성찰은 불명료하고 의심스럽고 갈등을 일으키고, 혼란스러운 상황을 명료하고 일관되고 안정되고 조화로운 상황으로 전환시키는 힘을 제공한다(이돈희, 2020: 184). 듀이의 논의는 현실세계는 한 순간의 연속이며 모든 것은 순간 마다 변화하며, 시간의 시작도 없고 자연 속에 있는 모두는 미리 결정되어 있지 않다는 자연주의에 바탕을 두는 것이다. 즉 인간의 마음은 끊임없는 자연 현상으로부터의 경험과 연결될 때 지력 또는 역량을 발휘할 수 있는 힘으로 작용할 수 있게 된다.[24] 이것은 OECD의 DeSeCo 프로젝

한다(이종재 · 송경호, 2010: 91).

24 듀이는 감각의 세계로 시각, 촉각, 맛, 냄새 등을 감각적 지식에 바탕을 두는 것을 '감각적 질성', 그리고 어떤 상황과 맥락에서 얻어지는 탐색적 지식에 바탕을 두는 '편재적 질성'으로 구분하고 있다. 편재적 질성은 환경의 모든 것이 나와의 관계를 가지게 될 때 불확실하고, 믿을 만하고 규

트에서 반성적 성찰이 상황적 맥락에 따라 작동한다는 논의와 유사하다고 할 수 있다. 하지만 역량이 발현되는 수준에 대한 논의는 추상적인 한계를 드러낸다.

　　이상의 논의들은 마음 수양과 반성적 성찰이 역량을 발현하는 데에 있어서 중요함을 제기하고 있다. 하지만 역량의 발현을 위한 구체적인 모습은 제시하지 못하고 있다. 이러한 한계를 극복하기 위해 역량을 발현하는 데 필요한 마음을 다스리는 것은 지혜에 바탕을 두어야 한다는 점을 생각해볼 수 있다. 핵심은 머릿속에 지식으로 존재하는 그 개념들을 어떻게 하면 구체적인 실천으로 전환시킬 수 있는가에 달려있다. 사람의 생각은 인지 능력의 한 차원이고, 이를 뒷받침하는 것이 듣고 배워서 아는 지식이다. 비록 지식이 상황 맥락을 올바로 인식하게 하는 하나의 요소이기는 하지만 진리를 있는 그대로 볼 수 있는 지혜와는 다른 것이다. 즉 지식은 지혜의 일부에 지나지 않는 것이다. 올바른 역량을 발현하기 위해서는 끊임없는 반성적 성찰을 통하여 지식의 한계를 넘어설 필요가 있다. 지식의 한계를 넘어서면 지혜의 길로 들어 갈 수 있다.[25] 이러한 지혜는 불교의 관점에서 조명한 것이지만 지식과는 분명히 다르고, 역량을 발현하는 본질과 맥이 닿아 있는 것이다. 따라서 역량을 기르는 과정에 있어서 지혜를 쌓는 방법을 고려하는 것은 사람의 삶과 사회의 발전을 위한 중요한 과제가 아닐 수 없다.

칙적인 것으로 연결시켜 하나의 통일성을 이룰 수 있도록 지력이 작용하여 의미를 가지게 된 것을 말한다(이돈희, 2020: 250). 불교에서 지식의 습득 과정은 육근(眼, 耳, 鼻, 舌, 身, 意), 육경(色, 聲, 香, 未, 觸, 法)을 통해 지식(앎)을 얻게 되고, 그 결과가 인간의 행동과 연결됨을 설명한다.

25 불교에서는 일체의 고통으로서 "고가 있고(고성제), 고가 쌓이고(집성제), 고를 멸하여(멸성제), 고의 소멸에 이르는 길(도성제)"의 네 가지를 성스러운 진리라고 한다(활성, 2016). 여기서 도성제로서 팔정도(八正道)는 지식을 넘어서 지혜를 쌓아가는 과정을 의미한다.

Chapter 05
사회적 역량

앞 장의 논의에서와 같이 개별 인적자원에 축적된 역량은 체계적인 학습과 비체계적인 학습을 통해 형성될 수 있다. 또한 그러한 역량은 개인의 성공적인 삶 이외에 사회의 유지·발전을 위한 것임도 함께 논의되었다. 이것은 사실상 개인에게 축적되는 역량이 사회적 역량과 상호의존관계에 있음을 의미하는 것이다. 인간의 정체성은 끊임없이 변화하고 있고, 이러한 변화는 생애 동안 지속된다. 개인에 체화된 역량에 대한 요구는 끊임없이 변화하여 완성된 형태로 존재하지 않는다는 것을 의미하며, 그러한 역량이 나 이외의 다른 사람들과의 관계에서 형성되고 사용됨을 뜻한다. 사람의 마음 또는 정신도 개인에 체화된 의식만으로 완성된 형태로 작동하기보다는 다른 사람과 자연현상과의 관계에서 형성된다. 결국 인적 역량에 더하여 사회적 역량도 향상에 의해 사회적 결속을 강화할 수 있는 것이다. 이 장에서는 개인의 차원이 아닌 다른 사람과의 관계 속에서 변화해가는 존재로서 인간의 정체성이 공동체 또는 사회의 관점의 사회적 역량에 대해 논의한다.

01 사회적 역량의 구조와 개념

사회적 역량은 모두가 함께 하는 포용과 삶의 질을 뒷받침하는 기반으로서 의미를 가진다. 인간은 사회적 동물이다. 인간은 다른 사람과 더불어 협력하여 삶의 장을 만들면서 살아간다. 사회적 역량은 더 나은 삶을 위하여 구성원들 사이의 결속을 강화하고, 공동의 가치를 구현할 수 있는 것을 말한다. 사회적 역량이 길러지고 발현되는 과정은 일, 가족, 공동체의 모습이 변화해 감에 따라 더욱 복잡해진다. 더욱이 인간의 삶은 경제활동과 밀접하게 관련되며, 이러한 경제 활동도 사회적 여건에 의해 영향을 받는다.

1. 경제·사회의 변화와 사회적 역량

인간의 경제활동은 중세의 장원제도, 산업혁명 초기의 상업자본주의, 산업혁명이 본격화된 이후 산업자본주의를 이어서 최근의 자본주의 발달과정과 맥락을 함께 한다. 산업혁명 초기의 사회적 생산양식은 지주와 소작농의 관계가 중심인 농업생산에서 자본의 투입과 함께 노동 분업으로 생산의 비약적인 증가가 나타나는 시기였다.[1] 분업은 농업에 종사하던 사람들이 도시로 이동하여 분업적인 생산에 참여하는 인구이동의 커다란 변화를 야기하였다. 분업에 의한 생산양식의 변화는 산업혁명의 시작 단계인 초기의 상업자본주의의 시기에 나타나기 시작하였다.

이 시기는 산업혁명을 시작한 서구 국가들이 식민지의 개척과 무역을 통해 국가의 부를 축적하려는 중상주의의 시대를 지나 자유무역을 통해 국가의 부를 추구하던 때였다. 상업자본주의는 중상주의 시대에 태동한 것이다. 산업혁명이 진전되면서 애덤 스미스가 주장한 자유방임주의는 자유무역이 국가의 부를 축적할 수 있는 철학적 토대를 제공하였다. 애덤 스미스가 논의한 자유무역과 분업에 의한 생산의 비약적인 증가는 경제뿐만 아니라 사회구조도 커다란 변화와 깊은 관계를 가진다. 농업이 중심이던 공동체에서 자본과 노동이 결합되는 분업에 의한 생산으로 중심이 이동됨에 따라 공동체에

---

1 애덤 스미스는 「국부론」에서 핀 제조업에서 18개의 독립적으로 분할된 작업을 하는 분업의 예를 들고 있다. 이러한 분업의 이익은 "전문화된 업무수행으로 노동자의 숙련도가 높아지고, 한 가지 일로부터 다른 일로 옮길 때 허비되는 시간이 절약되며, 노동을 수월하게 해 주고 단순하게 해주는 많은 기계의 발명으로 한 사람이 많은 일을 할 수 있게 되는 세 가지의 이유" 때문이라고 설명한다(애덤 스미스, 2007: 김수행 역, 8-11).

서 개인의 연대 방식을 변화시킨 것이다.

　이후 상업자본주의에서 산업자본주의로 발전해 가는 과정에서 노동 분업에 의한 사회구조의 변화는 더욱 빠르게 진전되었다. 산업자본주의는 자본과 노동이 결합에 있어서 자본의 위상을 더욱 강화시켰다. 산업혁명은 전통적인 길드제도 하에서 행해지던 장인에 의한 생산방식을 대체하였다. 새로운 생산방식은 노동 분업을 통하여 소수 장인의 협력에 의존하는 생산에서 많은 사람들이 특화된 업무에 배치되어 산출물을 생산하는 것이다. 감독자의 지시에 의해 기계적인 리듬에 따라 이루어지는 수많은 노동자의 일이 통합적으로 수행되는 것이다. 애덤 스미스가 제기했던 바와 같이 전문화된 수많은 노동자들이 자본과 결합되는 분업에 의해 생산이 비약적으로 증가하는 결과를 가져왔다.

　칼 마르크스는 자본과 노동의 결합을 확장하는 자본주의의 발전으로 노동이 착취되고,[2] 이에 따라 자본가계급과 노동자계급의 대립이 심화될 것으로 예측하였다. 노동 분업에 의한 자본주의의 발달은 공동체의 연대에 있어서도 큰 변화를 가져왔다. 지식과 기술의 발달에 의해 자본의 이용은 남성 중심의 육체적 힘에 의존하던 노동투입에서 힘이 약한 여성과 어린이도 일을 할 수 있게 만들었다. 칼 마르크스는 특별히 여성과 아동의 노동착취가 심각함을 제기하고 있다. 노동 분업의 결과로 등장하는 노동착취 현상은 전통적인 사회적 연대를 파괴함에 의해 사회적 혼란을 야기할 것이라는 암울한 전망을 하는 것이다. 이후 이러한 생산의 증가는 동시에 노동이 동일한 수의 단순 업무를 수행하는 것으로 전락함에 따라 인간성을 상실하는 결과를 초래하고 있다는 비판이 등장하였는데 마르크시즘 부류의 사상이 그 정점에 있었다.

　뒤르켕은 이와 같은 부정적인 전망과는 달리 노동의 분업으로 인한 사회적 연대 결속에 부정적인 시각을 넘어서 사회가 발전 할 수 있는 새로운

---

2 「자본론」 제9장은 노동력 착취에 대해 상세하게 기술하고 있다(칼 마르크스, 1987: 김영민 옮김). 생산요소의 가치는 투하자본의 가치와 같고, 투하된 자본은 노동에 지출되는 화폐액인 불변자본으로 전환되는 가치와 가변자본으로 전환된 가치를 합한 것과 같고, 최종생산물의 가치는 이들 생산요소의 총액을 넘는 초과분, 즉 투하자본가치의 증식분이 나타나고, 이 증식분이 바로 잉여가치이다. 불변자본은 1일 노동에서 노동자들이 생계를 유지하기 위해 일해야 하는 필요노동시간이며, 잉여가치를 생산하는 부분은 잉여노동시간이다. 이러한 잉여가치는 노동자의 자신을 위해 아무런 가치도 창조하지 않지만 자본가에게는 무에서 창조라는 매력을 가진다.

형태의 공동체가 등장할 것이라고 논의하였다. 뒤르켕은 분업에 의해 등장하는 새로운 사회의 특성을 전통적인 사회의 특성과 구분하여 후자를 기계적 연대(mechanical solidarity), 그리고 전자를 유기적 연대(organic solidarity)로 보아 새로운 논의의 틀을 제시하였다.[3] 유기적 연대의 등장은 사회적 규율 또는 규제가 감소되고 제약이 없는 개인주의의 출현과 함께 나타난 것이다. 뒤르켕은 사회적 연대 또는 결속은 사람들의 개성이 사회의 기본구조를 침식하지 않는다고 논의한다. 즉 기계적 연대가 사람들이 유사한 활동을 하는 곳에서 유지 또는 번성할 수 있는 반면 유기적 연대는 사람들이 다른 역할 또는 업무를 수행하기 때문에 서로 의존하는 개인적 행동에 의해 일체성을 가질 수 있다는 것이다. 기계적 연대가 개인들 사이의 유사한 맥락에서 등장하는 반면 유기적 연대는 각 개인들이 다른 맥락에서 추구하는 개인들 사이의 상호 보완성을 가지는 것이다.

뒤르켕의 논의는 분업으로 인해 나타나는 사회적 변환이 사회적 연대를 쇠퇴시키기보다는 오히려 노동 분업에 의해 등장한 복잡한 세계서 새로운 형태의 연대가 등장하는 것임을 보여주는 것이다. 노동 분업은 사람들이 도시와 같은 주어진 지역 내에서 인구의 급격한 증가를 의미하고, 자연스럽게 사람들 사이의 교류가 증가할 뿐만 아니라 그들 사이의 관계 속에서 생산성을 증가시킬 전문성을 필요로 했다. 즉 전문성은 사람들이 몰려드는 지역에서 그들의 삶을 보장하기 위해서 필요한 것이다. 이와 같이 생존을 위해 전문성을 강화하는 것으로 특징 지워지는 유기적 연대는 기계적 연대로 사회적 연대를 유지해왔던 것만큼이나 개인의 자율성에 바탕을 두는 연대를 창출하게 된다.

---

3 뒤르켕이 제시한 기계적 연대와 유기적 연대는 퇴니스가 논의했던 공동사사회(gemeinschaft)와 이익사회(gesellschaft)의 구분과 매우 유사하다. 퇴니스의 공동사회는 전통적인 마을 공동체에서 존재하는 사회적 결속의 특징을 가지고 있고, 산업혁명 이후 또는 노동 분업에 의한 생산양식에서는 공동사회가 쇠퇴한다고 인식하는 것이다. 그러나 뒤르켕은 새로운 방식으로 연대 또는 결속이 만들어지는 현상을 설명한다는 점에서 퇴니스의 구분과는 차이가 있다. 뒤르켕은 연대의 형태를 법적 규제를 바탕으로 억압적 제제와 배상에 의한 제제로 구분하는 예를 제시하였다. 억압적 규제는 처벌 법(panel law)과 같이 위반과 일탈을 제재하는 것이며, 배상이라는 규제는 손상을 입은 청구인에게 배상하는 도덕적 의무를 바탕으로 시민법과 상법에 의해 보상을 하는 것이다. 배상에 의한 규제는 유기적 연대에서 나타나는 유형이다(Durkheim, 1984: Translated by Halls).

이상에서와 같이 경제 및 사회적 변화의 역사적 특성은 인간은 모여서 협동하면서 끊임없이 변화하는 환경에 대처해 왔음을 보여주는 것이다. 즉 역사적 흐름은 개인이 한 인간으로 완성된 존재가 될 수 없을 뿐만 아니라 여러 사람이 모인 공동체 또는 사회적 관계도 끊임없이 변화에 직면하게 됨을 보여준다. 제3장의 [그림 3-1]에서 살펴본 바와 같이 산업혁명 이후 인구는 급격하게 증가해 왔고, 그러한 인구성장의 동인은 바로 사람들이 모여서 협력함에 따른 평균생산 또는 한계생산물의 확장에 의한 것이다. 이러한 생산성의 증가는 사회적 관계를 재확립하면서 발전적 동력을 창출하는 사회적 역량을 축적하고 활용한 결과이다.

2. 일과 학습 차원에서의 사회적 역량

자본주의의는 역사적인 관점에서 새로운 모습으로 변화해 왔고, 이에 따라 경제 및 사회 현상들도 끊임없이 변화해 왔다. 사회 및 경제의 변화와 함께 인적자원의 역량도 일터가 요구하는 수준에 맞추어 향상되어 왔다. 이러한 점을 고려한다면 인간은 변신하는 존재이다. 이 말은 인간의 정체성이 변화에 열려있음을 뜻한다. 따라서 인간의 형성도 항상 새롭게 기획되고 변화되어 가는 모습으로서 자유의 구조를 가진다(장원섭, 2015: 5). 앞의 듀이의 논의에서와 같이 인간은 삶의 과정에서 많은 경험을 하게 되고, 그 경험들은 인간이 성숙해가는 중요한 요소이다. 인간의 정체성이 열려있다는 것은 인적자원의 역량도 끊임없이 변화함을 의미하는 것이다.

또한 앞에서 논의했던 마음도 기본적으로 주관적이고, 특정된 시간과 다른 사람과의 관계에서 고립된 것이 아니라 자연적 환경과 문화적 환경에 열려있는 것이다. 인간의 마음은 사회적 유기체의 한 부분이라고 할 수 있다. 만약 이원론[4]적 사고에 따라 개인의 가치만 중요하고 사회는 개인의 가치를

---

4 이원론은 두 가지의 특징 또는 원리를 대응시켜 논의구조를 만드는 것이다. 헤겔의 주체와 객체, 신격과 인격, 물질과 정신의 이원적 구조를 상정하고 정반합(正反合)을 논의한다. 데카르트는 정신과 물질, 아리스토텔레스는 형상과 질료, 플라톤의 감각 세계와 이데아 세계 등의 이원적 논의를 통하여 존재 문제를 추론하였다. 이러한 이원론적 접근은 추상적인 논리와 이론에 집착하여 현실의 변화를 반영하지 못하는 문제가 있다. 듀이는 이러한 이원론을 비판하고, 현상에

실현하는 수단에 불과하다면 그것은 개인주의가 될 것이고, 반대로 개인이 사회의 구성요소일 뿐이어서 개인이 사회 유기체의 부속물이라고 한다면 그 것은 전체주의가 된다(이돈희, 2020: 77). 우리가 지향할 수 있는 곳은 개인주 의가 지배하는 세상도 아니고, 전체주의가 지배하는 세상도 아니다. 개인과 사회의 조화를 이룰 수 있는 인적 역량과 사회적 역량이 잘 배양되는 것이 함께 살아가는 세상을 만드는 토대가 될 것이다. 이를 고려하면 인적자원의 역량도 개인에 체화된 인적 역량 이외에 사회적 역량도 이원론적 관점이 아 닌 유기적으로 연결되는 것이어야 한다.

개인과 사회가 유기적으로 연계되어 있는 현실은 인적자원을 기르고 활 용하는 영역에서도 동일하게 적용된다. 인적자원의 역량을 기르고 활용하는 것이 개인의 성공적인 삶과 사회의 유지·발전을 지향하는 것이라면 생애 동 안에 일과 학습도 경험과 타인과의 관계 속에서 조화를 이루어야 한다. 그러 면 일과 학습이 공존할 수 있는가? 현실은 점점 일과 학습의 관계를 밀착시 키고 있다. 일과 학습 환경은 디지털 전환과 '코로나 19'로 더욱 빠르게 바뀌 고 있고, 비대면 시대에 가상공간의 활용이 크게 확대되고 있다. 새로운 환경 은 일터에서 기존의 지식과 숙련의 생존기간을 크게 단축시키게 될 것이다. 일을 지속하기 위해서는 끊임없는 학습을 통하여 역량을 축적해야 하는 시대 로 바뀌고 있다.

일과 학습은 일을 통한 경험이 곧 학습으로 이어지고, 현장에서의 학습 이 이론적 논의를 통해서 보완될 때 개인 역량의 활용성을 높이는 관계를 형 성한다. 현실에는 완전한 일반적 숙련도 그리고 완전한 특수적 숙련도 완성 된 형태로 존재하는 것이 아니다. 오히려 일반적 숙련의 바탕위에서 특수적 숙련의 깊이도 깊어지는 것이 현실이다. 이것은 일터가 일과 학습이 공존하 는 곳임을 의미한다. 사람에 체화된 역량의 발현은 자본주의의 장기적인 동 태적 변화과정에 있어서 뿐만 아니라 일터라는 조직이 생존해 가는 과정에서

발현되는 맥락이 있고, 어떤 조건이 주어지면 잠재되었던 것이 새로운 모습으로 등장하는 창조 적 반응을 보인다고 제시한다. 즉 듀이는 실재와 진리를 밝히려는 전통적인 이성이 구성하는 바 에만 한정하지 않고 경험에 바탕을 두는 거대한 삶의 세계로서 감각적 질성뿐만 아니라 편재적 질성도 고려함에 의해 연속성의 바탕위에서 창조적 반응을 하게 됨을 논의한다. 즉 자연과 경험 의 기본적인 특징은 변환을 한다는 것이다(이돈희, 2020: 80).

도 지속적인 학습을 통해서 실현될 수 있다. 일터에서의 생산성은 사용자와 근로자 사이의 관계 이외에도 근로자 사이의 관계에 의해 크게 영향을 받는다. 결국 일터 조직 내에서 사람들 사이의 협력과 네트워크는 사회적 역량에 바탕을 둔다. 따라서 좋은 일터 조직을 위해서는 조직 구성원들의 사회적 역량을 필요로 한다.

3. 인적 및 사회적 역량의 구조적 관점

이상에서와 같이 경제 및 사회 환경의 지속적인 변화를 고려한다면 인적자원에 요구되는 역량도 완성된 형태로 존재하지 않는다. 이것은 학교교육을 통해 길러진 역량이 항상 일과 연결되어 활용되는 경우는 드물다는 것을 의미한다. 또한 역량은 일과 학습이 독립적이기보다 양자를 연계시키는 관계에서 조명될 수 있다. 일을 통한 경험이 학습으로 이어지는 모습은 개인에 체화되는 인적 역량뿐만 아니라 사회적 역량도 함께 길러진다.

그러면 사회적 역량은 어떤 모습으로 그려질 수 있는가? OECD는 경제성장 이외에 웰빙의 관점에서 사회적 역량의 중요성이 강조하고 있다. 사회적 연대 또는 사회적 결속은 인적자원이 경제성장을 통한 성공적인 삶과 사회발전을 얻는 것 이외에도 사회적 결속을 강화할 수 있는 지속가능발전의 토대가 된다. 이것은 개인에 체화된 인적 역량이 사회적 역량의 관점에서도 중요하게 고려되어야 할 뿐만 아니라 공동체의 발전을 위한 사회적 역량과 결합될 때 사회의 유지·발전이 가능할 것임을 의미하는 것이다.

인적자원이 가지는 사회적 역량은 경제, 사회, 정치 등이 상호 의존적으로 복합되는 상황에서 문제를 해결할 수 있는 중요한 요소로 부각되고 있다. 인적자원의 사회경제 현상과의 복잡한 의존관계는 [그림 5-1]을 통하여 좀 더 구체적으로 살펴볼 수 있다. 경제적 웰빙은 소득의 증가를 통해서 소비 및 투자 활동을 확장하는 GDP의 증대를 추구하는 것이다. 경제적 웰빙에는 비시장적인 가사 활동과 사회봉사 등의 기여는 배제된다. 반면 삶의 질을 나타내는 인적 웰빙은 경제적 웰빙뿐만 아니라 시민의 자유, 범죄로부터 자유, 깨끗한 환경의 향유, 개인의 정신 및 물질적 건강 등을 포함한다. 이와 같은

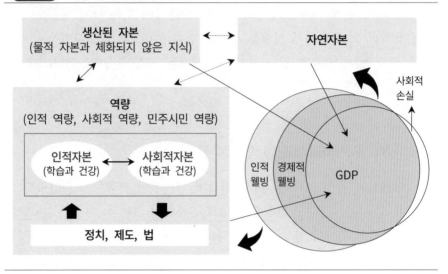

그림 5-1   역량의 사회·경제적 관계

자료: OECD(2001), 12쪽에서 수정.

웰빙은 개인이 가장 적절한 삶의 목표를 추구하면서도 여가, 문화 및 정치 활동 등에 있어서 접근성을 제고할 수 있는 사회적 역량에 바탕을 두는 것이다.

또한 웰빙 이외에 물질적 자본과 정치 및 제도적 여건도 인적 역량, 사회적 역량, 민주시민 역량에 영향을 미친다. 인적자본은 개인에 체화된 지식, 숙련, 건강을 나타내고, 사회적 자본은 집단 내에서 또는 집단 사이의 협력을 실행하는 기준과 네트워크이다. 정치, 제도, 법 등은 인적자본 및 사회적 자본의 축적과 활용과 깊은 관계를 가진다. 즉 인적 역량과 사회적 역량은 인적자본과 사회적 자본, 그리고 민주시민 역량으로 정치 및 제도적 기반은 경제 및 사회문제를 해결을 뒷받침하는 잠재적인 힘을 의미한다. 사회적 역량은 공유된 공동체의 가치와 연대, 소속, 포용, 참여, 동감인식, 합법 등을 바탕에 두는 사회적 결속(social cohesion)을 확립하는 사회의 지력이다.

결속이 강한 사회는 배제 또는 불평등의 위험에서 개인과 집단을 보호하는 데에 더 유리하다. 사회적 결속은 사회 모든 구성원을 위한 편익과 보호에 개방된 접근을 보장하고, 중립적인 시장지배력, 기회의 자유, 기업 등의 조직 사이의 조화를 의미한다. 이러한 점을 고려하면 사회적 결속은 사회적 자본, 인적 자본, 정치 등의 사회제도 등의 넓은 차원의 사회적 역량을 바탕으로 하는 것이다. 또한 인적 역량으로서 지식, 숙련, 태도 및 가치 등의 관조적 지식은 사회 결속과 관련되는 경험세계의 요소들을 고려하는 탐색적 지식으로서 사회적 역량과 연속적으로 의존된다. 협력과 연대는 개인에 내재한 인적 역량을 기반으로 다른 사람과의 네트워크의 근간이 되는 사회적 역량의 확장을 통해서 형성될 수 있는 것이다. 사회적 역량은 다른 사람의 행동을 보고 자기의 마음에 느낌을 갖게 되는 동류의식 또는 동감에 바탕을 두는 것이지만, 그것은 학습을 통해 길러지는 것이다. 자신의 역량을 발휘하는 데 있어서 타인과 돕고 협력하는 것은 학습을 통해 길러질 수 있는 것이다.

02 공동체와 사회적 역량

인간은 다른 사람과 더불어 사는 존재이다. 인간은 다른 사람과 함께 함으로서 비로소 인간인 것이다. '개인'들이 모여 집단을 형성하고, 개인 간의 관계를 통해 다른 사람과 함께 하면서 정신과 의식이 형성되고, 이를 위한 물적 토대와 경험의 공유함에 의해 삶의 현실이 구성되는 것이다. 이러한 의미에서 공동체는 개인별 구성원들의 성향과 특성, 물리적 장소와 위치뿐만 아니라 '시간, 공간, 인간'의 집합체라고 할 수 있다. 이를 감안하여 이하에서는 공동체에 대한 시대적 논의와 유형별 특성을 살펴보고 인적자원과 공동체의 관계를 조망한다.

1. 공동체 논의의 역사적 변천

공동체의 개념은 시대와 역사적 조건에 따라 그 모습을 달리해 왔다. 공동체 이론도 이러한 시대를 배경으로 고대 국가에서 19세기 이후 시민사회의 형성에 이르기까지 그 특성을 달리하고 있다. 시대별로 상이한 역사적 및 사회적 상황에 따라 공동체는 국가로부터 시민사회라는 용어로 사용되어 왔다. 이러한 시대적 특성을 반영한 개념 전개는 유럽 중심의 고대 그리스, 중세, 그리고 근세로 나누어 볼 수 있다.5

　　먼저 고대 그리스의 공동체에 대한 논의는 아리스토텔레스의 국가 공동체이다. 모든 공동체는 선을 목표로 성립한다. 인간은 스스로 좋은 상태에 이르기 위해 각기 노력하고 있다. 인간들이 모두 좋은 상태의 선을 추구한다면 이를 포괄하는 공동체가 바로 국가공동체라는 것이다. 이처럼 아리스토텔레스는 폴리스를 근간으로 하는 국가를 인간의 자기실현을 위한 장으로서 정치적인 최고의 공동체로 인식하고 있었다. 자연에서 비롯하는 본성에 바탕을 두는 인간의 자기실현은 가족이라는 최소 단위 공동체를 근간으로 하는 것이다.6 이러한 가족단위를 기초로 최고의 선을 지향하는 국가 공동체는 남성이 주도하는 것으로 공동체가 개인에 우선한다.

　　다음 중세 및 근대의 공동체와 관련한 논의는 아리스토텔레스의 국가의 자연창조론으로부터 벗어나 가정과 시민사회가 중심축이 되는 사회계약설과 유물론이 대표적이다. 이 시대는 인간을 이성이 재배하는 우주의 한 부분으로 하는 '시민공동체와 기독교 공동체7'가 등장하였다. 시민공동체는 산업혁명과 함께 자유방임주의 사상으로 발전되었고, 이에 따라 개인의 자유로운 경제행위가 확산되었다. 계몽주의 시대에 평민과 민간 중심의 시민사회가 확

....

5 서구 사회의 정신세계를 지배해 온 전통적인 흐름은 고대 그리스의 사상을 지배해온 헬레니즘과 중세의 헤브라이즘이다. 헬레니즘은 그리스의 인간중심주의였지만 로마시대에 형성된 신중심의 헤브라이즘으로 바뀌어 중세로 이어지게 된다. 이후 근세에는 르네상스와 휴머니즘으로 합리주의 정신의 인간중심주의로 환원된다. 국가의 형태도 그리스 도시국가, 중세에는 제국, 근세에는 민족국가로 바뀌는 것과 이러한 사상적 변천과 맥을 같이한다. 공동체의 개념은 이러한 시대적 배경에 따라 바뀌어 왔다.

6 물론 아리스토텔레스는 공동체가 유지되기 위해 노예의 존재 및 노예제도가 필수적이라고 보았다. 가족의 가장 단순한 구성은 주인과 노예, 남편과 처, 부모와 자식이며, 이러한 세 유형의 유기적 구성체가 곧 공동체의 기본단위이다. 또한 가족단위의 공동체는 생활용품 공급 이상의 물질적 및 도덕적 욕구 충족을 필요로 하게 되는데, 가족을 넘어서는 공동체는 촌락이다. 이와 같은 가족과 촌락으로 구성되는 최상위 공동체가 바로 국가이다. 아리스토텔레스는 인간의 공동체적 본성을 지닌 존재로 보았고, 국가는 자연(본성)에 바탕을 두는 선을 지향하는 최고의 형태라고 본 것이다(박호성, 2014: 61−74).

7 대표적으로 장보댕, 홉스 등은 최고의 주권이 시민사회에 있다고 하면서 개인적 존재에 초점을 맞추는 주권론을 주창하였다. 그리고 토마스 아퀴나스는 신국과 지상국의 대립성을 강조한 데 이어서 프로테스탄티즘에서도 귀족 신분의 사회질서를 신학적으로 정당화하였다(박호성, 2014: 78−81).

산되고 경제와 재산이 공동체 유지의 중요한 요소가 되었다. 한편 당시에 확대되었던 사회적 불평등에 관해서 국가가 개인의 생명, 재산, 안전을 보장해야 한다는 자유주의적 시민사회의 의식이 증대되었다.[8]

2. 이상적인 공동체

이상적인 공동체의 논의는 현실과 이상의 이원론적 관점에서 유토피아를 지향하는 인간의 본성과 결부시키는 것이다. 이와 같은 이상향은 인간이 더 나은 삶 또는 행복을 추구하는 것을 반영하는 것이라 할 수 있다. 이와 관련하여 플라톤의 귀족공동체, 토머스 모어의 만민공동체, 로버트 오웬의 노동공동체의 세 유형을 살펴보자.

첫째, 플라톤의 귀족공동체는 사회주의적 공동체의 특성을 가진다. 플라톤이 주창한 공동체의 특성은 국민적 연대와 사회적 일체감, 빈부격차를 뛰어 넘는 국가적 평준화, 가족제도의 철폐, 신의 섭리에 의한 이상 국가 추구 등의 네 가지로 요약된다(박호성, 2014: 155-156). 이러한 플라톤의 공동체관은 국가가 인간의 확대된 형상으로서 평등사상에 기반을 두고 있다. 플라톤의 이상 국가는 남성과 여성의 평등, 처·자식 공동체 및 공유제, 철인지배를 바탕으로 한다. 국가의 이상향은 모든 구성원들이 마치 신체와 하나의 신격조직처럼 유기적으로 연결되어 일체감을 갖는 것이다.

둘째, 토머스 모어의 만민 공동체는 기존의 모순된 현실을 비판하고, 현실과 동떨어진 유토피아의 섬으로 이상적인 사회구조를 그려낸다. 그는 부자들의 탐욕으로 나타난 인클로저 운동(enclosure movement)이 부의 집중과 농촌 사회의 몰락을 가져왔다고 비판한다. 반면 이상적인 사회질서의 대안으로

---

8 홉스, 로크 등에 이은 대표적인 사회계약론자인 루소는 사회적 불평등에 대응하여 사회 구성원의 동질성과 평등성을 보증하는 민주주의적 원칙을 확산하는 사상적 토대를 제공하였고, 프랑스 대혁명으로 시민사회가 공동체의 주역으로 등장하였다(박호성, 2014: 83-86). 이들과 다른 관점으로 칼 마르크스는 사회계약론의 관념적 접근을 벗어나 사회적 분업에 의한 개인의 독립(중세에는 노예 또는 농노로 개인이 구속)과, 이들 개인이 생산한 상품을 상호 교환하는 물질적 토대로서의 유물론을 강조하였다. 유물론은 개인이 봉건사회에서 예속으로부터 벗어나기는 했지만 사물을 매개로 종속되는 새로운 사회의 모습에 바탕을 두고 있다(칼 마르크스, 1987: 이영민 옮김, 제1편).

제시하는 유토피아에서는 인간의 이성과 신의 지배가 동일 시 되는 합리성이 지배한다. 유토피아에서의 생활 질서는 약 40명으로 구성되는 대가족으로 구성된다. 구성원의 연결고리는 친족관계이고, 가부장적 규율이 존재한다. 그리고 직업은 부친의 직업이 아들에게 이어지고, 가족의 최고 장로가 직업의 선임자가 된다. 그리고 노동과 분배는 1일 6시간 의무 노동이 시행되고, 산출물은 인간의 욕구를 최대한 억제하는 선에서 공정하게 분배된다(박호성, 2014: 178-179). 이러한 유토피아에서는 범죄, 살인, 폭동 등의 사회적 모순과 부조리가 없다.

셋째, 로버트 오웬의 노동공동체는 노동자의 궁핍을 벗어나게 하는 사회 개량과 노동조합운동의 기틀을 제공했다. 그의 공동체 구상은 기업가정신과 사회주의 구상이 공존하는 것이다. 노동공동체는 열악한 일과 생활환경에 직면해 있는 노동자들을 위해 야학 등의 새로운 형태의 교육체제를 수립하고, 교육을 통한 사회 환경의 개선을 추구하였다. 또한 공동주택, 공동부엌, 공동식당,·공동세탁소 등을 설치해서 구성원들의 상호 단합을 증진시키도록 했다. 노동공동체는 노동자들을 새로운 인적자원으로 육성함에 의해 생산력의 증진을 도모하였다. 이러한 오웬의 공동체적 생활 방식은 실패로 돌아갔지만 자본주의의 모순을 극복하기 위한 사회 개량 및 노동조합 운동의 표상이 되었다.

이상과 같이 플라톤과 토마스 모어의 유토피아적인 공동체는 이원론적인 이상향을 상정하는 것이다. 플라톤이 고대 도시국가의 존재를 위한 이상적인 사회를 상정하고 있었던 반면, 토마스 모어는 중세의 열악한 자본주의 태동기에 사회적 모순을 극복하려는 시대적 배경을 가지고 있다. 오웬의 공동체는 현실에 적용하였지만 성공하지 못함에 따라 이상적인 형태의 공동체로 논의될 수 있다. 하지만 공동체 구성원의 교육을 통해 새로운 삶을 추구할 수 있는 사회 변혁은 개인의 역량과 사회적 역량에 바탕을 두고 있다는 점에서 의미하는 바가 크다고 하겠다.

3. 자유주의와 공동체주의

개인과 공동체 사이의 관계에 대한 중요한 논의는 자유주의와 공동체주의의 관계를 설정하는 것이다. 서구에서는 프랑스 혁명 이후 자유와 평등이 공동체 유지의 본질적 개념으로 등장하였다. 이후 개인의 자유가 크게 신장되었고, 이어서 정치적 평등과 사회적 평등이 자리매김 하였다. 그렇지만 프랑스 혁명시기 또는 이후 자유주의와 공동체주의는 양자가 조화될 수 없는 것처럼 보여 왔다. 최근에 있었던 베트남 전쟁도 개인의 자유를 강조하는 자유주의와 평등에 바탕을 두는 사회주의 사상적 대립으로 인하여 극심한 사회혼란을 남겼다. 아직도 베트남에서 사회혼란은 전쟁으로 죽은 자들을 추모하는 살아있는 자들의 문화적 전통이 곳곳에서 공동체의 연대에 영향을 미치고 있다(권헌익, 2015). 그러면 개인의 자유와 평등을 지향하는 공동체 연대 또는 구속은 서로 조화될 수 없는 것인가?

자유주의는 산업 또는 기업이 중심에 위치하면서 자유무역을 신봉한다. 자유주의[9]의 특징은 다음 세 가지로 압축된다(박호성, 2015: 289-291). 첫째, 자유주의는 시민들의 자유를 보호하는 것으로 자본가계급이 그 중심에 있다. 자유주의 하에서는 시민의 재산권을 보호하는 것이 중요한데, 재산은 대부분 자본가에게 있기에 노동자계급은 자연히 배제되는 결과를 가져왔다. 자유주의는 재산을 소유하고 있는 자본가계급이 신봉하는 영역이라고 할 수 있다. 둘째, 자유주의는 개인주의[10]에 바탕을 두고 있다. 자유주의는 개인의 자유로

---

[9] 자유는 타인의 방해를 받지 않고 내가 원하는 선택을 할 수 있는 '소극적 자유(negative freedom)'와 어느 특정된 목표를 향하여 자신의 이상 또는 자아를 다른 사람에게 강제할 수 있는 '적극적 자유'(positive freedom)로 구분된다. 이해관계를 달리하는 이질적 집단으로 구성되는 다원화된 사회는 개인 또는 집단 간의 타협이 중요한 덕목이다. 이러한 점을 감안하는 자유주의에서 자유는 '소극적인 자유'를 의미한다.

[10] 개인주의는 도덕적 개인주의(moral individualism)와 존재론적 개인주의(ontological individualism)의 두 측면이 있다(박호성, 2014: 307). 전자는 사회에서 개인에게 더 높은 도덕적 가치를 부여하고, 개인의 권리와 요구가 사회의 그것보다 도덕적으로 우선하는 것이다. 후자는 개인을 사회 구성원으로 간주하여 사회의 특성도 개인의 특성에 의해 결정된다는 것이다. 즉 공동체의 제도, 조직, 문화, 의사결정과정 등이 개인의 결정과 상호작용의 결과를 나타나는 것이라고 보는 것이다. 자유주의는 개인이 상호 이해관계를 정확히 판단할 수 있고, 개인 또는 집단의 개별적 이해관계가 궁극적으로 조화될 수 있다고 믿는다. 한편 최근의 신자유주의 사조도 개인주의에 기초하고 있다. 신자유주의는 다국적기업, 글로벌 주식거래, 국제통화 및 채권 거래 등 경제의 모

운 정치·경제 활동을 보장하는 법치주의와 대의정부를 근간으로 하는 것이다. 자유주의 하에서의 평등은 국가나 공동체로부터 개입에 의해 개인의 자유를 침해하는 것을 막는 정도에서 옹호된다. 셋째, 자유주의는 독단주의를 거부한다. 자유주의는 계몽주의와 합리주의에 맥을 두고 있어서 경험적이고 과학적 성향에 근거하는 자유로운 정신활동을 중시하고 전통적 가치나 획일적 질서를 거부한다.

또한 평등은 기회의 평등(equality of opportunity), 조건의 평등(equality of condition), 결과의 평등(equality of outcome)의 세 측면을 가진다(박호성, 2014: 321). 기회의 평등은 개인이 학습을 통해서 자신의 역량을 개발할 평등한 권리와 기회를 가지는 것을 의미한다. 하지만 이러한 기회의 평등은 개인의 타고난 재주나 능력에 따라 사회적 생산물을 가져갈 수 있다는 의미를 내포하고 있으므로 사회적 불평등을 완전히 제거하는 것은 아니다. 즉 자유주의 하에서 기회의 평등은 조건의 평등과 결과의 평등으로 이어지지 않을 수 있는 것이다.

자유주의는 평등과 관련해서 벤담의 공리주의와 칸트의 자유지상주의와 자유평등주의의 입장으로 나누어지며, 공동체주의는 헤겔의 관념에 입각해서 이들 자유주의에 대해 비판적 입장에 있다(박호성, 2014: 339). 공리주의는 '최대다수의 최대행복'을 지향하는 것으로 인간이 추구하는 복리를 인간의 도덕에 호소하는 것이다. 공리주의는 자유를 바탕으로 타인의 행복을 갈취하지 않는 한 자신의 경제활동을 추구할 때 결과적으로 전체에게 가장 큰 혜택을 가져주므로 국가 또는 정부는 개입할 필요가 없다고 본다. 공리주의는 사람들이 선호하는 실재의 가치들을 다 모아서 총량을 늘리고 다수의 양적 행복에만 치중함에 따라 다수의 횡포가 등장할 소지가 있다.

칸트는 이러한 공리주의의 문제점을 비판하고 자유평등주의와 자유지상주의의 대립되는 논리를 등장시켰다. 자유지상주의는 재산권과 자유 시장정책을 고수하는 입장으로 오늘날 신자유주의의 정신적 바탕이 된다. 반면 자유평등주의는 원칙적으로 재산권과 시장정책을 지지하지만 사회적 평등을

··

든 영역에 있어서 글로벌 가치사슬을 강화시키는 세계화의 특성으로 경쟁과 상호의존성을 강조한다.

폭넓게 구현하기 위해 국가의 개입을 용인하면서 적극적인 복지정책을 추진한다. 이것은 대표적인 롤스의 공정한 기회균등과 차등 원칙의 결합된 평등체제이다. 차등의 원칙은 인간에게 부여된 천부의 재능과 무관하게 불리한 처지에 놓인 사람의 여건을 개선시켜준다는 조건하에서 사회의 행복을 확대할 수 있다는 것이다. 이것은 재능이 뛰어난 사람이 그 재능을 바탕으로 이득을 누릴 수 없고, 훈련과 교육비를 감당하면서 불우한 처지의 사람들을 도울 수 있도록 자신의 자질을 사용해야 함을 의미한다. 오늘날 서구의 사민주의가 이러한 자유평등주의를 추구하는 사회체제라고 할 수 있다.

한편 공동체주의는 가족, 민족, 문화, 전통을 바탕으로 구성원들의 연고와 정체성을 가지는 것이다. 자유주의가 인간의 모든 행위를 개인에게서 찾는 반면 공동체주의는 아리스토텔레스와 헤겔 등이 추구한 공동체성, 집단성을 수용한다(박호성, 2014: 361). 공동체주의는 개인의 권리와 개인의 존엄성보다 공동의 선과 공공의 이익을 중시한다. 교육에 있어서도 자유주의가 개인의 목표와 교육의 자율적 선택을 중시하는 반면 공동체주의는 공공의 목표에 기여할 수 있는 건전한 시민육성과 사회질서를 중시한다. 공동체주의는 개인의 자아의식과 행위의 기본적인 바탕으로 문화와 사회 자원의 이용이 사회적 협력을 통해서 효과적으로 이루어질 수 있다고 본다.

이와 같이 대립되는 자유주의와 공동체주의는 개인과 사회의 성숙과 발전에 있어서 항상 절대적인 위상을 가지는 것은 아니다. 공동체주의가 비판하는 자유주의 체제의 불평등도 완전하게 해결하기 어렵다. 왜냐하면 공동체주의 하에서 개인의 자유를 바탕으로 하는 창의적인 인적 및 사회적 역량을 완전하게 발휘하도록 만들 수 없기 때문이다. 자유주의가 추구하는 결과는 자연생태계의 파괴, 인간의 파편화와 소외, 사회경제적 차별, 과도한 빈부격차, 가족 및 이웃 공동체의 해체 등과 같이 공동체적이다(박세일, 2008: 223). 이러한 점에서 자유주의와 공동체주의는 근본적으로 긴장과 갈등을 내재하고 있다. 개인주의가 개인의 자유를 강조하는 반면 공동체주의는 자유주의로 인한 사회적 불평등을 해소하기 위해 국가의 역할을 강조한다. 결국 인간은 개인의 존엄성과 함께 남과 더불어 살아야 하는 관계적 존재이기도 하다. 따라서 인간의 생생하게 살아있는 모습은 공동체와 자유주의가 공존하는 어떤 것이라고 할 수 있다.

---

03   사회적 자본

사회적 자본은 인적자본과 물적 자본과 달리 집단이 공유하는 공공재적 성격을 가진다. [그림 5-1]에서와 같이 사회적 자본은 경제, 사회, 법과 제도, 그리고 자연환경과도 밀접한 관계를 가진다. 학제적으로도 사회학, 행정학, 경제학, 교육학 등 다양한 분야에서 사회적 자본이라는 용어를 사용하고 있다. 이것은 사회적 자본의 실체가 무엇인지 일의적으로 정의하기가 매우 어렵다는 것을 의미한다. 이 절에서는 우선 사회적 자본의 개념과 공동체의 발전의 초석이 되는 사회적 역량의 관점에서 논의한다.

1. 사회적 자본의 개념

사회적 자본은 흔히 신뢰, 규범과 규칙, 사람들 사이의 연결망을 상징한다. 사회적 자본은 사회 구성원 또는 집단들 사이의 관계에서 형성되고, 그러한 관계는 다른 사람 또는 집단들에게 좋은 결과를 가져오기도 하지만 역기능도 가진다. 또한 그것은 자본으로서 편익의 흐름을 제공하는 투자의 대상으로서 인식된다. 이와 같은 사회적 자본은 역사적으로 자본주의의 발전과 함께하는 사회적 변화와 궤를 같이한다.[11] [그림 5-1]에서 살펴본 바와 같이

---

11 사회적 자본에 대한 논의는 사회 구성원들의 상호 의존관계에 대한 논의로부터 시작되었다. 논의의 배경은 스미스(Adam Smith)와 뒤르켕(Emile Durkeim)의 사상으로 거슬러 올라간다. 애덤 스미스는 「도덕감정론」에서 동감(sympathy)의 중요성을 강조하고 있으며, 동감은 개인의 사회적 관계를 형성하는 기본이 된다(애덤 스미스, 2016: 박세일·민경국 공역). 그리고 뒤르켕은 노동 분업으로 인해 등장하는 유기적 연대로 새로운 사회로 변모할 것임을 제시하고 있다(Durkheim, 1984: Translated by Halls). 이후 그 용어에 대한 학술적 관심은 Bourdieu(1979), Coleman(1988) 등에 의해 확산되기 시작하여 Putnam(1993)과 Fukuyama(1995)에 의해 본격적으로 논의되었다.

국가 또는 사회 발전은 GDP 중심의 경제성장만으로 한계가 있고, 또한 인간은 한 개인이 아닌 다른 사람의 상태를 동감하고 협력하면서 살아가는 것이 일상이다. 또한 많은 학자들에 의해 논의된 사회적 자본의 개념은 하나의 통일된 관점으로 집약되지 못하고 있다. 이와 같은 여러 논점들은 OECD가 제시하는 학제별로 네 가지 유형(OECD, 2001: 40)에 문화적 관점을 고려하면 다음 다섯 가지 유형으로 집약할 수 있다.

첫째, 인류학적 관점의 논의는 인간이 유대(association)에 대한 자연적인 타고난 본질을 가지는 개념에 근거한다. 대표적으로 Fukuyama(1999)는 사회 질서를 위한 생태학적 토대와 인간 본성에 있는 사회적 자본의 뿌리를 강조한다.

둘째, 사회학적 및 정치학적 관점의 논의는 사회적 규범과 인적 정서에 관심을 가진다. 이들 논의는 신뢰, 호혜적 규범, 시민참여의 연결망을 강조한다. 그 대표적인 연구로 Putnam(1993)은 민주주의와 사회적 결속을 증진시키는 데에 있어서 시민참여의 역할을 강조하였다. 이 연구는 이탈리아 지방 정부들의 자치의 효과로 이탈리아의 북부와 남부의 격차를 논증한 것이다.

셋째, 경제학적 관점의 논의는 사람들이 개인의 효용을 극대화한다는 가정에 토대를 둔다. Glaeser(2001)는 다른 사람과 함께 하면서 집단 활동의 다양한 형태에 근거를 두는 사회적 자본을 묘사하고 있다. 이러한 접근에서의 초점은 시간의 대안적 사용에 직면한 개인의 투자전략에 있다.

넷째, 정치학적 관점의 논의는 인간의 행동을 형성하는 제도, 정치, 사회적 여건에 바탕을 두는 규범의 역할을 강조한다. 월드뱅크는 빈곤을 줄이고 지속가능발전을 증진시키는 데 있어서 사회적 자본의 역할로서 제도, 사회참여, 신뢰 및 연결망을 강조한다.

다섯째, 문화적 관점의 논의는 학교교육을 통한 역량개발이 가족, 사회 및 가정 배경에 의한 영향을 고려하는 것이다. 이것은 부모의 교육수준, 사회계층, 가족적 관행, 규율 등과 같은 가족과 사회적 배경이 인적 및 사회적 역량에 영향을 미치는 현실을 논의한 것이다. Bourdieu(1984)는 가족과 여타의 환경을 통해서 배우게 되는 지식과 태도의 토대인 관습과 문화적 행태를 문화자본(cultural capital)으로 묘사하면서 사회적 불평등과 계층 간의 격차를 논의하였다. Coleman(1988)은 학습에 있어서 강한 공동체와 부모, 교사, 학생 사이의 연대의 역할을 강조하였다. 문화적 자본은 개인이 특정된 사회적 지위를 획득하는 데 있어서 사회적 자본의 한 부분이다.

이와 같은 다양한 사회적 자본에 대한 논의를 통해서는 통일된 정의를 내리기가 어렵다. 그렇지만 사회적 자본을 축적하는 것은 협력과 신뢰의 동기가 무엇이든 간에 개인과 집단에 대한 투자는 더 밀착된 사회적 연결망을 창출하고 궁극적으로 더 나은 사회 및 경제적 결과를 지향하는 것이다. 이를 감안하여 위의 논의들을 바탕으로 대략적인 사회적 자본을 상호 협력의 근간이 되는 사회적 네트워크, 신뢰, 호혜적 규범의 세 영역으로 구성할 수 있다.[12]

첫째, 네트워크는 연대활동을 하는 객관적인 행위와 관련되며, 규범과 가치 및 이해는 개인과 집단의 주관적인 성향과 태도뿐만 아니라 공동체에서 공유되는 개인의 행동에 대한 제제와 규칙과 관련된다. 공유된 태도와 가치, 그리고 지식이 세대 간에 전이되는 문화적 맥락은 개인과 집단의 협력관계를 형성하는 데 있어서 중요하다. 사람들이 공유하는 가치와 규범은 그들의 경험을 나누고, 어떤 규범과 가치를 다르게 인식할 때 서로 소통하는 기능을 한다. 서로 다른 문화와 신념에 대한 상호 이해와 관용을 보일 수 있는 사회적 역량은 사회적 자본을 향상시켜 사회적 결속을 강화시키는 기반이 된다.

둘째, 신뢰도 사회적 자본의 근원이자 결과가 될 뿐만 아니라 사회적 협력의 근간이 되는 규범, 이해, 가치와 매우 밀접한 관계를 가진다. 신뢰는 네트워크와 공유된 가치와 규범이 결합되어 나타나는 것으로 통상 가족, 동료, 이웃 등과 같은 가까운 사람과의 상호 신뢰, 낮선 사람과의 상호 신뢰, 공적 및 사적 기관에 대한 신뢰의 세 유형으로 구별된다.

셋째, 호혜적 규범은 개인, 단체, 공동체 등이 함께 직면하는 문제를 쉽게 해결하는 사회적 자본이다. 호혜적 규범은 신뢰와 네트워크와 함께 바람

---

12 OECD의 연구는 사회적 자본을 집단 내에서 또는 집단 사이의 협력을 실행하는 규범, 가치, 이해 등을 함께 하는 네트워크라고 정의하고 있다. 또한 OECD는 Woolcock(1999)의 논의에 따라 사회적 자본을 연대, 가교, 연계의 세 가지로 유형화하고 있다. 결합(bonding)은 가족과 종교집단에서의 관계이며, 가교(bridging)는 친구, 협회, 동료 등과 관련된다. 그리고 연계(linking)는 권력, 사회적 지위, 부 등의 다른 집단들로 서열이 매겨지는 다른 사회계층 사이의 관계를 말한다 (OECD, 2001: 41-42).

직한 행위를 준수할 것을 보장하는 것이다. 신뢰와 네트워크가 없으면 개인
들은 유사한 방법으로 행동을 할 수 있는 믿음을 갖지 못해서 협력하지 않게
된다. 또한 투자에 의한 사회적 자본의 축적은 사회적 신뢰와 정직, 시민참여
등이 서로를 더욱 강화시키는 작용을 한다.

　이상의 사회적 자본은 인적자본과 함께 개인과 집단의 기여로부터 많은
사람들이 편익을 누리는 정의 외부성(positive externalities)을 갖는다는 것을 의
미한다. 이윤을 추구하지 않는 비영리 조직에 대한 투자로부터 축적되는 사
회적 자본은 사적 재화를 생산하는 조직에 대한 투자에 비해 사회적 편익을
더욱 크게 확장시키는 특징을 가진다. 또한 사회적 자본은 부분적으로는 공
공재적 특성을 가지고, 부분적으로는 사적 재화의 특성을 내포하고 있다.

2. 사회적 자본의 근원

　사회적 자본의 유형은 시민사회의 특성과 관련된다. 대체적으로 사회적
자본은 공적이고 법적인 실체를 가지는 규범과 제도로 구체화된다. 신뢰, 네
트워크, 규범 등은 가족, 공동체, 기업 또는 기관, 자치단체, 국가의 수준별로
다른 모습을 가진다. 또한 사회적 자본은 시민사회 내에서 성별, 직업별, 인
종별로 구분되는 집단별 특성을 보인다. 이러한 점을 고려하면 사회적 자본
은 가족, 학교, 공동체와 이웃, 기업, 시민단체, 공공기관, 성 등의 다양한 근
원으로부터 형성된다.

　첫째, 가족은 규범과 사회연대를 창출하고, 구성원들에게 편익을 제공하
는 사회적 네트워크를 제공한다. 어린이들의 정서적 및 육체적 필요에 기초
하는 가족 내에서의 관계는 가족 밖의 사회적 관계에서 신뢰와 협력에 영향
을 미친다. 특별히 가족은 학습의 중요한 기반이 될 뿐만 아니라 정규교육에
서 성공적인 성과에 영향을 미친다.

　둘째, 학교는 사회적 협력의 가치를 증진시킬 뿐만 아니라 사회적 관계
가 형성되는 다양한 사회적 네트워크를 제공한다. 나아가서 고등교육, 성인
학습, 전문직협회 등도 학습의 다양한 영역에서 네트워크를 창출한다. 가르
치는 방식과 학습 조직이 공유된 학습과 협동 작업뿐만 아니라 새로운 생각

과 문화적 다양성에 개방성을 북돋는 정도에 따라 학교는 사회의 다른 집단
을 연계하는 사회적 자본을 강화시킬 수 있다.

셋째, 공동체와 이웃도 사회적 자본 형성에 중요한 역할을 한다. 이웃,
친구, 집단 사이의 좋은 관계는 공동의 선을 위하여 함께 할 수 있는 사회적
역량을 증진시킨다. 지역의 공공재는 동료 및 친구의 네트워크와 같은 연대
에 영향을 받는다.

넷째, 기업 또는 산업에서도 네트워크, 신뢰, 파트너십과 협력적 활동이
강조된다. 고숙련과 암묵적 지식 또는 숙련은 네트워크, 신뢰, 규범에 바탕을
두는 협력을 바탕으로 효과적으로 형성된다.

다섯째, 사회단체는 국가나 시장이 사회의 다양한 관심을 갖게 하는 역
할을 한다. 이러한 시민단체의 역할은 시민사회, 국가, 시장의 상호 관계에
시너지를 창출하는 것이다.

여섯째, 공공기관의 투명성과 책무성은 신뢰와 사회적 포용을 통하여 사
회적 자본을 강화시킨다. 정치적, 제도적, 법적 여건은 사회적 협력을 위한
네트워크나 규범을 확립하고, 사회구성원의 복리증진에 기여한다.

일곱째, 여성의 사회적 참여와 돌봄 체계는 신뢰와 네트워크에 영향을
미친다. 그리고 노동시장에서 성별 격차는 사회적 자본의 형성에 부정적인
효과를 가진다.

이와 같이 사회적 자본은 매우 다양한 근원을 바탕으로 형성된다. 이러
한 점을 고려하면 사회적 자본의 축적을 위해서는 일과 삶의 다양한 경험들
이 교육훈련과 학습에 반영되어야 함을 알 수 있다. 이것은 [그림 5-1]과 같
이 인적 및 사회적 역량이 경제 및 사회의 다양한 상황 맥락과 연관되는 데
에 따른 것이다.

3. 사회적 자본의 측정을 위한 네 가지 유형

앞에서 논의한 바와 같이 사회적 자본은 매우 다차원적이다. 이러한 다
차원적 개념을 측정 가능한 형태로 정리함에 의해 사회적 자본의 윤곽을 좀
더 분명하게 할 수 있다. 앞의 논의를 바탕으로 대략 사적 또는 개인적 관점

표 5-1 사회적 자본의 네 가지 차원

	네트워크 구조와 활동	생산적 자원
개인	사적 관계	사회적 네트워크 지원
집단	시민 참여	신뢰 및 협력적 규범

자료: Scrievens & Smith(2013), 19쪽.

의 사회적 자본과 단체 또는 공적 관점의 사회적 자본으로 구분해 볼 수 있다. 전자는 Bourdieu와 Coleman, 그리고 후자는 Putnam의 논의가 대표적이다(Scrivens and Smith, 2013: 19). 사적인 관점은 사회적 자본을 네트워크 구조뿐만 아니라 편익과 자원을 개인의 관점에서 보는 것이다. 반면 공적 또는 집단의 관점은 사회적 자본을 구조적인 것으로서의 네트워크와 인지적인 것으로서의 공유된 규범 및 신뢰가 결합된, 즉 집단이 가지는 자원으로 본다. 이러한 점을 고려하면 <표 5-1>과 같이 사회적 자본의 특성을 네 범주로 유형화할 수 있다.

사적 관계(personal relationship)는 다른 사람과 시간을 보내고 전화와 이메일로 소식을 교환하는 것처럼 관계를 유지하는 사회적 행동으로서의 개인적 네트워크를 의미한다. 통상적으로 좋아하는 사람, 친구, 가족, 이웃, 동료 등과 같은 인간관계가 사적 관계를 형성한다. 이러한 사회적 관계는 시간과 노력이 든다는 점에서 투자와 수익의 관점에서 논의될 수 있다. 그리고 사적인 네트워크는 좋은 웰빙의 긍정적인 효과도 가지지만 불평등, 테러, 범죄 등과 같은 어두운 측면도 가진다.

사회적 네트워크 지원(social network support)은 사람들의 사적인 사회적 연대에 의해 실행되는 정보교환, 정서적 지원, 재정지원, 품앗이와 같은 상호부조, 물질적 지원 등과 같은 것이다. 사회적 네트워크 지원은 사람들이 더 나은 삶을 위하여 서로 돕는 것으로 건강, 교육, 주관적 웰빙, 일자리와 소득 등의 영역에서 역할을 할 수 있다. 사회적 네트워크 지원은 사회적 계약관계를 형성하게 한다는 점에서 사적 관계와는 다르다. 사회적 네트워크는 공동체의 결속을 강화하는 근간이 된다.

시민참여(civic engagement)는 자원봉사, 정치참여, 단체멤버십, 기타 공동체의 다양한 활동과 같은 시민 또는 공동체 생활에 기여하는 활동들이다. 시민참여는 단체 활동의 특성을 가지며, 그러한 활동은 신뢰와 협력을 고취하는 역할을 한다. 시민참여는 새로운 사람에게 기회와 새로운 숙련을 제공함에 의해 개인의 후생에 긍정적인 작용을 한다.

마지막으로 신뢰와 협력적 규범(trust and cooperative norms)은 사회기능의 근간이 되는 그리고 상호 이익을 위하여 협력하는 사회규범과 공유가치이다. 이것은 집단적인 수준에서 더 좋은 사회 및 경제적 결과에 기여할 수 있는 기준과 기대로 사람들에게 체화된 것이다. 규범은 연대와 결속을 할 수 있는 신뢰와 협력의 토대가 된다. 그리고 신뢰와 협력은 경제성장, 정부성과, 환경관리 및 사회적 결속 등과 같은 정부정책과 중요한 관계를 가진다.

이상의 <표 5-1>에 제시된 네 영역의 관찰은 현재 겉으로 드러난 사회적 자본의 상태를 파악하는 것이다. 이러한 네 유형을 현실로부터 관찰하더라도 잠재적 사회적 자본에 대한 정보는 표면적으로 드러나지 않는다. 하지만 잠재적 사회적 자본은 역동적인 사회의 발전 가능성을 가늠한다는 면에서 매우 중요하다. 예컨대 불평등을 해소할 수 있는 잠재력은 무엇인가? 시민참여와 연결망을 형성할 수 있는 기반은 무엇인가? 개인의 도덕적 소양이 다른 사람과의 협력을 이끄는 것은 인간의 내면에 암묵적으로 내재한 것이다. 사회적 역량은 바로 이러한 잠재해 있는 다른 사람과 동감할 수 있는 미덕에 바탕을 두는 사회적 자본을 실현하게 하는 힘이다. 사회적 역량은 사회적 자본을 축적하는 것 이외에 사회적 자본이 사회의 유지·발전을 실현하게 한다는 의미에서 인적자원의 본질이다.

04   사회적 역량의 효과

사회적 역량에 바탕을 두는 사회적 자본의 축적은 사람들 모두의 후생을 증대시키는 이외에 사회적 위험을 줄이는 역할도 한다. 또한 경제성장 또는 지속가능발전의 결과를 의미하는 경제적 웰빙도 사회적 역량을 축적함에 의해 도모될 수 있다. 따라서 사회적 역량은 개인의 발전과 국가의 발전에 있어서 중요한 요소이다. 이 절에서는 사회적 역량의 축적이 가져올 수 있는 결과들이 어떻게 웰빙을 증대시킴과 동시에 사회적 해악과 불평등을 줄이고, 경제적인 후생이 고루 확산시키는지에 대해 살펴본다.

1. 사회적 후생(social well-being)의 증진

사회적 역량은 개인의 삶과 사회발전에 중요한 편익을 가져다준다. 사회적 자본의 축적에 의한 높은 생산성은 직접적으로 경제성장에 영향을 주게되고, 그 결과는 사람들의 사회적 후생도 향상될 여지를 가지게 된다. 통상적으로 개인들이 친척, 친구, 지인과 연계되는 정도가 높은 곳에서 더 높은 삶의 질을 가지는 경향이 있다.

사회적 연대의 가장 긍정적인 효과 중의 하나는 개인의 건강이다. 이미 19세기에 뒤르켕은 개인이 사회에 융합되는 정도와 자살의 빈도 사이에 밀접한 관계가 있음을 발견하였다. 그에 의하면 자살률은 빠른 사회적 변화의 시기에 증가였다. 그리고 그 효과는 사회의 기본구조를 파괴하고, 사회적 연결을 약화시켰다(OECD, 2001: 52). 또한 사람의 수명이 길어지는 현상은 심리적 및 육체적 스트레스를 줄이고 질병과 싸우고 스트레스를 완충할 수 있는 개인적인 힘을 강화시키는 사회적 역량의 축적에 의해 영향을 받은 것이다. 삶에 있어서 사회적 고립은 질병으로 이어지는 근원이 된다. 많은 심리학 문헌들은 사람들과 관계와 정신건강 사이에 관계가 있음을 보였다. Putnam도 사회적 자본이 행복과 웰빙에 영향을 미친다는 증거를 제시하였다(OECD, 2001: 53). 가족, 친구, 연인 등과 같은 좋은 관계는 명성과 돈보다 그들의 행복을 더 증진시킨다. 또한 어린 시절 더 좋은 돌봄은 그들이 이후 학교교육에서 낙오를 덜 겪게 된다. 더욱이 이들은 빈곤에 의해 교육격차에 직면할 때 더 높은 10대 출산을 야기하고, 성인이 된 이후 학습격차와 소득불평등에 직면할 가능성이 높다. 아동학대도 사회적 결속이 낮은 곳에서 더 높게 나타난다. 이러한 사회의 어두운 면을 줄이기 위해서는 사회적 역량을 강화하는 것이 중요하다. 그 이유는 더 좋은 육체적 및 정신으로 이어지는 사회적 자본은 사회적 역량을 더욱 강화시켜주게 되고, 그 결과 그 사회의 후생 (well-being)을 향상시키는 결과를 가져오기 때문이다.

또한 사회적 역량은 범죄와 반사회적 행위를 억제할 뿐만 아니라 공동체의 활력을 높이는 데에 있어서도 중요하다. 주민들 사이의 제한된 면식, 10대 집단의 무감독, 낮은 수준의 지역 시민 참여 등은 범죄의 위험을 증가시키는 것으로 알려져 있다(OECD, 2001: 54). 공동체의 감시 또는 조직적 활동을 통한 동네 또는 마을 단위의 사회적 역량은 도시 또는 마을 안에서의 범죄를 줄이는 효과를 가진다. 또한 정부와 공공기관의 역할도 사회적 역량을 향상시킨다. 정부와 공공기관은 사회 및 경제적 요소들을 통제함에 의해 신뢰와 참여의 사회적 역량을 더 높은 수준으로 이끌 수 있다. 특히 사회적 역량은 민주시민교육을 통하여 자발적인 시민연합을 촉진시킬 수 있다.

2. 사회적 불평등(social inequality) 감소

인종, 성, 지역 등에 있어서 사회적 배제는 신뢰와 시민참여의 수준을 낮춘다. 시민참여가 높은 국가 또는 지역은 소득, 성인의 문자해독, 평생학습 등에 있어서 좀 더 평등하다. 즉 사회적 자본의 초기 부존이 높을수록 개인들이 더 평등한 삶을 누릴 수 있다. 경제적 불평등은 사회적 자본에 있어서 불평등의 원인이자 결과가 될 수 있다. 그리고 불평등과 시민참여 및 신뢰는 상호 영향을 미친다. 통상 소득과 신뢰의 형평성 사이에 정의 관계를 가진다. 그리고 소득의 불평등은 사회적 역량을 잠식하게 되고, 높은 사망률과 범죄율을 야기한다(OECD, 2001: 56).

계층, 인종, 언어 등에 따른 양극화는 사회적 파편화의 위험을 더 높인다. 사회관계의 파편화는 새로운 패턴과 네트워크를 형성하게 되지만 새로운 형태의 사회적 관계는 불평등에 의해 영향을 받는다. 이러한 불평등으로 이어지는 사회적 관계는 어떤 집단이 새로운 기술에 접근뿐만 아니라 미래의 노동시장 기회와 학습에 있어서 격차를 발생시키게 된다. 열악한 공동체에 살고 있는 가난한 개인은 일반적으로 교육수준이 낮다. 반면 문화적 및 사회적 자본의 높은 수준을 갖춘 공동체는 더 높은 학습 결과를 성취한다. 더욱

이 가족과 공동체는 불리한 위치에 있는 성인들의 인적 및 사회적 역량을 향
상시키는 데 있어서 중요한 역할을 한다. 인적 및 사회적 역량을 개선하려는
전략의 중요한 요소는 사회적 불평등과 사회적 네트워크에 접근의 실태를 정
확하게 포착하는 것이다. 사회적 역량의 증진은 교육격차 또는 학습격차를
줄이는 기회의 불평등을 줄이는 것부터 시작할 수 있으며, 이것은 소득불평
등과 기타 사회적 불평등을 해소하도록 영향을 미친다.

3. 경제적 후생(economic well-being) 증진

경제적 후생은 기업 또는 조직의 생산성과 밀접하게 관련된다. 앞에서
논의한 바와 같이 사회적 자본의 핵심은 네트워크이며, 네트워크는 협력적인
신뢰의 규범으로부터 나온다. 기업은 다양한 형태로 협력적인 신뢰를 바탕으
로 기업 내외에서의 네트워크를 함에 의해 편익을 누릴 수 있다. 그 이유는
네트워크가 협상과 불완전한 정보로부터 등장하는 거래비용을 낮추기 때문
이다. 기업 간의 신뢰는 시민의 참여와 정부의 역할을 포함하여 역사적 문화
적 요소로부터 형성되는 것으로 개별 기업의 입장에서는 외생적인 것이다.
신뢰가 더 높고, 기회주의적 행위가 덜 필요로 하는 사회에서 기업 간의 거
래비용은 더 낮다.

기업 내에서의 네트워크와 협력도 효율성과 질적 수준뿐만 아니라 정보
와 지식을 향상시킨다. 기업의 조직에 있어서 근로자들과 관리자들 사이의
협력적 관계를 가지는 기업은 경쟁력이 높다. 사람들이 모여서 경험과 정보
를 공유하는 상호작용을 통해 개인은 지식을 획득하고, 그 지식은 실제 행동
과 삶의 변화로 이어진다. 함께 배우는 것은 교육 또는 학습의 신뢰에 바탕
을 두게 된다. 이것은 교육 또는 학습을 통한 사회 또는 문화자본을 축적하
는 것이다. 일터는 모여서 함께 일하면서 배우는 대표적인 장이다.

한편 경제적 후생은 지역과 이웃의 영향에 의한 생산성과도 깊은 관계
를 가진다. 개별기업에 국한되는 학습보다 지역의 산업에서의 학습 네트워크
가 형성되면 잠재적으로 유연하고 동태적으로 활동함에 의해 이득이 생길 수
있다. 지역 차원의 학습 네트워크는 정보교환과 상호적인 학습을 통하여 규

모의 경제를 실현할 수 있게 한다. 지역의 대학에서 연구가 기업의 클러스터에 진전된 기술로 흘러들어가게 하는 것은 지역 차원에서 생산성을 향상시킬 수 있게 하는 것이다. 미국 캘리포니아의 실리콘 밸리는 지역의 기업들 사이에 공식 및 비공식적 협력을 하는 수평적 네트워크로 인해 성공한 곳으로 알려져 있다. 반면 보스톤의 루터 128번가는 자족적이고 경계된 형태의 전통적인 협력으로 기업 간 사회적 역량의 교류가 부족한 특징을 보이는 것으로 알려져 있다.

Chapter 06

민주시민 역량

앞의 두 장에서 논의된 인적 및 사회적 역량은 경제·사회적 의사결정 체제에 따라 큰 차이를 가진다. 개인의 존엄과 공동체의 유지·발전은 서로 상충관계가 아닌 조화로운 관행과 문화가 조성될 때 지속될 수 있다. 모두의 성공적인 삶은 누구도 소외되지 않고, 경제 및 사회적 불평등에 직면하지 않게 하는 것에서 출발해야 한다. 좋은 삶을 위한 사회적 기반은 시민들의 참여하에 효과적으로 그들의 역량을 결집할 수 있도록 하는 것이다. 즉 모두의 좋은 삶을 위한 사회통합은 인적자원의 경쟁력을 높일 때 가능한 것이다. 자유주의 또는 개인주의에 의한 창의적인 힘은 사람에 체화되어 있는 인적 역량에 바탕을 두는 것이다. 그리고 공동체의 근간으로서 협력과 신뢰는 개인과 공동체의 관계를 의미하는 사회적 역량에 바탕을 두는 것이다. 현대사회 특히 비대면 시대에 현실과 가상공간에서 일, 학습, 삶을 서로 연결시켜주는 것은 높은 생산성과 소통의 힘이다. 민주시민 역량은 그러한 자유주의와 공동체주의 조화를 통해 사회통합을 지향하는 힘이다.

01 개인과 공동체의 발전

자본주의의 출현은 노동의 분업에 의해 공동체의 특성을 크게 바꾸어

놓았고, 개인의 자유를 크게 신장시켰다. 하지만 이러한 개인의 자유가 모든 사람들의 삶의 질을 개선시키는 것은 아니었다. 비록 서구의 근대사회로 발전하는 과정에서 등장한 것이기는 하지만 개인의 자유와 공동체의 관계에 대한 사상은 인간의 삶의 본질이 무엇인지를 깊게 성찰할 수 있게 한다. 자유의 신장과 공동체의 발전은 양 극단 또는 대립관계에 있는 것이 아니라 서로 조화를 이룰 때 모든 사람들의 삶을 향상시킬 수 있는 것이다.

1. 개인의 자유와 공동체

개인의 자유는 타인 또는 집단으로부터 방해받지 않고 행동할 수 있는 자유와 개인이 무엇을 할 수 있는 자유로 구분할 수 있다. 후자는 '적극적인 자유'로 특정 목표를 향해 자신의 참되고 이상적인 자아의 이름으로 다른 사람을 강제할 수 있다고 믿는 것이다. 반면 전자는 '소극적인 자유'로 타인의 평등한 권리를 침해하지 않는 한 국가, 사회, 또는 개인의 어떤 행위나 신념을 받아들여야 함을 의미한다. 이것은 서로의 견해를 고집하지 않는 관용의 태도이다(박호성, 2014: 294). 이러한 소극적인 자유는 국가, 사회 또는 공동체의 질서 속에서 개인이 자유를 향유할 수 있음을 의미한다.

이와 같은 개인의 자유는 개인주의의 근간이 된다. 자유, 관용, 기타 개인의 권리는 개인주의의 기본가치라고 할 수 있다. 개인주의는 개인의 목표와 욕망을 실현하는 것에 초점이 있으며, 이데올로기, 정치, 사회 등에 있어서 개인의 도덕적 가치를 중요시 하는 것이다. 개인주의는 개인의 이익이 국가나 사회집단 보다 우선한다는 입장으로 전체주의나 집단주의 또는 권위주의와 공동체주의와는 대조된다. 또한 개인의 자유는 사적 소유의 자유를 의미하므로 개인주의와 사적 소유는 마치 동전의 양면과 같다.

반면 공동체 내에서 개인의 삶은 혼자서 향유할 수 있는 것이 아니다. 인간은 사회에서 다른 사람과의 관계를 맺으며 살아가기 때문이다. 인간은 공동체에서 좋은 일과 나쁜 일을 다른 사람과 공유한다. 공동체는 상호 결속과 협력을 통해서 공생하는 인간의 삶의 터전이다. 공동체는 가치, 목적, 규범 등을 공유하면서 구성원들이 그러한 가치와 문화에 대한 정체성을 가지는 것이다. 또한 공동체는 참여와 협력을 통하여 의사결정을 하게 되는데, 이러한 공동체 활동은 구성원들의 소속감에 바탕을 둔다.

이와 같이 공동체와 개인의 자유는 양립하기 어려운 것과 같이 보이지만 개인이 공동체를 떠나서 살 수 없고, 자유가 관용과 평등의 가치와 함께 하므로 상호 의존적인 관계에 있다고 할 수 있다. 개인의 존엄과 자유가 역사를 발전시키는 진보의 원리였지만 그것이 지나치게 강조되면 사회경제적 불평등의 확대, 공동선의 파괴, 공동체의 연대 약화 등으로 인간이 함께 살아가는 공간을 피폐하게 만든다. 따라서 개인과 공동체가 함께 할 수 있는 조화로운 가치체계를 확립하는 것이 중요하다.

한편 개인주의는 개인적 평등과 존엄성을 중히 여기지만 개인 간의 이기주의적 갈등과 충돌을 가져오게 된다. 특히 자본가와 노동자의 불평등한 관계 또는 개인들 사이의 기회가 불평등할 때 한계에 직면하게 된다. 공산주의와 사회주의가 등장한 것은 이러한 개인주의에 바탕을 두는 자유주의가 사회적 이상(모든 사람들의 좋은 삶)을 실현하는 데 한계를 노정했기 때문이다. 역사적으로 노동 분업에 의해 발생하는 개인의 자유와 공동체는 새로운 관계로 발전해 왔다.

2. 시장경제와 공동체의 발전

앞의 제5장에서 논의했던 자유주의는 자본주의의 근간인 시장경제의 태동과 함께 해왔다. 자유주의는 중세 신분사회를 지나 중상주의 시대의 절대왕정을 무너뜨린 자본주의 부르주아계급(bourgeoisie)의 신념체계로 개인의 자유를 중시하는 것이다.[1] 부르주아들은 신분차별을 반대하는 만민평등을 주장

---

1 역사적으로 공동체는 고대에는 노예제도에 의해, 그리고 중세 시대에는 영주와 소작농 사이의 주종 관계를 통하여 형성되었다. 중세 말 15세기경 유럽에서 절대군주가 등장하여 식민지와의 상업을 통해 국부를 추구한 중상주의가 등장하였다. 절대군주들은 당시 중소상인 부르주아들이 지방영주들의 수탈하는 규제로부터 벗어나게 해주면서 협력하여 상업에 의한 국부를 추구할 수 있었다. 하지만 절대군주가 통일된 국가를 완성한 이후 귀족과 평민을 차별하는 신분 질서가 공고해졌고, 평민인 중소상공인, 도시빈민, 농민들은 조세와 병역부담으로 고통이 커졌다. 이에 평민인 부르주아들은 절대군주에 대항하는 시민혁명을 주도하였는데 당시의 근대시민계급이 가졌던 사회사상이 자유주의이다(이근식, 2008: 27).

하였고, 절대군주의 횡포를 막기 위해 국가권력을 제한하는 입헌주의와 법치주의를 주장하였다. 또한 그들의 자유로운 경제활동을 위해 자유시장경제를 주장하였다. 이러한 근대 시민정신으로서의 자유주의는 오늘날 대부분의 국가에서 채택하는 시장경제에 바탕을 두는 정치와 사회 제도의 사상적 근간이 되었다.

자유주의가 평등과 법치주의를 주장하는 것은 인간이 불완전한 존재라는 점에 바탕을 두는 것이다. 인간은 인식에 있어서 사물을 완전하게 분별하지 못한다. 뿐만 아니라 세상의 모든 일에 대한 정보도 부족하여 사실을 정확하게 인식하지 못하는 경향이 있다. 또한 도덕적으로도 이기심에 의해 다른 사람의 삶에 부당하게 피해를 주기도 한다. 인간이 양심을 가지고 있다고 하지만 자신의 탐욕을 억제하는 데에는 깊은 수양을 필요로 한다. 자유주의에서 평등과 법치주의는 이와 같은 인간의 불완전함과 탐욕을 공동체의 가치와 합치되도록 제어하는 중요한 요소이다.

실제로 자본주의의 발전을 상징하는 분업과 자본축적은 시장경제로부터 야기되는 새로운 불평등을 야기하고 있다. 산업화 시대의 고도성장은 노동의 분업과 생산 공정의 과학적 관리 기법에 의해 생산량을 크게 증가시킴과 동시에 도시화와 함께 개인의 삶에 있어서도 큰 변화를 야기하였다. 더욱이 최근 지식정보화에 의해 노동의 양적인 투입이 아닌 질적인 투입이 중요해진 상황에서도 시장경제에 기반을 둔 자본축적은 더욱 고도화되고, 산업의 구조를 빠르게 변화시키고 있다. 이러한 변화는 법치주의에 의해 시장경제에서 인간의 욕망을 제어하는 데 한계를 노정하고 있다.

최근 디지털 전환에서 혁신을 통해 성공한 기업이 사회 전체 부의 대부분을 차지하면서 그렇지 못한 일터에 있는 자의 고용을 불안하게 할 뿐만 아니라 그들을 근로취약계층으로 내몰고 있다. 인적자원투자를 통해서 기존의 노동시장에서 밀려난 인적자원이 새로운 시장의 흐름에 의해 생겨나는 일터로 이동하는 것은 시장경제의 흐름에 있어서 긴 시간을 필요로 한다. 디지털경제에서 개인이 역량을 발휘할 기회를 박탈당하는 것은 기회의 불평등으로 개인의 자유를 취약하게 만드는 결과를 가져오게 된다. 이것은 시장경제가 효율적으로 작동되지 않는 곳이 존재한다는 것을 의미한다. 즉 시장경제가 개인의 자유를 보장하는 자유주의를 항상 완전하게 보장하지만은 않는 것이다. 따라서 시장경제의 폐해가 발생하지 않도록 하거나 발생한 경우 보정할 수 있는 공동체 질서의 모색이 요구된다.

그러면 시장경제는 공동체의 이익과 어떻게 양립할 수 있는가? 무엇보다 사람들이 행동할 유인체계를 확립하는 것이다. 유인체계야 말로 시장실패를 보정할 수 있는 중요한 수단이다. 공동체의 관점에서 공동의 선과 공공의 이익을 본질적 가치로 추구할 수 있는 개인들의 소양을 기르는 것이다. 통상적으로 시장실패로 인해 나타나는 사회문제는 개인의 선택과 공동체의 선택에 달려 있는 두 유형으로 구분된다. 개인의 선택과 관련된 문제는 시장기능에 맡겨두면 되지만 공동체적 선택의 문제는 공동의 갈등을 해결하는 것이 필요하다. 또한 공동체적 선택으로서 공동의 문제는 공동체 내의 여러 개인들이 모여서 해결할 수 있는 경우도 있지만 국방, 사법, 치안 등과 같이 국가가 개입해야 하는 경우도 있다. 전자의 경우 개인들은 공동체 질서를 위한 의사결정에 참여할 수 있는 기회를 가져야 한다. 디지털 시대에 개인들이 모여서 해결해야 할 사회문제가 크게 늘어나고 있다. 이러한 상황에서는 개인주의, 시장기능, 공동체의 운영원리 등에 대해 충분한 소양을 길러야 한다. 민주시민 역량은 바로 시장경제가 작동할 수 있는 유인체계를 확립하는 그러한 소양을 의미한다.

3. 공동체와 사회의 운영 원리

공동체에 대한 논의는 퇴니스와 뒤르켕의 논의로 거슬러 올라간다. 이들의 논의는 산업혁명으로 자본주의가 태동하던 시기에 공동체 또는 사회의 구조적 변화와 관련된다. 퇴니스는 공동체를 결속과 연대가 강조되는 공동사회(Gesellschaft)와 경쟁과 거래, 그리고 이해타산이 강조되는 이익사회(Gemeinschaft)라는 대립적 개념으로 산업혁명으로 인해 변화하는 사회구조를 관찰하였다. 퇴니스의 이러한 구분은 자본주의 발달에 따른 이익사회의 출현으로 전통적인 공동체의 연대가 쇠퇴한다고 보는 것이다. 이에 반해 뒤르켕은 연대의 쇠퇴가 아니라 자본주의 사회의 변화를 기계적 연대(mechnical solidarity)의 단순한 사회가 유기적 연대(organic solidarity)가 정교한 노동 분업에 의한 복잡한 연대의 새로운 사회로 진화함을 설명하고 있다. 이러한 논의는 산업혁명 초기에 공동체의 연대가 새로운 형태로 변화하고 있음을 설명하는 것이다.

제4차 산업혁명 시대에 공동체의 연대는 어떤 모습으로 바뀌고 있는가? 자본주의의 주체는 시민이 주인이 되는 시민사회이다. 오늘날 시민들의 역할과 위상이 과거와 크게 달라지고 있다. 시장경제를 바탕으로 성숙한 사회에서는 시장실패를 보정하는 데 정부의 역할 이외에 시민의 역할도 중요해지고 있다. 또한 사회구성원이 공동으로 직면하는 사회문제는 개인주의로 해결할 수 있는 것도 있고 그렇지 않은 경우도 있다. 만약 공동의 문제가 모든 구성원들에게 이득이 된다면 개인 간의 갈등이 나타나지 않을 것이다. 그렇지만 노인빈곤, 독과점, 기후변화 대응, 산업의 생산성 격차, 고용불안 등은 사회구성원들이 공동으로 직면하는 문제이다. 디지털 시대에는 개인의 존엄과 자유를 추구할 수 있는 환경이 크게 바뀌고 있다. 이러한 사회 문제는 평등과 법치주의의 원칙만으로 해결되기 어렵다. 자유주의에 바탕을 둔 공동체 연대는 시민의 참여에 의해 자생적으로 형성되는 사회통합의 힘에 의해 새롭게 형성될 필요가 있다.

그러면 누구를 위한 자유주의인가? 중상주의시대를 지나 자본주의가 태동할 당시에는 평민계층에 속했던 중소상인계층은 부르주아계급이 개인의 자유를 위해 시민혁명의 주체가 되었다. 하지만 오늘날 자본주의체제 하에서 자본가 계층은 승자독식의 사회를 만들고 있다. 개인주의 또는 자유주의에 기반을 두고 나타나는 승자독식은 새로운 형태의 사회적 불평등을 만들어 내고 있다. 이제 이들 기회 균등의 지휘를 잃은 계층은 개인의 자유를 제약받고 있는 것이다. 자유시장경제 또는 신자유주의에 의해 모두에게 기회 균등이 보장되지 않는 것이 현실로 나타나고 있다. 이제 자유주의는 기회 불평등에 직면한 개인들의 존엄과 자유를 보장하는 정부와 시민사회의 역할이 재정립될 필요가 있다. 자유주의 사상은 기회 불평등에 직면한 또는 잠재적 사회 위험에 빠지지 않게 하기 위해 작동되어야 한다. 자유주의에 공동체주의가 보완되어야 하는 이유이다.

디지털 전환 시대에 개인의 자유가 제약되는 양상은 다양하게 나타난다. 외국인을 혐오하는 제노포비아(Xenophobia), 성 불평등의 만연, 노동시장 이중구조, 디지털 격차 등은 시민사회의 자생적인 역량을 필요로 한다. 과거 산업화시대의 사회구조와는 확연히 다른 복잡한 구조 속에서 의사결정을 해야 하고 이를 위한 성찰을 필요로 한다. 시민참여의 확대는 개인의 정치 및 사회적 평등을 확대하면서, 동시에 개인의 존엄과 자유도 신장시키는 것이다. 따라서 일터의 조직과 사회조직에서 시민이 참여할 기회를 확충함으로써 일상생활을 민주화시킬 수 있다.

02 민주주의와 시민의 힘

시민사회는 자본주의의 발전에 의해 형성되었다. 모든 시민에게 사적소유가 허용되고, 개인의 자유를 향유할 수 있는 자본주의는 성숙된 민주주의를 통해 사회문제를 해결할 수 있어야 한다. 하지만 디지털 전환은 자본주의의 모습도 새롭게 변화시키고 있다. 자본주의의 확장은 특정 계층에 부가 집중되는 문제를 야기하고 있다. 디지털 시대에 새롭게 등장하는 복잡한 사회문제도 시민 힘에 의해 해결될 수 있다.

1. 자유민주주의와 시민사회

민주주의는 '국가의 주권이 국민에게 있고, 권력은 국민으로부터 나온다'는 말로 함축되는 그러한 정치를 지향하는 사상이다. 민주주의는 의사결정을 할 때 국민 모두에게 열려 있는 선거나 정책투표를 이용하여 전체에 걸친 구성원의 의사를 반영하고 실현하는 정치·사회 체제이다. 국민이 주권을 행사하는 이념과 체제라고 할 수 있다.[2] 하지만 국민의 개념과 범주, 그리고 국민

---

2 보댕 등이 논의한 군주주권은 중세 유럽의 다원적·분권적 권력질서를 극복하고, 정치공동체의

의 의사를 반영하는 방법에 따라 자유민주주의 또는 프롤레타리아 민주주의가 될 수도 있다. 말하자면 민주주의가 전체주의로 등장할 수도 있는 것이다. 전체주의는 자유주의와 반대쪽에 위치한 것으로 개인의 자유 또는 인권이 존중되지 않는 것이다.

자유민주주의는 자유주의와 민주주의를 결합한 것이다. 민주주의는 '평등, 사회적 결속, 복지정책'에, 그리고 자유주의는 주로 '정치적 속박, 개인적 우월성, 국가의 행태'에 관심을 가진다. 즉 자유주의는 국가의 힘을 제한하는 데 몰두하는 반면 민주주의는 국민의 힘을 국가의 틀에 어떻게 쓸어 넣을 수 있는가에 집중한다(박호성: 2014: 300). 자유민주주의에서 민주주의 가치는 보편적인 시민의 특성과 함께 개인의 존엄과 자유를 권력으로부터 보호하는 데 초점이 있다. 여기서 대중적 시민의 특성은 국민이 권력을 행사하는 것을 말한다. 하지만 자유민주주의는 현실적으로 국민이 갖는 권력을 실현하기보다는 권력의 제한과 통제에 더 큰 관심을 가질 수밖에 없다. 국민은 간접민주주의 또는 대의제 하에서 선거기간에만 정치에 참여하여 권력을 실현하면 나머지 기간에는 피지배자의 처지로 전락한다. 왜냐하면 직접민주주의를 온전하게 실현하기 어렵기 때문이다.[3]

또한 자유민주주의는 사유재산제도에 근거한 시민사회에 바탕을 두고 있다는 점에서 정치적 과정에 시민의 참여가 줄어들 때 개인의 자유를 신장하는 데에 효과적이다. 만약 국민의 정치참여가 확대된다면 국가의 역할이 커지게 되고 그에 따라 개인의 사적 목표의 추구는 위축될 것이다. 이것은 자유주의의 본질과 반대되는 것이다. 따라서 대의제를 통하여 자신들이 선출한 대표에게 통치를 맡김에 의해 민주적 통제를 하면서 개인들의 자유를 신장시켜 효율성을 추구할 수 있다. 이러한 자유민주주의에서 대의제는 자본주

법적 평화를 가져오기 위해 군주의 권력을 강화함으로써 통일된 지배권을 확보하기 위한 것이었다. 반면 루소가 논의한 국민주권은 국민의 자유롭고 평등한 정치공동체를 상상하며, 새로운 주권자로서 국민을 절대적이고 순수한 권력의 자리에 위치시킴에 의해 프랑스 대혁명의 사상적 논거를 제공하였다. 군주주권과 국민주권 모두 구체제를 타파하고 새로운 정치질서를 세우기 위한 것이었다는 점에서 다분히 규범적인 것이었다(곽현근, 2020: 8).

3 직접민주의보다 대의제를 채택하는 이유는 의사결정에 모든 시민이 참여하는 것은 불가능하고, 일반 시민은 국가사업에 충분한 정보를 가지지 못할 뿐만 아니라 사적 욕망으로 변덕스러워 의사결정의 역량이 불충분하기 때문이다.

의의 속성을 반영하는 것이다.

그렇지만 자유민주주의 하에서 등장하는 자본가 또는 기업가가 일자리, 생산양식, 상품의 가격 등을 지배하여 정부와 밀착되는 경향을 보이고 있다. 그 결과 사회적 불평등과 시장경제의 왜곡을 가져오는 한계가 노정된다. 공동체주의자들은 자유주의의 한계를 극복하기 위해 국가의 통제와 규제를 강화해야 한다고 주장한다. 공동체주의는 개인의 존엄과 권리보다는 공동의 선과 공공의 이익에 본질적인 가치를 두고 있기 때문이다. 교육정책에 있어서도 자유주의자들은 학생들의 목표와 수월성을 중시하는 반면, 공동체주의자는 공공의 목표를 위한 건전한 시민을 육성하기 위한 공교육을 중요하게 생각한다. 다양한 영역에서 사회문제 해결에 있어서 자유를 옹호하는 개인주의와 공동체 결속을 중시하는 집단주의 또는 국가주의가 대립하고 있다.

따라서 공동체주의도 자유주의도 민주주의 제도를 운영함에 있어서 상생하는 길을 찾는 것은 큰 과제라고 할 것이다. 개인의 자유와 공공의 선이 모두 중요함을 인식하는 것이 중요하다. 더욱이 최근 정보기술의 발달은 과거의 개인의 자유를 보장하는 시장경제의 구조도 크게 변화시키고 있다. 자유민주주의에서 개인의 자유를 보장하는 방식도 사회의 정치엘리트 계층이 주도하는 대의민주주의만으로 다양한 시민들의 이익을 대변하기 어려운 상황에 직면하고 있다. 지금의 상황은 절대왕정을 무너뜨리고 시민사회가 출현하던 때와는 달리 개인의 자유를 온전하게 누리지 못하는 개인들이 늘어나고 있다.

따라서 자유주의에 바탕을 두는 자본주의의 지속적인 발전을 위해서는 엘리트가 아닌 시민들의 참여할 수 있는 대안이 요구된다. 하지만 시민들의 참여만으로 한계가 있으며, 시민들이 참여하여 공동체의 연대를 강화할 수 있기 위해서는 정치적 의사결정을 할 수 있는 역량을 필요로 한다. 인적자원의 역량으로서 시민 의식을 바탕으로 시민의 역량을 강화함에 의해 자생적인 문제해결력을 기르는 것이 중요하다.

2. 민주주의 유형과 시민의 역량

자유민주주의를 채택하는 대부분의 나라에서 대의민주주의를 채택하고 있다. 대의제 하에서는 시민들이 전문적인 정치인 또는 정책결정자에게 위임하여 정치적 과정에 무관심한 태도를 보이는 경향이 있다. 이로 인해 민주주의의 정당성에 의문이 제기되고 위임된 의사결정 과정에서 이해관계를 조정하는 데 한계를 노정하고 있다. 대체적으로 민주주의가 발전한 국가일수록 정부의 신뢰도가 낮게 나타나는데, 이것은 민주주의에 대한 지지는 높지만 정부정책의 지지가 낮은 것으로 시민들의 기대수준이 높아진 데 원인이 있다 (이현우, 2012: 73). 중요한 것은 대의민주주의제도 하에서 시민들의 참여가 제한되어 정책에 영향을 미치기 어렵다는 점이다.

대의민주주의의 한계를 해결하기 위한 대안으로 참여민주주의, 심의민주주의, 결사체민주주의, 고객민주주의, 풀뿌리민주주의 등이 논의되어 왔다 (이현우, 2012; 곽현근, 2020). 이들 대안 민주주의들은 모두 시민들이 공공선이라는 공유된 개념의 범주 내에서 의사결정을 할 수 있다는 것을 전제로 한다. 즉 시민사회의 목소리가 정부에 영향을 미칠 수 있는 담론이 형성되어 합의에 도달할 것을 전제하는 것이다. 이를 위해서는 다양한 사회문제와 관련하여 시민들이 공동토론에 자발적이고 적극적으로 참여하는 것이 기본이다.

참여민주주의는 직접민주주의의 형태로 주민발의, 주민투표, 주민소환 절차 등으로 나타나며, 정치엘리트와 주민 사이에 차이가 없음을 전제로 하는 것이다. 주민 다수가 참여한다는 점에서 과정의 정당성이 확보되지만 유권자들이 복잡한 쟁점에 대하여 충분한 정보와 이해를 가지고 의사결정에 참여하려는 동기가 부족하고, 강한 이익집단의 정치적 캠페인, 회유 등에 의해 영향을 받을 수 있다는 점에서 여전히 한계가 있다.

심의민주주의는 시민배심원제, 원탁회의, 공론적 여론조사 등의 제도적 장치에 의해 구현되는 것이다. 심의민주주의는 대화, 토론, 학습 등을 통해서 정제된 선호 또는 합리적 인식에 도달할 수 있어서 다양한 이해당사자와 전문가의 관여에 의해 참여의 질을 높일 수 있는 장점을 가진다. 정보와 주장의 교환을 통해 시민의 선호가 상호간 비판적으로 거론되고 최종적으로 판단이 내려지는 숙의의 통합적 기제가 작동할 수 있는 것이다. 하지만 숙의에 의해 관철되는 것과 다른 선호를 가지는 사람의 권리를 보장하지 못하여 대표성에 한계를 가진다. 또한 토론규칙, 과정의 관리, 중재 등 다양한 절차를 필요로 하며 이는 이론상으로 가능하지만 현실에서 작동되기에는 어려움이 따른다.

참여민주주의는 시민의 참여 자체를 우선시하고, 심의민주주의는 참여과정과 참여조건을 중시한다는 점에서 차이가 있다. 양자의 공통점은 좋은 민주주의를 위해서 타인의 손익을 이해하여 전체의 이익을 배려할 수 있는 자질이 요구되며, 다수의 시민들이 이성적 태도로 정치적 의사결정에 기여할 수 있는 역량을 갖추어야 한다는 것이다. 하지만 양자는 사회의 구조적 변화 여부에 대한 관점의 차이를 가진다. 참여민주주의는 집단의사결정에 참여하는 통합된 도덕적 가치척도가 있어야 하고 개인의 이해관계뿐만 아니라 사회구조 자체의 변화를 기대한다. 반면 심의민주주의는 정치적 의사결정이 복잡한 사회문제와 관련하여 사회구조의 변화를 가져오지 못하며 단지 의견을 달리하는 사람과 공존할 수 있다고 본다.

결사체민주주의와 고객민주주의는 참여민주주의와 심의민주주의가 정치참여라는 논의에 집중하는 것과는 달리 시민과 정부사이의 관계에 집중한다. 결사체민주주의는 공공서비스를 제공하는 결사체(associations)가 민주적 절차에 의해 효과적으로 참여함에 의해 주민이 필요로 하는 교육, 주택, 보건, 복지 등과 같은 분야에 서비스를 제공하는 것이다. 이것은 국가가 공공자금지원과 감독기능을 유지하면서 그 이외 국가의 기능을 시민사회에 이양하는 것과 관련된다. 결사체민주주의는 자치정부, 적극적 시민의식, 신공화주의 등의 가치를 강조한다(곽현근, 2020: 20). 이것은 협치(governance)를 통해 공식적 권위에 의존하지 않고 다양한 행위자들이 자율적으로 상호 호혜적이고 의존적이며 이를 바탕으로 협력·조정하는 것이다. 협치의 대표적인 형태는 정부, 시장, 그리고 시민사회 간의 새로운 파트너십으로 간주한다. 협치 모델은 정책결과를 책임질 주체가 없다는 책임성 문제를 가진다. 대안적으로 위계적 협치와 자율적 협치를 결합한 협력적 협치 모델이 고려될 수 있다.

고객민주주의는 공공서비스 전달에 있어서 민주적으로 구조화하는 것이다. 포크스그룹, 불만처리 절차, 고객조사 등의 마케팅 수단에 의한 시민 선호정보의 생성에 초점이 있다. 민주주의의 정당성과 관련해서 공공서비스전달에 대한 대응력을 향상시키고, 서비스전달자의 책무성을 향상시킨다. 하지만 소비자모형으로서 고객민주주의는 단순히 선호 또는 만족도 조사에 대한 설문 응답자 수준의 참여에 그치면서 시민 참여의 질 또는 적극성에 한계를 가진다(곽현근, 2020: 21).

한편 이들 대안적 민주주의 이외에 풀뿌리민주주의는 평범한 주민들이 지역 공동체의 살림살이에 자발적인 참여를 함으로써 지역 공동체와 실생활을 변화시키려는 참여민주주의의 한 형태이다. 특히 지방자치와 분권을 강조하며 이를 통해 민주정치를 실현하고자 한다. 지역주민들이 지방의회의 예산을 계획하고 실시하는 일에 참여하는 지역참여예산제가 풀뿌리민주주의의 예이다.4 대의민주주의가 주민의 삶에 대한 통제 또는 운명을 다른 사람에게 맡기는 것이지만 풀뿌리 민주주의는 주민 스스로 공동체 수준의 자기결정을 통해 복잡한 상호구조에서 주민의 위상을 주도하여 진정한 자유를 향유할 수 있다.

그러나 이들 대안적 민주주의는 이론적 참신성에도 불구하고 현실의 제도로 완전하게 정착하지 못하고 있다. 디지털 기술이 발달하면서 정보의 소통을 확산하여 상호 토론과 숙의를 거쳐 다수가 만족할 수 있는 집단적인 의사결정을 할 수 있을 것이라는 기대도 있다. 하지만 아직 시민들의 정치참여가 확대되어도 민주주의 발전에 긍정적으로 기여할 것이라는 보장이 없다. 그것은 누가 참여하는가의 문제로 모두가 동의하는 의사결정의 결과를 도출하지 못하고 있기 때문이다.

이상의 논의를 통하여 대의민주주의도 대안적 민주주의도 기존의 논의에서 간과하고 있는 것은 시민의식 또는 시민의 역량에 대한 깊은 논의가 뒷받침되지 못하고 있다는 점이다. 대의민주주의의 운영에 있어서도, 대안 민주주의에서도 민주주의의 발전을 위한 시민의 역량이 핵심적 요소이다. 자본주의의 지속적인 발전을 위한 자유민주주의의 존속도 권리와 자격을 부여하

---

4 1912년 미국 공화당에서 분리된 진보당이 내건 이념 중 하나이며 1935년 미국 공화당 전당대회에서 사용되면서 일반화되었다(위키백과).

는 제도도 중요하지만 그러한 제도를 공유하고 상호작용하는 시민의 자질과
태도도 중요하다. 민주사회의 시민은 권리의식만큼이나 참여와 협력, 자기절
제와 사회적 책임 등의 자질이 요구되며, 그러한 자질과 덕성은 모든 시민이
갖추어야 할 민주시민의 역량임을 의미한다.

3. 민주주의 발전을 위한 시민의 힘

자유민주주의 하에서 공동체의 유기적 연대를 유지하면서도 사유재산을
보장받는 사회는 시민이 주체가 되는 시민사회이다. 시민은 특정 지역의 주
민들을 의미하기도 하지만 한 나라의 전체를 상징하는 국민을 의미하기도 한
다. 앞의 논의에서와 같이 대의민주주의와 대안적 민주주의에 대한 논의들도
본질에 있어서 자유민주주의의 틀을 부정하지는 않고 있다. 중요한 점은 시
민의 자질이 민주주의의 발전에 기초가 된다는 것이다.

전반적으로 시민들의 교육수준이 높아지고 디지털 전환으로 정보의 공
유가 크게 확대되고 있는 점은 시민 또는 주민들의 참여 기회를 확장시키기
도 하지만 이익을 표출하고 이익집단의 새로운 조직으로 사회문제는 더 복잡
해지고 있는 양면성을 가진다. 시민사회의 힘을 기르기 위해서는 복잡한 사
회문제를 이해하고 판단할 수 있는 지속적인 학습을 필요로 한다. 민주시민
을 위한 학습은 전통적으로 직업훈련 또는 직업교육과 같은 일을 직무를 수
행하는 것과는 다른 것이다. 유사한 점은 일을 통해 배우고 그 배움이 일 속
에서 이루어지는 것과 같은 것이다.

우리나라의 높은 교육열과 고등교육이 보편화된 현 시점에서 주민들이
참여하는 자생적인 민주주의가 새롭게 형성될 필요가 있다. 주민들의 민주적
의사결정이 상시적인 학습에 기초하여 이루어진다면 사회통합 또는 사회적
결속을 강화할 수 있을 것이다. 또한 민주적 의사결정과 관련한 상시적 학습
은 민주주의 발전을 위한 힘을 기르는 것이다. 예컨대 마을공동체 형성과 참
여 과정은 개별 주민의 사회적 선호와 만족을 넘어서 공공선에 대한 고민과
실천을 통해서 사회적 효용에 대해 학습하는 것이다. 시민이 갖추어야 할 관
용, 배려, 신뢰, 사회적 연대 등과 같은 시민의 덕성은 마을학습공동체에서의

학습을 통해서 그 역량을 기를 수 있는 것이다. 결국 민주주의의 발전은 누가 참여할 것인가의 문제에 대한 논의보다는 잠재적 참여자의 역량을 배양하는 것이 먼저라고 할 수 있다. 참여민주주의가 주창하는 참여의 양도 중요하지만 근본적인 문제는 참여의 질에 의해 민주주의는 발전할 수 있는 것이다. 그리고 참여의 질은 인적자원의 관점에서 학습을 통해 길러질 수 있고, 공동의 선을 추구하는 토대를 구축할 수 있는 것이다.

03 민주적 의사결정 원리

앞의 절에서 논의한 바와 같이 자유민주주의의 상징은 시민사회이다. 또한 시민사회에서 자유로운 개인의 활동을 성취하기 위해서는 국가의 간섭을 적절하게 제어해야만 하고, 이를 선출된 엘리트에게 맡기는 대의제만으로 한계가 있다. 대안적 민주주의의 논의가 이를 보완하기 위해 등장하였지만 이 또한 복잡한 사회문제를 해결하는 데에 있어서 한계를 노정하고 있다. 이러한 문제들은 모두 민주적 의사결정을 하는 방식과 관련된다. 이 절에서는 '세 가지의 의사결정 방식'[5]을 살펴본다.

1. 다수결의 원리

다수결의 원리는 민주주의 의사결정이 지향하는 목적을 달성하는 데에 있어서 정당성을 확보하는 수단되어 왔다. 공리주의는 집단적 의사결정에 있어서 사회 전체의 행복(이익)에 관심을 가진다. 이것은 합리적 선택에 기초하여 개인이 그들의 이익을 위해 합리적으로 판단하고 행동하면 최선의 결과를

---

5 대표적인 자유주의자 하버마스는 공민의 개념과 권리/법 개념 그리고 정치적 의지형성과정의 본질에 따라 의사형성 및 의사결정의 모델을 자유주의 모델, 공화주의 모델, 그리고 심의정치 모델로 구분하였다(이상형, 2017: 258).

산출한다는 것을 의미한다. 롤스의 「정의론」에서 행위자의 합리적 선택을 통해 정의에 대한 개념을 확립하려는 것도 이런 의도를 반영한 것이다. 이러한 관점을 견지하면 개인은 합리적 선택에 따라 자기의 선호를 추구하고, 이때 발생되는 갈등 문제는 투표, 거래, 협상 등의 방식을 통해 해결할 수 있다(황경식, 2020: 61; 이상형, 2017: 265).

다수결의 원리는 개인들의 이해관계를 결집하는 과정으로 투표에 의해 다수의 선호를 확인하는 과정이다. 하지만 현실적으로 다수가 공동체 또는 사회의 공동선으로서 대표적인 선호가 된다고 결론지을 수는 없다. 즉 의사결정의 정당성을 확보하는 데 있어서 불완전성이 존재한다. 그것은 일회적으로 다수를 구성한 것으로 새로운 선호의 변동이 생기면 그것은 지속될 수 없고 다만 잠정적으로 정당성만 가지기 때문이다. 대의민주주의는 집합적인 선호를 선택하는 다수결의 원리에 의존하고 있지만 의사결정의 잠정적인 정당성만 확보한다는 한계를 가진다. 결국 힘에 의한 의사결정은 다수의 힘에 의해 정당성을 확보하게 되면서 소수의 선호를 무시하게 되어 단순한 기계적 평등으로 인해 평등의 질을 약화시키고 동시에 사회의 공동선을 온전하게 확보하지 못하는 경향이 나타난다.

2. 절차에 따른 의사결정

절차에 따른 의사결정은 집단적 의사결정의 효율성 보다는 의사결정에 영향을 받는 소수자들의 동의를 확보하는 절차를 고안한 것이다. 이것은 토론, 협의, 설득 등을 통하여 다원주의 사회에서 집단적 의사결정을 모색하는 것이라고 할 수 있다. 힘에 의한 다수의 독재가 아닌 누구에게나 공평한 절차에 따라 의사결정의 정당성을 확보하는 것이다.

공동체의 구성원은 다양한 이해관계에 바탕을 두는 가치관 때문에 하나의 안으로 합의되기 어려울지 모르지만 공정한 절차에 대해서는 동의할 수 있다. 즉 모두가 합의된 절차에 의해 의사결정이 이루어지면 그 정당성이 확보되는 것이다. 절차적 합리성은 자신의 주장을 통하여 정당화가 요구되며, 그것은 보다 나은 논증을 통해서만 설득되는 것이다. 절차에 따른 의사결정은 모두가 동의하는 절차를 구성하는 것이 중요하며, 합의된 절차를 바탕으로 토론과 심의를 통해 이해관계의 대립과 충돌하는 선호를 바꾸어 가면서 집단적 의사를 형성하고 결정하는 과정을 거치게 된다. 이것은 앞의 절에서 논의한 심의민주주의가 가장 대표적이라고 할 수 있다.

이러한 절차에 따른 의사결정 방식은 합의에 의해 정당성을 확보하는 데에 있어서 장점이 있다. 하지만 공동체의 문화적, 사회적, 역사적 정체성에 대해서 무관심하게 된다는 한계가 있다(이상형, 2017: 272). 또한 절차는 형식적 규칙을 의미하기 때문에 실제 심의에서 왜곡된 사안이 반영될 수 있다. 이러한 경우 누구나 동의할 수 있는 기준을 찾는 의도가 한쪽으로 편향되는 결과를 낳을 수 있다. 민주적 의사결정이 지향하는 바가 공동체 또는 사회의 후생을 극대화하는 것이라면 그와 관련된 내용이 중요하다. 하지만 절차만 중시하게 되면 내용을 간과하는 문제를 야기하게 된다. 그렇지만 절차에 따른 의사결정은 개인의 이해가 미래에 다른 사람의 선호를 바꾸는 데에 영향을 줄 수 있다는 점에서 여전히 중요성을 가진다.

3. 공동의 선에 따른 의사결정

공동의 선에 따른 의사결정은 모든 의사결정 당사자들의 동의를 확보할 뿐만 아니라 의사결정 목표에 따라 정당성을 확보하려고 하는 것이다. 이것은 의사결정을 위한 형식적 수단으로서의 절차 이외에 절차를 진행하는 과정에서 형성되는 내용도 중요하게 고려하는 것이다. 공동의 선에 따른 의사결정은 개인의 이해관계뿐만 아니라 다른 사람의 선호, 즉 공동선을 고려함에 의해 민주적 의사결정의 정당성을 확보하는 것이다.[6]

이와 같은 집단적 의사결정은 추론적, 절차적 이성에 의한 논리적 논쟁 과정에만 의존하는 것이 아니라 소통과 설득을 위해 더 나은 이유를 제시할 수 있는 심의규칙을 필요로 한다. 심의 과정에서 설득하기 위한 분석적이며

---

6 루소에 의하면 전체 의지는 개인들의 이해관계에 기초한 개별의지들의 총합이라고 정의될 수 있다. 이에 반해 일반 의지는 단순한 개별의지들의 총합이 아니라 공동이익을 형성하고 공동이익에 따라 결합된 의지이다(이상형, 2017: 274).

합리적인 언변보다는 역사 및 문화적 맥락과 사례 등이 정서적 및 감성적 호소력을 얻는 데 유효한 수단이 될 수 있다. 이러한 과정에서 시민은 집단 속에서 상호의존적임을 인식하게 되고 집단의 발전에 서로 책임이 있음을 알게 된다. 말하자면 그 과정은 사회문제와 쟁점에 대한 학습을 통하여 민주시민 역량을 강화하는 효과도 가진다.

이러한 공동의 선에 따른 의사결정은 심의민주주의에서 전형적으로 논의되고 있다. 공동선의 추구는 집단적 의사결정이 자신의 삶의 목적과 관련되고, 시민들이 참여하는 공론의 장에서의 심의를 통해 공동의 선에 이르게 된다. 개인의 윤리적 가치는 공동체의 전통과 문화, 그리고 역사와 연관되어 개인의 삶의 목적을 공동선과 연결된다. 하지만 공동선이 무엇인지에 대한 합의에 도달하기 어려워 일치된 합의를 도출하지 못하는 어려운 문제가 발생한다. 사회가 복잡해지고 다원화되면 그러한 문제는 더욱 심각해진다. 디지털 전환과 인구구조변화 등으로 인해 일과 학습의 방식이 바뀌고 있는 현실에서 더욱 그러하다.

4. 의사결정의 목표와 시민의 역량

민주주의 사회에서 의사결정은 그 결정으로부터 영향을 받는 모든 사람들로부터 인정을 받아야 한다. 즉 민주주의 의사결정은 관련된 모두로부터의 정당성을 획득해야 한다. 그리고 인간의 삶이 행복을 추구하는 데에 목적이 있다면, 그 의사결정의 정당성은 의사결정이 목표로 하는 선호의 만족 또는 행복의 정도에 달려 있다. 그러나 행복이 개인의 차원에서 달성되면 사회 전체의 행복을 달성하는 것인가? 집단적 차원에서의 민주적 의사결정 방식의 궁극적인 목표는 행복을 추구하는 것이라고 할 수 있다. 사회 전체가 행복하면 개인도 행복해질 여지가 있는 것이다.

공리주의적 기준에 따르면 행위자 자신의 최대 행복이 아니라 사회구성원 전체의 최대행복이다. 고상한 성품의 소유자는 다른 사람들을 더 행복하게 만들고, 그 결과로 사회전체가 혜택을 보게 된다. 공리주의는 사회 전체적으로 고상한 성품을 전반적으로 향상시킬 때 행복의 목표가 달성될 수 있으며, 인간 행위의 목적이 되는 행복이 도덕의 기준이 되어야 한다고 본다. 올바르게 성장한 시민은 개인적인 애정으로 공동선에 진지한 관심을 가지게 되고, 이들은 개인의 행복뿐만 아니라 다른 사람의 행복에도 좋은 영향을 미칠 수 있다.

결국 민주적 의사결정이 지향하는 공동체의 행복은 개인의 능력을 최고도로 끌어올려 통일된 전체가 되게 하는 것이다. 각 개인들은 각자의 개성에 맞게 능력을 발전시킬 때 개인의 활력과 다양성이 향상되고, 이들이 결합되어 독창성이 발현된다.[7] 민주시민으로서 개인이 역량을 발휘하기 위해서는 관찰력, 추리력, 판단력 등을 사용해야 할 뿐만 아니라 의사결정에 필요한 자료를 모으는 등의 활동과 정보에 대한 분별력도 갖추어야 한다. 또한 공동체의 이익과 관련한 신중한 결정을 위해서는 확고한 의지력과 자제력도 갖추어야 한다. 이러한 것들은 민주적 의사결정을 함에 있어서 요구되는 시민이 갖추어야 할 역량의 원천들이다.[8]

04　민주시민 의식과 역량

자유주의와 공동체가 공존하고, 민주적 의사결정을 통해서 자본주의가 지속적으로 발전하기 위해서는 시민성 또는 시민의식과 역량이 중요하다. 개인의 존엄과 자유를 보장함에 의해 창의성을 발현하게 하면서도 다른 사람의 삶에도 긍정적인 영향을 미칠 수 있도록 하는 것은 자유민주주의가 지향해야

---

7 밀(John Stuart Mill)은 「자유론」에서 인지, 판단, 독특한 감정, 정신활동은 물론이고 심지어 도덕적 선호 같은 인간의 능력은 오직 선택을 행할 때에만 훈련된다고 하였다. 관습이라는 이유로 어떤 일을 행하면 무엇이 가장 좋은 것인지 분별하는 훈련도 되지 않고, 가장 좋은 것을 원하는 훈련도 되지 않는다(존 스튜어트 밀, 2018: 박문재 옮김, 140).

8 밀(John Stuart Mill)은 "만족한 돼지보다는 불만족한 인간이 되는 것이 더 낫고, 만족하는 바보보다 불만족한 소크라테스가 되는 것이 더 낫다"고 하였다(존 스튜어트 밀, 2020: 이종인 옮김, 27). 이것은 역량이 뛰어난 사람이 낮은 역량의 소유자를 부러워하지 않는다는 표현으로 사회 전체 최대행복을 향상시키는 데에 있어서 역량의 중요성을 제기하는 것이다.

할 발전적 방향이기도 하다. 더욱이 최근 디지털 전환의 시대적 배경은 과거의 시민사회와 달리 다원화되고 복잡한 사회문제를 야기하고 있고, 이에 따라 개인 또는 집단 사이의 협력과 조정의 중요성이 증대되고 있다. 성숙된 시민 의식과 역량은 개인의 창의성과 공공선이 함께 하는 발전적인 민주주의의 기반으로서 중요한 의미를 가진다.

1. 민주시민 의식

민주시민 의식은 시민의 한 사람으로서 개인의 행복한 삶과 나아가 사회 또는 국가발전에 기여할 수 있는 자질을 의미한다. 즉 민주주의 사회에서 자주적 활동을 통해 공동체의 발전에 기여할 수 있는 구성원의 인식체계이다. 자유민주주의 하에서 시민은 자유와 권리를 누리면서 의무를 다하고, 공공의 정책을 결정하는 데에 참여하여 책임을 다하는 사람이다. 더욱이 디지털 시대에 사회가 다원화되면서 공공정책은 시민 또는 주민의 일상생활 속에서 시민들의 실천적 행위를 통하여 시민권과 자유가 보장될 수 있다. 이러한 사회는 자유주의가 유지 발전하는 것과 맥락을 같이하는 것이다.[9]

앞의 제2절에서 논의한 자유주의는 자유민주주의라는 가치체계를 논의하는 근간이 된다. 산업혁명 초기에 자유민주주의는 한편으로 사적 소유를 유지하면서 일반 대중, 특히 노동자를 참여하게 하는 정치체제이다. 이것은

---

9 자유민주주의는 자유주의와 공동체주의로 대립적인 논의로 전개되어 왔다. 그리고 자유주의는 공리주의(utilitarianism)와 칸트주의로 대별되며, 칸트주의는 자유지상주의(libertarianism)와 자유평등주의(liberalegalitarianism)로 나뉜다. 칸트 주의는 공리주의의 '최대다수의 최대행복'이 사람들 선호의 총량만 늘리려 하므로 도덕적 목적으로서 개인의 권리와 존엄성을 타인의 행복을 위한 수단으로 이용할 수 있다고 비판한다. 자유지상주의는 개인의 재산 보호에 국가의 역할을 한정하고, 소외된 이웃에 무관심한 태도를 보인다. 이것으로 오늘날 신자유주의로 하이에크(Hayek), 프리드먼(Fredman), 노직(Nozick) 등에 의해 전개되었으며, 정치적으로 대처(Theacher), 레이건(Reagan), 부시(Bush) 등에 의해 구현되었다. 자유평등주의는 국가의 개입을 용인하고 적극적인 복지정책을 추진하는 것으로 롤스(John Rawls)가 대표적인 주창자이다. 롤스는 분배의 규칙인 정의의 원칙으로 '기회균등의 원칙'과 '차등의 원칙'을 제시하는데 이것은 인간 사회가 이기적이긴 하지만 타협과 계약에 의해 평화적으로 약자를 보호함에 의해 바람직한 상태에 도달할 수 있다는 것을 전제하는 것이다(박호성, 2014: 338-356). 하지만 롤스의 차등의 원칙도 최소 수혜자에게 낙수효과만 돌아가게 되고 부유층에게 많은 보상이 주어지는 현실 - 승자독식의 현실 - 은 반영하지 못하고 있고, 자유주의를 둘러싼 논의들은 시민의식 또는 민주시민 역량의 관점에서의 논의는 없다.

자유민주주의가 사적 소유에 따른 경제적 불평등과 모든 사람의 참여에 의한 정치적 평등의 두 축을 모두 수용하는 것임을 의미한다. 이러한 의미는 자유주의와 민주주의가 대립 가능성이 있음도 내포하고 있다. 다시 말해서 자유민주주의는 다양한 모습으로 출현할 수 있음을 의미한다.10 자유주의 또는 사회주의의 신봉자에게 민주주의는 목적이 아니라 수단이 될 수 있다. 민주시민 의식은 자유주의의 발전을 구현하려는 시민의 소양을 의미한다. 다만 자유주의는 이제 자본주의가 디지털 전환과 비대면 시대로 접어들면서 정형화된 시간과 공간에서 가상공간으로 성큼 이동하고 있는 현실을 반영해야 하는 새로운 책무를 안고 있다.

밀(John Stuart Mill)의 「자유론」에 의하면 인간은 개인들이 가지고 있는 개성을 다듬어서 발전시키면 자신에게 더 나은 가치를 부여하게 될 뿐만 아니라 개인의 삶이 풍성해지면 개인들로 구성되는 사회도 풍성해진다. 다른 사람들의 권리와 이익을 해치지 않는 범위 내에서 개인의 개성을 불러내어 개발하고 육성할 때 귀하고 아름다운 존재가 된다. 인간 사회는 고귀한 생각과 고상한 감정들이 넘쳐날 때 개개인을 하나로 묶어주는 유대감도 강력해질 것이다(존 스튜어트 밀, 2018: 박문재 옮김, 149). 한편 밀은 그의 책 「공리주의」에서 행복이 인간 행동의 으뜸 원칙이라고 보는 기준은 행위자 자신에 대한 행복이 아니라 사회구성원 전체의 행복이라고 하였다. 고상한 성품의 소유자가 다른 사람을 더 행복하게 만들고 그 결과로 사회전체, 더 나아가 온 세상이 혜택을 본다는 것이다(존 스튜어트 밀, 2020: 이종인 옮김, 30). 이러한 밀의 공리주의에 대한 논의는 열린 마음으로 정신 능력을 발휘할 수 있도록 교육을 받은 일반적인 사람을 말한다. 사실상 공리주의가 개인의 효용의 총합이 사회적 행복이라고 논의하는 배경에는 정신적 능력으로서 민주시민 의식이 사회전체의 행복에 기여할 수 있음을 전제하는 것이다. 다시 말해서 민주시민 의식의 함양이 공동체의 공공선을 실현하는 토대가 되는 것이다.

시민의식은 자유민주주의 공동체 구성원으로서 공공선을 실현하기 위한

---

10 하이에크에 의하면 "자유주의의 반대는 전체주의인 반면 민주주의의 반대는 권위주의이다." 이것은 민주적 정부가 전체주의적일 수도 있고, 권위주의 정부가 자유주의적 원리위에서 움직일 수 있다는 것이 가능함을 의미한다(박호성, 2014: 298).

소양 또는 자질이다. 자유민주주의는 개인의 존엄과 창의성과 창의성을 보장하면서 참여, 타협, 배려, 준법 등을 통하여 타인과 함께 할 수 있는 시민의식을 필요로 한다. 특히 최근 급격한 사회 변화로 계층, 세대, 성 등의 특성별로 갈등과 혐오의 사회문제가 증폭되고 있어서 사회통합을 위한 시민의식의 중요성이 증대되고 있다. 디지털 시대의 다원화된 이해관계가 분출하는 시대에 시민의식은 수동적으로 복종하는 국민이 아닌 주체적이고 능동적인 시민성을 의미하며, 사회적인 공론화에 적극적으로 참여할 수 있는 시민의식은 민주주의 발전을 위해 중요하다.

한편 시민의식은 특별히 민주주의의 발전을 위한 기초 역량으로서의 의미를 가질 뿐만 아니라 마을 중심의 주민의 자발적 참여와 조직화를 통해 주민의 집단적 역량에 의해 지방자치단체의 정책결정과 서비스 생산과정에 참여하는 기반이 된다. 시민의식은 마을공동체 기반의 풀뿌리민주주의를 통해서 주민들의 자생적 공동체 수준의 의사결정을 하는 힘을 발휘하게 할 수 있다. 또한 마을공동체 수준의 시민의식은 시민으로서 갖추어야 할 관용, 배려, 신뢰, 사회적 연대를 실천하는 기본이며, 마을공동체가 곧 민주주의를 위한 학습의 장으로서 기능을 할 수 있다.

이와 같은 시민의식은 학교교육의 중요한 영역이다. 국제교육연합(IEA: International Education Association)은 <표 6-1>과 같이 학교교육에서 시민의식의 개념적 틀을 제시하고 있다. 구체적으로 IEA의 국제시민교육연구(ICCS: International Civic and Citizenship Education Study)는 2016년 시민의식에 대한 개념으로 사회와 시스템, 시민사회의 원리, 시민 참여, 시민정체성의 네 개의 범주를 설정하고 있다. 이들 중 전자의 두 영역은 학생이 민주시민에 대해 아는 것과 학생이 습득한 시민 지식을 새로운 상황에 적용하는 역량이다. 그

표 6-1 IEA의 시민의식 영역과 하위 구성 요소

영역	하위 영역
시민사회 시스템	시민의 권리와 책임, 국가기관, 민간기관
시민사회의 원리	의사결정, 자유, 공동체 의식, 법치
시민 참여	의사결정, 영향력 행사, 공동체 참여
시민 정체성	시민의 자아상, 시민적 유대감

자료: 이쌍철·허은정·이호준(2020) 56쪽의 내용을 재구성.

리고 후자의 두 영역은 청소년들이 미래의 예상되는 상황에서 선거 및 정치참여 의사와 관련되는 정서-행동 차원의 역량이다.

이상의 시민의식의 영역은 민주시민이 갖추어야 할 소양으로서의 학교교육에서 길러질 수 있는 것을 상정한다. 하지만 학생들이 실제로 이들 영역에 대한 인식을 갖추기 위해서 체험할 수 있는 기회도 매우 중요하다.

2. 아동·청소년을 위한 민주시민 역량

미래에 우리는 디지털 전환과 비대면의 확장으로 다른 사람과의 협력하는 방식에 있어서도 가상공간에서 이루어지는 등의 큰 변화가 예상된다. 다양한 사회문제가 등장하는 가운데 초연결시대로의 진화는 대의민주주의와 같은 엘리트에 위임되는 정치적 의사결정도 참여 또는 심의민주주의와 같은 절차에 의한 접근에 의한 정치적 의사결정도 모두 혁신의 결과로 발생하는 승자독식이 팽배하는 상황을 극복하는 데에는 한계가 있을 것이다. 이에 대비하여 미래의 발전적인 민주시민사회로 진화하기 위해서는 아동기부터 민주시민 역량을 기르는 것이 중요하다.

민주시민 역량은 '공동체 구성원들이 갖추어야 할 민주주의의 기본원리와 핵심가치에 대한 지식과 이해'라고 정의할 수 있다. 즉 아동·청소년을 위한 민주시민 역량은 시민사회의 구성원으로서 아동 및 청소년기에 갖추어야 할 바람직한 자질과 능력이다. 아동·청소년기의 민주시민 역량을 기르기 위한 학습은 가정, 학교, 대중매체, 가상공간 등 다양한 사회적 여건과 매체를 중심으로 이루어진다. 아동과 청소년의 민주시민 역량은 학교 테두리 내의 정규교육 과정 이외에 또래와 같은 동네 다른 연령대 아이들과 놀이도 중요하고 가정에서의 생활과 학습도 매우 중요하다.

민주시민 역량에 대한 좀 더 구체적인 모습은 이병준 외(2008)가 전문가 집단인터뷰(FGI)를 통해서 도출한 결과를 바탕으로 살펴볼 수 있다(<표 6-2>). 우선 아동기의 중요한 민주시민 역량은 기본적인 규범 및 질서의식을 형성하는 것이다. 그리고 아동기에 또래 집단에서의 활동하는 과정에서 협동, 양보, 선행 등도 시민성을 기르는 중요한 요소가 된다. 또한 핵심역량

표 6-2 아동·청소년기에 중요한 민주시민 역량 요소

역량군	역량	하위 역량	
		아동기	청소년기
민주적 역량	다양성 존중	공존, 조화(어울림)	관용, 다양한 관점 접하기, 차이에 대한 수용성, 상호성
	참여의식	협동, 양보, 선행	비판의식, 의사소통능력, 참여, 경청, 토론능력, 참여방법 습득
시민 역량	권리와 책임 의식	질서의식, 규칙준수/이해/인식, 규범준수/준법정신, 책임감, 약속지키기, 권위존중, 권리의식	책임감, 준법의식, 권리와 의무, 성실함
	신뢰와 가치	존중, 배려	상호존중, 배려
개인 핵심 역량	자율적인 행동	자존감, 창의력/창의성	자율성
	언어·공학기술 등 도구의 포괄적 사용 역량	읽기, 말하기, 듣기, 표현력	문해력, 쓰기

자료: 이병준 외(2008).

으로 자존감, 창의력과 같은 자율적 행동역량과 읽기, 말하기, 듣기, 표현력과 같은 언어 및 공학 기술 등의 포괄적 사용 역량도 중요한 역량으로 조사되었다.

다음 청소년기의 민주시민 역량은 다양성 존중, 참여의식 및 권리와 책임이 중요한 것으로 제시되고 있다. 가치관이 형성되는 청소년기에 다양성 존중과 적극적이고 능동적인 참여의식이 강조되고 있다. 또한 시민 역량으로 책임감, 준법의식, 권리와 의무, 성실함도 중요하게 강조되고 있다.

이상의 역량 요소들은 개별적으로 여러 개로 구성되어 있다. 하지만 이들 중의 한 역량이 잘 길러진다고 해서 민주시민의 역량이 실제로 발현될 수 있는 것인가의 문제가 제기될 수 있다. 또한 이들 모든 역량이 효과적으로 길러진다고 해서 민주시민 역량이 원활하게 발현되는가의 문제도 명확하지 않다. 역량을 기르는 것과 길러진 역량을 발휘하는 것은 다른 차원이다. 이들 요소들의 특정 역량 또는 모든 역량을 높인다고 해서 민주시민 역량이 발현되는 것과는 다른 것이다. 민주시민 역량의 발현을 위해서는 학생들이 깊은 반성적 성찰을 하는 힘을 기르고, 그러한 반성적 성찰을 통해서 지혜를 발휘

할 수 있어야 한다. 전통적인 지식전달 또는 시험 위주의 학습에서는 반성적 성찰은 일어나기 어렵다. 따라서 민주시민 역량은 자치단체의 의회 활동, 마을공동체 협력 등에 의한 체험을 통해서 효과적으로 길러질 수 있다.

3. 성인들을 위한 민주시민 역량

산업화 시대에는 학교교육을 통해 역량을 기르고, 개인들은 그 역량을 바탕으로 평생직장을 유지하는 가부장 중심의 경제·사회구조가 유지되어 왔다. 당시에는 성인기에 민주시민의 소양을 기를 필요성이 그리 높지 않았다. 하지만 최근 고용 없는 성장이 지속되고, 성인들도 학습을 통해 지속적으로 역량을 길러야 하는 상황이 도래했다. 노동시장에서 고용불안, 기후변화, 인구감소로 인한 지역소멸 등으로 인한 복잡하고 다원화된 사회문제가 등장하고 있다. 더욱이 경제적 양극화로 인한 사회적 불평등과 이주노동자, 국제결혼 가정, 탈북 주민의 증가 등은 성인들의 일을 위한 학습 이외에도 사회문제를 해결하기 위한 비체계적인 학습이 요구되고 있다. 사회문제를 위한 학습은 다원화되고 있는 사회의 결속력을 강화하기 위해 민주시민 역량을 기를 것도 중요하게 고려될 필요가 있다.

한편 여성의 정치적 대표성을 확보해야 한다는 시대적 요구도 크게 증대되고 있다. UN이 2030년까지 달성을 위해 추진하는 17개의 지속가능발전목표(SDGs) 중 5번째인 성평등은 우리나라에서 매우 중요한 과제가 되었다. 우리나라의 여성의 참여에 대한 성과가 매우 저조한 상황이다(OECD, 2019: 93). 여성의 참여를 확대하는 것이 글로벌 차원의 국가 위상을 높일 수 있는 상황이 전개되고 있다. 또한 대내적으로 최근 성폭력, 성차별 등의 사회문제도 여성이 사회문제를 해결하는 중심에 등장해 있다. 뿐만 아니라 풀뿌리민주주의에서 주민이 주도적으로 참여하여 공동의 선을 도출하는 데에 있어서도 여성의 역할이 매우 중요해지고 있다. 현실적으로 여성의 참여를 확대하기 위해 할당제 중심의 정책이 추진되고 있지만 여성의 민주시민 역량이 뒷받침 되지 않으면 실효적 성과를 거두기 어렵다. 이것은 앞에서 논의한 심의민주주의의 절차는 잘 확립될 수 있지만 절차에서 다루어질 내용에 대한 역량이 갖추어 지지 않으면 한계에 봉착한다는 논의와 맥락을 같이 하는 것이다. 여성의 민주적 의사결정에 참여를 확대하기 위해서는 민주시민 역량을 강화하는 것부터 시작되어야 한다.

하나의 대안으로 성인의 민주시민 역량을 강화하기 위한 학습을 구체화하고, 대학에서 성인을 위한 프로그램을 운영하는 것은 새로운 대안으로 고려해 볼 수 있다. 2000년대 중반 이후 급격한 대학진학률의 증가로 고등교육이 보편화되었고, 동시에 낮은 출산으로 인해 학령인구가 크게 감소하고 있다. 특히 지역 단위에 소재한 대학의 학생자원이 크게 감소하고 있어서 지역의 대학이 문을 닫을 상황에 직면해 있다. 지역 단위에서 대학을 중심으로 사회문제를 해결할 수 있는 민주시민 역량이 절실한 상황이다. 또한 고학력자들이 통상적으로 학습수요가 높고, 성인 인구의 대졸자 비중이 크게 증가하였으므로 이들을 대상으로 하는 민주시민 역량을 확충하기 위한 학습을 시행할 수 있을 것이다. 지역 주민이 대학과 협력하여 사회문제를 해결하는 방식은 주민들의 민주적 의사결정에 참여를 통해 민주시민 역량을 함양할 수 있는 기회를 확대하는 것이라 할 수 있다.

Chapter 07
학습과 일의 연계

사람은 생애 대부분의 시간을 학습과 일을 하면서 살아간다. 이러한 사람의 활동은 인적자원을 기르고 활용하는 것이다. 삶의 여정을 고려하면 일과 학습은 서로 깊은 관계를 가지면서 개인의 성공적인 삶과 사회를 유지하고 발전시키는 동력이라고 할 수 있다. 그러나 오랜 기간 동안 학교와 사회 또는 교육과 노동시장은 서로 단절되어 왔다. 아직도 학교교육의 결과는 많은 경우 노동시장에서 계층을 구분하는 수단으로만 인식되고 있다. 동문회 또는 학연이 직업세계에서 승진뿐만 아니라 공동체의 연대의 중요한 경우가 흔하다. 이러한 현상은 학교교육에서의 역량과 그 역량이 어떻게 활용될 수 있는지에 대한 구조 또는 메커니즘이 분명하지 않음을 보여주는 것이다. 하지만 지식과 정보의 중요성의 증대, 특히 기술의 융·복합적인 디지털 전환은 사람의 역량을 기르고 활용하는 활동을 더욱 밀착 시키고 있다. 학습과 일이 연계되는 모습도 다원화되고 있다. 일과 학습의 연계가 더욱 중요해지고 있음 의미한다. 이 장에서는 학습과 일이 연결되는 특성에 대해 구체적으로 논의한다.

01 연계의 원리

학습에서 일터로 이행은 개인의 다양한 삶의 형태만큼이나 매우 복잡하고, 다차원적이다. 여기서의 연계는 청년기 또는 장년기에 새로운 일자리를 찾는 경우에 나타나는 것으로 학습과 노동시장 사이의 관계에 초점이 있다. 직업시장에서의 구인 및 구직은 실업과 취업의 결과로 나타나지만 그 내면에는 인적자원의 역량을 기르고 활용하는 데 있어서의 '질적 특성'이 자리하고 있다. 이 절에서는 기존의 이론에서 제시된 직업탐색과 노동이동을 살펴보고 종합적으로 일과 학습의 연계에 대해 논의한다.

1. 신규 노동력의 직업탐색

직업탐색(job search) 이론은 사람들이 원하는 일자리를 찾고, 기업이 공석을 채우기 위해 근로자를 찾는 과정에 대한 논의이다. 직업탐색 과정에는 일자리와 근로자의 이질성으로 인해 등장하는 정보의 비대칭성이 자리하고 있다. 근로자의 이질성은 교육, 훈련, 경험 등이 유사한 경우에 조차도 개성, 동기, 역량, 주거지 등의 차이로 인해 나타난다. 또한 고용주는 비슷한 수준의 역량을 가진 근로자에게 조차 임금, 승진, 근로조건 등에 있어서 다른 이질적인 일자리를 근로자에게 제공한다. 이와 같은 일자리와 근로자의 이질성은 정보의 비대칭성을 발생시키고, 신뢰성 있는 정보를 획득하는 데에 시간이 걸리게 한다. 따라서 구직자와 고용주는 거래비용을 줄이기 위해 서로에 대한 정보를 찾는 데에 관심을 가진다.

직업탐색모형은 실업자 또는 신규노동공급자(예컨대, 학교를 졸업하고 취업하는 사람, 비경제활동 상태에 있다가 일자리를 구하는 자 등)가 구직하고 있는 상황을 상정한다. 또한 구직자는 일자리와 고용주가 이질적이어서 불완전한 정보를 가지고 있고, 그 결과 노동시장에서는 직종별 임금제의(wage offer)의 넓은 분산을 발생시킨다고 가정한다. 이러한 가정에 바탕을 두는 직업탐색모형은 [그림 7-1]과 같은 임금제의의 분포를 통해 설명할 수 있다. 수평 축은 임금제의 수준을 나타내고, 수직 축은 각 임금 수준에 대한 제의의 상대적 빈도를 나타낸다. 이것은 구직자들이 임금제의의 빈도 분포의 평균과 분산을 대략적으로 추정할 수 있지만 고용주가 어느 임금을 제의하는지는 알지 못하는 상황을 상정하는 것이다.

그림 7-1 임금제의 분포

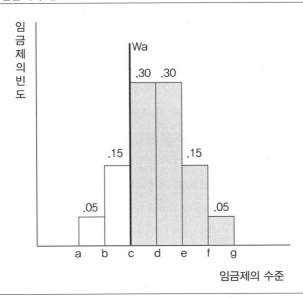

자료: McConnell, Brue, Macpherson(2006), 461쪽.

　직업탐색에서 근로자의 선택은 편익과 비용을 비교함에 의해 결정된다. 실업 상태에 있는 구직자들은 구직활동을 하는 동안 임금 소득을 얻지 못한다. 이러한 상황에서 직업탐색은 구직자들이 임금제의의 분포에서 임금기회를 찾을 가능성을 증가시킨다. 그리고 직업탐색 과정에서 신문 또는 간행물에서의 채용공고, 인터뷰 등에 소요되는 비용과 제의 받은 임금을 선택하지 않음에 따른 기회비용을 포함하는 비용이 있다. 구직자들은 여러 유형의 임금제의를 탐색하고, 그것을 수락 또는 거절한다. 만약 임금제의를 받고 거절한다면 임금소득의 기회를 잃게 된다. 즉 직업탐색을 계속하면 가장 나은 임금제의를 포기함에 따른 기회비용이 발생한다. 그러므로 더 높은 임금제의를 받기 위해 탐색을 계속하면 비용은 증가한다. 결국 구직자들이 특정된 임금제의를 수락하고 고용되거나 거절하는 결정 규칙은 임금제의를 수락하는 데 따른 편익과 탐색활동을 하는 비용의 경계에 위치하는 유보임금(reservation wage)을 설정하는 것이다. 유보임금은 수락임금(accept wage)으로 그 이하에의 임금제의를 거절하는 그러한 임금수준이다.

　그러나 어떻게 그런 임금을 합리적으로 선택할 수 있는가? 임금에 대한 빈도 분포를 알고 새로운 일자리 제의를 발생시키는 비용을 추정할 수 있으면, 구직자들은 탐색으로부터 기대한계편익과 기대한계비용이 같게 되는 임금을 찾을 수 있다. 구직자들이 유보임금보다 높은 시간당 임금을 제의받으면 직장탐색을 중단할 것이다. 반대로 유보임금보다 낮은 임금을 제의받으면 다음 탐색의 기대편익이 기대추가비용을 초과하기 때문에 계속 새로운 제의를 탐색할 것이다. 이러한 최적 유보임금은 [그림 7-1]에서 수직선 Wa와 같다. Wa보다 높은 임금은 유보임금보다 높다. 이 경우 확률은 80%(=0.3+0.3+ 0.15+ 0.5)이다. 구직자가 c부터 g까지의 임금제의를 수락할 확률은 100%이고 c이하의 임금제의를 수락할 확률은 영(0)이다. 수락임금을 초과하는 임금제의를 탐색하는 동안 구직자는 적극적으로 구직활동을 하면서 실업 상태에 머무른다.

만약 확장적인 재정정책 또는 금융정책에 따른 물가상승이 있으면 명목임금 제의가 불변으로 유지될 것이다. 이 경우 수락임금은 종전과 같을 것이다. 그러나 예기치 못한 인플레이션이 있으면 적어도 단기에 있어서 구직자들은 실질임금 제의가 하락([그림 7-1]에서 유보임금이 c에서 b로 이동)하므로 실업 상태에서 구직활동을 줄인다. 왜냐하면 새로운 임금제의를 수락할 확률은 80%에서 95%(= 0.15 + 0.3 + 0.3 + 0.15 + 0.5)로 상승하기 때문이다. 이러한 경우 실업은 감소할 것이다.[1]

한편 실업보상이 있으면 구직자들은 더 높은 임금 제의를 기다릴 것이다. 이것은 실업 상태의 구직자들이 더 낮은 비용에서 더 높은 임금 제의를 탐색하게 되어 구직기간이 길어지기 때문이다. [그림 7-1]에서 만약 실업급여로 인해 유보임금이 c에서 e로 상승하면 구직자가 다음 직장 제의를 수락할 확률은 80%에서 20%(=0.15+0.5)로 줄어든다. 결국 구직자의 최적 직업탐색 기간은 증가하고 경제 전체의 실업률은 증가한다.

이상의 직업탐색모형은 근로자와 고용주가 원하는 일자리의 이질성과 그로 인해 발생하는 정보의 비대칭성의 상황에서 일자리 합치(job matching)가

1 하지만 적응적 기대이론에 따르면 실업의 감소는 단기에 머무르고 장기적으로 실업 상태의 구직자가 미래의 인플레이션에 대한 기대를 조정한다면 수락임금은 상승하게 되고 결국 실업률은 자연실업률 수준에 머물게 된다.

이루어지는 과정을 설명한다. 일자리의 이질성과 정보비대칭성은 근로자가 가지고 있는 역량과 일자리에서 요구되는 역량이 핵심적인 요소라고 할 수 있다.

2. 재직 중 직업탐색과 일자리불일치

재직 중 직업탐색(on-the-job search)은 취업한 근로자가 다른 직장을 찾는 과정이다. 이러한 직업탐색은 종국적으로 노동이동(labor turnover)으로 나타나게 되며, 근로자가 더 높은 생산성의 직장으로 옮겨가게 됨에 따라 경제 전체적으로 노동생산성을 향상시키는 결과를 가져온다. 이와 같은 생산성의 향상은 현재 재직하고 있는 일자리의 합치가 비효율적이라는 것을 의미한다. 통상 일자리에서 생산성은 근로자가 채용될 당시에는 사전적으로 알지 못하지만 지속적으로 일을 하면서 알려지게 된다. 노동이동은 근로자의 역량과 일자리가 요구하는 역량 사이의 괴리가 있는 일자리불일치(job mismatch)가 발생하고 있음을 의미한다. 일자리 불일치는 지식, 숙련, 태도 및 가치 등 사람의 역량과 관련되는 것으로 경제성장과 관련되는 새롭고 복잡하고도 동태적인 개념이다. 일자리불일치의 원인을 추적하는 논의는 인적자본이론 (Becker, 1993), 기술발전이론(Romer, 1990), 노동시장분단이론(Cain, 1976), 배분이론(Sattinger, 1980) 등이 있다.

인적자본이론은 제3장에서 논의한 바와 같이 교육과 훈련이 노동생산성을 향상시키는 것을 상정하고, 교육훈련의 결과 근로자의 소득이 증가하는 것을 논의한다. 이 이론에서는 일자리와 임금수준은 직접적으로 근로자의 숙련과 지식이 관련되는 단일의 효율적인 노동시장이 상정된다. 일자리 이용가능성 또는 일과 관련한 직무처럼 그러한 변수는 충분한 고용 또는 소득 정보의 함수로 결정적인 요소가 못된다. 이 이론에서 개인은 최적의 균형이 성립하는 일터에 고용되어 있고, 불일치는 장기적으로 해결되는 사소한 문제로 간주된다.

기술발전은 일자리에서 요구하는 지식과 숙련의 수요가 바뀌는 것을 의미한다. 기술이 발전하여 기존의 일자리에서 그에 상응하는 지식과 기술이 향상되지 못하면 숙련불일치를 야기하게 된다. 이것은 내생적 성장이론에서 숙련이 생산함수에서 내생변수로 포함되는 것과 관련된다. 지식과 숙련이 기술발전과 상응하는 방향으로 변화하면 기술의 발전은 생산함수에서 내생변수로 변화하여 경제성장으로 연결된다.

　노동시장분단이론은 개인의 관점이 아니라 생산성과 임금과 직접적으로 관련되는 일터와 노동시장의 관점에서 논의한다. 노동시장에서 일자리 안정성, 훈련 및 학습의 기회와 같은 역량개발의 접근에 대한 제약으로 인해 임금격차가 발생하고, 그 결과 근로조건과 인적자원의 수요와 공급 여건에 제약됨에 따라 노동시장이 분단되는 것으로 본다. 분단된 노동시장 사이의 이동은 자격과 근로 경험의 수준과 형태를 포함하는 다양한 이유로 제한된다.

　배분이론은 근로자의 소득 배분이 직접적으로 그들의 역량과 관련하여 하향식 일자리에 고용될 때 최적이 되는 것을 논의한다. 숙련근로자는 복잡한 조건의 직무를 수행하고, 낮은 역량의 근로자는 단순한 일자리에 종사한다. 이 이론은 경제성장을 위한 인적자본축적의 중요성 보다는 인적자원의 효율적이고 적절한 배분의 중요성을 강조한다.

　일자리의 불일치와 관련한 좀 더 실질적인 논의는 교육 불일치(education mismatch)와 자격 불일치(qualification mismatch)로 구체화된다. 교육 불일치는 근로자들의 교육수준이 업무를 수행하기 위해 요구되는 수준과 다를 때 발생하는 것이다. 반면 자격 불일치는 근로자의 자격 수준이 업무가 요구하는 수준과 다를 때 발생하는 것이다. 교육 불일치와 자격 불일치는 깊은 관계를 가지지만 분명하지는 않다고 할 수 있다. 통상적으로 교육 또는 자격이 일터의 요구조건보다 높을 경우 과잉교육 또는 과잉자격으로 불리고, 반대일 경우에는 과소교육 또는 과소자격으로 일컬어진다.

　이상과 같은 일자리 불일치는 학습과 일을 일치시키는 연계성을 강화하려는 정책입안자에게 관심의 대상이 된다. 교육, 자격, 그리고 숙련 등 인적자원의 역량과 일자리의 요구를 합치시키려는 목적은 단지 잘 교육받은 노동력이 아니라 잘 합치되도록 교육 및 훈련 시스템의 책무성을 강화시키는 개혁을 요구하는 데 있다. 일터의 요구에 맞게 숙련공급을 합치시키는 것은 인적자원 양성과 활용의 흐름에 대한 동태적인 과정이다. 실제로 디지털 전환

과 같은 격변하는 시기에 근로자들은 일자리에서 요구하는 올바른 자격수준
과 숙련을 가지기 어렵고, 근로자의 숙련 또한 현행 일터에서 요구에 충분히
이용할 수 있는 기간이 단축된다. 이러한 상황에서의 합치의 부족은 일시적
이거나 단기적일수도 그리고 장기적일 수도 있는 현상이다. 뿐만 아니라 교
육공급자 또는 학습자들이 성과를 올리기 위한 노동시장 요구에 적응하기 위
해서 졸업생들이 더 좋은 자격과 숙련을 갖추도록 준비시키는 데에는 시간이
걸린다.

따라서 숙련불일치를 관리하는 것은 고용주, 교육훈련제공자, 그리고 정
책입안자의 공통적인 관심사가 된다. 고용주는 일터에서 필요로 하는 숙련
공급을 충족시키도록 일터훈련(on-the-job training)을 제공할 책무성이 있고, 교
육훈련 공급자는 학습과 관련하여 숙련과 일이 연계될 수 있도록 투자할 책
무성이 있다. 뿐만 아니라 이러한 노력에는 역량을 기르는 측과 활용하는 측
의 상호 협력이 중요하며, 협력에 의한 자격과 숙련을 제공하는 것은 역량의
수요와 공급 더 잘 합치되도록 하는 중요한 과제가 된다. 이러한 과제는 질
적인 측면의 중요성을 고려하는 것과 깊은 관계를 가진다.

3. 학습과 노동시장의 연계

신규 노동자 또는 실업자의 직업탐색과 재직 중 직업탐색은 기본적으로
인적자원의 역량을 일자리와 맞추는 과정이다. 또한 탐색은 인적자원의 역량
과 일자리의 특징이 이질적이고, 불확실하기 때문에 임금을 통해서 명시적으
로 드러나는 구직자와 구인자에 대한 확률적인 정보만 가진다. 이와 같은 비
대칭정보가 발생하는 원인은 기본적으로 인적자원의 역량과 일자리의 특징
이 객관적으로 관찰할 수 없는 질적인 특성을 가지기 때문이다.

일자리를 합치시키는 과정에서 발생하는 거래비용도 바로 이러한 인적
자원에 체화된 역량이 특정된 일터에서의 전속성을 가지는 데에서 기인하는
것이다.2 통상 특정 작업장에서의 숙련이 높을수록 전속성이 높다. 만약에 인

---

2 거래비용을 발생시키는 핵심은 기회주의(opportunism)다. 기회주의는 인적자본과 물적 자본에
  있어서 특정된 거래의 투자에 포함되는 경제활동에 영향을 미친다. 여기서 거래를 특징짓는 핵

그림 7-2 학습과 일의 연계 흐름도

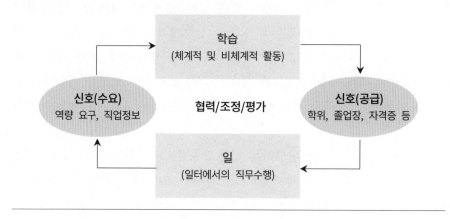

적자원이 보유한 역량 또는 자산의 전속성이 높으면 시장에서 수시로 고용관계를 형성하기보다는 암묵적 계약에 의해 고용을 지속하는 것이 거래비용을 절감하게 된다. 반대로 대체적으로 인적자원의 전속성이 낮을수록, 즉 역량(지식, 숙련 등)이 낮을수록 기업은 수시로 채용하는 것이 유리할 것이다.

그러면 이러한 인적자원의 고용 관계는 어떤 경로를 통해서 형성되는가? 인적자원의 역량과 관련한 이러한 맞춤은 일과 학습을 연결시키는 장치들에 의해 작동된다. 이것은 [그림 7-2]와 같은 학습과 일의 흐름을 통해 좀 더 구체적으로 살펴볼 수 있다. 그림의 상단에 있는 학습은 역량을 축적하는 과정이다. 제3장에서 살펴본 바와 같이 인적자원 양성은 학습을 통해서 이루어진다. 인적자원은 체계적 학습과 비체계적 학습에 의해 길러질 수 있는 잠재적으로 역량을 축적할 수 있는 사람을 의미한다(제4장의 [그림 4-4] 참조). 반면 학습을 통해 길러진 역량은 일터에서 활용된다. 즉 인적자원의 역량은 일터에서 직무를 수행하는 능력이다. 이러한 점을 고려한다면 학습과 일은 서로 의존적인 관계에 있으며, 일터에서의 생산성은 학습의 질과 밀접한 관계

심은 불확실성, 거래의 빈도, 자산의 전속성이다(Williamson, 1985: 52-61). 불확실성이 높고, 거래 빈도가 잦으면 정보의 효율적인 활용의 제약으로 인해서 시장에서의 계약의 실행을 확정하는 데 있어서 어려움을 내포하게 된다. 그리고 인적자원의 전속성은 특정된 직무에서 역량의 활용도가 높은 특성을 가진다. 높은 전속성은 역량의 거래에 잠재적 요소가 많아 질적인 특성을 명시적으로 인지하기 어렵게 한다.

를 가진다. 역량의 관점에서 일과 학습은 인적자원에 대한 수요와 공급의 관계에 놓인다. 역량의 거래가 원활해지는 것은 학습과 일의 연계가 원활한 것으로 거래비용을 낮추는 것을 의미한다. 일과 학습에 대한 연계장치의 중요한 요소는 자격, 진로 및 경력개발, 노동시장 및 학습에 대한 정보의 세 요소로 집약된다.

02 학습결과 인정

학습과 일의 관계는 중세 길드제도로부터 학위 또는 졸업증서와 같은 자격을 부여하는 방식에서 시작되었다. 우리나라에서는 산업화과정을 거치면서 학위 또는 졸업장이 노동시장에서 일할 수 있는 역량의 가늠하는 기준으로 사용되어 왔다. 오늘날 일과 학습의 연계는 수요측면에서 숙련수요와 노동시장 정보가, 그리고 공급측면에서는 학습결과를 보증함에 의해 이루어진다. 이하에서는 자격의 개념과 인적자원의 거래를 위한 신호 기제로서 자격의 기능에 따라 몇 가지 유형의 자격증에 대하여 살펴본다.

1. 자격과 자격제도

자격(qualification)은 교육훈련 프로그램 또는 작업장 경력 등을 통해 개인이 습득한 지식(knowledge), 숙련(skills), 태도 및 가치(attitude and value), 정서(emotions) 등의 역량에 대한 측도로서 노동시장에서 거래 가능하게 하는 신호기능을 한다. 자격은 합법적인 주체가 개인이 성취한 역량에 대하여 거래를 실행할 수 있도록 실체를 부여하는 것이다(OECD. 2007). 즉 자격은 직업교육, 직업훈련 등을 통해서 길러진 역량을 일터에서 요구되는 역량 또는 자질과 합치시킬 수 있는 실체를 갖추는 것이다. 자격의 신호기능은 교육훈련의 내용과 교육훈련의 학습결과의 평가를 바탕으로 부여된다.

그러면 누가 개인의 역량에 대한 자격을 부여할 수 있는가? 자격이 학습 결과를 인정하는 것이라면 학습결과와 관련된 모든 활동들이 자격을 부여하는 과정과 관련된다. 자격을 부여하는 것이 곧 자격제도(qualification system)이다. 자격제도는 학습결과 축적된 역량을 거래할 수 있는 장치를 관리 운영하는 것이다. 자격제도는 교육훈련을 일자리와 시민사회 활동과 연결하는 활동과 학습의 질 관리, 평가와 보상, 기타 전달체계 등에 대한 국가 또는 지역의 공동체가 관리 운영하는 수단의 모두를 포함한다. 이러한 점을 감안하면 자격은 권위 있는 주체가 주어진 표준에서 개인의 학습결과를 결정할 때 얻어지는 평가 및 입증과정의 공식적인 결과라고 할 수 있다.

자격제도의 틀 속에서 자격이 생성되는 과정은 학습, 평가, 승인, 증명, 인증 등의 과정을 거치게 된다(김형만, 2014). 첫째, 학습은 교육훈련 등의 공식 커리큘럼을 통해서 개인의 역량을 획득하는 과정이다. 둘째, 평가는 학습결과 또는 역량에 대한 표준 등과 같은 개인의 역량을 판단하는 것이다. 셋째, 승인은 개인의 학습을 평가한 결과가 사전에 결정된 기준 또는 표준과 합치하는지 그리고 타당한 평가가 수반되었는지 확인하는 것이다. 넷째, 증명은 개인의 학습기록을 승인하는 것이다. 학위증, 졸업장 등과 같이 공적 신뢰와 능력을 가진 추체에 의해 발행되는 증서는 교육훈련과 노동시장에서 개인의 가치에 대한 공식적으로 인정된 증서이다.3 마지막으로 인증은 학습, 평가, 승인, 증명 등의 단계에 따라 개인이 더 나은 역량을 축적한 경우 이에 대한 보상과 지위를 보증해 주는 것이다. 인증은 노동시장에서 재직자들이 교육훈련과 더불어 경험을 통해 더 나은 역량을 획득했을 때 더 높은 보상과 사회적 지위를 획득할 수 있는 기회를 보장할 수 있는 근간이 된다.

자격제도는 자격의 신호 기능을 잘 작동하게 하는 데에 있어서 중요한 위상을 가진다. 자격제도를 기반으로 자격의 신호기능이 잘 작동할 때 노동시장에서 인적자원 수급에 있어서 질적 불일치를 감소시킬 수 있다. 개인이 보유한 역량에 대한 신호 기능이 잘 작동하면 앞의 절에서 논의한 바와 같이 신규 인적자원의 직업탐색 또는 재직 중의 직업탐색에 있어서 거래비용을 줄

---

3 흔히 우리나라에서 사용되는 용어인 자격증은 이와 같은 공식적으로 인증된 증서(certificates)로 이것은 자격 또는 자격제도의 한 부분이라고 할 수 있다.

이게 된다. 자격의 신호기능이 잘 작동하기 위해서는 학습을 통해 길러진 역량에 대한 신호의 신뢰성, 즉 자격의 공신력 또는 투명성이 높아야 할 뿐만 아니라 일터에서 활용성이 높아야 한다.

한편 자격제도에 의해 발급된 자격증은 직업세계에서 직무수행의 특성에 따라 그 위상을 달리하게 된다. 이것은 자격이 노동시장에서 매개 장치로서의 기능도 일자리가 요구하는 역량의 특성에 따라 다른 모습을 가지게 됨을 의미한다. 통상적으로 자격이 역량의 거래에서 가지는 강한 독점적 지위는 인적자원의 전속성이 매우 높을 때 형성된다. 예컨대 의사, 변호사, 변리사, 위험물취급 등과 같은 자격은 국가에 의해 직업에 대한 독점적 지위가을 부여된다. 이것의 대표적인 것은 직업면허제도(vocational licensing) 하에서 그 직업을 개업하거나 취업하기 위해서 면허증을 필요로 하는 경우이다. 자격의 독점적 지위가 부여되는 직업에는 자격을 취득하지 못하면 취업할 수 없다. 이와 달리 산업 또는 기업에서 적정 수준 이상의 숙련을 필요로 하는 경우 자격은 독점력이 약하거나 거의 없는 경우도 있다. 이러한 경우 자격은 주로 신규 인적자원이 노동시장에 진입하는 단계에서 선별 기능을 한다. 국가기술자격, 사내자격 등의 대부분은 이러한 특성을 보인다. 독점적 지위가 약한 자격의 경우 대부분 고용주가 인적자원의 역량을 길러서 사용하는 특성을 보인다.

이와 같이 자격제도의 특성은 학습뿐만 아니라 일터의 특성과도 밀접하게 관련된다. 비록 국가 또는 정부가 자격에 권능을 부여한다고 하더라도 인적자원의 수급, 즉 학습과 일의 연계는 시장에서의 역량이 거래되는 특성을 반영하는 것이다. 인적자원의 거래에 있어서 자격제도의 운영을 시장에만 맡겨두면 교육훈련을 통한 역량을 기르는 일은 사회적 필요에 미치지 못하는 시장실패의 현상이 나타나게 된다. 왜냐하면 많은 경우 교육훈련에 투자하지 않고 다른 기업이 길러 놓은 역량을 밀렵하는 기회주의적 행동을 함에 의해 생산성의 이득을 누릴 수 있기 때문이다. 하지만 국가가 자격제도 운영에 있어서 시장의 요구를 반영하지 못하면 자격이 역량을 거래하는 데에 있어서 정부실패를 발생시킬 수 있다. 자격제도의 운영에 있어서 정부실패를 야기하는 경직적인 규제가 설정되면 인적자원의 거래에 있어서 자격의 신호기능은 약화되고, 그 결과 학습과 일의 연계는 부실해진다. 자격제도의 운영은 학습의 질과 일자리의 질에 큰 영향을 미친다.

2. 국가직무능력표준과 국가자격체계

자격이 일과 학습의 매개기능을 하려면 역량을 기르고 활용하는 양 측면의 특성을 함축할 수 있어야 한다. 즉 [그림 7-2]에서와 같이 일자리에서 요구되는 역량이 학습에 반영되어야 하고, 이를 토대로 학습결과가 인정되는 것이 자격이다. 전자의 일터에서 요구되는 역량을 학습에 반영하는 가장 대표적인 형태가 바로 국가직무능력표준(NCS: national competency standards)이다. 그리고 학습결과의 인정을 수준별로 체계화 하는 것이 국가자격체계(NQF: national qualification framework)이다.

국가직무능력표준은 일터에서 요구되는 지식(knowledge), 숙련(skills), 태도(attitude) 등의 업무를 수행하는 데에 필요한 역량을 표준화한 것이다. 이와 같이 능력의 유형과 수준을 고려하는 국가직무능력표준의 개발은 일터에서 요구되는 지식과 숙련이 교육훈련 프로그램에 반영될 수 있도록 하기 위한 것이다. 학교의 학습에서 습득하는 또는 축적되는 지식, 숙련, 태도 등의 역량이 일터에서 활용될 수 있도록 하기 위한 것이다. 뿐만 아니라 재직자들의 학습도 일터의 요구와 원활하게 합치되도록 하는 것으로 인적자원의 채용과 승진 등에 있어서 활용될 수 있다.

국가직무능력표준은 일터에서 존재하는 다양한 형태의 역량 또는 숙련의 유형뿐만 아니라 그 수준도 중요하게 고려한다. 숙련의 유형은 능력단위로 설정되고, 숙련의 수준은 능력단위의 조합에 의해 그 수준이 설정된다. 일터에서 요구하는 숙련의 유형을 측정하는 가장 기본적인 단위는 능력단위이다. 능력단위는 일터의 상황 맥락으로서 직무 범위와 작업 상황에 바탕을 두고 설정된다. 직무의 측정 또는 평가는 이러한 일터에서 직무를 구성하는 상황 맥락 내에서 이루어지며, 능력단위의 핵심 요소는 직업기초능력 또는 핵심역량(key competency)에 바탕을 둔다. 능력단위는 직무에서 요구되는 숙련 또는 역량의 특성에 따라 다양한 형태의 유형과 수준을 가진다.

다음 일터에서 생산성은 직무의 수준에 따라 달라진다. 국가직무능력표준은 직무의 수준도 중요하게 고려한다. 직무의 수준은 능력단위를 수준별로 다르게 조합함에 의해 설정된다. 우리나라에서 국가직무능력표준이 제시하는 수준은 8단계로 구분된다. 전통적인 학력수준이 학문분류에 따라 설정되는 잠재적 역량인 반면, 국가직무능력표준에서의 직무수준은 일터에서의 직무를 수행할 수 있는 역량, 즉 길러진 역량이 발현되는 구조적 특성을 반영하는 것이다.

이와 같이 국가직무능력표준은 직무의 유형과 수준별로 역량을 구별할 수 있도록 능력단위를 조합한 것이다. 하지만 세분화된 능력단위로 표준화된 능력의 각각을 잘 기른다고 해서 반드시 그 역량이 일터에서 효과적으로 발현된다는 보장은 없다. 왜냐하면 개인의 역량이 조직 또는 사회에서 실현되는 과정은 여러 역량단위들이 총합적인 과정을 거치고, 일터에서 벌어지는 수시로 변화하는 환경의 맥락이 직무수행의 일상에서 벌어지기 때문이다.

한편, 국가직무능력표준은 국가자격체계를 구성하는 것과도 밀접하게 관련된다. 국가자격체계는 자격을 수준별로 구분하는 것으로 국가직무능력표준에서 구분하는 직무수준을 반영한다. 자격체계는 성취된 학습수준에 대한 기준에 따라 자격을 개발하고 분류하기 위한 도구이다. 유럽자격체계에 의하면 국가자격체계는 '성취된 학습의 기준에 따라 자격을 분류하기 위한 도구'로 정의된다.[4] 이것은 국가, 지역, 산업분야 등에 따른 다양한 형태의 역량에 대한 특성과 유형을 수준별로 분류하는 것을 전제하는 것이다. 또한 숙련의 수요측면 이외에도 교육훈련의 분야와 학습방법에 따라 다양한 형태의 프로그램 운영기반을 제공한다.

하지만 국가자격체계는 유럽 국가들을 비롯한 많은 국가에서 도입되었지만 그 성과는 분명하지 않다. 그럼에도 각국의 정책입안자들이 국가자격체계로부터 기대하는 효과는 다음 여섯 가지로 정리할 수 있다(김형만, 2014). 첫째, 국가차원의 교육훈련 및 자격에 대한 거버넌스를 재확립할 수 있고, 노동이동과 노동시장에서의 숙련 거래에 있어서 투명성을 강화할 수 있다. 둘

---

4 유럽공동체(EU)는 8단계 수준의 유럽자격체계(EQF)를 제시하고, 유럽 각국이 이 체계를 준용하여 각국에서 국가자격체계를 개발하도록 하고 있다(European Parliament and Council, 2008; Bjørnåvold and Coles, 2010; Raffe, 2012).

째, 자격제도의 복잡성을 줄이고, 자격과 관련한 강건하고 투명한 정보를 제공함에 의해 교육훈련의 선택 범위를 확대할 수 있다. 셋째, 자격의 공급과 숙련수요에 있어서 적합성을 개선함에 의해 근로자의 경력개발과 노동이동의 효율성을 향상시킬 수 있다. 넷째, 국제적 상호 이동성을 향상시킴에 의해 교육훈련기관, 훈련교사, 학생 또는 훈련생 사이의 상호 인증을 통한 협력과 교류를 확대할 수 있다. 다섯째, 교육훈련의 질을 향상시킬 수 있다. 여섯째, 숙련의 습득과 활용에 있어서 안정성이 확립됨에 따라 평생학습을 촉진시킬 수 있다.

이상과 같은 국가직무능력표준과 국가자격체계는 서로 긴밀하게 연계될 때 자격이 일과 학습을 연계하는 신호 기능은 강화될 수 있다. 역량의 유형과 수준을 함께 고려함에 의해 인적자원의 질적 특성에 대한 정보의 가치를 높일 수 있고, 자격의 호환성과 투명성을 강화할 수 있다. 하지만 이러한 장점에도 불구하고 현실에서 자격의 신뢰성은 그리 높지 않은 경우가 많다. 그 이유는 일터에서 직무의 빠른 변화뿐만 아니라 그에 상응하는 직무에서 요구하는 역량의 특성을 국가직무능력표준과 자격체계에 반영하가 어렵기 때문이다. 즉 이러한 복잡한 인적자원의 역량이 직무에서 효과적으로 발현하는 과정에는 많은 이해당사자들이 존재하고 그들의 이해관계를 조정하기가 어려운 데 기인하는 것이다. 따라서 국가자격체계는 시장기능에 의한 작동도 이해당사자들 사이의 협력을 바탕으로 하는 정부의 역할도 매우 복잡성을 고려하는 제도설계를 필요로 한다.

3. 선행학습과 경험학습의 인정

앞에서 논의한 자격과 국가자격체계는 주로 체계적인 학습의 결과를 인정하는 것이다. 이에 반하여 비체계적인 학습의 결과를 인정하는 것은 선행학습의 일부와 경험에 의해 습득한 역량과 관련된다. 교육훈련 과정에서 또는 직무경험을 통해서 습득한 역량도 추가적 학습을 하거나 일터에서 승급된 직무 수행 등의 배치를 할 때 활용될 수 있다. 자격이 역량에 대한 신호기능을 하는 것과 같이 선행학습결과 인정도 학습과 경험이 추가적인 학습 또는 다른 업무로 이동을 효과적으로 하게 함으로써 인적자원 역량의 축적과 활용에 있어서 효율성을 증진시킬 수 있다.

선행학습인정(recognition of prior learning)은 이미 습득한 숙련과 지식을 보장해 주는 과정이며, 훈련기관과 고용주가 개인의 숙련을 가늠할 수 있게 한다. 예컨대 과거의 학습과정에서 이수한 과목은 다른 학습과정에서 공통적으로 적용 된다면 학습결과를 인정받을 수 있는 것이다.[5] 학습자들은 일부 학습과정의 면제를 통해서 추가적인 학습에 있어서 직접비용과 기회비용을 줄일 수 있다. 이와 같은 선행학습인정은 이민자, 여성, 장애인 등의 취약계층의 역량개발을 촉진할 수 있을 뿐만 아니라 학령기에 학습에 접근의 제약을 받아 온 사람들의 학습기회를 확장하는 효과를 가진다.

경험학습인정(recognition of experiential learning)은 일터에서 경험 등을 통해서 습득된 역량을 인정하는 것이다. 경험학습인정제는 학교교육 이외의 영역에서 습득한 지식이나 숙련 등의 성취 정도를 개관적으로 평가하여, 그 결과를 기초로 국가나 기타 공신력 있는 기관과 단체가 공식적이고 형식적인 확인 절차를 거쳐서 일정한 자격을 갖추었음을 승인하는 것을 의미한다(남유진, 2016: 39). 여기서의 경험학습은 성인학습자들이 일터에서 체득한 비체계적인 학습을 의미한다. 경험학습인정에 의해 보장되는 역량은 두 가지 측면에서 유용성을 가진다. 하나는 대학 등에서 선행학습과 같이 학점을 인정함에 의해 대학에서의 성인학습 또는 평생학습을 활성화 할 수 있는 것이다. 다른 하나는 일터에서 쌓은 역량을 고용주가 인정해 줌에 의해 일터에서의 고용이 안정화되는 효과를 가지는 것이다. 더욱이 경험학습이 인정되면 일터에서 재직자들은 학습에 참여할 유인을 증대시켜 노동생산성이 향상될 수 있다.

이와 같은 선행학습인정과 경험학습인정은 일터에서 숙련의 생존주기가 빠르게 단축되는 시대에 인적자원의 역량을 기르고 활용하는 모습을 체계적인 학습의 틀에서 비체계적인 학습의 틀로 크게 전환시키게 될 것이다. 특히

---

5 미국에서 선행학습 인정은 제2차 세계대전 참전 병사들에게 군대훈련을 인정하여 학점을 부여했던 역사적 뿌리가 있다. 미국의 대학 및 단과대학의 절반이 어떤 형태로든 선행학습을 인정하고 있는 것으로 추정되고 있다. 아이슬란드에서는 정규교육을 제대로 받지 못한 사람들을 대상으로 필요한 프로그램을 단축시켜 주는 것을 목표로 선행학습 인정제도를 시행하고 있다(OECD, 2014: 81).

일과 학습이 함께 공존하면서 일터에서 인적자원의 역량이 길러짐과 동시에 활용될 수 있는 근간을 제공할 수 있다.

03   직업진로와 경력개발

개인은 좋은 삶을 위하여 생애 동안 지속적으로 경력개발을 하게 된다. 개인들은 학령기에 학교에서 직업 선택을 준비하기 위해서 그리고 일터에서는 자신의 성공적인 삶을 위해 끊임없이 역량을 개발해야 한다. 진로개발 또는 경력개발은 개인이 일생을 통해 일과 관련하여 경험하는 모든 것을 말한다. 이것은 직업진로와 경력개발이 학습과 일을 긴밀하게 연결시키는 활동임을 의미하는 것이다. 이 절에서는 일과 학습을 연계시키는 수단으로서의 직업진로와 경력개발을 논의한다.

1. 학령기의 직업진로개발

학령기의 학생을 대상으로 하는 직업선택을 위한 접근은 진로발달 또는 진로선택의 논의에 바탕을 두고 있다(이현림, 2007; 김봉환·정철영·김병국, 2006). 학생들은 여러 가지 환경에 의해 영향을 받아서 인문계 고등학교를 졸업하고 대학을 진학하기도 하고, 직업교육을 통하여 직업세계로 진출하기도 한다. 청소년기의 진로결정은 앞의 [그림 7-2]에서 학습과 일을 연계하는 수단으로서 학생들이 어떤 종류의 학습을 해야 하는가의 문제로 귀결된다. 또한 진로결정은 학생들에게 일터에서의 지식, 숙련 등의 역량에 대한 요구, 학습결과 취득할 수 있는 자격, 취업을 한 이후 임금과 근로조건 등에 의해 영향을 받는다. 이러한 진로결정을 위한 학습과 일터 환경을 함께 조망하는 것은 진로지도의 근간이라고 할 수 있다. 학생들이 직업세계를 이해하는 것이 가장 기본이다.

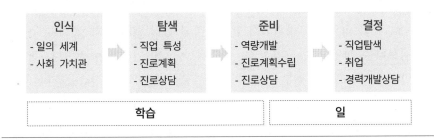

그림 7-3   진로탐색 및 결정 과정

직업세계 및 사회 환경을 반영하는 진로지도는 일과 학습을 연계하는 과정으로 [그림 7-3]과 같이 네 단계로 도식화할 수 있다. 첫째, 인식 단계에서는 주로 초등학교 수준의 진로지도로 직업의 종류, 직업에 대한 자아, 사회에 대한 태도 및 가치 등을 학교수업을 통하여 인식시키는 것이다. 둘째, 탐색은 중학교 수준에서 여러 직업들을 찾아서 자신의 직업과 흥미를 맞추어 보면서 직업분류 및 직업군에 대해 익숙해지도록 하여 미래의 직업계획을 수립할 수 있는 기초 소양을 기르는 단계이다. 셋째, 준비는 고등학교 단계에서 직업훈련 등의 구체적인 계획을 수립하여 관련한 역량을 기르는 단계이다. 넷째, 결정은 직업을 탐색하여 취업을 하는 과정으로 새롭게 노동시장에 진입하는 단계이다. 이와 같은 일련의 과정은 직업의 선택이 교육의 초기단계에서부터 형성되는 직업의식으로부터 이루어질 수 있다. 즉 학생들이 자신의 내면의 성찰을 통한 자기이해와 사회 환경과 직업세계의 특성을 맞추어서 직업을 선택하는 것이다. 이 과정에서 진로상담은 진로지도의 중요한 부분으로 학생들의 자아와 직업세계를 잘 접목함에 의해 노동시장에서 일자리 매칭이 원활하게 이루어지게 할 수 있다.

또한 진로계획은 인생계획의 중요한 부분으로 개인이 미래에 원하는 직업에서 일하기 위해 요구되는 역량을 배양하는 절차, 수단, 방법을 설계하는 것이다. 이러한 설계에는 자아개념의 구체화, 일의 세계 이해, 진로계획에 대한 책임감, 의사결정 능력, 사회적 협력 행동, 일에 대한 태도 등을 포함한다. 이러한 측면에서 진로계획은 자신의 성향, 역량, 열망 등을 기초로 시작되는 개인적인 과업이라고 할 수 있다.

한편 진로지도는 학생들이 진로를 인식하고 진로계획을 수립하면서 자신의 역량을 길러나갈 수 있도록 돕는데 있다. 김충기(2004)는 진로지도의 전개과정을 "자기이해, 직업이해, 진로와 학습, 의사결정, 직업준비, 진로결정, 역할수행, 사회 속의 나" 등의 8개를 제시하고 있다. 자기이해는 내가 누구인가를 검토하는 과정으로 신체적 및 정신적 특성을 이해하는 것이다. 직업이해는 일의 세계 또는 직무분석을 이해하는 것이며, 진로와 학습은 자신의 이해와 직업의 이해를 바탕으로 교육과 훈련에 대한 관계를 자각하는 것이다. 의사결정은 자신에게 맞는 직업을 확인하는 것이며, 이를 토대로 직업준비를 할 수 있다. 진로결정은 직업이 확정되어 고용조건을 갖추고서 직업인으로 역할을 수행하는 것이다. 그리고 사회 속의 나는 나와 직업이 밀접한 관계를 가지는 것에 대한 가치관을 갖는 것이다. 이와 같은 진로지도는 학생들이 진로를 선택하고 나아가 일터에서 삶을 유지할 수 있게 하는 인적자원의 양성과 활용의 토대가 되는 것이다.

2. 성인의 경력개발

경력개발은 주로 경영학에서 많이 사용되는 용어로 직업진로를 학령기의 학습을 넘어서 생애 전체 단계의 학습과 연계하여 확장하는 것이다. 산업화시대에는 한번 취업하면 평생직장을 가지고서 은퇴하는 경우가 많았다. 하지만 지식기반경제로 이행하고 나아가 디지털 전환이 빠르게 진전되면서 성인의 경력개발의 중요성이 더욱 증대되고 있다. 이것은 경력개발에 있어서 경력목표와 진로계획이 지속적으로 변화하는 상황에 대응하여 인적자원의 역량이 지속적으로 함양되어야 함을 의미한다. 따라서 학교를 졸업한 이후 일터에서도 지속적으로 경력준비계획을 세워서 자신의 지식과 숙련을 개발하는 활동을 해야 한다(백지연, 2018: 213). 대부분의 성인들은 일터에서 이러한 경력계획을 준비하고 실행해야 한다. 성인의 경력개발은 조직의 관점, 멘토링과 네트워킹, 조직사회화, 코칭과 상담이 중요한 축을 이룬다.

첫째, 조직에서의 경력관리는 조직원의 흥미와 가치, 강점 및 약점을 인지하고 조직 내에서의 학습기회에 대한 정보를 수집하여 경력목표를 설정하고, 조직원의 경력기대와 요구를 충족하는 상호작용을 하는 것이다. 조직의 경력개발은 궁극적으로 개인의 능력을 통해 조직의 성과를 증진시키려는 인적자원관리의 전략과 관련된다. 만약 조직 차원에서 구성원의 경력관리가 취약하면 적재적소에 인력배치를 어렵게 하고, 구성원들의 직무 몰입을 저하시켜 기업의 생산성을 떨어뜨리게 된다. 개별 인적자원 차원의 경력개발도 개인의 역량개발을 통해서 조직과 상호 이익이 되므로 중요하다. 개인의 경력개발은 진로나 승진의 기회를 제공함에 의해 조직 내에서 생산성을 향상시키는 데 기여할 뿐만 아니라 개인의 경력개발 이후에 이직하더라도 다른 기업에서 생산성을 올릴 수 있기 때문에 경제전체의 성장을 견인할 수 있다.

전통적인 경력개발은 고용주가 주도하는 일터의 조직과 상생하는 조직특수적인 또는 기업특수적인 숙련을 개발하는 것이었다. 하지만 디지털 전환과 노동시장의 유연성이 증대되면서 고용주의 관심 이외에 근로자 학습기회뿐만 아니라 고용주와 근로자가 상생할 수 있는 경력개발도 중요해지고 있다. <표 7-1>과 같은 프론티언 경력의 개념은 조직의 필요에 따른 적재적소에 인력을 배치함과 동시에 조직원들의 이해에 바탕을 두는 경력사닥다리도 함께 고려되는 것이다. 또한 조직원의 요구와 조직의 요구를 조정하고 통합하여 경력경로를 설계하고, 그 경력개발의 결과가 배치전환, 승진, 교육훈련으로 이어진 결과가 평가되고, 최종적으로 그 평가결과가 다시 조직원의 요구와 조직의 요구에 피드백 되는 구조를 가지는 것이다. 이것은 조직 구성원의 역량개발이 위계적이 아닌 수평적인 특성을 반영하는 것이다.

둘째, 조직사회화는 구성원들이 조직에 진입과 퇴출되는 과정에서 선임자

표 7-1 전통적 경력 대 프론티언 경력

영역	전통적 경력	프론티언 경력
목표	승진, 급여 인상	심리적 성공
심리적 제약	고용안정성 대 헌신	공용대 탄력성
이동	수직	수평
경력관리 책임	조직	직원 개인
양상	직선형, 전문가형	나선형, 단기형
전문성	노하우	학습능력
역량개발	공식 교육훈련에 의존	직무경험과 관계를 통한 개발

자료: 백지연(2018), 223쪽.

의 경험과 신참자의 조직에 적응할 수 있는 학습을 하는 과정이다. 신참자는 조직의 문화에 적응하고, 동료와 선임자들과 함께 하는 직무수행 능력을 배워야 한다. 구성원이 조직에서 성장해가는 예비학습, 조직의 목표와 가치, 조직의 가치와 규범, 직무수행 방법, 개인의 정체성과 동기 등과 같은 학습을 하는 과정이다. 조직사회화 또는 조직학습은 조직에서 개인의 역량을 시장에서 구입하기 보다는 길러서 사용하는 것이 그 본질이다.

셋째, 멘토링과 네트워킹은 선임자로부터 배움을 통한 학습과 선임자 및 동료와의 협력을 통해서 행해지는 경력개발의 중요한 부분이다. 멘토링은 선임자의 조언, 지도, 격려, 피드백 등의 도움을 주고 받는 것으로 직무역량의 개발뿐만 아니라 인성개발도 함께 하는 것이다. 네트워킹은 멘티와 멘토를 찾는 것 이외에 조직 구성원들 사이에 정보와 지식을 공유하는 것이다. 이러한 네트워킹은 위계적 조직에서의 정형화된 경력개발의 틈새를 매워주는 역할을 하기도 한다. 특별히 수평적 조직의 운영에 있어서는 지식과 정보를 공유할 수 있는 네트워킹이 중요하다.

넷째, 코칭과 상담도 조직과 경력개발을 조화시키는 중요한 수단이다. 코칭은 개인과 조직의 잠재력을 극대화하여 최상의 가치를 실현할 수 있도록 돕는 수평적 관계를 의미한다(백지연, 2018: 310). 코칭은 인생의 모든 분야와 관련되는 라이프코칭, 직업과 진로설정을 위한 커리어코칭, 기업경영 및 시장과 관련한 비즈니스 코칭 등의 다양한 분야에서 행해지고 있다. 상담은 인지적, 정서적, 행위적 또는 시스템적인 관여를 사용해서 정신건강이나 심리학적 도는 인간발달과 관련한 이론들을 개인의 복지, 성장, 경력개발, 병리학적 이슈에 적용하는 전략이다(백지연, 2018: 321). 상담도 문제해결, 사회적응, 치료, 예방, 갈등해결 등의 목표에 따라 다양한 형태를 가진다.

3. 상담과 정보

진로상담은 개인의 잠재적 역량과 일터에서 요구되는 것과를 연결시키기 위해 개인을 조력하고 돕는 것이다. 또한 조력과 도움을 위해서는 관련된 신뢰 있는 정보를 바탕으로 합리적인 선택을 하도록 해야 한다. 성인들의 경

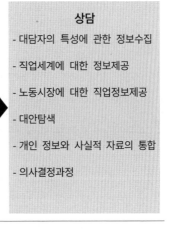

그림 7-4 진로 환경과 상담

진로환경		정보의 특성
학생의 내면세계	주관적 요소	인생관, 가치관, 욕구, 태도, 자아개념, 꿈
	객관적 요소	지능, 적성, 흥미, 성격, 성취동기, 성적, 신체조건
사회환경	학습환경	부모의 기대, 가정경제조건, 성장사, 교사영향, 생활근거지
	직업정보	경제성장, 산업구조, 고용구조, 승진기회, 임금
일터환경	학습기회	전문대학, 대학, 특수교육, 기타 직업훈련
	유형	전문직, 기술직, 서비스직, 기능직

상담
- 대담자의 특성에 관한 정보수집
- 직업세계에 대한 정보제공
- 노동시장에 대한 직업정보제공
- 대안탐색
- 개인 정보와 사실적 자료의 통합
- 의사결정과정

력개발도 계획과 실행을 위해서 상담에 의한 조력과 관련 정보를 바탕으로 하는 도움을 필요로 한다. 진로상담은 '일의 세계에서 적절히 융화된 자신의 역할상과 자아상을 발전시키고 수용하여 자신을 현실 속에서 검토해보고, 검토한 내용 또는 결과 자체를 자신에게 만족스럽고 사회에 이익이 되는 현실로 전환하도록 도와주는 과정'으로 정의된다(이현림, 2007: 17). 상담은 미래에 대한 불확실한 진로를 개척하기 위해서 계획을 세우고 대처 해나갈 방법을 제시해 주는 종합적인 과정이다. 이러한 상담은 [그림 7-3]에서와 같이 진로 탐색과 준비를 돕는 과정이다.

　[그림 7-4]는 학생들의 진로 또는 성인들의 경력개발에 있어서 환경과 상담의 관계를 도식화하고 있다. 우선 상담을 위해서는 진로 환경과 관련한 정보를 활용할 수 있어야 한다. 진로환경에 대한 정보의 축적 정도는 상담의 품질에 있어서 중요하다. 먼저 진로 환경은 학생 또는 피상담자의 내면의 세계, 사회 환경, 일터 환경이다. 파악해야 할 정보로 학생의 내면세계는 인생관, 가치관, 욕구, 태도, 자야, 꿈 등의 주관적 요소와 지능, 적성, 흥미, 성격, 성취동기, 성적, 신체조건 등의 객관적 요소로 구성된다. 사회 환경은 학습환경으로 가족, 성장사, 교사, 생활근거지 등을 그리고 직업정보로 성장가능성, 산업 및 고용구조, 승진기회와 임금 등이다. 일터 환경은 학습기회로 정규교육과 직업훈련 및 작업장 내에서의 학습 등과 일의 유형별로 전문직 기

술직, 서비스직, 기능직 등이다. 이와 같은 개인, 학습, 일에 대한 객관적 및 주관적 정보들은 상담을 위한 기초자료가 된다.

상담은 이러한 정보를 바탕으로 이루어지며 개인과 직업의 특성이 잘 합치되는 유형을 찾아내는 과정을 거치게 된다. 상담과정은 면접전의 준비, 상담자와 내담자가 대화와 당면 문제 분석을 하는 면접, 그리고 진로개발 활동을 하는 과정을 점검하는 면접 후 활동 등의 세 단계로 나누어진다. 이러한 상담이 진행되는 과정은 개별화, 감정표현, 통제된 정서관여, 수용, 비판적 태도, 자기결정, 비밀보장 등의 원리에 따라 실시하는 것이 좋다(이현림, 2007: 31-32). 이와 같은 상담과정은 문제를 탐색하여 명료화하고, 상담목표를 설정하고 행동의 실천으로 이어지는 것이다.

성인의 경력개발에 있어서 상담은 개인의 내면적 특성, 사회 및 일의 세계의 환경을 고려하여 일자리를 탐색하고 일의 몰입도를 향상시킬 수 있도록 하는 것이다. 하지만 성인의 상담은 범위가 매우 넓고 방법이나 목표도 그에 따라 달라진다. 성인 경력개발에서 상담은 경력개발과 관련한 의사결정을 할 때 조언이나 안내를 해주는 것이다. 즉 상담자는 내담자가 세상을 탐구하고 이해하도록 돕는 데 집중하는 것이다. 성인을 대상으로 하는 상담은 자신에 대한 지식, 감정의 수용, 그리고 개인이 보유한 자원의 최대 개발을 촉진시키기 위해 전문성 있는 정보를 이용해야 한다.

이상과 같이 상담의 중요한 목적은 보다 만족스럽고 풍요로운 삶을 영위하기 위해 기회를 만들 수 있도록 돕는 것이다. 상담자의 역할은 피상담자의 가치관, 개인의 자원, 스스로 결정을 내릴 수 있는 능력을 존중하면서 문제를 해결할 수 있도록 유도하는 것이다.

04　인적자원 정보

학습과 일에 대한 정보도 일과 학습을 연결시키는 중요한 요소다. 정보는 조직 또는 집단의 특정한 목적을 위해 의미와 가치를 가지는 가공 또는 분석된 자료로서 지식의 토대가 된다. 양질의 정보는 직업탐색에서 비대칭성6으로 인해 발생하는 탐색비용을 줄이는 중요한 역할을 한다. 정보의 가치는 효용을 갖는 상태가 나타날 확률과 관련되며, 정보의 비대칭성 등으로 인한 불확실한 현실과 관련된다. 따라서 일과 학습에 있어서 불확실성을 줄이기 위해서 공신력 있는 정보를 생성·보급하는 것이 중요하다. 인적자원 정보는 학습, 일, 자격의 세 영역에서의 정보를 중심으로 살펴볼 수 있다.

1. 학습정보

학습정보는 인적자원의 공급 측면, 즉 인적자원의 양성과 관련되는 학습결과에 대한 것이다. 학습을 통해서 길러진 역량의 특성과 수준에 대한 정보는 개인들의 직업탐색과 재직자들의 경력개발의 결과를 포함한다. 이것은 [그림 7-2]의 오른쪽에 있는 것과 같이 인적자원이 학습에서 일로 이행하는 것을 돕는 기반을 형성하는 것이다. 고용주들은 자격과 함께 이러한 학습정보를 바탕으로 인력을 채용하고 직무에 배치한다. 학습정보는 사람의 생애단계에서 학교에 머무르는 정규교육에서의 학습결과에 대한 정보 이외에 성인 또는 재직자의 교육훈련 등의 학습에 참여한 결과로부터 습득한 역량에 관한 정보를 포함한다.

먼저 정규교육과 관련한 정보는 교육통계와 교육정보시스템에 의해 축적되고 있다. 전자의 교육통계에는 교사, 학교, 학생의 저량 정보와 졸업과 취업 등의 유량정보를 포함하고 있다. 이들은 모두 교육에 대한 양적인 정보

---

6 경쟁시장은 완전한 정보를 가정하지만 하지만 시장에서는 흔하게 정보의 비대칭성(asymmetry of information)이 존재한다. 예를 들어 중고차 시장에서 중고차의 성능을 판매자는 잘 알고 있지만 구매자는 그 정보를 알지 못하는 정보의 비대칭성이 존재하면 불량중고차가 우량 중고차를 시장에서 몰아내는 결과를 가져온다. 이러한 상황을 경제학에서는 레몬시장이라고 하고, 레몬시장은 중고차가 불량중고차를 판매하는 곳이라는 의미에서 중고차시장은 자체선발(self selection) 기능을 수행하게 된다. 다른 예로 건강보험시장에서도 보험가입자는 자신의 건강에 대한 정보를 알고 있지만 보험회사는 잘 알지 못한다. 이 경우 건강이 좋지 않은 사람이 보험에 더 많이 가입하게 되는 역선택(adverse selection)과 도덕적 해이(moral hazard)의 문제가 발생한다. 인적자원의 거래에 있어서도 개인의 역량과 일터의 근로조건 등은 구직자와 구인자사이에 정보의 비대칭성으로 인적자원 거래의 비효율성이 발생할 수 있다.

이다. 비록 이들이 양적인 정보이기는 하지만 학력수준별 유량 정보는 총량
적인 수준에서 인적자원의 질적 수준을 부분적으로 반영한다. 예컨대 노동력
중에서 고등교육 졸업자의 비중은 전체 경제활동인구의 학력수준이라는 질
적인 특성을 반영한다. 반면 후자의 교육정보시스템은 학생들의 개인의 특성
과 학습 성과에 대한 정보를 저장하고 있다. 이들 정보는 인적자원의 개인별
정보로 정성적인 정보로 구성된다. 학생들의 학교 성적과 같은 정보는 정량
적인 특성을 가지고 있기는 하지만 학생들의 학교생활에 대한 정보는 질적
특성에 바탕을 두는 정성적인 정보이다.

다음 성인들의 학습활동에 대한 정보는 능력개발과 평생학습 활동의 축
적된 결과이다. 직업훈련통계와 학점은행제는 이들 정보를 담고 있다. 정부
가 작성하는 행정통계에 바탕을 두는 직업훈련 통계는 훈련기관, 훈련비지
출, 훈련인원 등에 대한 정량적인 정보를 담고 있다. 이에 반하여 직업훈련의
심사·평가를 위한 정보는 훈련기관과 훈련생에 대한 양적지표와 함께 훈련
성과에 대한 질적 지표를 포함하고 있다. 하지만 직업훈련통계의 작성에는
훈련 유형, 숙련 수준, 훈련시간의 길이 등이 매우 다양해서 통일된 기준에
따라 정보를 축적하는 데 한계가 있다.

이상의 학습정보는 진로 또는 경력을 설계하고 상담하는 기초자료로 활
용될 수 있을 뿐만 아니라 직업탐색에서 정보의 비대칭성을 줄임에 의해 인
적자원의 일자리 합치(job matching)의 질을 높일 수 있다. 특히 학습정보의
신뢰성을 높이는 것은 자격의 투명성을 강화시킴에 의해 신호기능을 강화시
킨다. 즉 학습정보의 질은 노동시장에서 인적자원의 역량에 대한 거래비용에
영향을 미친다. 또한 학습정보는 정부의 학습과 관련한 인적자원정책을 위한
기초 정보로서의 역할을 한다.

2. 노동시장정보

노동시장정보(labor market information)는 인적자원의 수요 측면에서 일터
와 관련된 것이다. 교육훈련 공급자들은 학습자들이 학습프로그램을 이수한
이후 취업하기 위해서는 일터에서의 직무를 반영해야 하고, 학습자들도 그들

의 선호와 개인적 취향이 일하기를 원하는 직업과 합치시키기 위해서 노동시장 정보를 필요로 한다. [그림 7-2]의 좌측에서와 같이 직업세계의 정보는 학습프로그램의 운영에 활용되는 일과 학습의 연계기능을 한다. 또한 앞의 제3절에서 논의한 바와 같이 진로개발과 경력개발을 설계하고 준비하는 데에 있어서도 노동시장정보가 중요하다. 지속적인 경력개발을 위한 학습에 참여하기 위해서는 자신의 역량을 노동시장의 요구에 맞추는 것이 필요하기 때문이다. 노동시장정보는 고용정보, 직업정보로 크게 구분하여 살펴볼 수 있다.

고용과 관련한 정보는 실업, 고용, 임금, 직장탐색, 노동이동 등의 정보뿐만 아니라 일자리와 관련한 숙련 수준과 유형에 대한 직업정보도 중요한 부분이다. 전자는 주로 정량적인 통계를 바탕으로 정보가 생산된다. 취업과 실업에 대한 통계는 거시적 차원에서의 노동력 공급에 대한 정보를 제공하며, 임금과 직업탐색, 그리고 노동이동 등과 관련한 통계는 인적자원의 수요와 공급의 균형과 관련한 정보를 제공한다. 특히 임금은 인적자본투자와 관련한 노동시장정보를 제공한다. 뿐만 아니라 양적인 인적자원 수급전망은 이러한 고용과 관련한 정보를 바탕으로 이루어진다. 인적자원 수급전망은 미래에 산업에서 요구되는 인적자원의 규모에 대한 중요한 정보를 제공하며, 이러한 정보는 교육훈련에 있어서 학과, 전공 등의 세부 분야를 개설하거나 폐쇄하는 의사결정에 참고자료로 활용될 수 있다.

직업정보는 고용정보와 같은 정량적인 특성 이외에 지식과 숙련 등과 관련되는 정성적인 질적인 특성도 포함한다. 광의의 직업정보는 고용동향, 직업분류, 인적자원 수급, 노사관계, 임금, 직업구조와 직업군 등의 거의 모든 노동시장정보를 포함한다. 직업의 선택에 초점을 맞추는 협의의 직업정보는 채용조건, 근로조건, 승진, 보상 등을 숙련의 수준과 유형에 따라 구분한 자료를 의미한다. 예컨대 국가직무능력표준도 일터가 요구하는 역량을 표준화한 직업세계의 정성적인 기초정보이다. 또한 직업의 종류와 수준, 그리고 직무의 특성에 대한 상세 내용을 포함하는 직업사전도 직업정보이다. 또한 일터에서 직무의 수행을 위한 기준을 확립하는 직무분석의 결과도 직업정보의 중요한 부분이다. 직무분석은 직무를 수행하는 데에 있어서 요구되는 지식과 숙련 등의 구체적인 정신적 신체적 활동을 규율하는 정보를 생산하기 위한 것이다. 직업정보는 직업탐색과 진로 및 경력개발을 통해 어떤 역량을 기를지에 대한 상담과 의사결정을 하는 데 필수적인 요소이다. 이와 같은 직업정보는 구직 및 구인자뿐만 아니라 교육자, 직업상담자, 정책입안자 등의 모두에게 효용을 가져다준다.

이상의 노동시장정보는 일터의 상황을 알려주는 신호로서의 기능을 한다. 교육훈련 프로그램의 유형과 수준도 이러한 노동시장정보를 바탕으로 설계될 수 있다. 또한 노동시장정보는 개인들이 학습에 참여하는 선택을 하는 데 있어서도 신호기능을 한다. 학습정보와 마찬가지로 노동시장정보도 인적 자원의 거래에 있어서 비대칭정보를 줄이는 역할을 한다.

3. 학술정보와 자격정보

학술정보는 학습 또는 연구 결과가 공유될 수 있는 형태로 전환된 지식정보인 반면 자격정보는 학습결과에 의해 개인에게 축적된 역량으로서의 정보이다. 통상적으로 연구개발의 결과물들은 대부분 학술정보로서 보존되며, 특허와 같은 독점권이 부여되는 것을 포함한다. 반면 자격은 개인에 체화된 역량이어서 다른 사람과 공유하기는 어렵지만 국가 또는 공공단체에서 공신력을 부여함에 의해 인적자원 거래에 있어서 신호기능을 한다.

학술정보는 "어떤 연구자 커뮤니티에서 그 연구 영역의 성과로서 커뮤니티가 인정한 전문정보"로 정의된다. 학술정보는 전문정보로서 전달되고 소비되는 특성을 가진다. 전문정보란 전문적인 지식, 기능이 있을 때 이해할 수 있는 정보로 전문적인 지식을 바탕으로 유통되는 것이다(최원태, 2003: 7). 또 유통이 된다고 함은 전문가 집단에 의해 인정된 것을 의미한다. 일반적으로 학술정보의 특징은 대학, 학회, 공공기관, 연구소 등에서 학문과 과학의 발전에 사용되는 정보로 일반 정보보다 전문화되어 있어서 한정된 이용자가 사용한다는 점이다. 이러한 한정된 사용은 정보의 가치가 높지만 보편성은 낮은 것으로 국가의 경쟁력과 직결되는 공공재로서의 의미를 가진다. 학술정보는 국가차원의 지식관리체계를 확립하는 기초가 된다.

자격정보는 학술정보와는 달리 개인에 체화된 숙련을 나타내는 신호기능을 하는 것이다. 이러한 의미에서 자격정보는 직업탐색과 학습참여 등을 위해 학습결과에 대해 축적되고 관리된 무형의 자산이라고 할 수 있다. 자격정보는 자격을 취득하기 위한 교육훈련 프로그램, 교육기관 및 훈련기관 등에 대한 정보와 자격 취득자의 정보를 포함한다. 비록 자격이 국가 또는 공공기관에 의해 관리되고 그 권능이 부여됨에 의해 개인에 축적된 역량의 수준에 대한 가치를 발휘할 수 있지만 만약 자격정보가 부실하면 인적자원의 거래에 있어서 정보의 비대칭성을 발생시킨다. 자격정보의 신뢰성은 곧 자격의 투명성과 공신력의 바탕이 된다. 또한 자격정보는 노동시장정보와 학습정보가 연계될 수 있도록 생성·제공되는 것이 중요하다. 왜냐하면 자격정보는 직업탐색과 경력개발의 질을 보장하기 때문이다.

Chapter 08

경제정책과 인적자원

경제정책은 경제발전의 정책의 효과가 나타나는 시간의 길이에 따라 장기와 단기의 정책으로 구분된다. 단기적인 변동에 대응하는 정책은 경제를 안정화시키기 위한 것이고, 장기적인 추세 변화에 대응하는 정책은 지속적 성장을 도모하기 위한 것이다. 전자는 주로 경기변동이론에서 논의되고 후자는 경제성장이론을 바탕으로 논의되어 왔다. 인적자원은 경제성장 또는 지속 성장의 동력이자 경제흐름의 장기적 발전의 근원이 된다. 통상 경제이론에서 노동은 동질적인 것으로 가정된다. 노동이 동질적인 상황에서는 획일적인 역량을 가진 인적자원을 사용하여 경제의 변동에 따라 용이하게 노동 투입을 조절할 수 있다. 이것은 생산에 있어서 양적인 노동투입을 전제하는 것과 맥락을 같이하는 것이다. 하지만 경제가 고도화될수록 인적자원의 더 높은 질적 수준을 필요로 한다. 고도화된 경제는 인적자원의 양적인 투입으로는 성장에 한계에 달하게 되고, 질적 투입이 중요해진다. 이 절에서는 이러한 인적자원의 투입을 경제정책의 관점에서 논의한다.

01 경제정책의 개관

경제발전 또는 경제성장은 한 국가의 번영을 상징한다. 빈곤과 가난을 퇴치하기 위한 국가의 전략도 주로 경제성장에 의해 국부를 창출하는 데에 집중된다. 경제정책은 인간의 경제활동과 관련된 국가 또는 정부가 개입하는 정치적 행위라고 할 수 있다. 경제주체의 행위와 경제활동을 변화시키려는 정부의 활동이 곧 경제정책이다. 정부가 경제문제에 개입하는 근거로 외부효과 또는 시장실패를 보정하는 것뿐만 아니라 경제 환경의 변화를 예측하고 선제적으로 대응하는 정부의 행위도 경제정책의 중요한 부분이다. 또한 경제정책은 단기적인 정책과 장기적인 정책으로 크게 구분되며, 인적자원정책은 주로 경제정책의 장기적인 정책효과와 관련된다.

1. 경제정책과 성장동력

경제정책은 기본적으로 국민의 행복을 추구하기 위해서 사회후생을 극대화하는 정부의 활동이다. 사회후생 증진은 경제정책의 상위 목표이며, 이들 목표를 달성하기 위해 정부는 경제성장, 고용증대, 물가안정, 국제수지, 소득분배, 산업구조조정, 환경보존 등의 하위 정책 목표를 설정한다. 국민의 행복은 사회적 기본 가치에 해당하는 것이다. 그리고 경제정책은 국민의 행복을 실현하기 위한 목표가 설정되고, 그 목표를 달성하기 위해서 여러 가지 수단들로 구성된다. 정부는 경제정책의 수단을 통해서 경제정책의 목표 달성을 도모하고, 최종적으로 국민행복과 사회후생을 극대화하려는 사회적 가치 실현을 추구한다. 이를 도식적으로 나타내면 정부의 경제정책은 [그림 8-1]과 같다.

그러나 경제목표들은 상위 목표인 사회적 기본가치를 실현하는 데 서로 동조적 관계에 있기도 하고 상충관계에 놓이기도 한다.[1] 이러한 경제정책의 목표들 사이의 관계는 경제정책의 목표를 달성하기 위한 수단들 사이의 관계에 의해 영향을 받는다. 경제정책은 종국적으로 경제주체들의 행위에 영향을 미쳐서 목표를 달성하고자 하는 것이므로 정책의 수단은 경제주체의 행위를

---

1 동조적인 관계는 경제정책 목표들 간의 동일성과 보완성을 가지는 경우이다. 비자발적 실업의 회피와 완전고용, 통화가치 안정과 물가안정 등은 동조성을 가지며, 경제성장과 고용증대는 보완성을 가진다. 반면 경제성장과 환경보존, 그리고 필립스곡선에서와 같이 물가와 실업은 상충관계에 놓인다.

그림 8-1 경제정책의 목표와 방향

사회적 가치 실현 (모든 국민의 행복)	모든 국민의 행복을 추구할 권리 보장
경제적 후생 극대화	사회적 기본가치를 구현할 수 있는 기반으로서 물질적 수단 확보
경제정책 목표	경제성장, 고용증대, 물가안정, 대외경제 균형, 공정분배, 환경보존
경제정책 수단	거시경제정책: 재정정책, 통화정책 등 미시경제정책: 산업, 노동, 부동산 등

유인할 수 있어야 한다. 경제정책의 대표적인 수단은 재정정책과 통화정책으로 이들 정책은 완전고용과 물가안정을 목표로 하는 것이다.

안정적인 경제성장을 위해 대내외 불균형을 균형에 도달시키려는 정부의 활동은 경제안정화정책(economic stabilization policy)이라 불린다. 경제정책의 효과는 목표와 수단의 관계가 잘 설정되어야 하며, 정책의 수단도 직접적으로 목표에 영향을 미치는 경우와 간접적으로 영향을 미치는 경우가 있다.[2] 이러한 직간접적인 영향을 미치는 정책수단의 선택은 목표와 정합성을 가져야 할 뿐만 아니라 경제체제와도 정합성을 가져야 한다. 뿐만 아니라 정책수단이 채택된 이후 그 효과는 정책의 영역과 경제 및 정치적 상황에 따라 시차가 존재한다. 통상 안정화정책으로서 재정정책은 정책을 준비하는 내부시차가 긴 반면 금융정책은 정책결정으로 내부시차가 짧지만 정책의 효과가 나

---

2 직접접인 영향을 미치는 경우는 "(1) 정부의 신도시개발 또는 산업단지 조성과 같은 정부의 시장보완, (2) 조세감면, 보조금, 이전지출 등과 같은 재정정책, (3) 정부 투자에 의한 총수요 증대(승수효과와 가속도효과) 및 농산물가격 지지 등의 정부지지, (4) 정부의 농산물 생산 통제와 보험업의 가격통제" 등이다. 간접적으로 영향을 미치는 경우는 "(1) 현황과 미래에 대해 설명하는 정보정책, (2) 국산품애용, 임금가이드라인 등과 같은 목표에 대한 도덕적 설득을 하는 목표 관념의 수정, (3) 이자보조금, 수입관세, 환경부과금 등과 같은 시장가격과 제도적 시장조건과 관련되는 계획데이터의 변화, (4) 경제정책 수행자와 이익단체의 자발적 합의, (5) 가격 및 임금 인상 금지, 외환관리제도, 환경오염 금지 등과 같은 정부의 강제" 등이다(김호균, 2015: 54-59).

그림 8-2   한국의 경제성장률 변화

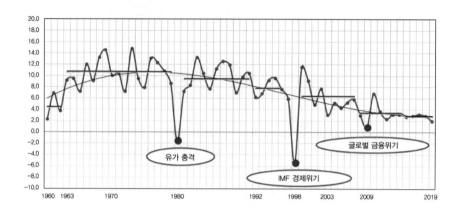

자료: 한국은행, 국민계정.

타나기까지의 외부시차는 길다.

한편 경제정책은 단기정책과 장기정책으로 구분된다. 장단기 경제정책은 GDP의 변화를 통해서 살펴볼 수 있다. 일할 의사가 있는 모든 사람들이 고용되는 완전고용 상태의 GDP는 잠재 GDP이다. 잠재 GDP는 현실에서 항상 달성되지만은 않는다. 잠재적 GDP와 실질 GDP의 차이는 GDP 갭(=실질 GDP − 잠재 GDP)으로 정의된다. 만약 'GDP 갭 > 0'이면 경기가 과열되었음을 의미하고, 반대이면 경기가 위축되었음을 의미한다(박추환, 2015: 14). 경기 과열의 경우 인플레이션이 발생하고, 후자의 경우 실업이 증가한다. 경기변동은 단기적 현상으로 통화량의 변화, 정부지출, 세금 등을 통하여 총수요 정책을 통해 경제안정화를 추구한다. 이와 같은 단기적인 현상은 [그림 8-2]에서 매년 GDP의 증가율의 변화로 나타난다.

반면 잠재적 성장률의 향상은 정책의 장기적 목표가 된다. 장기적인 관점에서 경제성장은 투입요소인 노동과 자본을 결합하는 생산성과 이를 위한 인적자원정책을 통해서 달성될 수 있다. 기술개발과 시설투자도 연구개발과 인적자본투자에 바탕을 둘 때 장기적으로 경제성장에 기여할 수 있다. 뿐만 아니라 공교육 투자와 육아 또는 돌봄을 통한 인적자원의 역량 기반을 강화하는 것도 장기적인 경제성장의 중요한 요소이다. [그림 8-2]에서 GDP의

장기추세선은 경제성장의 장기적 변화를 보여준다. 인적자원은 장기적인 경제성장률을 유지하기 위한 중요한 요소라고 할 수 있다.

2. 경제체제와 정부의 역할

경제체제는 국민경제에서 경제현상을 규율하는 법과 제도적 특성으로 재산권과 경제활동의 조정 방식에 의해 구분된다. 재산권은 사유재산권과 공유재산권이 있으며, 전자는 재산의 처분과 이용이 개인에게 귀속되는 자본주의 경제에서, 그리고 후자는 재산이 특정집단이 재산권을 보유하고 이용하는 사회주의 경제의 특징이다. 경제활동의 조정 방식은 시장경제와 계획경제로 나뉜다. 전자는 개별기업과 개인의 계획이 시장에서 수요와 공급의 상호작용에 의해 결정되는 가격을 통해서 조정되는 경제구조이다. 반면 후자는 중앙계획당국이 수립한 계획에 의해 개인이나 기업에게 할당하는 조정에 의해 생산물이 분배된다.

자본주의 시장경제는 개별 경제주체의 생산, 분배, 유통, 소비에 관한 사결정이 시장에서 형성되는 가격에 의해 조정되는 경제체제이다. 자본주의 시장경제에서는 생산수단에 대한 사유재산권과 거래와 교환에 있어서 선택의 자유가 보장된다. 가격기구에 바탕을 두는 시장이 조정기제로서 역할을 하기 위해서는 가격 형성에 제약이 없어야 하며, 생산자 사이에 그리고 소비자 사이에 경쟁이 보장되어야 한다. 가격기구가 잘 작동될 때 시장기능에 의한 자원배분은 효율적으로 작동한다.

하지만 경쟁은 국가권력과 시장지배력에 의한 사적 권력에 의해 제약되기도 한다. 고전적 자유주의는 중상주의와 같은 국가권력에서 벗어나는 계기가 되었고, 자유방임의 경쟁에 의한 자본주의가 시작되었다. 시장지배력은 흔히 경쟁에서 승자와 패자를 낳고 그 결과 경쟁자의 수가 줄어들면서 형성되는 독과점에 의해 형성된다. 독과점은 자원배분을 왜곡시키고 소비자 후생을 감소시킨다.

또 다른 경쟁의 제약은 가격의 경직성과 외부효과로 인해 발생한다. 노동조합에 의한 임금의 하방경직성과 메뉴비용에 의한 가격경직성은 단기적인 경기변동을 야기하고 불황과 함께 실업을 발생시킨다. 외부효과는 한 사람의 행위가 제3자의 경제적 후생에 영향을 미치는 것으로 긍정적인 효과와 부정적인 효과가 있지만 가격이 매겨지지 않는다. 환경오염이 대표적이다. 이와 같은 경쟁의 제약은 시장실패를 야기한다. 교육훈련에 있어서도 시장에 맡겨두면 기업은 다른 기업 또는 기관에서 길러진 인적자원을 밀렵해서 사용하려고 하기 때문에 시장실패가 발생한다.

시장실패는 정부가 시장에 개입하는 명분을 제공한다. 정부의 시장실패 보정을 위한 활동은 경제정책의 중요한 부분이다. 하지만 시장실패는 정부 개입의 필요조건이지 충분조건은 아니다. 그 이유는 정부의 개입이 때로는 자원배분을 왜곡시킬 수 있기 때문이다. 이러한 현상은 정부실패라 불린다. 정부실패는 정부의 불완전한 지식과 정보의 보유, 규제 수단의 비효율성 또는 불완전성, 규제의 경직성, 정치적 제약, 근시안적 규제, 규제자의 개인적 목표나 편견 등에 의해 발생한다. 또한 정부실패는 미래에 대한 예측력 부재와 정책의 집행과 실행에서 발생하는 시차에 의해서도 발생한다. 한편 교육훈련에 있어서 시장실패를 보정하기 위해 정부가 개입하지만 공교육의 창의력과 고등교육의 질적 수준이 선진국에 비해 미치지 못하고 있는 현실도 정부실패의 현상이다.

3. 경제성장과 인적자원

경제성장은 국내총생산(GDP) 혹은 1인당 GDP가 지속적으로 증가하는 것을 의미한다. 자본의 투입이 일정하게 유지되는 단기의 경우 GDP는 노동의 양적·질적 투입에 의해 결정된다.[3] 모든 생산요소의 투입을 변화시킬 수 있는 장기의 경우 GDP의 증가는 생산요소의 양적 또는 질적 증대, 기술진

---

3 자본이 고정된 생산함수는 $Q = F(\phi h L, \overline{K})$와 같이 나타낼 수 있다. 여기서 Q는 국내총생산(GDP), L은 노동(일할 의사와 능력을 가진 사람의 수), ϕ는 단위노동시간당 평균산출, h는 1인당 평균 노동시간이다. 그리고 $\overline{K}$는 자본으로 단기에 고정되어 있다. 자본이 불변이므로 총인구(N)로 나누면 $\frac{Q}{N} = \phi h \frac{L}{N}$으로 나타낼 수 있다. 이로부터 경제성장은 (1) 총인구에 대한 노동비율(L/N : 경제활동참가율)의 증가, (2) 노동자 1인당 연간 평균노동시간(h), (3) 노동생산성(ϕ)에 의해 결정됨을 알 수 있다.

보, 그리고 이들 사이의 복합적인 결합 등의 세 요인에 의해 이루어진다.

장기의 경제성장에 영향을 미치는 요인을 좀 더 자세하게 살펴보기 위해 생산요소 노동(L)과 자본(K)을 투입하여, 국민총생산(Q)을 얻는다면, 완전경쟁하에서의 생산함수는 다음과 같다.

$$(8.1) \qquad Q = F(L, K)$$

편의를 위해 생산함수가 선형동차, 즉 규모수익불변이라고 하면, 오일러(Euler)의 정리4에 의해 다음 식이 성립한다.

$$(8.2) \qquad Q = F_L L + F_K K$$

여기서 F_L은 노동의 한계생산물이고, F_K는 자본의 한계생산물이다. 식 (8.2)와 같이 규모수익불변일 때 각 요소에 그 요소의 한계생산만큼 지불되면, 총생산은 모든 요소의 배분 몫으로 완전하게 배분된다. 한계생산에 따라 산출물이 배분되면 초과이윤이 존재하지 않음을 의미한다. 이제 식 (8.1)을 전미분하고 양변에 Q로 나누면 다음을 얻는다.

$$(8.3) \qquad \frac{dQ}{Q} = \frac{F_L L}{Q} \frac{dL}{L} + \frac{F_K K}{Q} \frac{dK}{K}$$

여기서 dQ/Q는 경제성장률, dL/L은 노동량의 변화율, dK/K는 자본량의 변화율, $F_L L/Q$은 총생산에서 차지하는 노동의 몫, $F_K K/Q$는 총생산에서 차지하는 자본의 몫이다. 식 (8.3)이 성립하는 근거는 생산함수가 선형동차(규모수익불변)라는 데에 있다. 하지만 이러한 가정은 특수한 경우에 성립하는 것으로 현실에서는 $\frac{dQ}{Q} > \frac{F_L L}{Q} \frac{dL}{L} + \frac{F_K K}{Q} \frac{dK}{K}$로 나타나는 경향이 있다.
이것은 노동투입성장률과 자본투입성장률 이외에 경제성장에 영향을 미치는

---

4 오일러의 정리의 자세한 내용은 Chiang(1984)의 411−414쪽을 참조하라.

잔여분이 있음을 의미한다. 기술진보나 다른 생산성 향상을 일으키는 요소가 있다면 경제성장률은 요소의 성장률 기여도를 능가하게 되는 것이다. 이와 같은 잔여분은 총요소생산성(total factor productivity)으로 노동과 자본이 투입된다면 이들 두 생산요소의 결합된 단위당 산출물이다. 총요소생산성은 노동투입에 의한 GDP 증가분과 자본투입에 의한 GDP 증가분을 제외한 잔여 GDP의 증가분으로 계산된다.[5] 좀 더 엄밀하게 총요소생산성은 노동자의 역량, 자본투자, 기술, 노사관계, 경영효율성 등을 반영한 것이라고 할 수 있다.

이와 같이 경제성장은 장기적인 경제정책과 관련된다. 인적자원의 질적 수준을 향상시키는 것은 장기적 경제정책의 중요한 부분이다. 경제이론에서 노동이 동질적이라는 가정은 단기의 경제정책과 관련된다. 장기에는 인적자원의 질적 수준이 향상에 의해 노동생산성과 총요소생산성이 향상될 수 있는 것이다.

02 혁신과 인적자원

앞의 절에서 살펴본 바와 같이 금융정책과 재정정책은 수요를 확장하기 위한 경제정책이다. 반면 혁신은 기업의 구조적 변화를 바탕으로 경제발전을 꾀하는 공급 측면의 경제정책이다. 혁신성장은 기술, 산업, 인적자원, 제도 등 사회 각 분야의 내생적 혁신을 바탕으로 생산성을 향상시킴에 의해 장기

---

5 이것은 솔로우잔여분(Solow residual)이라 불리는 성장회계식(growth accounting)을 의미한다. 식 (8.1)에서 기술진보와 생산성향상을 고려하는 파라미터(A)를 고려하면, 생산함수는 다음과 같다.

(1) $Q = AF(L, K)$이 식을 미분하면,

(2) $dQ = F(L,K)dA + A(F_L dL + F_K dK)$이다. 이제 식 (2)을 식 (1)로 나누면

(3) $\dfrac{dQ}{Q} = \dfrac{dA}{A} + \dfrac{F_L}{F(L,K)}dL + \dfrac{F_K}{F(L,K)}dK = \dfrac{dA}{A} + \alpha\dfrac{dL}{L} + \beta\dfrac{dK}{K}$

식 (3)은 경제성장의 회계방정식이다. 이 식에서 dQ/Q는 GDP 성장률, dA/A은 총요소생산성성장률로 솔로우잔여분이다. 그리고 α는 노동투입성장률의 계수로 생산의 노동탄력성(노동의 몫), 그리고 β는 자본투입성장률의 계수로 생산의 자본탄력성(자본의 몫)이다(안국신, 1995: 412).

적인 경제성장을 이룩하는 것이다. 이 절에서는 혁신을 인적자원의 관점에서 조망한다.

1. 역량과 경제성장

인적자원의 역량은 장기적 관점에서 경제성장에 영향을 미친다. 인적자원이 경제성장의 동력이 되는 이유는 인적자원의 역량이 생산에 있어서 기술진보를 가져오거나 또는 생산요소가 규모의 수익을 증가시키는 역할을 하기 때문이다. 즉 인적자원의 역량이 경제성장에 영향을 미치는 근원은 역량으로서의 지식, 숙련, 태도 및 가치 등이 생산성을 향상시키기 때문이다. 사람의 역량은 지식의 축적, 연구개발, 학습 등에 의해서 형성되며, 생산과정에서 이들이 발현됨에 의해 생산성을 향상시킨다. 경제성장이론에서 균형성장경로의 도출은 이러한 역량을 바탕으로 논의되고 있다.

우선 신고전학파 경제성장이론에 의하면 기술진보가 있을 때 경제성장이 확장된다. 고전학파 경제성장 모형은 노동이 동질적이고, 노동 공급의 근원인 인구성장은 외생적으로 결정된다고 가정한다. 이러한 가정은 모형 내에서 인적자원의 영향을 고려하지 못하는 것이다. 다만 신고전학파 모형에서 인적자원이 경제성장에 대한 영향은 외생변수로 가정하는 기술진보에 의해 발생한다. 기술진보는 시간이 흐름에 따라 노동의 생산성이 높아지는 것을 경제모형에서 다루어질 수 있다. 고전학파 경제성장 모형에서 기술진보는 상향된 자본기술비율에서 새로운 균형성장경로를 만든다. 하지만 신고전학파 모형에서 기술이 외생적이고, 동질적인 노동의 성장이 일정하다는 가정은 인적자원의 역량을 모형에 고려하지 않는 것이다.

다음 내생적성장이론은 경제성장 모형에 인적자원의 역량을 명시적으로 고려한다. 이 이론에서는 인적자원의 역량이 경제성장의 원천으로 고려된다. 내생적 성장이론에서는 모형 내에서 기술진보의 형태로 지식의 축적과 인적자본을 모형에서 명시적으로 다룬다. 즉 인적자원의 역량을 모형 내에서 명시적으로 다룬다. 역량으로서 지식의 축적은 기초과학의 육성, 연구개발과 혁신, 우수한 인재의 기회, 일터학습 등을 통해서 이루어진다.

첫째, 기초과학을 통해 생산되는 지식은 시간과 비용이 소요되므로 모든 인적자원에게 접근이 열려있지 않다. 하지만 지식이 생산되기만 하면 비록 특허에 의해 보호되는 것도 있기는 하지만 그러한 지식을 사용하는 데 한계비용은 영에 가까운 특성을 가진다. 즉 기초 과학에 의해 생산되는 지식은 생산에 유용하므로 긍정적인 외부경제의 특성을 가진다. 따라서 기초 과학에 의한 지식의 생산은 국가나 자선단체 등의 지원에 의해 생산되는 경향이 있다.

둘째, 생산을 위한 연구개발과 혁신은 외부의 지원보다는 사적인 이득을 위해서 동기가 유발되는 것으로 인적자원 역량의 중요한 부분이다. 연구개발과 혁신에 의해 축적되는 지식은 다른 사용자에게 어느 정도 배제되는 특성을 가진다. 이러한 지식은 부분적으로 시장의 힘을 가진다. 개발자 또는 발명가의 아이디어는 이러한 지식의 개발로부터 수익을 얻을 수 있다. 하지만 그러한 지식은 완전경쟁도 완전한 독점도 아니므로 지식의 생산과 재화의 생산에 자원이 비효율적인 배분이 나타날 수 있다. 이것은 역량을 생산하고 활용하는 과정에서 소비자잉여, 기업의 탈취, 연구개발 확산 등에 있어서 외부성의 효과가 다른 데에 따른 것이다. 하지만 생산에 있어서 연구개발과 혁신에 의해 생산되는 지식은 전체적으로 긍정적인 외부효과가 있는 것으로 알려져 있다.[6]

셋째, 역량의 축적은 지식의 생산이 개인의 노력 또는 연구의 결과로 인해서도 나타난다. 재능 있는 개인은 생산에 있어서 혁신을 추구하기를 선택한다. 통상 이러한 개인의 지식 생산 유인은 경제적 및 사회적 유인에 기인한다. 새로운 지식의 창출을 유인하는 대표적인 근원은 고원에 도달하기 위해 개인이 추구하는 희열[7]도 있지만 부를 포착하려는 지대추구(rent seeking)

---

6 발명가 또는 개발자가 생산한 지식을 완전히 차별화하지 못함에 의해 잉여를 얻게 되는 것으로 긍정적인 효과인 외부경제의 특성을 가진다. 기업이 대가를 지불하지 않고 기술을 도입하는 경우 지식의 보유자에게 손상을 입히는 외부불경제의 특성을 가진다. 개발자 또는 발명가들이 시장에서 그들이 생산한 지식의 사용을 통제하지 못하는 것으로 외부경제의 특성을 가진다. 이러한 세 가지의 지식에 대한 외부성의 순효과는 애매하지만 일반적으로 정의 효과가 있는 것으로 믿어진다(Romer, 1996: 114).

7 장원섭(2015: 384)은 학습과 일을 통해 배움을 넓히고 고원의 높은 위치에서 생산한 역량을 다른 사람 또는 공동체를 위해 기여하는 장인성장의 긍정적인 순환모형에서 나눔의 가치와 희열을 강조하고 있다.

에 있기도 하다(Romer, 1996: 115).

　마지막으로 일터학습(learning by doing)도 지식의 축적에 중요한 역할을 한다. 생산에서 또는 일을 하는 과정에서의 배움은 생산성을 향상시킨다. 이러한 경우 지식의 축적은 의도적인 노력의 결과로서가 아니라 일상적인 경제활동으로부터 부수적으로 발생하는 것이다.

　이상과 같은 길러진 역량 또는 축적된 지식의 본질적인 특성은 공공재적 성격과 같은 비경합성과 비배제성으로 인해 외부성이 발생한다. 지식이 축적되면 추가적인 사용자에게 한계비용은 영이다. 즉 경쟁시장에서 지식에 대한 지대는 영이 된다. 이러한 경우 지식의 창출은 사적 경제의 욕망에 의해 동기가 부여되지 않는다. 그렇지만 생산된 지식이 비경합성을 가지지만 비배제성이 완전하게 적용되지 않는 경우도 있다. 이것은 특허법에 의해 발명가 또는 개발자를 보호할 때이다. 이러한 경우 개인이 지식의 생산에 참여할 유인을 갖게 된다. 하지만 비배제성이 적용되면 개인은 지식 생산에 참여할 유인을 가지지 못한다.

　한편, 내생적 성장이론은 인적자본을 모형에 반영한다. 인적자원 역량은 연구개발, 학습 등을 통해 축적된 인적자본도 포함한다. 인적자원은 계측할 수 있는 것을 상정하는 자본으로서 인적 역량 이외에 사회적 및 민주시민으로서의 역량도 포함한다는 점에서 인적자본과 차이가 있다. 이러한 차이는 전통적인 인적자본이 경합적이고 배제된다는 것과 맥락을 같이한다. 즉 경제재와 같이 인적자본으로서 근로자의 능력, 숙련, 지식 등은 다른 사람이 사용하는 것을 배제한다. 내생적 성장이론에서는 인적자본에 대한 투자는 산출량에 큰 변화를 이끌 수 있음을 보이고 있다. 즉 인적자본 축적에 자원을 투입하는 것은 미래에 생산될 산출량을 증가키는 것을 경제성장 모형에 도입하고 있다.

　이상과 같이 최근의 경제이론에서는 인적자원의 역량을 경제성장의 중요한 원천으로 고려하고 있다. 특히 경제성장 모형의 외생변수가 아닌 내생변수로서 인적자원의 역량을 논의하고 있다는 점에서 인적자원이 경제성장이론의 발전에 중심이 되고 있다. 이러한 논의는 인적자원정책이 장기 동태적인 경제정책에 있어서 중요하다는 것을 의미한다. 더욱이 인적자본이 건강도 중요하게 고려한다는 점에서 경제성장의 결과에 대한 배분도 중요하게 관련된다.

2. 슘페터의 혁신과 혁신성장

경제정책에 있어서 혁신은 공급측면에서의 '창조적 파괴'에 의한 새로운 수요를 창출하려는 것이다. 슘페터는 자본주의 발전과정을 균형의 파괴와 새로운 균형으로 이행에 초점을 맞추어 논의하였다(Schumpeter, 1943; 서중해, 2018: 7). 그의 논의에 따르면 자본주의의 동태적인 발전 과정은 창조적 파괴의 과정이다. 슘페터의 논의는 기업가적 혁신 모형, 기업주도 혁신 모형, 시스템 공진화 모형 등의 세 유형으로 구분된다(서중해, 2018: 9).

첫째, 기업가적 혁신 모형은 혁신적인 기업가가 새로운 조합을 통하여 균형을 깨고 자본주의 변화를 초래하는 것이다. 여기서 새로운 조합은 (1) 새로운 상품 도입, (2) 새로운 생산방법 도입, (3) 새로운 시장 개척, (4) 새로운 원료 또는 중간재의 정복, (5) 독점 지위의 창출이나 독점 지위의 해체 등 새로운 산업조직의 실현 등의 다섯 가지다. 이에 대한 현대적 해석은 기업가 정신과 혁신이다.

둘째, 기업주도 혁신 모형은 기업, 특히 독과점 지위에 있는 대기업의 역할을 중시한다. 독점적 지위에 있는 대기업은 시장지배력과 초과이윤을 바탕으로 혁신을 추구한다고 보는 것이다. 이것은 20세기 초반 자본주의가 발전하면서 대기업을 중심으로 기업 내부에서의 연구개발부서 등에서 기술혁신을 통해 기업이 성장했던 시대적 배경이 반영된 것이다. 이러한 논의는 산업구조와 혁신 진화론적 경제변화론의 기초를 제공하고 있다.

셋째, 시스템 공진화 모형은 자본주의의 발전이 경제, 정치, 과학, 가족 등 시스템 사이의 공진화하는 것을 상정한다. 이것은 자본주의는 균형으로 고정되어 있지 않고, 사회 및 자연 환경과 같이 진화의 과정에 있다고 보는 것이다. 슘페터의 논의는 경제성장을 넘어서 정치의 영역으로 확장하고 있다. 이러한 논의는 최근 기술 및 경제 패러다임의 국가혁신체제의 논의의 근거가 되고 있다.

이상과 같은 슘페터 논의의 핵심은 '창조적 파괴'를 의미하는 혁신을 통하여 경제성장에 의한 자본주의가 유지·발전한다고 보는 것이다. 이러한 슘페터의 논의에 의하면 기업가들이 노동, 토지, 자본을 자유로이 결합하여 '창조적 파괴'를 할 수 있어야 미래의 경제성장을 보장할 수 있다(변양균, 2017).

한편 이와 같은 슘페터의 혁신도 정부의 혁신성장 전략도 모두 사람의 역량에 바탕을 두는 것이다. 기업가정신, 과학기술, 사회제도, 산업의 생산조직 등에 있어서 혁신은 각각의 영역에 위치한 사람들의 역량에 의해 좌우되는 것이다. 하지만 시장경제에서 혁신은 기업가적 정신이 주도하지만 4차 산업혁명 시대에 이러한 혁신은 대기업과 일부 선도기술을 장악한 생산주체들이 성장의 과실을 가져갈 우려가 있다. 승자독식의 양상이 나타나면 시장에서의 혁신은 사회적 불평등을 확대시키는 결과를 초래할 수 있다. 이러한 경우 중소기업 또는 기술취약 영역에서 생산주체들이 지식과 숙련을 고도화하는 혁신에 지원하는 정부의 역할도 매우 중요하다. 이것은 앞의 소절에서 논의한 일터학습과 같은 역량을 창출함에 의해 생산에 있어서 생산성을 향상하는 것에 초점이 모아진다.

3. 일터혁신

일터혁신은 일터에서 성과뿐만 아니라 노동자의 삶의 질을 향상시키는 것도 중요하게 고려하는 것과 관련된다. 일터혁신은 일터에서의 직무수행 방식과 관행을 혁신함에 의해 고성과의 일터조직을 만드는 것이다. 전통적인 일터의 모습은 획일적인 숙련을 바탕으로 분업화된 위계조직의 생산 양식이었다. 일터에서 직무순환, 성과급, 작업팀 운영 등과 같은 관행이 있어왔다. 하지만 경제성장과 더 나은 노동자의 삶의 질을 위한 일터혁신은 낡은 관행의 위계조직보다 더 높은 생산성을 올리는 조직으로 전환하는 것이다.[8]

----

8 새로운 생산조직 방식은 품질관리서클, 총체적 품질관리, 자율작업팀, 성과공유, 팀브리핑 등의 활동이 조직 전체의 성과를 향상시키는 활동을 통해서 나타난다. 그리고 이들 활동이 지속되기 위해서는 구성원 모두가 의사결정에 참여하고 새로운 생산조직으로부터 나오는 이득이 조직 전체로 분배되도록 하는 것이며, 이것은 전통적인 명령통제조직과는 다른 생산조직 방식이다(데이비드 애쉬톤·조니 성, 2003: 이호창·안정화 옮김, 17)

일터에서의 생산성은 교육과 훈련 또는 일터학습을 통해 올릴 수 있지만 전통적인 일터의 낡은 조직운영 관행은 인적자원의 역량을 학습을 통한 생산성을 중요하게 요구하지 않았다. 그 이유는 테일러주의적인 획일적인 생산방식으로 창의적 학습보다는 분업과 위계적 운영이 일상적인 데 기인하는 것이었다. 하지만 일터에서 디지털 전환, 비대면 직무수행 확산 등은 전문적이고 과학적인 지식의 응용과 관련된 인적자원의 역량을 지속적으로 확충할 것을 요구한다. 이러한 상황에서 고성과 또는 고생산성 일터로 이행하기 위해서는 지속적인 학습에 바탕을 두는 혁신을 필요로 한다.

하지만 이러한 혁신은 경영자의 훈련코스에서 듣고 인지한 것을 바탕으로 단숨에 구상될 수 있는 것이 아니다. 혁신이 본격적으로 시작되어 창의적인 생산 활동으로의 전환은 상당한 시일이 걸릴 수 있고, 경영자뿐만 아니라 노동자의 태도와 행위의 변화도 있어야 한다. 고생산성 조직은 생산성의 향상뿐만 아니라 소비자와 종업원의 만족도도 증가하고 동시에 기업의 수익이 증가하는 데 영향을 미치는 다양한 요소의 개선을 통하여 이루어진다. 또한 이러한 고성과 조직은 노동자의 역량을 개선하게 하고 동시에 더 높은 보상을 제공한다. 예컨대 직무순환과 다기능의 도입은 노동자의 직무수행 범위와 숙련의 깊이를 증진시키고 작업팀 또는 자율작업팀에서의 의사소통 능력을 향상시킨다. 고생산성 조직은 고용주의 성과 이외에 작업만족도, 고용안정, 임금 등에 있어서 노동자에게 분배되는 성과도 커짐에 의해 모두가 이득을 누릴 수 있는 것이다.

문제는 이러한 고생산성 조직으로 이행은 기존의 관행을 벗어나기 위해 노동자에게 긴장을 주게 되므로 경영자와 노동조합 간부들의 상호신뢰를 형성하는 지난한 과정이 있어야 한다는 점이다. 신뢰의 형성은 전통적인 명령에 바탕을 두는 위계적 조직에서 형성되기 어렵고, 개인들이 적극적이고 도전적일 수 있도록 실수가 용인됨과 동시에 업무수행에 있어서 수평적인 의사결정을 할 수 있어야 한다. 이러한 신뢰형성에 바탕을 둔 고생산성 조직으로 이행의 근원은 일터학습을 통한 경험의 장이 곧 학습의 장이 되게 하는 것이다. 일터학습이 중요한 이유는 '신기술의 활용, 비대면 및 가상공간의 업무수행, 새로운 성장 동력으로서 생산성 향상' 등의 근원이 되기 때문이다. 앞의 내생적 성장이론에서 살펴본 바와 같이 신기술에 의한 디지털 전환은 비대면 및 가상공간의 업무수행을 가능하게 하고 있고, 이러한 지식의 생산, 축적, 활용은 인적자원의 역량이 경제의 장기성장경로를 형성한다.

고성과 조직의 특성은 복잡한 직무설계, 책임의 하부이양, 팀 작업의 활용, 중요한 사업정보의 노동자와 공유, 성과와 보수를 연계하는 보수체계 등으로 집약된다. 이러한 특성을 갖춘 고생산성 조직은 경제성장의 동력이 될 뿐만 아니라 노동자 개인의 삶의 질도 향상시키게 된다.[9] 고성과 조직을 지향하는 일터혁신은 노사관계 및 인사제도 개선과 교육훈련 확충 등을 포함하는 것이다. 이러한 일터혁신은 경제의 양극화 극복을 위해서뿐만 아니라 빠른 기술변화에 대응하여 기술과 노동의 조화를 추구하는 것이다. 뿐만 아니라 일터혁신은 테일러리즘 또는 포디즘 방식의 한계를 극복하여 인적자원의 역량에 바탕을 두는 인간적인 환경과 삶의 질 향상을 추구하는 것이다.

03 모두를 위한 포용적 성장

경제정책에 있어서 인적자원과 관련하여 경제성장의 원천으로서 의미 이외의 또 다른 관점으로 성장의 과실을 나눔의 결과로 나타나는 불평등 구조가 다시 경제성장의 제약요인으로 등장할 수 있다. 장기적 관점의 경제성장을 제약하는 분배의 불평등은 경제성장을 통한 사회후생을 지향하는 경제정책의 목표에 장애요인이다. 이 절은 경제정책의 목표를 실현하기 위해 모두를 위한 포용적 성장을 구현할 수 있는 정책의 수단에 대해 살펴본다.

---

9 오계택 외(2018: 2)는 일터혁신을 '일하는 방식의 변화를 통해서 노동생활의 질(quality of working life)과 생산성 및 품질 수준을 동시에 제고하고자 하는 지속적이고 조직적인 활동'으로 정의한다. 또한 장홍근 외(2012: 4)는 일터혁신을 '노동과정의 인간화와 생산성의 향상을 동시에 도모하기 위하여 목적의식적으로 실행되는 기술과 작업조직 및 작업관행의 상호작용적인 혁신 과정과 그 결과물'이라고 정의한다.

1. 경제의 양극화와 인적자원

앞의 절에서 논의한 바와 같이 인적자원의 역량은 경제성장의 원천으로서 의미를 가진다. 하지만 역량을 발휘하는 구조적 여건이 효율적이지 못해 경제성장의 과실이 불공평하게 배분되면 지속적인 경제성장을 어렵게 한다. 불공평한 배분은 경제에 있어서 인적자원의 비효율적인 사용을 야기하여 경제의 전반적인 생산성을 저하시킨다.

모방 또는 추격하는 경제에서 생산요소의 양적인 투입은 경제가 고도화될 경우 생산요소의 비효율적인 사용을 야기한다.[10] 한국의 경우 이러한 양극화는 [그림 8-3]에서와 같이 1990년대 이후 산업 및 기업 간의 격차, 소득 및 고용의 격차, 혁신기반(교육, 인적자원, 기술개발) 격차 등의 세 영역에서 격차로 인한 순환적인 고리를 형성하면서 등장하였다.[11]

그림 8-3 양극화의 성격과 구조

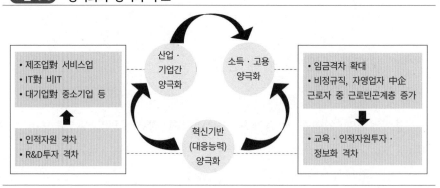

자료: 우천식 외(2007), 61쪽.

---

10 Krugman(1994), Young(1995), Lau(1996) 등은 한국, 대만, 홍콩, 싱가포르 등 동남아 국가의 고도성장이 생산요소의 양적인 투입에 의한 성장으로 곧 성장이 한계에 직면할 것이라고 지적하였다. 이러한 지적은 장기적인 경제성장은 생산요소의 질적인 투입이 필요함을 제기하는 것이다.

11 우천식 외(2007: 61-62)는 우리나라에서 이러한 양극화가 3단계로 진행된 것으로 분석하였다. 1단계는 1990년 이후 제조업에서의 고용이 하락하고, 생산성이 침체에 있는 서비스업 고용 비중이 상승하면서 소득분배가 악화된 시기이다. 2단계는 외환위기 이후 고생산성 및 고성장 업종(주력 제조업, 금융보험업, 건설업 등) 대기업들이 대규모로 고용을 축소한 반면 저생산성의 중소제조업과 생계형 서비스업의 고용이 급증하고, 비정규직 증가와 임금격차로 소득분배가 악화된 시기이다. 3단계는 2003년 경기침체 이후 서비스부문의 기업화가 본격화되는 가운데 영세업체의 진입 증가로 인해 업체 과다 상태에 있던 전통 제조업 및 서비스업에 대한 내수가 급감한 시기이다.

양극화는 투입요소의 효율적인 활용을 어렵게 하고, 그 결과 소득분배를 악화시킨다. 더욱이 이러한 소득분배의 악화는 인적자원의 투자로서 학습기회를 제약하게 되어 양극화를 확대시킨다. 뿐만 아니라 이들 양극화는 종국적으로 사회통합 기반을 약화시키면서 경제성장 잠재력을 잠식하게 된다. [그림 8-4]에서와 같이 양극화의 악순환 흐름에 의한 분배구조 악화는 상대적 박탈감에 의한 근로의욕 감퇴, 사회불안에 의해 투자 감소, 인적자원투자 감소로 인한 빈곤 세습화, 분배욕구의 증대에 따른 개방 및 경쟁의 지체 등으로 인해 성장잠재력을 약화시킨다. 또한 이러한 성장잠재력 잠식은 고용창출 저조, 복지지원 압박, 인적자원투자 감소로 이어져 다시 분배구조를 악화시킨다.

이와 같이 경제양극화의 악순환 고리를 형성하는 데에 있어서 인적자원이 중요한 위치를 점하고 있다. 이것은 앞의 절에서 인적자원이 경제성장의 장기균형 성장에 있어서 중요하다는 이론적 논의와 맥락을 같이하는 것이다. 따라서 인적자원정책은 경제의 지속성장을 위한 또는 경제의 양극화를 극복

그림 8-4 양극화, 경제성장, 분배의 순환 고리와 인적자원

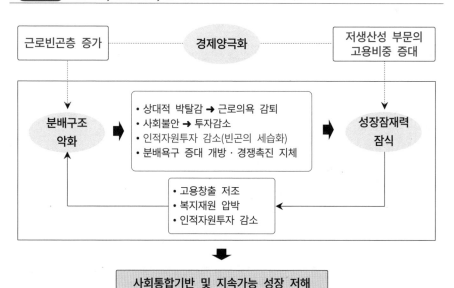

자료: 김형만 외(2005), 72쪽.

하기 위한 핵심적인 수단이 되어야 한다.

2. 중소기업의 생산성과 양극화

산업의 구조적 특성에 의해 발생하는 낮은 생산성의 한계기업도 경제성장을 제약하고, 양극화를 야기하는 요인이 된다. [그림 8-5]에서와 같이 우리나라의 노동생산성은 OECD 국가들 중에 낮은 수준에 머물러 있다. 이것은 경제구조에서 인적자원 활용이 고도화되지 못하고 있는 데에 기인하는 것으로 경제양극화의 악순환 고리를 형성하는 데 있어서 인적자원이 중요함을 보여주는 것이다. 이것은 앞의 절에서 인적자원이 경제성장의 장기 균형성장에 있어서 중요하다는 이론적 논의와 맥락을 같이하는 것이다. 따라서 인적자원정책은 경제의 지속성장을 위한 또는 경제의 양극화를 극복하기 위한 핵심적인 수단이 되어야 한다.

더욱이 [그림 8-6]에서와 같이 250인 이상 대기업과 중소기업의 생산성 격차는 OECD 국가들에 비하여 크다. 특히 10인 이하의 소규모 기업에서의 생산성은 OECD 국가들 중에서 가장 낮은 수준이다.

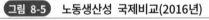
그림 8-5   노동생산성 국제비교(2016년)

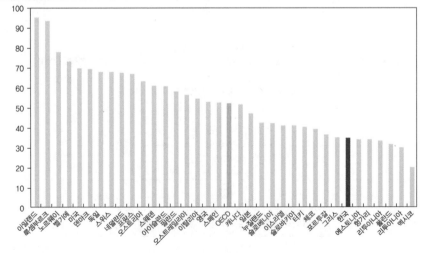

자료: OECD(2018a), 41쪽.

그림 8-6   제조업 및 서비스업의 노동생산성 국제비교

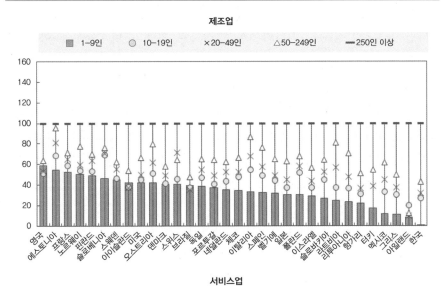

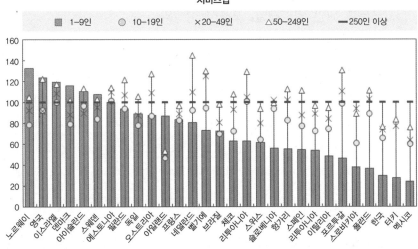

자료: OECD(2018a), 67쪽.

한편, [그림 8-7]에서 우리나라 산업에서 250인 이하 기업에서 종사하는 근로자의 비중 OECD 국가들 중에서 가장 높다. [그림 8-6]을 고려할 때 우리나라에서 많은 근로자들이 낮은 생산성의 영역에서 일하고 있는 것이다. 이와 같은 노동시장의 이중구조는 소득불평등을 강화시키고, 나아가 교육 및 학습에 있어서 기회의 불평등으로 이어져 사회적 불평등을 강화시키는 근원

이 되고 있다.

이상과 같이 노동 단위당 산출량의 크기로 측정한 OECD의 통계로부터 나타난 노동생산성은 우리나라에서 인적자원 활용의 비효율성을 야기하고 있음을 보여준다. OECD 국가들 중에서 학력수준은 높은 데 반해서 생산성이 낮은 현상은 노동시장에서 인적자원의 질적 불일치가 나타나고 있음을 의미한다. 이와 같은 중소기업에서의 낮은 생산성은 인적자원의 질적 수준, 산업구조의 고도화, 일자리 및 생산 환경, 사회적 환경과 제도 등의 복잡한 구조에서 형성되고 있다(김형만 외, 2018: 62-65). 이들은 모두 인적자원이 경제정책의 중심에 있음을 보여주는 것이다. 단기적으로 높은 경제성장에 있는 경우에도 중소기업의 특정 영역에서 생산성이 낮은 경제활동이 있으면 양극화로 인해 장기적으로 성장잠재력을 약화시키게 된다.

3. 모두를 위한 역량개발: 포용적 성장의 근원

포용적 성장(inclusive growth)은 공급 측면을 강조하는 1인당 소비와 소득의 증가에 초점을 맞추던 성장정책과는 달리 모든 개인의 삶을 더 좋게 하는 성장을 추구하는 것이다. OECD의 정의에 의하면 '포용적 성장은 인구의 모든 부분에 대한 기회를 창출하고, 금전 및 비금전의 양 측면에서 향상된 번영을 누리는 것'이다(OECD, 2014a: 9). 이러한 논의에 따르면 포용적 성장은 사회적 불평등을 줄이고, 나아가 불평등의 근원이 되는 낮은 수준의 생산성을 향상시키는 것에 초점을 맞추는 것이다(OECD, 2016a). 포용적 성장을 위해 고려해야 할 중요한 정책은 (1) 조세 체계의 재설계, (2) 영·유아 학습의 질 개선, (3) 신생 기업 또는 소규모 기업의 생산성 향상 등의 세 가지에 초점이 모아진다.

첫째, 조세 정책은 취약계층을 보호하는 데 집중된다. 흔히 누진세는 재분배를 지향하는 재정정책의 근간으로 알려져 있다. 또한 상속 또는 증여에 의한 부와 자산의 대물림을 차단하는 조세 정책도 경제성장의 동력을 약화시키는 불평등을 제거하는 중요한 역할을 한다. 자본과 노동에 대한 조세 부담에 있어서 공정성 및 형평성을 강화하고, 나아가 글로벌 차원의 조세정책을

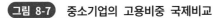

그림 8-7   중소기업의 고용비중 국제비교

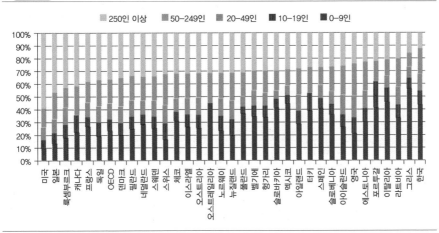

자료: OECD(2018b), 119쪽.

강화할 필요가 있다. 조세정책은 전통적인 경제정책의 중요한 영역이다.

둘째, 기회의 평등은 교육격차가 생산성 격차로 이어지지 않게 하는 인적자원정책의 중요한 부분이다. 특히 영·유아의 돌봄과 학습은 생애의 출발단계에서 기회의 불평등을 차단하는 인적자원정책의 중요한 영역이다. 만약 영·유아 단계에서 학습과 돌봄이 부진하면 학교에서 교육격차에 직면하고, 나아가 노동시장에서 소득불평등을 확대시키는 결과를 가져오기 때문이다. 영·유아의 학습과 돌봄은 사회 정서적 및 문화적 능력으로서 개인의 역량을 기르는 데에 있어서도 중요하다.

셋째, 기업의 생산성 향상은 일터에서 소득불평등을 야기하는 경제 또는 산업에서의 양극화를 제거하는 근원이 된다. 창업을 통해서 경제의 혁신을 주도하고, 소규모 기업은 생산성을 올리는 데 투자할 수 있는 재정지원은 경제의 개혁을 주도하는 근간을 만드는 것이다. 또한 연구개발과 지식 생산을 통해서 개별 주체들이 성장 기반을 갖추는 조세, 특허제도 등을 통한 유인책이 요구된다. 이 정책들은 양극화의 근원을 제거하고, 일터에서의 생산성을 높이는 데에 초점이 있다.

포용적 성장은 소득분배를 악화시키지 않는, 그리고 경제의 생산성이 보장되는 경제발전의 선순환 구조를 갖추는 것이다. 그러한 선순환의 핵심에는

인적 역량, 사회적 역량, 민주시민 역량의 인적자원이 중심에 있다. 인적자원
정책을 통해서 모두의 역량을 기르고 활용하는 것은 포용적 성장의 기반이
된다.

04   지속가능발전

경제정책이 추구하는 인간의 행복과 사회후생은 지구상의 자원을 이용
하는 생산과 소비에 바탕을 두고 있다. 행복과 사회후생을 추구하기 위해 설
정되는 경제정책의 목표들은 더 많은 생산과 소비를 추구하는 것이다. 앞의
절에서 논의한 경제성장 또는 포용적 성장도 자연 자원을 고갈시키면서 성취
할 수 있는 것이다. 이 절에서는 이러한 자원의 투입에 의한 성장이 가져오
는 한계와 대안에 대해 논의한다.

1. 경제성장과 지구환경

앞의 절에서 논의한 경제정책은 경제이론에서 설정하는 자본과 노동을
효율적으로 활용하여 최대의 산출량을 얻기 위한 수단을 동원하는 것이었다.
장기 균형성장경로의 도출도 산출량을 얻기 위해 자본과 노동의 효율적인 활
용에 근거하는 것이다. 생산에 투입과 생산된 재화의 소비는 모두 지구가 제
공하는 자연자원에 의존한다. 산업혁명 이후 인간에게 물질적 욕망을 충족시
켜주는 비약적인 발전은 자연 자원의 갈취에 의한 것이었다.

[그림 8-8]은 인간의 생산 활동과 지구의 관계를 보여준다. 지구는 자
원을 공급할 뿐만 아니라 생산의 결과로 나오는 각종 폐기물과 오염을 정화
시킨다. 생산함수에서 투입요소인 자본은 사실 기계, 장비, 시설, 에너지 등
의 중간 투입요소 이외에도 산소 또는 공기, 물, 지하자원 등의 다양한 자연
자원을 포함한다. 또한 소비에 있어서도 생산된 상품과 서비스 이외에 공기,

그림 8-8   인간의 경제활동과 지구의 관계

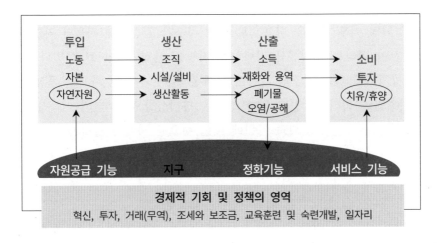

자료: 김형만·최영섭·노대명(2018), 44쪽.

물, 에너지, 산림, 바다 등으로부터 휴양 등을 지구로부터 공급받는다. 지구는 인간의 행복을 추구하는 데에 필요한 생산에 자원을 제공할 뿐만 아니라 인간이 버리는 폐기물도 정화시킨다. 더욱이 인간은 자연으로부터 삶을 풍요롭게 하는 치유와 영감을 얻기도 한다.

　　이러한 점을 고려할 때 혁신, 투자, 거래, 조세와 보조금, 교육훈련과 숙련개발, 일자리, 산업구조 등의 정책들은 지속가능발전과 긴밀한 관계가 있다. 하지만 경제의 생산력이 확장되면서 지구는 인간에게 정화와 치유의 서비스를 제공하는 데 한계에 직면하고 있다. 이제 인간이 추구하는 경제적 기회와 또 그와 관련한 정책들은 경제 이외에 사회와 환경에 대한 문제도 해결해야 한다. 지속가능발전은 인간의 생산 또는 경제성장이 지구가 인간에게 주는 능력을 보장하는 기능의 재충전과 함께 하는 것이어야 함을 의미한다. 지속가능발전은 지금의 시점에서 인간의 행복을 위해 자원을 고갈시키기보다는 미래의 지구 자원과 정화능력을 이용하기 위하여 세대 간의 균형을 고려하는 것이다. 특히 지구를 지킨다는 것은 국가의 영역을 넘어서 지구의 차원에서 형평성을 고려하는 것으로 특정된 부문, 국경, 세대를 넘나드는 폭넓은 영역과 관련된다.

2. 경제, 사회, 환경의 상호 의존 관계

산업혁명 이후 인간의 탐욕으로 인해 지구가 인간에게 자원을 제공하는 것과 인간이 버리는 폐기물을 정화하는 기능은 한계에 다다르고 있다. 이제 그동안 방치되어 있던 지구의 기능이 경제정책에서 중요한 과제로 등장한 것이다. 하지만 지속가능발전을 위한 정책은 경제성장으로부터의 이득을 희생함이 없이 자연자원과 사회적 자원에 대한 수요들 사이에 올바른 균형을 찾는 복잡한 상황에 놓여있다. 전통적인 관점에서 지구의 문제는 생산과 소비에 집중하는 경제적 측면을 넘어서는 것이다. 지구의 문제는 인간의 생존과 공동체의 유지·발전을 위한 핵심적인 문제로 등장한 것이다.

지속가능발전을 위한 정책은 [그림 8-9]와 같이 환경, 경제, 사회의 세 차원을 고려함에 의해 개관할 수 있다(김형만·최영섭·노대명, 2018: 42-43). 이들 세 영역은 6가지의 지속가능발전의 관점에서 서로 의존적이면서도 상충적인 관계로 집약된다.

첫째, 경제활동이 환경에 미치는 영향이다(화살표 1). 생산을 통해 미치는 영향은 자원의 사용, 공해 및 폐기물 배출 등이다. 소비를 통해서도 공해와 쓰레기 배출 등의 오염을 배출함에 의해 지구에 영향을 미친다. 인간의 풍요를 위한 생산 및 소비 활동은 지구가 가지고 있는 자원을 고갈시키고 생태계를 파괴함에 의해 환경에 좋지 않은 영향을 미친다.

둘째, 환경이 경제에 미치는 영향이다(화살표 2). 지구는 인간의 경제활동에 자연자원을 제공하고 공해와 폐기물을 받아 정화함에 의해 경제적 효율성과 고용에 기여한다. 환경은 자연재해 또는 재난을 일으켜 경제에 타격을 주기도 하지만 일상적으로는 경제에 긍정적인 영향을 미친다.

셋째, 환경이 사회에 미치는 영향이다(화살표 3). 자연은 사람에게 필요한 쾌적한 물질을 제공할 뿐만 아니라 건강과 좋은 삶의 여건을 제공한다. 즉 인간에게 자연 경관과 맑은 공기를 제공함에 의해 인간의 삶을 풍요롭게 한다.

넷째, 사회적 변수가 환경에 미치는 영향이다(화살표 4). 인구변화, 소비 양태, 환경교육과 정보, 제도와 법 등의 사회적 변수들이 환경에 영향을 미친다. 예컨대 교육과정에 환경의 내용을 포함시킴에 의해 사람들이 환경 친화

그림 8-9 지속가능발전 세 축의 의존관계

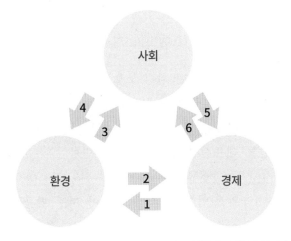

자료: 김형만·최영섭·노대명(2018), 43쪽.

적인 소비활동을 할 수 있다.

다섯째, 사회적 변수가 경제에 미치는 영향이다(화살표 5). 노동력, 인구 및 가족 구조, 교육훈련, 제도와 법 등의 사회적 변수는 경제활동과 밀접하다. 사회적 변수들은 사회적 자본으로서 경제에 영향을 미치는 것이다. 대표적으로 잘 길러진 협력과 네트워크의 역량은 경제의 효율성을 증대시킨다.

여섯째, 경제활동이 사회에 미치는 영향이다(화살표 6). 소득수준, 불평등, 고용, 생산성 격차 등은 사회적 불평등의 중요한 요소가 된다. 특히 불평등을 야기하는 또는 잠재적인 사회적 위험을 야기하는 요인들을 더욱 악화시킨다. 예컨대 소득 불평등은 영·유아의 학습과 돌봄의 부진을 야기하는 기회의 불평등을 야기한다. 그리고 그러한 기회불평등은 교육격차와 소득격차로 이어지는 악순환의 고리를 형성한다.

이와 같은 6가지의 상호 의존관계는 환경과 경제가 사람의 삶과 밀접하게 관련됨을 보여준다. 이것은 지속가능발전이 특정 지역의 공동체 간의 협력을 넘어서 지구적 협력을 필요로 함을 의미하는 것이다. 지속가능발전을 위한 정책은 모든 사람들이 누리는 경제성장의 편익, 오염된 재개발 지역을 생태학적으로 건강하게 하는 도시재개발, 모든 사람에게 학습기회 증진, 에너지 효율적이면서 저공해를 위한 산업공정 혁신, 정책입안 과정에 이해당사자의 참여 등의 매우 폭넓은 영역을 고려할 수 있어야 한다.

3. 미래의 새로운 과제: 기후협약과 지속가능발전

　　지구 생태계를 보존하기 위한 환경 보호는 생산과 소비를 통해서 인간이 추구하는 행복을 위한 경제성장 전략에 새로운 제약으로 등장했다. 실제로 개별 국가의 이익과 이해관계를 넘어서 지구촌을 보존하기 위한 국제공조 노력이 이미 시작되었다. 대표적인 것은 파리기후변화협약(Paris Climate Change Accord)과 UN의 지속가능발전목표(Sustainable Development Goals: SDGs)다.

　　파리기후변화협약은 산업화 이전 수준 대비 지구 평균온도 상승을 2℃ 이하로 유지하고 온도 상승 폭을 1.5℃ 이하로 제한하기 위해 온실가스 배출량을 단계적으로 감축하려는 국제적 약속이다. 이 협약은 2015년 UN 기후변화 회의에서 채택되었으며, 매 5년마다 이행 상황을 점검하여 노력을 강화하도록 규정하고 있다. 이 협약에 195개국이 참가하였으며, 한국은 2030년 배출전망치 대비 37%감축 목표를 제출했다. 이와 같은 목표를 달성하기 위해 저탄소 경제로 이행하면서 적정 수준의 경제성장을 유지하는 것은 당면한 국가적 과제가 되었다. 왜냐하면 우리나라는 에너지를 많이 사용하는 제조업 중심의 경제구조를 가지고 있기 때문이다.

　　한편 UN의 지속가능발전목표(SDGs)[12]는 경제, 사회, 환경과 관련되는 전 영역의 주요 사항을 포함하고 있다. 지속가능발전목표는 2015년 9월 UN에서 '2030년까지 달성할 지속가능발전 의제로서 세계의 전환'이 채택된 것이다. 지속가능발전목표는 인류(People), 지구(Planet), 번영(Prosperity), 평화(Peace), 파트너십(Partnership)으로 축약되는 소위 5P로 그 지향점을 함축하고 있다. 5P는 인류와 지구가 공존할 수 있는 방향으로 나아가고자 하는 것을 의미한다. 지속가능발전목표는 17개 목표 하위에 169개의 세부목표와 232개의 지표

---

12 UN의 지속가능발전목표(SDGs)는 다음 17개로 구성되어 있다: (1) 빈곤퇴치, (2) 기아종식, (3) 건강과 웰빙, (4) 양질의 교육, (5) 성평등, (6) 깨끗한 물과 위생, (7) 모두를 위한 깨끗한 에너지, (8) 양질의 일자리와 경제성장, (9) 산업, 혁신, 사회기반시설, (10) 불평등 감소, (11) 지속가능한 도시와 공동체, (12) 지속가능한 생산과 소비, (13) 기후변화와 대응, (14) 해양생태계 보존, (15) 육상생태계 보호, (16) 정의, 평화, 효과적인 제도, (17) 지구촌 협력.

들로 구성되어 있다.

이와 같이 UN의 파리기후협약과 지속가능발전목표는 산업혁명 이후 지구의 자원을 바탕으로 누려온 물질적 향유에 있어서 인식의 전환을 필요로 하는 것이다. 인적자원의 역량이 재화와 서비스의 양적인 소비를 확장시키는 데에만 초점이 있는가? 경제이론에 바탕을 두는 정책들은 대부분 자원의 투입을 최적화함에 의해 생산성을 향상시키는 것에 초점이 있다. 지구의 자원 고갈로 인한 인간의 삶의 질을 하향시키는 문제를 동반하는 지구와 인간의 공존에 대한 내용은 경제이론에서 다루어지지 않고 있다. 지속가능발전목표는 경제정책이 지향하는 인간의 행복과 사회후생의 극대화가 양적인 물질적 향유를 확대하는 것으로 가능한 것인지 다시 성찰하게 하는 것이다. 경제정책에 있어서 자원의 효율적 사용과 생산성을 올리기 위해서는 인적자원의 역량이 중심적인 요소임에는 틀림없다.

Chapter 09
사회정책과 인적자원

전통적인 사회정책은 복지, 재난 및 안전, 문화 등의 인간의 삶의 문제를 해결하기 위한 정부의 활동이다. 사회정책의 본질은 사회적 위험에 처한 사람을 사회가 지원하는 것에 초점이 모아진다. 공동체의 구성원이 어떤 이유로 삶에 있어서 위험에 처할 때 공동체가 돌봄을 제공하는 것이다. 복지 또는 사회보장은 사회적 위험에 처한 사람에 대해 국가가 돌보는 문제와 관련된다. 정부는 재난을 당하거나 안전의 위험에 직면한 개인에게도 그들이 정상적인 삶을 유지할 수 있도록 돕는다. 또한 정부는 개인들이 공동체에서 소외되거나 문화적 혜택에 고립되지 않도록 함에 의해 건전한 삶을 유지하도록 돕는다. 이와 같은 사회정책은 명시적으로 드러난 사회적 위험에서 벗어나게 하는 데에 초점이 있다. 하지만 디지털 전환과 그에 따른 노동시장의 구조적 변화는 사람들이 미래에 사회적 위험에 노출될 가능성을 높이고 있다. 즉 디지털 시대의 사회적 위험은 모든 개인에게 잠재되어 있다고 할 수 있다. 이러한 사회적 위험을 극복하는 것은 정부의 보호만으로 한계가 있고 개인이 사회적 위험에 빠지지 않게 하는 역량이 중요한 대안이 되고 있다.

01   불평등과 사회적 위험

사회정책의 논의에 있어서 근간이 되는 용어는 불평등과 사회적 위험이다. 제8장에서 살펴본 바와 같이 양극화는 불평등을 야기하는 중요한 원인이다. 그리고 불평등이 확대되면 사회적 위험에 처하는 사람이 늘어난다. 이와 같은 불평등과 사회적 위험을 발생시키는 근원은 그 유형이 매우 다양하고 복잡하게 얽혀있다. 경제정책과 달리 전통적인 사회정책이 매우 분산적이고 파편화되어 있는 것도 불평등과 사회적 위험의 유형과 특성이 매우 다양한 데 기인하는 것이다. 이 절은 사회정책의 근원에 대해 살펴본다.

1. 사회정책의 개념과 역사적 흐름

사회복지는 인간의 개인적 및 집단적 욕구와 사회문제를 해결하기 위해 마련된 사회제도에 바탕을 둔다. 인간은 다른 사람과 교류하며, 서로 관계를 맺고 살아가는 사회적 존재로서의 의미를 가진다. 만약 인간의 욕구가 충족되지 못하거나 결핍이 있으면, 즉 '보편적인 기본욕구[1]'를 충족하지 못하면, 인간은 생존과 활동에 있어서 위험에 직면하게 된다. 사회적 위험에 처하는 상태는 곧 사회복지가 상실된 것으로 사회문제를 야기한다. 사회정책은 인간의 삶의 질 또는 사회통합을 위협하는 사회문제를 해결하기 위한 것이다. 사회문제는 (1) 빈곤, 교육, 노동, 환경, 도시문제 등과 같은 구조적인 문제, (2) 청소년, 가족, 고용, 소득분배 등으로 인한 사회해체, (3) 범죄, 탈선, 부적응, 약물중독, 학교폭력, 성폭력 등의 사회일탈 등의 세 부류로 나타난다. 이들의 사회문제의 핵심은 사회적 불평등과 사회적 위험에 있다.[2]

··

1 인간의 보편적인 기본욕구는 의, 식, 주와 같은 생물적 욕구에 더하여 사회적 존재를 추구할 수 있는 신체적 건강과 스스로 결정하고 선택할 수 있는 자유를 포함한다. 그리고 기본욕구를 충족하기 위해서는 이차적인 욕구를 충족을 필요로 한다. 이차적 또는 중간 욕구는 11가지가 있는데 '(1) 영양 있는 깨끗한 물, (2) 적절한 주거, (3) 안전한 작업환경, (4) 안전한 물리환경, (5) 적정 보건의료, (6) 아동기 보호, (7) 가족관계, (8) 보안 방범, (9) 경제적 안정, (10) 기본교육, (11) 안전한 출산과 육아' 등이 그것이다. 사회복지정책에서 논의되는 욕구에 대한 잣대는 '(1) 느낀 욕구, (2) 표명된 욕구, (3) 규범적 욕구, (4) 비교욕구'로 구분된다(안병영, 2018: 5).

우선 사회적 불평등은 인간의 경제활동의 결과로 나타나는 사회적 배제가 중요한 원인으로 사회복지정책의 근간이다. 불평등 현상은 소득, 계급, 지위와 권력, 성 및 인종 등에서 나타난다. 첫째, 소득불평등은 근로 및 재산에 있어서 양극화가 큰 경우에 심화된다. 근로소득은 인적자원 투자에 크게 영향을 받는다. 저조한 인적자원 투자는 사회적 배제로 인한 기회의 불평등으로 인해 발생하는 경향이 있다. 그리고 재산은 잉여소득의 축적과 부의 대물림에 의해 형성된다. 이러한 소득불평등은 지니계수와 같은 소득분배지표를 통해 측정되며,3 사회정책의 근거가 된다. 둘째, 계급의 불평등은 칼 마르크스가 생산수단의 소유여부에 의해 형성되는 지위에 의한 불평등이다. 자본가계급과 노동자계급으로 구분되는 계급 간의 불평등도 노동자 계급의 사회적 배제로부터 발생한다. 이러한 계급 간 불평등은 사회의 구조적인 문제로 때때로 정치적인 쟁점으로 부각된다. 셋째, 지위와 권력에 있어서의 불평등이다. 지위의 불평등은 빈곤, 장애, 정신질환, 이혼 자녀 등은 낮은 지위에 머무르는 인적자원이다. 이들은 흔히 복지수급자라는 좋지 않은 낙인에 직면하게한다. 권력의 불평등도 복지정책에 크게 영향을 미친다. 권력을 가진 정책결정자들이 취하는 국가의 역할을 강조하는 사회정책은 사회통제와 개인의 자유의 억제 사이에 충돌을 가져온다. 마지막으로 성 및 인종의 불평등이다. 젠더(gender) 불평등은 전통적인 남성위주 가부장제에서 여성의 경제활동을 제약함에 의해 사회적 생산력을 저하시킨다. 인종의 불평등은 여러 나라에서 사회문제로 등장해 있다. 우리나라에서는 외국인 근로자가 유입되면서 사회적 갈등이 증가하는 추세에 있다.

다음 사회적 위험은 개인의 삶이 불안정하거나 기본적인 안전이 보장되지 않을 때 발생하는 것으로 사회정책의 근간이다. 질병, 실업, 사망, 출산, 산업재해, 노령 및 장애 등은 소득 상실을 야기하는 전통적인 사회적 위험이

2 안병영 외(2018: 7)는 사회문제의 핵심 개념으로 빈곤, 사회적 불평등, 사회적 위험, 사회적 배제를 제시하고 있다. 여기서 빈곤은 UN의 지속가능발전목표에도 포함될 정도로 지구상에서는 중요하지만 우리나라의 현실에서는 빈곤이 큰 문제가 되지 않고 있고, 사회적 배제는 불평등과 사회적 위험의 근원으로 논의한다.

3 지니계수(Gini coefficient)는 인구의 누적비율과 소득의 누적 점유율 사이의 상관관계를 나타내는 로렌츠곡선과 대각선 사이의 면적을 대각선 하방의 면적으로 나눈 것이다. 소득이 완전히 평등하게 분배되면 지니계수 값은 0이고 완전 불평등 분배 상태이면 지니계수 값은 1이다.

다. 이러한 사회적 위험에 근거하는 사회정책은 각종 실업급여, 장애급여 등과 같은 정부의 보조에 의해 사회적 위험에 대처하는 것이다. 하지만 디지털전환, 고령화 등으로 인한 급격한 경제사회적 변화는 모든 사람들이 사회적위험에 직면할 수 있는 잠재적 사회적 위험을 야기하고 있다. 이러한 잠재적인 사회적 위험은 위험이 발생하지 않았지만 일과 가정의 부조화, 여성, 숙련노동자, 청년실업자, 이혼 자녀 등의 형태로 미래에 누구에게나 발생할 수 있는 것이다. 예컨대 디지털 전환으로 일터에서 요구하는 숙련이 빠르게 변화할 때 고용불안과 함께 근로빈곤층이 늘어나게 된다. 이러한 잠재적인 사회적 위험은 낙인, 사회적 소외, 가치박탈 등으로 나타나는 사회적 배제로부터싹트는 것이다.

전통적인 사회정책의 대상이던 사회적 위험은 이제 모든 사람에게 가능성이 열려있는 새로운 사회적 위험으로 전환되고 있다. 사회정책은 전통적사회적 위험과 새롭게 등장하는 잠재적 사회적 위험이 공존하면서 중첩되는새로운 양상에 직면하고 있다. 이와 같은 사회정책에 대한 논의의 근간이 되는 불평등과 사회적 위험의 변천은 복지국가에서 사회투자국가로 사회정책의 이론적 논의를 확장시켰다. 더욱이 최근에는 사회정책에서 사람 중심이라는 이름으로 인적자원의 중요성이 강조되고 있다.

시대에 따라 변화하는 사회정책의 새로운 모습은 역사적으로 경제 및사회 환경의 변화와 맥락을 함께 한다. 역사적으로 사회정책은 복지국가(welfare state)의 형성에서 시작한다. 복지국가는 19세기 말부터 20세기 산업혁명과 인구증가가 빠르게 진행되던 시기에 사회보험제도가 도입되면서 시작되었다. 당시의 사회보험제도는 과거의 빈곤에 대응하는 구빈법4과는 달리예방적 차원의 사회보호체제로 기존의 소득수준을 유지하기 위해 법에 의해강제되는 것이다. 이것은 비스마르크의 독일에 의해 시작되었다. 이러한 복지국가는 제2차 세계대전을 거치면서 복지와 관련한 정부의 역할이 사회보험 이외에 고용, 교육, 보건, 주택 등으로 확장되었다. 이의 대표적인 형태는

---

4 1601년 영국에서 시행된 구빈법은 중상주의 시대의 사회문제였던 빈민의 삶과 그들의 생활보호를 통해 법과 질서를 유지하여 국부의 창출의 원천인 노동력의 활용을 강화하는 데에 초점이 있었다.

영국의 베버리지형 현대적 복지국가이며, 스웨덴의 사민주의형 복지국가도 이 시기에 형성되었다.5 제2차 세계대전 이후 산업사회가 고도화되던 1970년대 중반까지가 복지국가의 황금기로 남성부양자 중심의 사회보험체제가 더욱 확장되었다.

하지만 1970년대 유럽을 중심으로 석유파동에 의해 발생한 스태그플레이션으로 장기실업이 지속되면서 테일러주의 또는 포드주의 생산 양식에서의 남성부양자 모델인 총수요관리에 바탕을 두는 케인스주의의 복지국가 모형은 새로운 형태의 잠재적 사회적 위험으로 한계를 노정하게 되었다. 1990년대 중반 이후 신자유주의도 불평등과 빈곤, 사회적 배제가 증가하면서 그 힘을 잃기 시작하였다. 특히 최근의 경제사회 환경의 변화는 누구나 사회적 약자로 전락할 가능성을 높이고 있다. 1990년대 후반부터 등장한 사회투자국가(social investment state) 패러다임은 이러한 새로운 형태의 잠재적 사회적 위험에 대응하기 위한 것이었다.

2. 적극적인 사회정책

사회투자국가론은 1997년 영국의 토니 블레어 노동당 정부가 '제3의 길'을 표방하면서 본격적으로 논의되었다. 이것은 신자유주의를 유지하면서 사민주의 복지국가들이 추구하는 사회적 형평성을 조화시키는 적극적 사회정책에 대한 논의이다(김형만·최영섭·노대명, 2018: 21). 적극적 사회정책으로서의 사회투자국가론은 신자유주의가 경제성장과 고용증진에 복지지출이 부담이 된다고 보는 시각과는 달리 경제정책과 사회정책의 선순환을 고려하고 있다. 적극적 사회정책이 경제정책과 사회정책의 조화를 도모하는 요체는 인적자원 투자에 있다. 적극적 사회정책은 인적자원 투자를 통하여 개인이 일자

---

5 영국의 베버리지형 복지국가는 1942년 베버리지 보고서(Beveridge Report)가 발표되면서 등장한 것이다. 동 보고서는 궁핍, 질병, 무지, 불결 및 나태와 투쟁해야 하며, 이를 위한 종합적인 사회보장계획을 주장하고 있다. 또한 스웨덴의 사민주의 복지국가는 사민당이 농민당과 협력하여 노사 간의 사회협약을 체결하고, 자녀와 가족의 인적자원 투자, 출산 및 육아, 여성 취업조건, 노동시간 단축, 주택 등의 정책을 강화였다. 이들 정책은 이후 사회투자국가의 이념적 효시가 되었다(안병영 외, 2018: 69-72).

리를 찾거나 유지할 수 있는 역량을 향상시킴에 의해 잠재적인 사회적 위험
에 대응하는 것이다. 사회투자국가론은 생애 주기적 관점의 인적자원정책을
고려한다. 특히 이 논의에서 생애 초기에 돌봄과 학습은 기회의 불평등을 제
거하는 수단으로서 중요하게 고려되고 있다. 왜냐하면 기회 불평등은 교육격
차와 소득불평등을 야기하는 사회문제로 이어지기 때문이다.

　　그러면 왜 적극적 사회정책이 부각되었는가? 1970년대 두 차례의 가파
른 유가 상승으로 인해 발생한 스테그플레이션은 장기실업의 사회적 위험을
가중시켰다. 그리고 사회 환경은 인구증가와 함께 핵가족화가 진행되면서 가
부장 중심의 부양 모형에서 여성의 경제활동 참가가 확대되면서 전통적인 가
족구조에 큰 변화를 야기하였다. 가족구조의 변화와 장기 실업은 복지국가의
확장에 따른 실업급여가 근로 유인을 약화시키는 결과를 가져왔다. 장기실업
을 줄이기 위해서는 복지국가가 지향하는 시혜적인 복지(welfare)만으로 한계
가 있으므로 인적자원의 역량을 길러서 실업을 탈출하는 이외에 일을 통해
잠재적인 사회적 위험을 예방하는 정책이 요구되었다. 즉 노동연계복지
(workfare)의 중요성이 제기된 것이다. 이것이 인적자원 역량이 적극적 사회
정책의 중심에 놓이게 되는 이유이다.

　　OECD(2005)는 각 국에서 1970년부터 1990년대 중반까지 경제성장을 통
해 번영을 누려왔지만 다른 한편으로 소득불평등을 누적시켜왔음을 지적하
였다. 이 보고서는 소득불평등이 기회불평등의 근원이 되고, 불평등을 극복
하기 위해 모두를 위한 투자가 중요함을 조한다. OECD가 제시하는 적극적
사회정책은 모두를 위한 투자를 확대하고, 노동시장에 참여 유인을 강화하는
적극적 노동시장정책(active labor market policies)을 지향하는 것이다.[6]

----

6 OECD(2005)가 제시하는 적극적 사회정책은 세 영역이다. 첫 번째는 어린이에게 좋은 삶을 시작
하게 하는 것으로 '(1) 양질의 영·유아 및 어린이에 대한 투자, (2) 불리한 소득의 위치에 놓이
지 않도록 하는 어머니의 고용촉진, (3) 돌봄, 휴가 등에 의한 가정과 일의 책무성 보장, (4) 돌
봄 지원 및 청년 부부의 노동시장 보장' 등의 정책이다. 두 번째는 청·장년층의 좋은 일자리 장
애 극복을 위해 '(1) 무능력자, 홀부모 등의 일을 통한 복지 완성, (2) 일자리 유지, 저임금 노동
의 경력관리, 소득창출 등의 일터 복지 강화, (3) 연금, 보상 등 사회적 프로그램의 효과성 강화,
(4) 빈곤과 배제에 영향을 미치는 다른 정책과 일관성 강화' 등이다. 세 번째는 경제적·사회적
생활을 고양시킴으로써 노인 후생 증진을 위해 '(1) 고소득과 저소득 은퇴자의 다양성 증진 등
을 통한 공공예산에서 노인연금비용 제한, (2) 노인 고용 확대, 연금수급 연령 확대 등을 위한
더 긴 근로시간 촉진, (3) 돌봄 기간과 질의 개선' 등의 정책이다(김형만·최영섭·노대명, 2018:

이와 같이 적극적인 사회정책의 핵심에는 인적자원 역량을 기르고 활용하는 것에 초점이 있다. 인적자원은 일터에서 새롭게 숙련을 갱신하지 못하면 일자리를 잃거나 저숙련 노동으로 전락하게 되는 상황을 맞이하게 되므로 모두가 잠재적 사회적 위험에 직면하는 시대에 직면하고 있다. 적극적 사회정책도 학습을 통해 일터에서의 생산성을 유지할 수 있는 방향으로 진화할 것을 요구하고 있다.

3. 잠재적 사회적 위험의 극복: 학습복지

사회적 위험은 경제사회 환경이 변화하면서 잠재된 형태로 있다가 누구나 직면할 수 있는 상황이 되고 있다. 그러면 한층 복잡해진 사회정책은 어떻게 실현될 수 있는가? 삶의 질(well-being)은 사회구성원 모두가 인간다운 생활을 영위하는 것을 의미하며, 이의 실현은 정책 주체들의 조직화된 다양한 활동에 의해 실현될 수 있다. 사회정책의 실행을 좀 더 구체적으로 살펴보기는 위해서 국가, 시장, 비영리조직 및 기업, 가족 등의 주체들의 역할을 조망할 수 있다.

첫째, 국가는 소득이전, 서비스제공, 재원보조, 구제 등을 통한 사회정책과 관련한 서비스를 제공하는 것 이외에 예방적 사회적 위험을 피할 수 있도록 인적자원 투자를 한다. 전자와 같은 국가 기능은 흔히 로빈 후드 기능과 돼지저금통 기능으로 시혜적 복지의 전형이다.[7] 후자와 같은 국가 기능은 교육훈련 등의 학습과 관련한 정책들을 실행하는 것이다.

둘째, 시장은 재화와 서비스의 거래를 통하여 사회정책을 실현하는 기능을 한다. 예컨대 금융기관, 병원, 기타 서비스 기관들은 시장에서 영리추구를 기반으로 사회서비스를 제공한다. 또한 개인은 미래에 직면하게 될 사회적 위험에 대비하여 민간금융기관에 의료보험과 개인연금을 구입하고, 그것을

---

22).

7 국가의 로빈후드 기능은 조세 징수를 바탕으로 가난한 사람에게 나누어 주는 평등주의적 정책을 수행하는 것으로 일반조세를 재원으로 저소득층에게 지출하는 급여와 같은 수직적 재분배를 하는 것이다. 돼지저금통 기능은 사회보험을 통하여 지원과 기회를 생애주기에 걸쳐 수평적으로 재분배하는 정부의 활동을 말한다(안병영, 2018: 23).

바탕으로 병원과 양로원 등에서 돌봄 서비스를 구매한다.

셋째, 비영리조직도 사회서비스를 제공한다. 종교단체와 자선단체에서 고아, 병자, 부랑인 등의 취약집단에게 제공되는 사회서비스가 여기에 해당한다. 비영리조직의 사회서비스 제공 기능은 매우 다양하지만 이익을 추구하지 않는다는 점에서 시장과 구분되고, 강제성을 띠지 않는다는 점에서 국가와 구분된다. 또한 비영리조직은 공식적인 성격을 띤다는 점에서 가족, 친척, 이웃과도 구분된다.

넷째, 기업은 근로자에게 임금을 지급하는 이외에 사회보험, 주거 및 교육 등의 비용을 지원함에 의해 사회서비스를 제공한다. 흔히 기업복지는 고용주가 근로자에게 지급하는 임금 이외의 다양한 부가급여가 여기에 해당된다. 이와 같은 기업이 제공하는 서비스는 기업의 생산성에 따라 다양하여 산업의 양극화 등으로 인한 사회적 불평등을 야기할 수 있다.

마지막으로 가족은 평생에 걸친 돌봄을 제공하는 기본 단위이다. 가족보호는 여성의 돌봄에 주로 의존하고 있어서 무임금 노동에 의한 여성의 착취를 수반하는 경향이 있다. 이에 대응하여 공공보육시설과 보육료 지원 등으로 탈가족화가 진전되고 있다. 하지만 여성의 경제활동이 늘어남에 따라 기혼 여성의 가사노동이 그대로 유지되면서 가족 내에서 가사분담의 불평등이 야기되고 있다.

이상에서와 같이 사회정책은 각 주체들의 사회적 관행과 소득수준에 따라 매우 다양한 특성을 보인다. 사회정책은 전통적 사회적 위험과 잠재적 사회적 위험(또는 신 사회적 위험)이 공존하게 되어 종래의 복지국가 또는 사회투자국가론의 논의를 넘어서는 더욱 복잡한 사회문제의 해결을 필요로 한다. 잠재적 사회적 위험은 [그림 9-1]과 같이 복지국가의 상징인 시혜적 복지(welfare), 사회투자국가의 상징인 노동연계복지(work-fare), 그리고 생애 학습을 상징하는 학습복지(learn-fare)가 공존하는 구조이다. [그림 9-1]은 인간의 삶의 질은 이들 세 유형의 복지에 의해 영향을 받게 됨을 보여준다.

시혜적 복지는 보건, 서비스, 범죄, 교육, 노동 등과 관련되는 불평등과 사회적 위험에 대한 소극적이고 사후적인 대응의 정부정책과 관련된다. 노동연계복지는 테일러주의 생산양식의 평생직장이 보장되지 않는 환경 변화에

　학습복지와 삶의 질

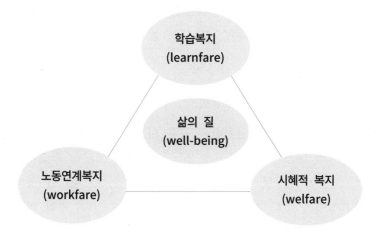

자료: 김형만·최영섭·노대명(2018), 52쪽.

대응하기 위해 복지와 직업훈련을 연계하는 적극적인 노동시장정책이다. 그리고 학습복지는 영·유아의 돌봄과 학습에서부터 노인의 돌봄과 학습에 이르기까지 학습에 바탕을 두는 것이다. 또한 학습복지는 노동시장에서 일터학습 등을 통해 잠재적인 생산성을 높일 뿐만 아니라 잠재적인 사회적 위험도 감소시키는 예방적 사회정책이다. 결국 사회정책의 본질은 인적자원의 역량을 기르고 활용하는 데에 있어서 누구도 배제되지 않는 포용적인 정책과 맥이 닿아 있는 것이다.

02　모두를 위한 역량개발

　　모두를 위한 역량개발은 사회정책이 불평등과 사회적 위험을 예방하는 것에 초점을 두는 것이다. 학교교육과 취학 이전 단계의 돌봄과 학습 이외에도 일터에서의 학습도 역량개발의 중요한 수단으로 부각되고 있다. 과거와 달리 이제 출발선에서의 격차 이외에도 일터에서의 학습격차도 불평등의 근원으로 등장하고 있다. 이것은 생애 전 단계의 모두를 위한 역량개발을 필요로 함을 의미한다. 이 절에서는 학습복지의 근간이 되는 인적자원의 모두가 사회적 위험을 예방할 수 있는 것에 대해 논의한다.

1. 사회적 배제와 기회불평등

인생의 출발 단계에서 뒤처짐은 향후 사회적 위험에 빠질 가능성을 높인다. 영·유아의 돌봄과 학습부진은 초등학교 진학 이후에 학습격차로 이어진다. 또한 사람이 성장한 이후에도 사회적 접촉의 네트워크를 통하여 상호작용의 교류협력을 통해 지속적으로 역량을 축적해 간다. 만약 이러한 네트워크에서 소외되면 사회적으로 버려지고 학습의 기회를 상실하게 된다. 이러한 사회적 배제는 낙인, 소외, 가치박탈 등으로 이어져 사회적 위험에 머물게 만든다.

인도의 경제학자 센(A. Sen)은 사회적 배제를 '최소한의 인간다운 생활을 영위할 수 있는 능력이 결핍된 상태'라고 정의한다. 이 정의에서의 능력은 사람이 할 수 있는 것과 될 수 있는 것으로 가능성과 기회를 의미한다. 능력을 구성하는 요소가 다차원적이기는 하지만 사회적 배제와 관련하여 국가는 빈곤을 벗어나는 것뿐만 아니라 노동시장, 대출시장, 젠더, 의료, 교육기회, 문화, 정치 등에 있어서 배제되는 것에 관심을 가진다.

이와 같은 사회적 배제는 사람의 사회적 역량의 퇴화와 나아가 인적 역량을 마모시키는 결과를 가져온다. 사회적 배제로 인한 인적자원의 역량의 퇴화는 직업탐색 또는 일자리에 접근을 어렵게 하여 장기실의의 원인이 된다. 뿐만 아니라 사회적 배제는 학습을 통해 역량을 기를 수 있는 기회를 잃게 하여 사회적 불평등을 더욱 확대시키고, 잠재적 사회적 위험을 더욱 크게 만든다. 이와 같은 사회적 배제에 직면한 사람들에게 제공되는 학습은 기존의 학교교육과 직업훈련만으로는 한계를 가진다. 사회적 배제에 직면한 취약계층의 능력개발 프로그램은 그들에게 도움이 되는 개별화된 경력개발의 관점에서 접근되어야 한다. 이것은 전통적인 직업훈련 또는 평생학습과는 다른 새로운 형태를 요구하는 것이다.

한편 기회불평등은 사회적 불평등을 야기하는 원천이 된다. 불평등이 사회적 현상으로 드러난 것이라면 기회불평등은 사회적 불평등을 일으킬 수 있는 전조라고 할 수 있다. 예컨대 영·유아 단계에서 학습 격차에 직면하면 정규교육에서 인적자본 축적이 제대로 되지 않아서 노동시장에서 소득불평등에 직면하게 된다. 또한 일터에서 장시간 근로 등으로 학습기회를 상실하면 일터가 요구하는 숙련 갱신을 하지 못하게 되어 소득불평등에 직면하게 된다. 따라서 기회불평등은 사회적 불평등의 대물림을 야기한다. 저소득층 자녀들은 학습기회에 격차를 보이고, 다시 저소득 일자리에서 일할 가능성이 높다. 학습기회의 상실은 사실상 교육 또는 학습을 통한 개인들의 성공신화 창출 또는 사회적 지위상승을 어렵게 한다.

결국 시혜적 복지만으로 사회적 배제와 기회불평등을 차단하는 데에는 한계가 있다. 왜냐하면 시혜적 복지는 사회적 위험에서 인간의 최소한의 생존을 위한 지원이므로, 사회적 위험으로부터 벗어날 수 있는 역량을 기르지는 못하기 때문이다. 특히 시장이나 사회단체에 의한 복지서비스의 시혜적 지원은 생존을 위한 것이지 일 또는 학습을 할 수 있는 능력을 길러주는 원천은 되지 못한다. 따라서 학습복지를 통해서 스스로 일을 하고 소득을 얻을 수 있는 힘을 기르는 것이 중요하다. 공교육을 강화하고 누구도 학교교육과 학습에서 배제되지 않게 하는 것은 사회적 배제와 기회불평등을 해소하는 데 있어서 중요하다.

2. 학습기회의 확장과 학습격차

학습으로부터 누구도 배제되지 않게 하는 것은 포용적 사회정책의 근간이다. 모두를 위한 학습은 잠재적 사회적 위험에 대비하는 요체라고 할 수 있다. 하지만 학습격차, 특히 학교에서의 교육격차는 타고난 역량에 의해 발생하는 것일 수 있다. 사회문제를 야기하는 또는 사회적 불평등으로 이어지는 학습격차는 학습자 사이의 차이가 아닌 체계적인 학습자 사이의 차이 또는 집단 간의 차이를 의미한다. 이러한 체계적인 차이는 교육제도 또는 학습체계에 의해 발생하는 것이기 때문이다. 만약 학생들의 타고난 재능에 의한 특정된 학습격차가 발생한다면 사회적 불평등을 야기하는 본질적인 문제는 아니라고 할 수 있다. 왜냐하면 타고난 소질은 개발되어 직업세계에서 충분히 발휘될 수 있어야 하기 때문이다.

　사회정책의 관점에서 학습격차가 가지는 본질적인 문제는 학습이 노동시장에서 임금과 직업선택의 기회에 있어서 불평등을 야기하는 것이다.[8] 이와 같은 교육격차는 부모의 사회·경제적 지위에 의해 자녀의 교육성취에 영향을 주는 경우 사회적 불평등의 대물림으로 이어지게 된다. 또한 교육격차는 개인의 노력에도 불구하고 사회적 계층 이동의 공정한 지위상승 기회를 박탈한다. 학벌주의 문화가 만연하는 현실은 교육격차의 확대와 동전의 양면과 같다. 학벌주의는 학력 또는 자격의 노동시장 신호기능이 취약하기 때문에 발생하는 지위경쟁의 결과이다.[9] 지위경쟁으로 인한 학벌주의가 확대되면 학습에 투자할 여력이 없는 저소득 계층의 자녀들은 진학 또는 학업 선택의 기회에 제약을 받게 된다. 이러한 경우 저소득층 자녀의 교육을 통한 사회적 지위상승 기회는 크게 제약되고, 사회적 불평등의 악순환은 강화된다.

　따라서 학습기회를 확장하는 것은 교육격차로부터 이어지는 사회적 불평등의 고리를 끊는 핵심이다. 학교교육에서 공교육의 기능을 확장하고, 질적 수준을 높이는 것은 학령기의 학습기회를 확장하는 것이다. 공교육은 모두를 위한 교육의 장이므로 포용적인 학습기회를 강화하는 곳이다. 또한 성인들의 학습기회를 확장하는 것은 일터에서 평생직업의 기회를 강화한다. 일터학습은 일터가 요구하는 경력개발을 하게 되므로 재직자들의 고용불안을 줄이고, 실업과 같은 사회적 위험을 예방하는 기능을 한다. 하지만 재직자의 학습기회 제공은 장시간 근로의 제약 요건을 해결하는 등의 노동시장 여건과

---

8 박경호 외(2017: 23)는 교육격차를 '타고난 성별, 인종, 능력 등과 같은 유전적 요소와 가정, 지역, 사회 등과 같은 환경적 요소가 다른 학생이 학교경험을 통해 드러낸 교육결과의 차이 가운데 사회적으로 동의하지 않는 계층, 인종 등과 관련이 있으면서 사회진출 후 받게 될 보상에 영향을 주는 것'이라고 정의한다.

9 제7장에서 논의한 바와 같이 자격의 신호기능이 약하면 학습을 통해 개인이 축적한 역량에 있어서 비대칭 정보가 확대된다. 이러한 비대칭 정보는 기업이 인적자원 선발에 있어서 개인의 역량을 정확히 파악하지 못하기 때문에 평균적인 학교의 평판에 근거하여 직원을 채용하게 된다. 이러한 경우 학벌주의가 만연하게 되며, 평판이 낮은 학교 졸업생(예, 지방대학 졸업생) 중에서 소수의 높은 역량 갖춘 학생들은 노동시장에서 차별을 받게 된다.

밀접하게 관련된다.

중요한 것은 교육격차와 일터에서 학습격차가 소득불평등으로 인해 대물림 되는 악순환의 고리를 끊는 것이다. 평생학습과 공교육의 전문성을 강화하고, 개별 인적자원의 특성에 맞는 학습 프로그램을 공급하는 것이 악순환의 고리를 끊는 요체라고 할 수 있다. 인공지능 및 블록체인 기술이 그러한 학습 프로그램을 공급할 수 있는 가능성을 높이고 있다. 특히 비대면 시대의 학습의 질을 높이기 위한 전문성을 강화하는 것이 요구된다.

3. 사회보장과 인적자원

인적자원의 개념이 인적 및 사회적 역량과 함께 민주시민 역량을 기르고 활용하는 것이므로 모두를 위한 인적자원은 사회보장제도와 깊은 관계를 가진다. 사회보장제도는 서구 복지국가의 발전과 더불어 사회적 약자를 보호하는 것에서 점차 일반시민의 복지도 고려하는 형태로 발전하였다. 이러한 변천은 국가가 대응책임을 갖는 사회문제 혹은 사회적 위험의 범위가 늘면서 사회정책의 영역이 점진적으로 확장되는 데에 따른 것이다. 앞에서 논의한 바와 같이 인적자원 투자는 잠재적 사회적 위험을 예방하는 중요한 역할을 한다는 점에서 사회보장제도에 중요하게 반영되어야 한다. 사회투자국가 또는 적극적 사회정책의 논의는 바로 이러한 인적자원의 중요성을 강조하는 것이다.

좀 더 구체적으로 살펴보면 사회보장제도는 소득보장, 건강보장, 사회서비스보장, 고용보장의 네 영역이 핵심 축이다. 첫째, 소득보장은 사회보험과 공공부조를 통해 사회적 위험에 대응해 온 복지국가의 대표적인 시혜적 복지로서의 사회정책이다. 사회보험은 사회보험 가입자가 사회적 위험에 직면했을 때 혜택을 받을 수 있고, 공공부조 급여는 빈곤가구를 대상으로 자산조사를 바탕으로 선별적으로 제공된다. 둘째, 건강보장은 모든 국민이 대상이지만 의료보험 가입자에게 혜택이 부여된다. 건강보장은 의료, 공공보건, 입원환자요양, 의료보조 등의 현물급여 형태로 제공된다. 셋째, 사회서비스보장은 아동, 노인, 여성, 장애인, 청소년 등 인적자원의 특성에 따라 현금 및 현물

(서비스)이 제공되는 복지서비스와 주거 서비스이다. 사회서비스보장은 빈곤층을 대상으로 지원하는 생활보장이다. 마지막으로 고용보장은 실직자와 구직자들이 직면하는 사회적 위험으로부터 보호하기 위한 것이다. 이것은 [그림 9-1]에 있는 노동과 복지의 선순환을 지향하는 근로연계복지(workfare)를 실현하기 위한 것으로 직업훈련과 직업상담 및 경력개발 등을 바탕으로 근로유인을 장려하는 적극적 노동시장정책이다.

사회보장제도를 설계·운영하는 데에 있어서의 강조점은 소득보장의 포괄성과 균형, 현금급여와 현물급여의 조화를 통한 사회서비스 강화, 근로를 유인할 수 있는 노동과 복지의 선순환, 중앙과 지방의 정책이 조화될 수 있는 복지자치의 확립 등이 핵심이다(김형만·최영섭·노대명, 2018: 227). 첫째, 포괄성과 보장성의 균형은 제한된 예산으로 복지 수준을 확대할 때 우선순위를 고려하는 것이다. 이것은 더 많은 사람을 보호할 것인지, 특정 집단에 집중할 것인지의 선택과 집중의 문제로 보편적 복지와 선별적 복지를 어떻게 조화할 것인지의 문제이다. 둘째, 현금급여와 현물급여의 균형은 재분배 기능을 강화하는 데 있어서 현금이전을 확대할 것인지, 현물이나 사회서비스를 확대할 것인지에 대한 선택과 조합이 필요함을 의미한다. 이것은 인구의 고령화 및 저출산, 그리고 여성의 경제활동 증가 등의 인구의 구조적 특성과 경제 환경의 변화를 고려하는 중요한 의미를 가진다. 셋째, 노동과 복지의 선순환은 노동자의 근로의욕 저하와 그로 인한 노동 생산성 약화를 막는 것이다. 기초생활보장제도의 수급자에게 일할 유인을 높이도록 하는 자활사업(근로연계복지)을 강화하고 고령화에 대비한 정년연장 등이 중요한 정책이다. 넷째, 중앙과 지방의 균형발전은 지역 차원에서 인적자원의 사회적 위험 또는 보호 실태를 파악하기 용이하므로 지역 차원에서 사회보장제도 운영을 주도하여 효과성이 높이려는 것이다. 이것은 복지자치를 확립하는 것으로 지방자치단체의 복지프로그램을 기획하고 운영하는 역량을 향상시키는 것이 바탕이 되어야 한다.

이상과 같은 사회보장제도는 모두를 위한 인적자원정책으로서의 의미를 가진다. 인적자원의 관점에서 사회적 보호가 필요한 취약계층이 사회적으로 배제되지 않게 하는 것은 비정규직, 자영업자, 청년과 고령층, 여성 등의 역량 마모를 방지함에 의해 전체 인구의 경쟁력을 약화시키지 않도록 하는 것이다. 즉 불평등에 직면하고 있는 인적자원의 역량을 보호하고 육성할 수 있는 최소한의 기반을 구축함에 의해 잠재적 사회적 위험을 예방하는 초석을 마련하는 것이다. 또한 모두를 위한 사회보장을 강화하는 것은 국민의 생활 영역별로 복지 사각지대를 줄이고, 시민들의 연령과 가구의 특성을 감안한 사회보장체계는 모든 시민들이 사회적 위험을 예방하는 사람의 역량이 퇴화되지 않도록 하는 것이다. 이러한 정책 과제들은 인적자원의 역량을 보존함에 의해 스스로 학습 기회를 창출하는 토대가 되는 것이다.

03 인적자원 관점의 사회보장

인적자원 관점의 사회정책은 사람의 생애 단계를 고려하는 것이다. 즉, 경제·사회적 문제에 직면한 청년, 여성, 근로연령층, 중장년층, 노년층에 이르는 전 연령층에서 사회적 위험에 처한 사람들을 돌보기 위한 것이다. 앞에서 논의한 사회보장의 포괄성과 보장성은 인구의 고령화, 고용, 소득분배 등에 의해 크게 영향을 받는다. 특히 저출산 및 고령화로 인하여 복지지출도 크게 확장하고 있지만 이와 연계되어 인적자원의 역량을 기르고 활용하는 데 있어서도 큰 변화를 야기하고 있다. 여기서는 인적자원의 생애과정(life course)을 고려하는 사회정책의 특성을 살펴본다.

1. 영·유아의 돌봄과 학습

영·유아 돌봄과 학습이 지향하는 것은 생의 출발단계에서 가장 좋은 가능성을 갖게 만드는 것이다. 어린이들에게는 생애 단계의 삶의 행복에 있어서 모든 가능성이 열려있다. 취학 전 아이들에 대한 인적자원 투자는 아이들의 미래를 위해서뿐만 아니라 사회적 결속을 위해서도 이득이 되는 것이다.

하지만 어린이들에게 주어진 여건은 이후 생의 잠재적인 사회적 위험의 가능성을 결정짓기도 한다. 저소득 또는 불리한 여건[10]의 가정에서 자란 아이들은 학교교육에서 성과를 내지 못하는 경향이 있고, 심지어 어른이 되었을 때 그들은 실업과 질병 이외에 불리한 여건에서 일자리를 얻는 데에 있어서도 어려움에 직면할 가능성이 상대적으로 그렇지 않은 아이들에 비해서 높다. 부모의 낮은 소득으로 자녀들이 어린 시기에 기회의 불평등에 노출되면 세대 간의 불평등이 이어지는 악순환의 고리를 형성하게 된다. 부모가 불충분하게 아이들을 돌보면 돌봄의 부실로 인한 학습부진을 겪게 되고, 이것은 아이들의 생애 기회에 손상을 주게 되는 것이다.

또한 취학 전 돌봄과 학습에 소요되는 높은 비용은 가계의 소비와 저축을 어렵게 만들고, 이것은 가족이 책임지는 자녀의 돌봄과 학습에 대한 투자의 여력을 약화시킨다. 더욱이 가족이 아이들의 돌봄에 중심이 되는 구조에서는 여성의 경제활동에 장애요인이 되고 있다. 일과 가정의 부조화 또는 가족의 낮은 책무성은 출산율을 떨어뜨리는 결과를 초래한다. 우리나라의 경우 매우 낮은 출산율은 돌봄에 있어서 가족 또는 부모의 과도한 책임이 중요한 원인으로 지적되고 있다.

이러한 사회문제를 해결하기 위해 필요한 것은 국가의 관점에서 정부의 아동에 대한 인적자원 투자를 위해 조세와 이전지출, 돌봄 지원, 부모의 지원 등을 행하는 것이다. 영·유아 단계의 인적자원 투자에 있어서 정부정책의 근간은 아이들이 출발선에서 뒤처지지 않게 함에 의해 미래의 생애 과정에서 사회적 위험에 놓이지 않게 하는 것이다. 어린이를 위한 적극적 사회정책은 어린이의 발달을 위해 충분히 투자함에 의해 돌봄과 학습의 비용 부담을 줄이고, 일과 가정의 조화를 통한 가정의 책무성을 강화하는 데에 초점이 있다. 정책의 현실에 있어서 이것은 사회복지서비스과 교육의 영역에 속한다. 전자는 보육과 돌봄이고, 후자는 어린이집, 유치원 등과 같은 취학 전 학습이다.

또한 적극적 사회정책은 여성들이 노동시장에 남아있도록 유인하는 것

---

10 OECD 보고서에 따르면 수 세기 동안 OECD 국가의 물질적 풍요가 확장되었고, 그 결과 어린이들은 더 좋은 교육과 건강을 향유하고 있다. 하지만 이러한 성취에도 불구하고 모든 어린이의 12%가 상대적 소득빈곤에 있고, 약물 남용, 범죄활동, 10대 임신과 같은 여러 형태의 고통을 받고 있다(OECD, 2005: 70).

이외에 미래의 일을 준비하는 평생학습에 참여할 기회를 제공하는 것도 중요하다. 그 중요한 정책은 아이에 대한 투자, 모성의 고용 확대, 일과 가정의 조화, 출산장려 등이 핵심이다.

첫째, 어린이를 위한 투자는 개인의 생애 내내 역량을 기르고 동기를 얻는 데 있어서 중요하다(OECD, 2017: 53). 이것은 세대 간 불평등의 대물림을 끊는 핵심이라고 할 수 있다. 이를 위해 잘 설계된 프로그램과 교사와 학부모가 연계되는 전문성을 필요로 한다.

둘째, 모성의 고용 확대는 어린이들의 빈곤을 줄이기 위한 부모 특히 여성의 고용을 증진하는 것이다. 여성의 고용은 현존하는 조세와 실업급여 체계뿐만 아니라 아이 돌봄과 가족 친화적인 작업장으로 변화를 필요로 한다. 모성보호는 아래 [그림 9-2]의 고용보험제도에서 출산 및 육아와 관련한 개인급여와 직장어린이집 운영과 관련한 기업급여를 통해서 지원된다.

셋째, 일과 가정의 양립은 부모와 아이의 편익을 위한 것으로 여성의 경제활동참가와 가정과 일의 책무성에 대한 도전에 직면한 가족을 돕는 것이다. 일과 가정의 양립은 남성과 여성의 가사 및 일의 분담에 있어서 도전일 뿐만 아니라 어린이의 돌봄과 학습의 지원에 있어서 중요하다. 최근에는 남

그림 9-2 한국의 고용보험 구조와 급여

실업급여	고용안정사업 (+고용안정센터 운영)	직업능력개발사업	모성보호 프로그램
개인급여 • 구직급여 • 상병급여 • 연장급여: 훈련연장급여, 개별연장급여, 특별연장급여 • 취업촉진수당: 조기재취업 수당, 직업능력개발수당, 과역구직활동비, 이주비	개인급여 • 실업급여/구직서비스 기업급여 • 고용창출장려금 • 고용안정장려금 • 고용유지지원금 • 장년고용안정지원금 • 건설근로자고용안정사업	개인급여 • 근로자개인주도훈련 지원 • 실업자 훈련 지원 기업급여 • 사업주 훈련 지원	개인급여 • 출산전후(유산, 사산) 휴가 급여 • 육아휴직 • 육아기 근로시간 단축 기업급여 • 직장어린이집 지원사업 • 직장어린이집 운영비 지원사업 • 직장어린이집 설치비 지원사업

자료: 안병영 외(2018), 471쪽.

성의 출산휴가를 통하여 남성과 여성의 육아를 분담하도록 진화되고 있다.

마지막으로 출산율의 증진은 국가적으로 노동력의 감소에 대응하는 것으로 중요한 의미를 가진다. 출산 지원은 가족이 많은 아이를 갖도록 직접적인 지원도 있지만 일터 환경과 어린이 돌봄의 영역의 지원과 밀접하게 관련된다. 저출산 정책으로는 청년 일자리·주거 대책, 난임 등 출생에 대한 사회적 책임, 맞춤형 돌봄 확대 등이 일과 가정의 양립 대책과 함께 추진되고 있다(대한민국정부, 2015). 이와 같이 우리나라의 취학 전 아동의 돌봄과 학습은 여성이 전통적으로 해오던 돌봄만으로 한계에 직면하고 있고, 이에 따라 공동체 돌봄(community care)의 중요성이 증대되고 있다. 공동체 돌봄이 노인, 장애인, 아동, 노숙자 등을 대상으로 지역단위에서 의료보건, 돌봄, 주거서비스가 결합된 통합적 접근이 중요하게 고려되고 있지만 아동의 돌봄도 새롭게 고려될 필요가 있다. 이와 같이 아이를 가진 가정에 대한 지원은 적극적 사회정책의 중심에 있다. 정책의 범주도 아이들의 빈곤과 돌봄 이외에 일과 가정의 조화를 위한 일터 환경의 변화와도 밀접하게 관련된다. 따라서 전통적인 복지 또는 고용정책을 넘어서 인적자원정책의 관점이 요구된다.

2. 근로연령층의 지원과 능력개발

근로연령층의 빈곤과 배제는 주로 불충분한 소득에 의해 발생한다. 불충분한 소득은 숙련의 부족에 의한 낮은 생산성과 밀접하게 관련된다. 이것은 일터에서 개인의 숙련과 일터의 구조적 요인에 의해 역량을 발현하는 데 있어서 장애가 있음을 의미한다. 이러한 노동시장의 변화에 대응하는 사회정책은 산업재해보험, 실업급여, 적극적 노동시장정책 등의 세 가지가 핵심이다.

첫째, 산업재해보험은 일터에서 사고로 인해 노동력 상실을 보상하고, 재해를 예방하기 위해 보상을 제공하는 것이다. 산재는 일터에서 사고로 인한 지속적인 노동력 상실로 인해 임금에 상응하는 소득이 필요하며, 일의 권리를 회복하기 위해 재활의 서비스의 특별한 보상도 필요로 한다. 한국에서 산업재해보험에서 보험료는 고용주가 납부하며, 업종별로 사업장의 보수총액과 정부가 산재 위험도에 따라 정한 사업장별 산재보험료율을 산정한다.

산재보험의 관리는 고용노동부의 근로복지공단에서 하고 있으며, 산재의 유형에 따라 급여가 지급된다.[11]

둘째, 실업급여는 자발적인 이직이 아닌 경기변동으로 인해 기업이 폐업하거나 고용조정에 의해 본인의 의사와 관계없이 비자발적 실업에 직면할 때 구직활동을 돕기 위한 제도이다. 우리나라의 현행 고용보험제도는 1993년 입법되어 1995년부터 시행되었다.[12] 고용보험제도에서 실업급여는 구직급여, 상병급여, 연장급여, 취업촉진수당 등으로 구성되어 있다. 보험료는 근로자 개인과 사업주 두 집단에게 1/2씩 공동으로 부담하여 1.3%의 보험료를 납부한다.

셋째, 적극적인 노동시장정책은 [그림 9−2]에서의 고용안정사업과 직업능력개발사업에 의해 추진되는 것이다. 이 정책은 서구의 사민주의 모델과 신자유주와의 국가에서처럼 그 유형별 특색을 달리한다. <표 9−1>은 인센티브 강화, 일자리 창출, 고용지원, 숙련향상 등 네 개 유형의 특징을 보여준다. 인센티브 강화 유형은 재취업 또는 구직활동 유인을 강화하는 것으로 인적자원 투자 기능은 없는 것이다. 일자리 창출 유형은 높은 실업과 장기실업에 대응하기 위해 일자리 창출과 단기 직업교육을 실시하는 것이다. 고용지원 유형은 고용을 지원하는 것으로 해고를 억제하거나 신규고용을 유인하는 것에 초점이 있다. 마지막으로 숙련향상 유형은 실업자들의 숙련을 향상시켜 다른 직종이나 직장으로 이직할 수 있는 다양한 직업훈련 프로그램을 제공하는 것으로 인적자원 투자의 성격이 강하다.

이상의 적극적인 노동시장정책은 근로연령층에 대한 사회보장정책의 중심을 근로연계복지(workfare)와 근로빈곤층의 취업과 자립을 위한 지원에 초점을 두는 것이다. 근로연계복지는 고용보험제도에 바탕을 두고 있으며 근로

------

11 산재보험료를 산정하는 공식은 "산재보험료율=(산재보험급여지급률+추가지출률)(85%)+부가보험료율(15%)"이다. 산재보험의 관리는 고용노동부 산하의 근로복지공단에서 산재보험료 부과 및 급여를 지급하고 있다. 급여의 유형은 산재를 당하면 단순 치료의 경우 요양급여와 휴업급여로 나누어지고, 사망의 경우에는 유족급여와 장의비가 지급된다. 장애의 경우는 등급에 따라 장애보상급여가 일시금 또는 연금의 형태로 지불된다. 간병이 필요한 경우 간병급여가 지급된다. 그 다음으로 재활이 필요한 경우 재활급여들이 지급된다. 이외에도 탄광노동자들에게 지급되는 진폐연금급여가 따로 있다(안병영 외, 2018: 454−457).

12 1995년 실시된 고용보험제도는 실업급여, 고용안정, 직업능력개발사업 등의 세 축이다. 제도가 시행될 당시에 실업급여 대상자는 30인 이상 근로자를, 그리고 고용안정과 직업능력개발 프로그램은 70인 이상을 고용하는 사업장에서 출발하였지만 1998년 이후 모든 사업장으로 확대되었다.

표 9-1 복지급여 수급자 선정 방식

		인적자원 투자		
		없음	약함	강함
시장친화적 고용	약함	(소극적 급여) 공급축소, 조기퇴직	일자리 창출 • 공공부문에 단순 공공근로 일자리 창출 • 고용과 직접적 관련이 없는 교육 또는 훈련프로그램	기본교육제도
	강함	인센티브 강화 • 소득공제 • 수급기간의 제한 • 급여축소 • 급여의 조건 강화 • 제재	고용지원 • 직업소개서비스 • 직업탐색지원 • 고용유지지원금 • 고용상담	숙련향상 • 직업훈련제도 • 평생교육제도

자료: 안병영 외(2018), 486쪽.

연령층의 빈곤과 배제를 예방하는 사회적 보호의 핵심이다. 이러한 고용보험 제도가 가지는 함의는 인적자원이 복지에서 일로, 그리고 일에서 복지로 전환을 원활하게 함에 의해 일터에서의 사회적 위험을 예방하는 것이다. 이것의 발전적인 모습은 [그림 9-1]에서와 같이 일과 학습이 함께 하여 일로부터 잠재적 위험을 예방하는 학습복지(learnfare)를 지향하는 것이다. 한편 근로빈곤층의 지원은 오랜 역사를 가지고 있지만 소득보장정책만으로 한계가 있다. 기초생활보장제도의 조건부수급 규정에 기초한 자활사업과 취업성공패키지의 연계를 필요로 한다.

3. 노인의 삶과 학습

고령화는 사회정책의 새로운 영역을 확장시키고 있다. 베이비붐 세대의 은퇴로 인한 노령인구의 증가와 함께 빠르게 늘어나는 기대수명은 질병, 무위, 고독, 빈곤 등의 4대 고통으로 인한 노인의 돌봄 비용을 급격하게 상승시키고 있다. 질병은 돌봄의 사회보장, 빈곤은 시혜적 복지, 무위와 고독은 사회적 관계망 형성 등과 같이 노인이 직면하고 있는 고통의 유형에 따라 특성을 달리하는 사회정책이 요구된다. 첫째, 노인 돌봄의 확대는 노인의 규모가 확장되는 데에 따른 것이기는 하지만 기대수명이 늘어남에 따라 노년기 후반의 질병이 큰 원인이다. 노인의 질병으로 인한 요양은 사회적 비용을 크게 증가시킨다.13 둘째, 노인 빈곤은 전통적으로 시혜적 복지를 통해서 사회적 위험으로부터 보호하는 정책의 영역이다. 우리나라에서는 노령연금이 노인들의 빈곤을 퇴치하지 못하고 있다.14 은퇴 이후 일을 할 수 있는 기회를 확장하는 것이 새로운 정책과제로 부각되고 있다. 셋째, 노인을 위한 사회적 관계망은 노인의 사회적 활동 기회를 확장하는 것이다. 노인의 사회적 관계망은 과거에 경험하지 못한 노인을 위한 공동체를 구축하는 것이다. 이러한 세 유형의 노후 준비와 관련한 정책은 건강유지, 경제적 안정성 확보, 대인관계 및 문화여가활동이다.

이외에도 노인들이 마지막에 좋은 죽음(well-dying)을 맞을 수 있도록 죽음을 준비하는 것과 관련한 정책도 새롭게 고려되어야 한다. 왜냐하면 좋은 죽음도 인간이 추구하는 행복한 삶의 중요한 부분이기 때문이다. 죽음 이전 단계에서 돌봄은 신체적, 심리적, 사회적, 영적 측면에서 고려될 수 있다(정경희 외, 2018: 23). 신체적 돌봄은 환자의 통증을 완화시키는 치료이다. 심리적 돌봄은 임종 전에 분노, 슬픔, 긴장, 두려움에 대해 공감과 지지를 통한 정서적 연대를 주는 것이다. 사회적 돌봄은 가족과 지역사회에서의 타자와의 관계를 정리할 수 있게 하는 것이다. 그리고 영적 돌봄은 죽음 이후의 영적인 갈증을 해소할 수 있도록 하는 것이다.

이상과 같이 기대수명이 늘어남에 따라 노인을 위한 사회정책이 매우 복잡해지고 있지만 그 핵심은 노인을 위한 학습 기회를 창출하는 것과 깊은 관계를 가진다. 그러한 학습결과는 노인에게 일 또는 사회봉사 기회를 제공하는 데에 활용될 수 있다. 노인을 위한 학습공동체를 구축하는 것은 분명 새로운 과제이다. 노인을 위한 학습공동체는 일, 재능기부 또는 자원봉사, 건강관리, 죽음 준비 등의 다양한 형태가 고려될 필요가 있다.

---

13 통계청 <생명표>에 의하면 2018년 기준 기대수명은 82.7세인 반면 유병기간을 제외한 기대수명(건강수명)은 64.4세이다. 기러한 수치는 평균적인 값이기는 하지만 장수사회는 수명의 연장과 함께 질병과 함께하는 기간이 늘어나 돌봄의 비용도 증가하고 있음을 예상할 수 있다.

14 2015년 한국의 65세 이상 인구의 빈곤률은 45.7%로 OECD 평균(13%)의 약 3.5배에 달하는 매우 높은 수준이다(OECD, 2018b: 46).

04　갈등과 차별의 사회문제

　　인간이 직면하는 사회적 불평등은 재난과 환경오염과 같은 외부적 충격에 의해 발생하기도 하지만 공동체 내의 문화적 요인 또는 차별에 의해서도 나타난다. 재해 또는 재난과 환경오염으로부터 위협은 모든 사람이 직면하는 것이기는 하지만 사회적 불평등의 정도에 따라 그 피해는 다르다. 공동체 내에서도 문화, 성 및 연령에 따른 차별로 인한 사회문제가 나타나고 있다. 이러한 재난, 환경, 문화와 차별 등에 의한 갈등과 사회문제를 해결하기 위해서는 개인들의 역량보다는 공동체적 역량을 필요로 한다. 이 절에서는 이들과 관련된 사회정책을 인적자원의 관점에서 살펴본다.

1. 재난과 회복력

　　재난(catastrophe)[15] 또는 재해(disaster)는 이상적인 자연현상 또는 인위적인 사고가 원인이 되어 발생하는 사회·경제적 피해로서 일정한 규모 이상의 피해가 발생한 경우를 총칭한다(채종헌·최호진·이재호, 2018: 53). 이러한 재난은 가난한 자와 부자 모두에게 영향을 주지만 회복하는 과정에서 피해는 불평등하게 전개되는 경향이 있다. 기존의 사회적 불평등이 존재하면 취약한 계층이 재난의 회복력이 약해서 삶의 안전에 대한 더 큰 위험에 직면한다.

　　더욱이 재난의 복구과정에서 의사결정은 중산층 또는 부자의 선호와 이해가 반영되는 정치적 과정이 있으면 불평등은 더욱 가중되는 결과를 가져온다. 이것은 재난의 순기능보다 역기능이 큰 경우이다.[16] 이러한 역기능은 현

---

15 「재난 및 안전관리기본법」 제3조의 정의에 의하면 재난은 '국민의 생명·신체·재산과 국가에 피해를 주거나 줄 수 있는 것'을 말한다. 또한 동 법에서 재난의 유형을 자연재난과 사회재난으로 구분한다. 자연재난은 '태풍, 홍수, 호우, 강풍, 풍랑, 해일, 대설, 낙뢰, 가뭄, 지진, 황사, 조류 대발생, 조수, 화산활동, 소행성·유성체 등 자연우주물체의 추락·충돌, 그 밖에 이에 준하는 자연현상으로 인하여 발생하는 재해'를 의미한다. 사회재난은 '화재·붕괴·폭발·교통사고·환경오염사고 등으로 인하여 발생하는 대통령령으로 정하는 규모 이상의 피해와 에너지·통신·교통·금융·의료·수도 등 국가기반체계의 마비, 「감염병의 예방 및 관리에 관한 법률」에 따른 감염병 또는 「가축전염병예방법」에 따른 가축전염병의 확산 등으로 인한 피해'를 의미한다.

대사회의 복잡한 구조에서 공동체 삶의 불확실성을 더욱 증폭시키는 현상과 깊은 관계를 가진다. 과거 재난의 위험에 대한 대응은 자연 흐름을 예측하고 그에 상응하는 대응·대비 및 재난 발생 이후 복구에 집중하는 것이었지만, 사회·기술·자연적 요소들의 복합적인 교호작용의 결과로 나타나는 현대의 위험은 불확실성과 복잡성을 증폭시키고 있다.[17] 이러한 결과 재난으로부터 위험은 사회적 취약계층에 그 피해를 크게 가져다주는 역기능이 크게 나타난다.

한편 대형화 및 복잡화 되는 재난은 해결과정[18]에서 비용을 크게 증가시킨다. 뿐만 아니라 재난으로 인한 갈등이 장기화될 경우 사회적 비용을 증폭시킨다. 재난으로 인한 갈등은 그 배경에 사회적 불평등을 내포하고 있으므로 재난 복원력을 약화시키는 결과를 초래한다. 정지범(2013: 17-18)은 Moore(2003: 63)의 연구를 바탕으로 <표 9-2>와 같이 갈등을 정보, 관계, 가치, 이익 등의 5가지 유형을 제시하였다. 첫째, 정보갈등(data conflicts)은 어떤 문제에 대한 자료가 부족하거나 그 자료에 대한 해석이 다를 경우에 발생한다. 재난으로 인해 통신망이 붕괴된 경우가 대표적인 예다. 둘째, 관계갈등(relationship conflicts)은 이해당사자 간의 부족한 혹은 부적절한 소통으로 인한 오해와 고정관념이 있을 경우에 발생한다. 이러한 갈등은 피해자뿐만 아니라 정부조직의 문화와 전문성 차이에 의해서도 발생한다. 셋째, 구조갈등

---

16 재난의 순기능은 재난을 경험하면서 삶의 가치와 소중함과 공동체의 중요성에 대한 집단적 가치의 환기를 통해 협력적 관계에 바탕을 두는 사회통합에 기여하는 것이다. 반면 역기능은 기존에 사회적 불평등이 상존한 상황에서 재난이 발생하면 내재한 갈등을 표출시킴에 의해 사회적 합의를 어렵게 하고, 개인의 이익에 치중함에 의해 사회적 갈등이 증폭되는 것이다(은재호, 2016: 14-15; 정지범, 2013: 17).

17 불확실성은 위험을 자연재해와 사회재난으로 구분하더라도 피해규모와 범위가 예측불가능하다는 것이다. 대형화 및 복잡화는 현대사회의 위험이 사회적, 기술적, 자연적 요소가 결합되어 연쇄적임을 의미한다. 그리고 불평등한 피해는 사회구조와 상호작용에 있어서 조직 및 지역 간의 자원과 정보의 배분이 비대칭적이어서 사회의 불평등 구조를 악화시키는 것이다(채종헌·최호진·이재호, 2018: 36-37).

18 재난의 해결 과정은 재난의 관리 단계와 관련된다. 정부의 재난 관리는 예방-대비-대응-복구의 4단계로 진행된다(정지범, 2013: 12-13). 첫째, 예방은 사전에 위기요인을 제거하거나 감소시킴에 의해 위기 발생을 억제 또는 방지하는 활동이다. 둘째, 대비는 위기 상황에서 수행해야 할 제반 사항에 대해 '계획, 준비, 교육훈련'에 의해 대응 태세를 강화하는 일련의 활동이다. 셋째, 대응은 국가의 자원과 역량을 활용하여 신속하게 대처함으로서 피해를 최소화하고 제2차 위기 발생을 감소시키는 일련의 활동이다. 넷째, 복구는 위기로 인해 발생한 피해를 이전의 상태로 회복시키고 평가 등에 의한 운영체계를 보완하여 재발을 방지하고 위기관리 능력을 보완하는 일련의 활동이다.

표 9-2 재난갈등의 종류와 대응 방안

갈등 종류	갈등의 원인	대응 방법
정보갈등	자료의 부족 및 잘못된 정보 정보에 대한 다른 해석 중요성에 대한 다른 견해 서로 다른 분석 과정	정보가 중요하다는 견해 공유 자료 수집 절차의 합의 자료 분석 기준 합의 전문가를 활용한 제3자 의견 활용
관계갈등	격한 감정 오해, 고정 관념 부족하거나 부적절한 행동 반복적인 부정행위	원칙과 절차에 입각한 감정표현 제어 절차에 입각한 적절한 감정표현 증진 관점 명확화 및 긍정적 관점 구축 구조 변화를 통한 부정적 행위 금지 긍정적 문제해결 태도 고양
구조갈등	적대적 상호관계 불평등한 권력, 자원, 정보 배분 지리적·물리적·환경적 방해 요인 시간의 부족	역할과 임무에 대한 명확한 정립 기본원칙과 절차를 통한 적대적 행위 제어 공정·상호 수용가능한 의사결정 절차 확립 충분한 정보제공을 통한 지식 공유 관계기반 교섭에서 이익기반교섭으로 전환 강요에서 설득으로 이해당사자에 대한 외부 압력 제어
가치갈등	생각·행위에 대한 다른 평가기준 다른 가치관에 근거한 다른 목적 다른 생활방식·이데올로기·종교	가치관 기준 문제 정의 금지 이해당사자에게 찬반 허용 이해당사자들이 공유할 수 있는 목표 가치의 차이에 대한 인정 및 확인
이익갈등	이익의 차이 실제적·인지적 경쟁 절차적 이해관계 심리적 이해관계	직위가 아닌 이해관계에 집중 이해당사자와 독립적·객관적 기준 탐색 이해당사자들을 모두 만족시키는 해결책 선택가능 옵션 및 자원 확대 방안 마련

자료: 정지범(2013), 18쪽.

(structure conflicts)은 이해당사자 사이에 불평등한 관계로 인해 발생하는 것이다. 조직, 자원 및 정보배분뿐만 아니라 지리적, 물리적, 환경적 요인 또는 시간지연 등이 주요한 요인이다. 넷째, 가치갈등(value conflicts)은 환경, 종교, 인권 등 다양한 가치와 이데올로기의 차이로 인한 갈등이다. 대부분의 가치갈등은 서로 간의 차이를 인정하고 존중하는 것 이외에 근본적인 해결책을 찾기 어렵다. 다섯째, 이익갈등(interest conflicts)은 이해당사자들 사이의 이익차이로 인하여 발생한다. 재난 상황에서 대표적인 이익갈등은 보상의 문제에서 나타난다.

그러면 재난을 어떻게 대응하여 극복할 수 있는가? 기본적으로 재난에 대응은 정부와 사회의 역량에 의해 크게 영향을 받는다. 재난의 대형화, 복잡화, 상호의존성은 정부의 대응역량도 중요하지만 정부와 공동체가 함께 하는 사회적 역량도 중요하다. 재난이 대형화·복잡화되고 있는 현실에서 갈등으로 인한 공동체의 훼손을 야기하지 않도록 하는 복원력을 향상시키는 것도 중요하게 고려하여야 한다. 과거에 정부가 주도하는 위험 관리 방식과는 달리 불확실성이 깊은 새로운 위험에 대응하는 회복력을 발휘할 수 있는 사회적 역량이 요구된다. 사회 전제적인 재난에 대응 능력은 사회관계망을 구축하고, 공동체의 가치를 실현할 수 있는 인적 및 사회적 역량뿐만 아니라 민주시민의 역량을 통해 확립될 수 있다.

2. 환경문제로부터의 사회적 갈등

인구증가, 도시화, 에너지 사용의 급증 등은 경제성장에 의한 지구의 자원을 고갈시켜 환경문제를 심화시키고 있다. 이러한 환경문제는 특정 유형이나 영역에 국한되지 않고 상호 연결된 복합적인 구조 속에서 발생한다. <표 9-3>과 같은 환경문제의 내재적 특성은 불확실성과 깊은 관계를 가지고 있고, 이에 따라 환경문제를 야기하는 범위와 영향에 대한 정확한 예측을 어렵게 한다. 뿐만 아니라 여러 직간접적인 이해당사자 사이의 개발과 보전의

표 9-3 환경문제의 내재적 특성

종류	특성
상호관련성	물, 공기, 토양과 생태 간 상호 관련되어 있어 문제해결을 더욱 어렵게 하며, 또한 문제끼리 상승작용을 발생. 오염발생의 원인자와 피해자간 서로 다른 경우가 있음.
광역성	오염의 영향범위가 지역에 국한하지 않고 광역화하여 불특정 다수인에게 피해를 미칠 수 있어 국제분쟁으로 이어지기도 함.
시차성	오염의 영향이 장기간에 걸쳐 나타나거나 누적되기도 하며, 상당한 잠복기를 거쳐 발생되기도 하여 원인과 피해가 발생되는 시차가 매우 큰 경우가 있음.
탄력성과 비가역성	환경의 자정능력을 초과하는 많은 오염물질량이 유입되면 자정능력 범위를 초과하여 회복이 불가능한 상태를 초래
엔트로피 증가	환경오염은 "사용 가능한 에너지가 사용 불가능한 에너지의 상태로 바뀌는 현상"
환경재의 공유성	물, 공기와 같이 공공 자유재의 성격을 가지므로 공유재의 비극 초래 가능

자료: 유병로·조헌구(2013), 3쪽.

균형점을 찾는 것은 매우 어려운 일이다. 이러한 어려움은 심한 사회적 갈등으로 나타난다. 갈등은 환경적 위험이 인류의 생존 자체를 위협하는 보편적인 위기라 할 수 있지만 그것을 인지하는 데에 있어서 불확실성으로 인하여 국가, 인종, 계층을 초월하여 무차별하게 존재하는 데에 그 근원이 있다. 더욱이 환경 피해는 저소득의 취약계층에게 더 차별적으로 영향을 미치는 환경 위험에 의한 불평등의 확산은 사회적 갈등을 증폭시킨다.

최근 환경갈등은 시대적 상황에 따라 개인의 이해관계로부터 절차적, 가치적 문제로 확대되었고, 정보관계 및 감성관계의 문제로 넓혀가고 있다. 이와 같은 현상은 온실가스 배출과 기후변화로 인하여 글로벌 차원의 사회적 위험을 야기하기 때문이다. 기후변화는 물, 농산물, 건강, 토지와 생산 및 자연자본 등의 사용에 있어서 모든 사람의 삶에 영향을 미치는 방향으로 확산되고 있다.[19] 이러한 환경으로부터의 위험의 확산은 모든 사람들이 환경에 대한 의사결정에 참여할 수 있게 하는 환경정의(environmental justice)[20]의 중요성을 증가시킨다. 뿐만 아니라 지역 간의 소득과 환경오염의 차이로 나타나는 경제활동의 수혜지역과 환경오염물질 부담지역 사이의 부담이 불일치하는 환경 불평등의 문제도 부각되고 있다. 이와 같은 환경부정의(environmental injustice)와 환경 불평등(environmental inequality)은 환경의 사회적 위험에 의해 사회적 갈등을 증폭시키고 있다.

이제 환경갈등을 해소하는 것은 새로운 사회정책의 영역이 되고 있다. 보다 효과적인 환경갈등을 예방, 저감, 해소를 위해서는 시민참여와 사회·경

---

19 OECD는 현재 정책이 유지되는 것을 상정하여 2050년에 에너지 사용으로 이산화탄소(CO_2)배출이 70%에 이르고, 온실가스 배출이 50%이상 증가할 것으로 전망하였다(OECD, 2012: 72). 또한 한국은 OECD 국가들 중에서 공기오염이 가장 빠르게 증가하고 있고, 2015년 공기오염으로 인한 조기사망도 100만 명당 1,000이 넘어 가장 많다(OECD, 2012: 57). 국제사회는 2015년 파리협정을 통해 195개국이 지구평균온도 상승폭을 금세기 말까지 산업화 이전 대비 섭씨 15도를 넘지 않도록 한다는 목표에 동의하였다(김형만·최영섭·노대명, 2018: 249). 이와 같이 한국이 직면한 상황과 국제사회의 노력은 기후변화로부터 위기가 인간의 삶에 위협이 되고 있는 데 따른 것이다.

20 환경정의(environmental justice)는 인종, 계급 또는 여타 사회·경제적 지위의 차이에 관계없이 깨끗한 환경에 대해 동등한 접근성과 발생할지 모르는 환경위험으로부터 동등한 보호를 받는 상태를 말하며, 또한 인종이나 사회적 지위에 관계없이 모든 사람들이 환경법 아래에서 동등한 보호를 받고, 사회에서 일어나는 환경결정 과정에 참여할 권리를 갖는다는 원칙이다(윤인주·김예승, 2015: 이인회, 2008).

제 환경에 미치는 영향에 대한 평가를 아울러 실시할 필요가 있다. 민주화의 진전과 시민참여 욕구가 증가하고 있는 현실에서 참여기회를 제공하는 것은 환경갈등을 해결할 수 있는 기반을 제공하는 것이다. 따라서 친환경적이고 지속가능발전과 환경보전의 조화와 균형에 대한 사회적 합의를 찾아서 갈등을 최소화하는 방식의 사회영향평가제도의 확립이 강조되고 있다.[21]

또한 주요 환경정책도 기후 및 대기, 국토환경, 자원순환의 영역에 있어서 정부의 역량과 시민사회의 역량에 바탕을 둘 수 있어야 한다. 기후 및 대기와 관련한 미세먼지 배출에 있어서 배출량－환경농도－위해도의 비선형성을 반영한 과학적인 정책이 요구되며, 그러한 정책의 실현에는 중앙정부, 지자체, 시민단체, 민간의 주체가 연계되는 통합적인 사회적 역량을 필요로 한다. 국토환경으로 자연보전과 물 관리도 정부부처와 이해 당사자들 사이에 소통의 역량에 바탕을 두는 전문성을 강화할 필요가 있다. 자원순환과 관련해서는 소비활동으로부터의 폐기물에서부터 원전 폐기물에 이르기까지 폐기물 처리 데이터베이스화 하여 사회적 소통과 학습의 기반을 구축하는 것이 중요하다.

3. 문화적 특성에 의한 사회적 갈등

문화 활동은 사람의 건강한 삶을 지속하게 하는 토대가 된다. 가족 해체가 빠르게 진행되면서 나타나는 1인 가구, 여성가구주, 다문화가족 증가와 만혼 및 미혼율의 증가 등은 사람들의 문화 활동을 변화시키고 있다. 문화서비스에 대한 수요의 다변화와 공유사회 등 새로운 플랫폼 등장은 공동체의 구조도 바꾸고 있다. 일상 속에서 다름을 찾아 다양한 가치를 즐기는 사회적 경향은 문화생활에서도 차별화된 자신만의 문화적 경험 또는 체험을 즐기는 형태로 나타나고 있다. 문화적 다양성이 출현하는 상황에서 사회에 만연해

---

21 영향평가는 현재 추진되는 사업들이 미래에 가져올 결과에 대해 평가하는 것이다. 사회영향평가(social impact assessment)는 개인과 지역사회, 정부와 민간영역의 조직들이 추진하려는 사업이나 정책 변동으로 사람들의 생활양식, 노동, 여가, 조직, 관계의 변화를 포함하여 사람들과 사회에 일어나는 결과들인 사회영향들을 더 잘 예측하고 이해할 수 있도록 하기 위해 수행하는 영향평가를 말한다(윤순진, 2004: 289).

표 9-4   문화적 박탈의 요인과 원인

문화적 박탈을 설명하는 요인		원인
객관적 요인	경제적 요인	• 빈곤으로 인해 문화비 지출 여유가 없음 • 생업으로 인한 여가시간 부족
	지리적 요인	• 물리적 거리 • 낮은 인구밀도로 인해 문화시장 부재
	물리적 요인	• 신체적 장애
	사회적 요인	• 사회적 소수자 • 적절한 문화콘텐츠 부재
주관적 요인	문화적 요인	• 과거의 문화체험 부족 • 문화해득력 부족 • 관심 부족
	심리적 요인	• 심리적 상담 • 소외감 • 문화적 소비에 대한 거부감

자료: 이호영·서우석(2010), 74쪽.

있는 특정 계층을 대상으로 하는 혐오나 차별은 문화 다양성의 관점의 사회 문제를 야기한다.

문화적 다양성의 이면에는 문화 불평등의 문제도 함께 나타난다. 문화 불평등은 문화에 대한 선호나 소비에 있어서 집단 간의 차이로 인해 특정 집단에서 문화적 박탈에 의해 나타난다. 문화적 박탈의 주된 요인은 <표 9-4>와 같이 객관적 요인과 주관적 요인으로 대별할 수 있다.

객관적 요인은 경제적, 지리적, 물리적, 사회적 요인으로 세분된다. 첫째, 경제적 요인은 빈곤으로 인한 경우와 장시간 노동으로 인한 여가활동 시간 부족으로 인해 발생하는 것이다. 둘째, 지리적 여건도 문화를 향유할 권리를 누리지 못하게 만든다. 문화 행사가 있는 장소까지의 접근성이 낮은 곳에 사는 주민들은 문화권을 누릴 기회를 상실하게 되는 것이다. 이것은 지역 간 문화 불평등이다. 셋째, 물리적 요인은 신체적 장애로 인해 문화에 접근할 수 없는 경우이다. 마지막으로 사회적 요인은 사회문화적 소수자 또는 이민자여서 문화혜택을 누리지 못하는 경우이다.

주관적 요인은 문화생활에 대한 욕구 또는 문화의 해득 역량이 부족해서 문화에 접근하지 않는 경우이다. 주관적 요인에 의해 발생하는 문화 불평등은 인적 및 사회적 역량과 민주시민으로서 역량과 깊은 관계를 가

진다.[22]

　이러한 점을 고려하여 인적자원의 관점서 문화정책은 개인의 권리와 지위, 문화의 다양성, 지역의 관점, 정보 불평등(digital divide) 등을 고려할 수 있다. 첫째, 개인의 권리와 지위는 모든 국민들이 즐거운 삶을 누릴 수 있는 문화권을 보장받고, 문화예술 종사자의 지위를 보장하는 것이다. 전자는 문화를 향유할 기회를 제공하는 것이고, 후자는 문화의 공급을 제약하지 않는 것이다.

　둘째, 문화의 다양성을 보호하고 다양한 문화생태계를 조성하는 것이다. 문화의 다양성 보호는 외국인을 두려워하고 혐오하는 '제노포비아(Xenophobia)' 현상도 내국인 사이에 확산을 막고, 외국인 범죄와 갈등의 사회문제를 줄이기 위한 것이다. 또한 공정하고 다양한 문화생태계를 조성하는 것은 다양한 문화콘텐츠가 공존할 수 있게 함에 의해 문화상품의 유통 독점 등에 의한 불균형을 해소하는 것이다.

　셋째, 지역 간 문화 불평등을 해소하는 것이다. 문화의 지방자치 확립은 민주시민 역량에 강화하는 토대가 된다. 지역문화와 생활문화의 활성화를 통해 지역에 생기를 불어넣기 위해 지역경제정책과 함께 할 필요가 있다. 지역주민의 문화적 삶의 질이 높아지고 문화를 향유하는 자체가 그 지역의 고유한 문화가 되어 지역으로의 인구를 유인할 수 있다.

　마지막으로 정보격차(digital divide)를 해소함에 의해 문화 불평등을 해소하는 것이다. 정보기술의 발달로 정보의 희소성이 해결되면 보다 많은 사람에게 정보가 고루 배분될 것이라는 기대감이 있었다. 하지만 사회문화적, 경

22 Bourdieu(1985)는 문화자본(cultural capital)을 많이 보유한 부모를 둔 사람들은 부모로부터 물려받은 문화자본을 보다 손쉽게 교육적 자질로 전환시킬 수 있다고 본다. 이 논의는 아버지의 출신계급이 무엇이었는가에 따라서 어린 시절 무의식적으로 습득되어서 당연하게 받아들여지고 있는 문화적 취향이나 선호가 대부분 결정된다는 것이다. 그는 인적자본이론이 사회계급에 따라 교육비와 교육기간을 고려하는 투자량이 달라진다는 점을 설명하지 못한다고 비판하고 문화자본의 세습을 통해서 교육체계가 사회구조의 재생산에 기여한다고 주장하였다. 이것은 문화자본의 형성에 있어서 공교육과 관련되는 교육자본(educational capital)의 효과에 비해 부모의 학력수준과 관련되는 상속자본(inherited capital)의 효과가 더 크다고 주장한다. 이와 반대로 Peterson and Kern(1996)은 미국에서의 경험적 연구를 통해 현대 사회에서 상류계급은 고급문화에 대한 집착보다는 다양한 문화를 두루 섭력하는 경향이 있다고 하여 Bourdieu와 대립적 시각을 보인다. 비록 대립적이긴 하지만 이들의 논의는 모두 문화에 대한 주관적 요인에 있어서 인적 및 사회적 역량의 관점에서 문화와 연관되는 것이다.

제적, 정치적 혜택에 격차로 나타났다. 정보격차는 정보통신기술에 대한 접근과 활용에 있어서 배제 또는 불평등이 사회적 이동성과 정치 참여 및 문화 향유 기회를 간접적으로 제한한다. 정보격차는 경제력, 지식 및 교육, 정보에 대한 태도와 인식 등이 주된 요인이며, 이외에도 연령, 성, 지역 등이 개인의 정보화 수준에 영향을 미친다. 정보격차에 의해 야기되는 불평등은 사회적 불평등을 재생산하게 된다. 디지털 전환과 비대면의 시대적 변화는 인적자원의 디지털 역량을 강화할 것을 요구하고 있다.

이상과 같이 한 사회에서 문화적 비주류에 머무는 사회적 배제는 성 불평등과 정보격차로 인해서 더욱 가중되고 있다. 제4차 산업혁명과 비대면의 확장은 현실과 가상공간이 연결되는 상황에서 사회적 불평등이 증폭될 수 있다. 장기적인 자본주의의 발전은 이러한 문화 불평등을 해소하고, 모두의 개성과 창의성에 바탕을 둘 수 있어야 한다. 공동체의 문화를 재확립하는 것은 인적 및 사회적 역량과 민주시민 역량을 강화하는 것과 맥락을 같이한다.

4. 차별의 사회문제

차별의 사회문제는 경제 또는 사회의 전반적인 수준에서 인적자원 양성과 활용의 효율성을 저하시킨다. 실제로 우수한 역량을 갖추었지만 역량에 대한 정보의 불확실성에 의해 차별을 당하는 경우가 있다. 예컨대 실력이 상위에 있지만 지방대학 출신이라는 이유로 대우를 받지 못하는 경우가 있다. 또한 공동체에서 소수자 또는 다른 특성을 이유로 역량과 다르게 대우받는 경우도 있다. 이들 모두 차별로 인해 인적자원의 양성과 활용에 있어서 비효율성을 초래하는 것이다. 차별은 형식적 차별과 구조적 차별로 대별할 수 있다.

먼저 형식적 차별은 개인의 역량에 대한 편견이나 고정 관념에 의해 다르게 대우받는 것이다. 즉 차별은 동일한 상황에서 성, 인종, 종교, 피부색 등과 같은 특성을 이유로 정당하지 못한 또는 비우호적인 대우를 받는 것이다. 동일한 상황에 있는 사람을 성, 인종, 종교, 피부색 등을 이유로 다르게 대우하는 것을 영국이나 호주에서는 직접차별(direct discrimination), 미국에서는 불평등 대우(disparate treatment)라 부른다(조순경 외, 2002: 7).

직접차별은 엄격한 평등을 전제로 불평등하게 대우받는 것이다. 대표적으로 고용주가 성을 이유로 동일한 능력과 자격을 갖춘 남성과 여성을 다르게 차별적으로 대우하는 성차별이다. 차별 여부의 판단 기준은 남성과 여성이 동일한 상황에 있는가, 즉 동일한 능력과 자격을 갖추고 있는가에 놓여 있다. 하지만 현실의 법적 다툼에서 차별 의도를 입증할 수 있어야 하므로 차별을 규제하는 데에 한계가 있다. 왜냐하면 많은 경우 의도하지 않아도 차별이 발생할 수 있기 때문이다. 현실에서의 객관적 결과에서 주관적 목적을 분리해 내기 어려운 경우가 많고, 또 주관적 의도를 분리하는 것에 대한 실익이 없는 경우도 있다.

간접차별은 외형상 중립적으로 보이는 객관적 기준들이 명백히 차별적이지 않음에도 차별의 결과를 가져오는 경우이다. 대표인 경우는 여성과 인종적 소수 집단의 고용기회를 제한하는 효과를 가지는 상황이다. 흔히 여성과 소수인종에게 불평등 효과를 가져 오는 고용정책은 차별을 야기한다. 미국 대법원은 외형상 중립적인 고용관행이 특정 집단의 구성원에게 불평등한 영향을 가지면 그 관행을 금지한다(조순경 외, 2002: 16). 이러한 차별은 기회의 불평등으로 인해 발생하는 경우가 많다.

다음 구조적 차별은 실질적인 차별로서 편견이나 악의적 의도 없이도 기존의 제도적 규칙이나 절차들이 지배적 집단의 행동양식 또는 특성을 중심으로 만들어져 발생하는 것이다. 이것은 실질적으로 상당히 다른 사람을 마치 동일한 것처럼 대우하지만 그들의 차이를 이유로 직접적으로 불리하게 대우하는 것과 동일하게 차별적인 결과를 가져오는 것이다. 외관상 중립적인 기준을 실질적으로 동일하게 적용할 수 없는 집단에게 적용하는 것을 미국에서는 불평등 효과(disparate impact, adverse impact 혹은 adverse effects)로 영국과 호주에서는 간접차별(indirect discrimination)이라 정의한다.

차별을 없애기 위한 초기의 노력은 직접차별을 중심으로 이루어졌다. 하지만 최근 간접차별이 사회문제의 쟁점으로 부각되고 있고, 이들 간접차별은 구조적 차별의 특성을 보이고 있다. 이와 같은 차별에 대한 논의는 다양하지만 소수자를 대상으로 하는 차별과 특정 대상의 모두를 대상으로 하는 차별을 구별할 수 있다. 전자는 소수자 차별 또는 먼지차별이며, 후자는 연령차별이 대표적이다. 이외에도 일상에서 벌어지는 구조적인 차별로서 먼지차별이 있다.

첫째, 소수자 차별은 소수자가 단순한 수적인 열세에 있는 것만이 아니라 권력 및 사회적 지위에 있어서 취약한 상황에 직면하고 있는 것이다. 권력이 누구에게나 공평하게 분배되지 않으며, 특정 집단들(여성, 소수인종, 성소수자, 장애인 등)에게는 권력에 대한 접근권이 제한되고 있다. 한국사회의 소수자는 <표 9-5>에서와 같이 여러 영역에서 생산되는 것으로 나타나 소수자를 생산하는 경제적 영역을 넘어서 문화적 영역으로 확대되고 있다.

특히 여성의 차별은 최근 뜨거운 논쟁이 되고 있다. 노동시장에서의 성차별은 고용주가 종업원에게 성, 혼인, 임신, 출산 등의 사유로 사회·문화적 생활의 모든 영역에서 인간의 자유를 향유하거나 권리를 행사함에 있어서 합리적인 이유 없이 구별, 배제, 제한하는 것을 의미한다(윤자영, 2020: 42). 양성평등법이 있지만 여전히 직장에서 여성들의 채용, 승진, 보수, 업무배치, 훈련, 해고 등에 있어서 차별을 받고 있다. 뿐만 아니라 성차별은 역사적 잔재도 매우 중요한 흔적으로 남아있다. 최근 일본군 '위안부' 피해자가 생존해 있고, 일본을 대상으로 하는 소송, 수요시위 참가 등은 성차별의 역사적 구조가 잔존하며, 현재에도 지속되는 성차별과 연결되어 있음을 보여주고 있다.[23]

표 9-5 한국 사회의 소수자 유형

영역	세부 항목
빈곤	빈곤노인(독거노인), 신용불량자, 기초생활수급자
노동	실직자, 열등생, 취업포기자
결혼	비혼자(독신자, 미혼모 등), 돌싱(이혼남, 이혼녀)
성	트렌스젠더
취향	흡연자, 알콜중독자, 게이머, 취향 소수자(오타쿠)
신체	비만인, 키 작은 남자, 못생긴 여자, 장애인
디아스포라	새터민(탈북자), 이주노동자(난민), 다문화가정

자료: 김남옥 외(2017), 225쪽.

---

23 Kim(2021)은 일본군 '위안부' 피해자로 첫 공개 증언을 했던 김학순 할머니의 증언을 통해 본 할머니의 삶을 소개하고 있다.

둘째, 연령차별은 특정 연령대의 인구 집단이 경험한다는 점에서 소수자 차별과는 다른 성격의 사회문제를 야기하고 있다. 노인의 연령차별은 다른 연령층과 달리 죽을 때 까지 차별에서 벗어나기 어렵다는 특징을 가진다. 노인이 직면하는 연령차별은 다른 형태의 편견(인종, 성 등)과 비교해서 보편적인 것이다. 연령차별주의는 사회적 불평등을 정당화하는 이념이라는 점에서 성차별주의 또는 인종차별주의와 공통점이 있지만 '노년의 일정 단계에서만 적용되는 정체성, 노년을 맞이하는 모든 사람에게 적용, 노인과 자신을 스스로 경멸하며 거리를 두려하는 점' 등의 관점에서 차이가 있다.

셋째, 먼지차별(micriaggressions)은 소수자 차별의 좀 더 근원적인 것으로 일상에서 벌어지는 것이다. 먼지차별은 경멸에 주목해서 만든 용어로 소수자에게 가해지는 일상의 언어 및 비언어, 모욕 또는 경멸을 의미한다. 이것은 모욕적이고 부정적인 의미를 함축하는 것으로 구조적 차별의 전형이라고 할 수 있다. 먼지차별은 인종, 젠더, 성적 취향, 장애, 계급, 종교 등 다양한 영역의 사회적 소수자에게 가해질 수 있으며, 가해자는 주로 유색인종을 향해 평소에 쓰는 흔한 말이나 행동을 하면서도 이러한 메시지를 주고 있다는 사실을 잘 알아차리지 못한다(나리타 마미·장은영, 2020; Kim, 2019).

Kim(2019)는 일상 속에서의 차별로서 먼지차별은 인종주의, 성차별 등 구조적 차별과 연관되어 있다는 점을 지적한다. 백인 교수와 아시아계 여성 학생 사이에 발생한 먼지차별 사례를 분석하여, 학생들이 겪은 먼지차별이 인종, 젠더 등의 권력 관계 속에서 교차적으로 성립되었음을 보여준다. 또한 이러한 먼지차별이 인종주의라는 거시적 구조를 공고히 한다는 점을 지적하고, 먼지차별과 이에 상응하는 구조적 차별에 맞서 '대항적 말하기'를 통해 해당 구조에 균열을 내는 것의 중요성을 제기하였다.

이상 다양한 유형의 차별은 사회 구조적 불평등의 근원이 되고 있고, 인적자원의 양성과 활용의 저해하는 효과를 가진다. 더욱이 최근 차별에 대한 논의가 진전되고는 있지만 현장 또는 현실적으로 실체화하는 데에는 한계가 있다.24 Kim(2019)에 따르면 한국 청년들이 '수동적으로 사회에 순응하는 사

---

24 Kim(2018)은 한국과 미국의 청년 운동가들이 세미나 등 자체적 교육활동을 만들어 비판적 지식을 습득하고, 연대와 공동에 의식을 함양한다는 것을 보여주었다. 이러한 한국에서 저항적 페다

람'을 강조하는 기존의 정규교육 경험을 넘어, 주체적으로 사회적 불평등에 대해 인식하고 비판적 의식(critical consciousness)을 함양하지 못하고 있으며, 소수이지만 사회구조에 대한 비판적 이해를 기를 수 있는 학생도 '실천적 행동'으로 옮길 수 있는 기회가 부족하였다. 그나마 비판적 시각을 기르는 과정도 대부분의 학생들은 대학교 때의 비체계적 학습(동아리, 세미나) 등을 통해 사회구조에 대한 비판적 의식을 함양하고 있는 실정이다. 이러한 점을 고려할 때 비정규 교육경험을 통해 학생들이 시민적 주체성(civic agency)을 가지고 주체적으로 사회 불평등을 해소하는 시민으로서의 역할을 할 수 있게 하는 것은 미래의 사회정책의 새로운 과제라고 할 수 있다.

차별의 사회문제는 인적자원의 관점에서 재조명할 필요가 있다. 차별은 개인의 역량을 발휘할 수 있는 의욕을 꺾을 뿐만 아니라 역량을 발휘할 수 있는 기회를 차단하는 결과를 가져온다. 결국 경제·사회적으로 비효율성을 야기할 것임을 짐작할 수 있다. 특히 노동시장에서의 형식적 차별 이외에 구조적 차별은 인적자원의 활용의 효과를 저하시켜 생산성을 약화시키는 결과를 초래한다. 역량의 관점에서 차별은 사회적 네트워크 또는 협력에 부정적 영향을 미치게 되므로 사회적 역량을 향상시킬 수 있는 기회를 위축시키는 결과를 가져온다. 뿐만 아니라 개인들의 인적 역량을 향상시키려는 노력도 저하시키는 결과를 가져온다. 결국 차별은 더 나은 역량을 발휘할 기회를 차단함에 의해 사회적 불평등 구조를 악화시키는 결과를 가져오게 된다. 또한 형식적 차별 이외에도 구조적 차별을 해소하는 근원은 인적자원의 역량과 깊은 관계를 가진다. 따라서 인적자원의 논의에 있어서 차별도 중요하게 고려해야 한다.

고지의 실체는 아직 정규 교육에서 동아리 활동과 같은 일부의 운동 공간에 머무르고 있다.

Chapter **10**

인적자원정책

인적자원정책은 기업의 입장에서는 생산에 투입요소로서 의미를 가지고, 개인의 입장에서는 생애 동안 일, 학습, 삶과 관련된다. 또한 일터 조직, 학습과 복지, 문화, 안전 등의 사회적 또는 공동체적 맥락도 인적자원정책에 있어서 중요한 위상을 갖는다. 따라서 인적자원정책의 추진에 있어서 개인과 개인이 소속된 조직 또는 사회공동체의 특성도 반영할 수 있어야 한다. 그간의 인적자원정책은 주로 교육과 관련되는 양성 정책이 중심이었다. 산업, 고용, 복지, 재난안전, 문화 등의 개별 정책 영역에서 인적자원을 고려하고는 있지만 인적자원정책으로 인식되지 못했다. 이제 경제·사회가 고도화되고 있으므로 그동안 다른 정책의 영역에서 부수적으로 다루어졌던 인적자원의 맥락이 종합적인 인적자원정책의 시각에서 조명될 필요가 있다. 특히 제4차 산업혁명과 비대면 가상공간의 활동이 확장되면서 일터에서 인적자원의 역량을 활용하는 것은 새로운 과제로 등장해 있다. 따라서 인적자원정책은 사람의 생애 동안 삶의 질을 유지·향상시킬 수 있는 역량을 기르고 활용하는 관점에서 새롭게 조망될 수 있어야 한다. 이 장은 인적자원정책을 논의한다.

01   정책 환경의 변천

앞의 여러 장에서 논의한 바와 같이 인적자원은 인적 역량, 사회적 역량, 민주시민 역량의 의미를 함축한다. 역량은 생산적인 활동을 위해서 길러지고 사용될 수 있는 것으로 개인과 조직 또는 공동체에 체화된 것이다. 이러한 개념에 의하면 인적자원정책의 영역은 사람이 생애 동안 생산적 활동을 위해서 길러서 사용하는 것과 관련한 활동을 포함한다. 이러한 인적자원정책은 정부가 지식기반경제로 이행에 대비하기 위해 국가인적자원개발을 시작한 이후로 정책의 범위가 크게 확장되어 왔다. 이 절에서는 이러한 인적자원정책의 변천과정을 탐색한다.

1. 산업화 시대의 인적자원 양성과 활용

산업화 시대는 우리나라의 경제발전 과정에서 농업에서 중화학공업 중심의 구조변화를 통해 고도성장을 하던 시기이다. 산업정책의 특성은 국가가 주도하는 수출주도형의 불균형 성장전략이다. 또한 산업의 구조는 1960년대 농업에서 경공업, 1970년대 철강, 조선, 정유 등 중화학공업, 1980년대 자동차 및 전기·전자 등으로 그 비중이 증대해 왔다. 산업화 시대의 인적자원정책은 경제개발의 중심인 산업의 육성을 위해 필요한 산업인력을 조달하는 데 초점이 있었다. 당시의 인적자원정책은 노동력의 무한 공급이 전환점[1]을 통과한 1970년대 중반을 전후로 나누어 살펴볼 수 있다.

먼저 노동력 이동의 전환점 이전에 있었던 노동투입 또는 산업인력 정책으로서의 인적자원정책은 경제개발5개년계획의 일환으로 당시 경제기획원이 주도한 인력개발계획에 의해 추진되었다. 경제성장을 위한 인력정책은 성장목표에 부합하는 인력수급계획에 따른 교육정책과 직업훈련정책이 농촌지

---

1 배무기(1982)는 한국에서 1975년에 이미 Lewis의 전환점을 통과한 것으로 분석하고 인적자원의 양성·배분·활용 방식이 바뀌어야 함을 제시하였다. 여기서 Lewis의 전환점은 저개발 국가에서 경제개발 초기에 무제한적 노동공급이 가능하지만 산업화가 일정수준에 도달하면 노동공급은 더 이상 무제한적이 아니며 임금 상승을 수반하는 지점을 의미한다(오호영, 2005: 36).

역과 도시전통부분의 풍부한 노동력을 산업인력으로 전환하는 것이 핵심이었다. 경제개발5개년계획을 뒷받침하기 위한 과학기술 진흥 및 인력개발 계획은 산업화를 위한 국가전략이었다. 이러한 국가계획에 따라 과학기술인력 양성을 시작하였으며,[2] 또한 산업인력수요의 확장에 따른 직업교육과 직업훈련도 본격적으로 시작되었다.[3]

　　한편 높은 교육열과 함께 소득이 증가하면서 교육의 양적인 팽창도 거듭해왔다. 1969년 중학교 무시험제도가 시행되었고, 1974년 고등학교 평준화가 시행되었다. 그리고 1980년 대학졸업정원제의 시행은 고등교육을 확장시키는 계기가 되었다. 이와 같은 인적자원 양성에 있어서의 변화는 산업 인력 수요와 함께 교육수요도 크게 증가해 왔음을 보여주는 것이다. 이 시기의 인적자원 양성은 과학기술교육, 공업계열 직업교육, 직업훈련, 고등교육 등에 있어서 산업인력 양성을 지향하는 전반적인 학습기회의 확장으로 요약된다.

　　다음 1970년대 중반 이후 점차 노동시장에서 인력공급에 제약이 나타나기 시작하였다. 공업화가 점차 성숙해 가면서 일터에서 요구되는 숙련의 수준도 높아지기 시작하였다. 미세하기는 하지만 인적자원의 양적인 투입에서 질적인 투입의 필요성이 점차 나타나기 시작한 것이다. 이후 1980년대 무제한 노동공급 시대가 지나가면서 노동력의 공급 제약으로 임금상승의 요구가 나타나기 시작하였고, 동시에 신규노동력의 공급에 있어서 고학력화가 현저하게 진행되고 있었다. 산업에서는 단순 기능에서 중간기술인력의 중요성이 크게 부각되었다. 이에 따라 산업의 점진적인 고도화에 대응하여 기술혁신을

----

2 인력계획은 제1차 기술진흥5개년계획(1962-1966), 제2차 과학기술진흥기5개년계획(1968-1971), 제3차 인력개발5개년계획(1972-1976), 제4차 인력개발5개년계획(1977-1981)이 순차적으로 수립·시행되었다(김형만, 2005: 70). 이러한 계획에 따라 기술인력을 양성하기 위하여 1966년 한국과학기술원(KIST: Korea Institute of Scoence and Technology)이, 그리고 1973년 한국과학원(KAIS: Korea Advanced Institute of Science)이 설립되었다. 이후 1980년대 이들 두 기관의 기능을 바탕으로 고급인력을 양성하기 위해 고등과학기술원(KAIST: Korea Advanced Institute of Science and Technology)이 탄생하였다(김홍규, 2012: 160).

3 1963년 「산업교육진흥법」이 제정되어 실업계 고등학교에서 직업기술교육이 본격적으로 시작되었고, 1974년 「국가기술자격법」이 제정되면서 중화학공업에 필요한 직업교육을 통한 산업인력을 양성할 수 있는 기반을 갖추었다(장석민·정태화, 1998: 550-554). 또한 직업훈련도 1967년 「직업훈련법」이 제정되면서 중앙직업훈련원(현재의 인천기능대학)과 사업내직업훈련이 실시되었고, 1974년 「직업훈련에관한특별법」에 이어 1976년 제정된 「직업훈련기본법」과 「직업훈련촉진기금법」을 바탕으로 직업훈련의무제도가 시행되었다(정택수, 2005: 147-150).

뒷받침할 인적자원 양성 정책이 실시되었다.[4]

　한편 교육정책으로 1980년 7월 30일 교육개혁은 전인교육과 정신교육, 과학기술교육과 평생교육의 4대요소가 강조되었다. 졸업정원제가 폐지되면서 대졸 인적자원의 노동시장 공급은 크게 증가하였다. 전문대학도 1997년 초급대학과 전문학교를 통합하여 일원화하면서 교육내용을 전문화하고, 실험·실습을 강화하여 중견기술인력 양성의 중심축이 되었다. 이러한 인적자원정책은 1995년 5.31 교육개혁의 추진과 「고용보험법」의 제정으로 큰 전환기를 맞이하였다. 그 후속으로 직업교육훈련체제가 새롭게 단장되면서 양적인 투입보다 질적인 투입을 중요시하는 인적자원정책이 확립되기 시작하였다.

　이상의 고도성장 시기의 산업화시대 인적자원정책은 획일적 역량을 기르고 활용하는 양적인 투입에 의한 경제성장의 기반이 되었다. 노동시장에서 인력수급불일치도 산업에서 획일적 숙련을 요구함에 따라 주로 숙련 또는 역량의 수준별로 양적인 불일치로 나타났다. 고급과학기술인력을 양성을 위한 국가 전략이 산업고도화에 중요한 역할을 하였지만, 모방 또는 추격을 위한 경제체제의 운영이라는 근본 틀은 바뀌지 않았다. 이러한 획일적인 인적자원 양성과 활용은 현재에도 산업과 노동시장의 변화에 대응할 창의적 역량을 확보하는 데 한계를 노정하는 과거의 잔재로 남아있다.

2. 지식기반사회로 이행

　지식기반사회는 경제·사회 전반에 있어서 지식과 정보의 중요성이 증대된 것을 의미한다. 산업의 생산에 있어서 지식의 중요성 증대는 인적자원의 양적 투입보다는 질적 투입을 요구하였다. 1990년대 이후 양극화가 심화되면서 등장한 노동시장에서 인적자원 수급의 질적 불일치는 인적자원의 질적 투

4　과학기술처가 주관한 제5자 인력개발5개년계획(1982-1986)과 제6차 인력개발5개년계획(1987-1991)은 산업고도화 추세에 부흥한 과학자의 양적·질적 확대, 기술자의 수급불균형 해소, 기술인력의 기술연마 풍토조성을 위한 기술존중사회 건설 등의 내용을 담고 있다(김형만, 2005: 73). 또한 기능인력의 수준을 향상시키기 위해 1977년 설립된 창원기능대학이 최초로 설립되었고, 이후 1997년까지 대전, 전주, 서울, 부산, 대구, 광주, 성남, 안성, 춘천, 청주, 홍성, 목포, 구미, 창원, 인천 등에 소재한 직업훈련원을 기능대학으로 개편하여 2년 과정을 통하여 중간 기술자(technician)를 양성하였다(정택수, 2005: 157).

입의 중요성이 증대한 데 기인하는 것이다. 이러한 불일치 현상은 IMF 경제위기 이후 지식기반사회로 이행하면서 더욱 심해졌다.

직업교육은 1995년 5.31 교육개혁의 일환으로 추진된 1996년 신직업교육체제가 추진되면서 실업계 고등학교에서 전문대학과 산업대학을 중심으로 위상을 강화하게 되었다. 그리고 직업훈련에 있어서는 1995년 고용보험제도가 도입된 이후 1997년 「근로자직업훈련촉진법」이 제정되면서 양성훈련 중심에서 재직자를 대상으로 하는 향상훈련으로 중심을 옮기게 되었다. 이로써 직업훈련을 통한 평생학습의 기회가 크게 확장되었다.

이후 2000년대 들어서 가장 큰 변화는 국가가 주도하는 인적자원정책이 추진된 것이다. 2001년부터 국가인적자원개발기본계획이 수립되고, 2002년 「인적자원개발기본법」이 제정되면서 범국가적 인적자원정책이 추진되었다. 국가인적자원개발체제하에서의 인적자원정책은 교육정책, 훈련정책, 산업인력정책, 고용정책 등 여러 부처에 산재해 있는 정책들을 종합적인 관점에서 조망하는 것이 핵심이었다. 여기서 교육정책과 훈련정책은 인적자원을 양성하는 영역이고, 고용 및 산업정책은 인적자원을 활용하는 영역이다. 국가인적자원개발은 지식기반 경제로 이행하면서 인적자원의 양성과 활용이 상호 연계되도록 하려는 데에 초점이 있었다. 당시 인적자원정책에서 총괄·조정 기능이 강조된 것도 이들 정책의 영역을 하나의 틀에서 연계시키기 위한 것이었다.

이와 같은 국가가 주도하는 인적자원정책의 추진은 교육과 노동시장의 변화를 통해 조망해 볼 수 있다. 교육시장에서는 2000년대 중반에 대학진학률이 약 83%를 상회하는 수준으로 급격하게 증가하였다. 실업계 고등학교 졸업자들도 약 70%가 대학에 진학하였으며, 직업훈련에 있어서도 기능대학에서 2년제 과정을 확장하는 폴리텍대학으로 전환하여 고등교육이 크게 확장되는 데 기여하였다. 반면 노동시장에서는 중소기업을 중심으로 인력난이 가중되는 현상이 나타났다. 그리고 많은 일터에서 숙련의 생존주기가 단축되면서 성인들을 위한 평생학습의 중요성도 크게 증대되고 있었다. 인력수급의 불일치는 산업화 시대에 공급 측면의 제약이 문제였지만 지식기반경제로 이행하면서 산업의 부문별 인력수요가 다원화되어 수요 측면의 제약에 기인하는 것이었다.

또한 제7장의 [그림 7-2]에서 살펴본 바와 같이 학습과 일의 연계를 강
화하는 장치는 자격제도와 밀접하게 관련된다. 자격은 학습과 일 또는 교육
과 노동시장을 연계시키는 중요한 수단이다. 산업화시대의 테일러리즘에 의
한 획일적 숙련에 기반을 두는 생산 양식에서 자격은 인력수급을 위한 신뢰
있는 신호기능을 하였다. 자격은 역량의 수준과 유형의 질적 특성을 반영하
기보다는 획일적인 학습결과를 인정해주는 자격증으로서의 역할을 하였다.
하지만 지식기반사회에서는 일터에서 다원화된 숙련을 요구하고, 자주 숙련
을 갱신할 것을 요구하였다. 이러한 요구는 자격이 직업교육훈련 프로그램
사이에 연계와 직업훈련을 통해 습득한 역량을 평가하는 기능을 반영하는 장
치로서 기능을 필요로 함을 의미한다. 산업화 시대의 자격이 길러진 획일적
지식을 확인해 주는 증명서와 같은 기능을 하는 반면, 지식정보화 시대에는
학습의 과정과 평가에 근거한 질적 수준을 반영하는 신호 기능의 변화를 요
구하는 것이다.

한편 일터에서 잦은 숙련 갱신의 요구는 고용불안이 증폭되는 것과도
맥락을 같이 한다. 1998년 IMF 경제위기 이후 지식기반 경제는 실업으로 인
한 사회적 위험에 직면할 가능성이 높은 경제구조로 바뀌게 하였다. 이 시기
에 산업에서 서비스업의 비중뿐만 아니라 전체적인 중소기업의 비중도 크게
증가되면서 경제양극화가 확대되었고, 노동시장에서도 대기업과 중소기업의
생산성 격차와 함께 임금격차로 인한 소득의 양극화도 확대되었다. 소득의
불평등이 크게 확대된 것이다. 이러한 노동시장의 빠른 변화는 적극적인 노
동시장정책에 바탕을 두는 사회안전망의 중요성을 부각시켰는데, 이것은 노
동시장에서 근로취약계층이 증가하였음을 의미한다.

이상과 같이 지식기반사회로 이행기의 인적자원정책이 여러 부처에 산
재한 학습과 고용 관련 정책들을 연계하고, 인적자원의 수요와 공급의 양측
을 연계하는 데에 초점을 둔 것은 인적자원 역량이 다양화될 뿐만 아니라 지
속적인 역량개발을 요구하는 일터 환경의 변화에 대응하는 것이었다. 이것은
인적자원 역량을 기르는 데에 집중하던 산업화시대에서 길러진 역량을 활용
하는 것도 함께 고려하는 정책의 전환을 의미한다.

3. 인구구조 변화와 디지털 전환

지식기반경제가 강조되던 2000년대의 인적자원정책이 교육과 노동시장 사이의 연계를 강화하는 것에 초점이 있었다. 하지만 국가 주도의 인적자원정책은 2008년 정권이 교체된 이후 정부조직에서 추진 주체가 없어지고, 지금까지 개별 부처에서 분산되어 추진되고 있다. 이러한 인적자원과 관련한 정부정책의 총괄·조정 기능을 정지시키는 정치적 의사결정과 함께 최근에 등장한 인적자원의 수요와 공급의 양 측면에서의 구조적 변화로 인적자원정책은 새로운 국면을 맞이하고 있다. 인적자원정책의 새로운 환경은 주로 고학력화, 인구구조변화, 디지털 전환의 세 가지의 충격에 의해 만들어지고 있다.

첫째, 고학력화는 2000년대 중반부터 대학진학률의 급격한 상승에 의해 고등교육이 보편화된 것을 의미한다. 고등교육의 보편화는 노동력의 고학력화를 빠르게 진전시켰다.[5] 이러한 현상은 소위 고급인력의 양적인 팽창을 의미한다. 이와 같은 고학력화 현상은 국민소득 증대와 인구구조 변화에 따른 교육수요의 증대에 따른 것이다. 하지만 OECD가 실시하는 정량적인 평가인 PISA 성적은 우수하지만 수학 및 과학에 있어서 자신감과 흥미는 낮아 질적인 학업성취는 낮은 수준이고, 고등교육도 취학률은 세계에서 가장 높지만 인적자원 역량에 대한 질적 성과는 저조하다(김형만 외, 2017: 96). 이러한 결과는 인적자원 양성에 있어서 양적인 성과는 매우 높지만 질적인 성과는 낮음을 의미한다.

둘째, 인구구조의 변화는 낮은 출산이 지속되면서 학령인구도 빠르게 감소하고, 고령화로 인하여 생산가능인구가 감소하여 총량적인 노동력의 공급을 축소시키는 현상이다. 학령인구의 감소는 고등교육의 확장과 함께 교육의 수요 감소에 직면하여 많은 대학들, 특히 지방대학들의 존립에 있어서 위기

---

5 교육통계연보에 의하면 전문대학은 1990년 117개교 학생수 323,825명에서 2005년 158개교 학생수 523,089명으로 크게 증가하였지만, 이후 2020년 136개교 학생수 621,509명으로 줄어들고 있다. 4년제 대학은 1990년 107개교 학생수 1,040,166명에서 2015년 189개교 학생수 2,113,293으로 증가하다가 이후 감소하여 2020년 191개교 1,964,358명이다. 이러한 결과는 2008년 고등교육 진학률이 83.9%에서 최근 69% 수준이지만 대부분의 고등학교 졸업들이 상급 학교로 진학하는 고등교육보편화 현상을 반영하는 것이다.

상황으로 내몰고 있다. 이로 인하여 지역 간의 인적자원 수급에 있어서 불균형이 심화되는 결과를 발생시키고 있다. 또한 고령화는 인구의 감소로 인한 생산가능인구 감소와 함께 노인 부양비를 급격하게 증가시키면서 미래 세대의 사회적 부담을 증가시키고 있다.

셋째, 디지털 전환의 충격은 일터에서 역량의 생존주기를 빠르게 단축시키고 있고, 학습에 있어서도 개인의 역량에 맞는 학습을 구현할 수 있는 큰 변화를 가져오고 있다. 일터는 이제 생산과 소비가 연결되고, 로봇과 함께 하는 작업장이 일상화될 뿐만 아니라 재택근무 등의 가상공간을 활용한 업무를 수행하는 방향으로 진화되고 있다. 최근 비대면의 확산에 따라 일과 학습의 모습을 크게 바꾸고 있어서 디지털 전환과 비대면의 확산으로 일터가 요구하는 숙련의 생존주기는 지식기반경제로 이행기에 비해 훨씬 더 빨라지고 있다. 또한 일과 삶의 균형도 삶의 질(well-being)의 근간이 되고 있다.

이상과 같이 일과 학습의 연계를 넘어서 이제 일과 학습이 공존하는 시대가 되었다. 학력이 높을수록 학습에 대한 수요가 높으므로 고등교육의 보편화는 학교를 마친 이후에 잠재적 학습수요가 높다. 일과 학습이 함께 하는 일터학습은 경제성장의 중심축으로 등장하고 있고, 인적자원의 생산성을 유지·향상시킴에 의해 사회적 위험을 예방하는 데 있어서 중요성이 증대되고 있다. [그림 9-1]에서의 학습복지도 일과 학습의 공존에 바탕을 두는 것이다. 한편 학습에 있어서도 인공지능과 블록체인 기술에 바탕을 두는 개별화 학습을 크게 확장되고, 비대면 시대의 가상공간을 이용한 학습이 새로운 형태로 자리잡아가고 있다.

4. 인적자원정책 변천 요약

인적자원정책의 변천은 이상에서 살펴본 바와 같이 경제 및 사회적 환경의 변화에 따라 나타나는 것이다. 인적자원정책의 변천과정은 <표 10-1>과 같이 요약할 수 있다.

첫째, 산업화시대의 경제개발을 위한 경제정책 중심의 인적자원정책은 산업이 요구하는 인력양성에 초점이 있었다. 인적자원 공급 측면에서는 높은 인구증가율로 양적으로 풍부하였고, 수요 측면에서는 정부주도의 경제개발에 의해 산업인력 수요는 크게 확장되었다. 주요 인적자원정책은 직업교육과 직업훈련을 통한 산업인력양성, 특히 기업이 인적자원에 투자하도록 사업 내 직업훈련을 하거나 훈련 분담금을 부담하는 기업에서의 능력개발이 본격화한 것이다. 이때의 인적자원정책은 포디즘 방식의 생산 양식에 부합하는 획일적인 역량을 기르는 것으로 노동의 양적 투입에 의한 경제성장을 뒷받침하였다.

둘째, 지식기반시대의 인적자원정책은 교육과 노동시장의 연계체계를 확립하는 것이었다. 이것은 지식기반경제로 이행하던 시기에 인력수급의 질적 불일치를 해소하기 위해 인적자원의 양성뿐만 아니라 활용을 상호 밀착시키려는 것이다. 하지만 자격제도는 아직도 교육훈련의 내용과 평가와 연계성이 약한 시험에 의해 증서를 발급하는 '검정형 자격'이 중심을 이루고 있다. 또한 과거 경제성장 전략은 지역 간의 불균형이 심화되어 국가경쟁력을 강화하기 위한 새로운 대안이 요구되었다. 국가인적자원개발과 함께 지역인적자원개발도 이때 본격적으로 추진되었다.

셋째, 디지털 시대에 상응하는 인적자원정책이다. 디지털 시대에 한국 경제는 저성장기조가 고착되고, 노동시장에서 고용률도 낮은 수준에 머무르고 있다. 인적자원의 공급측면에서는 학령인구의 감소와 1인가구가 급증하는

표 10-1 시대별 인적자원정책의 변천

시대구분	사회경제환경	인적자원정책
산업화시대	경제의 고도성장 테일러리즘 생산양식 높은 인구증가율 가부장적 가족 구조	획일적 숙련양성 학교교육 중심의 종국교육 직업교육훈련의 양적 확대 자격제도의 확립
지식기반시대	경제구조의 고도화 산업 및 소득의 양극화 확대 낮은 인구증가율 핵가족의 확산	교육-노동시장 연계 적극적 노동시장정책 고등교육 확장 자격증 중심의 학습결과 인정
디지털시대	낮은 경제성장률 학령인구 감소 가족해체(1인 가구 급증) 비대면·가상공간 확장	일과 학습의 공존 생애 전 단계 역량개발 온라인 학습의 일상화 경험학습의 인정

상황이 전개되고 있다. 그리고 수요측면에서는 디지털 전환으로 인해 자동화를 넘어 스마트 공장의 출현 등으로 일터에서 역량에 대한 수요가 매우 빠르게 변화하고 있다. 이것은 인적자원정책에 있어서 두 가지의 변화를 의미한다. 하나는 일자리가 사라짐에 의해 고용의 규모가 축소되는 것이다. 일자리의 축소는 노동시장에서 고용불안을 가중시키게 되므로 일자리와 고용을 위한 새로운 직업이동에 필요한 역량을 기르는 인적자원정책이 중요해진다. 다른 하나는 지속적인 역량개발을 통해 일터의 숙련수요에 대응하는 것이다. 이를 위해서는 일터학습과 학습결과를 인정해 줄 수 있는 새로운 인적자원정책을 필요로 한다.

02 정책의 내용과 추진 실태

인적자원정책은 생의 모든 단계에서 좋은 삶을 위하여 생산적인 활동을 할 수 있는 역량을 기르고 사용하는 데에 있다. 경제정책과 사회정책의 모든 영역이 인간의 삶과 관련되지만 그 중에서도 인적자원의 역량이 경제와 사회를 발전시키는 중심이 될 수 있다. 그렇지만 인적자원 역량과 관련된 정책의 중요성이 제기되었음에도 그 정책의 범주는 모호하다. 이 절에서는 여러 정책 영역과 상호 의존관계하에서의 추진된 과거 인적자원정책에 초점을 맞춘다.

1. 인적자원정책의 범주

인적자원정책은 대체적으로 독자적인 또는 독립적인 영역이 아닌 여러 정책 영역과의 연관성을 가지고 있다. 또한 국가발전 또는 경제발전의 근원이 인적자원의 역량에 달려 있다는 점에서 인적자원정책의 중요성을 가진다. 이러한 점을 고려하여 여러 개별 정책들과 인적자원 역량의 관계를 살펴봄에 의해 시작할 수 있다. 인적자원은 교육, 직업능력개발, 자격, 연구개발, 산업,

고용, 복지 및 사회보장, 재난안전, 환경, 문화 등의 정책 영역과 관련된다. 그리고 이들 정책 영역을 인적자원 역량의 세 가지 관점에서 구분할 수 있다.

첫째, 인적자원의 양성 영역이다. 이것은 제4장에서 살펴본 바와 같이 사람이 태어나서 생애 동안 길러지는 인적 역량과 관련된다. 인적 역량은 교육, 훈련, 연구개발 등의 학습에 의해 길러지고, 자격을 통해 길러진 역량이 활용된다. 인적 역량은 사람에 체화된 역량과 여러 사람이 공유할 수 있는 집단적 역량으로 구분할 수 있다. 전자는 개인에게 축적되어 있는 역량으로 교육 또는 학습에 의해 길러지며 인적자본 투입의 수익체증을 야기함에 의해 경제성장을 일으키는 원동력이 된다. 후자는 주로 교육과 연구개발을 통해서 길러지는 것으로 지식의 생산으로서 학술지 또는 저술 등에 의해 공동체의 자산으로 전환된 것이다. 집단적 역량 또한 연구개발에 의한 내생적 경제성장을 가져온다. 한편 인적 역량은 그 수준이 높을수록 전속성이 높아 노동시장에서 거래비용도 높은 특성을 보인다.[6] 따라서 인적자원의 질적 수준이 높을수록 거래비용이 높고, 이 경우 <표 10-1>에서의 지식기반시대와 디지털시대에서와 같이 일과 학습의 연계가 더욱 중요해진다. 반면 인적자원의 질적 수준이 낮은 경우 일터에서 획일적 숙련을 필요로 하는 상황으로, <표 10-1>에서와 같이 산업화시대의 인적자원정책이 중심이 된다.

둘째, 인적자원 활용의 영역이다. 인적자원의 활용은 조직의 역량과 공동체의 역량으로서 제5장에서 논의한 사회적 역량과 깊은 관계를 가진다. 통상적으로 관찰되는 일터의 조직은 구성원들 사이의 소통과 협력이 개인뿐만 아니라 조직의 생산성을 높이는 데 있어서 중요하다. 산업, 고용, 자격 등은 길러진 인적자원을 활용하는 것과 관련되는 정책 영역이다. 또한 공동체의 역량도 신뢰와 네트워크를 바탕으로 협력하는 사회적 역량에 바탕을 둔다. 지역균형발전을 위한 지역 간의 협력·상생하는 관계 구축은 사회적 역량에

---

6 거래비용이론에서 거래의 핵심 원리는 빈도(frequency), 불확실성(uncertainty), 자산의 전속성 (asset specificity)의 세 가지다. 기업과 근로자사이의 불확실성이 존재하는 노동시장 거래는 기업 특수적 인적자산(firm specific human asset)과 관련된다. 역량의 수준이 낮은 경우 기업은 쉽게 그들을 해고할 수 있고, 근로자 또한 쉽게 다른 곳에서 일자리를 구할 수 있다. 반면 일터학습(learning by doing)을 통해 습득한 높은 수준의 숙련을 가진 근로자는 특정된 일터에 전속되어 특수적 역량을 창출하는 경향이 있다(Williamson, 1985: 242-243). 왜냐하면 그것이 거래비용이 적게 소요되기 때문이다.

바탕을 두는 것이다. 지역의 특성과 구조에 따라 그에 상응하는 전문성을 확
보하고 지역민의 협력에 의하여 문제를 해결하는 지역인적자원개발은 인적
역량과 더불어 사회적 역량에 바탕을 두는 것이다. 사회적 역량은 교육, 연구
개발, 고용, 산업 등의 영역과 관련된다. 지역 수준에서 교육 및 연구개발을
통해 길러진 역량은 학교, 산업, 지방행정주체, 주민들이 협력하면서 발현될
수 있다.

   셋째, 인적자원의 삶과 관련한 영역이다. 좋은 삶(well-being)은 건강, 일
과 삶의 균형, 환경의 질, 재난안전, 문화 등의 여건과 관련되며, 이와 관련한
인적자원의 관점에서 민주시민 역량의 역량에 의해 향상될 수 있다. 종래의
정부주도의 정책(<표 10-1>의 산업화시대와 지식기반시대의 정책)에서 시민들
이 의사결정에 참여하는 시민사회와 협력하는 정책(<표 10-1>에서 디지털 시
대의 것으로 미래지향적인 정책)이 중요한 사회로 성숙하고 있다. 예컨대 고령화
에 따른 연금고갈에 대응한 미래의 재원 마련을 위한 국민적 공론화, 탄소중
립을 위한 환경오염에 대비하기 위한 원전폐쇄와 관련한 국민 공론화, 코로
나 19와 같은 재난에 대응하기 위한 시민적 협력, 성평등 및 문화적 갈등 해
소 등은 이해당사자 간의 협력과 타협을 필요로 한다. 이러한 협력과 타협은
민주시민 역량에 바탕을 두고서 정책의 실효성을 높일 수 있다. 민주시민 역
량은 협력적 관계를 통해서 공동체의 발전의 기반을 제공한다.

   이상과 같이 인적자원정책은 다른 여러 정책과 깊은 관계를 가짐을 알
수 있다. 하지만 이러한 구분만으로 인적자원정책의 범주는 분명하지 않다.
좀 더 분명한 윤곽을 상상하기 위하여 정책의 위상을 고려할 수 있다. 통상
정책은 형성, 집행, 평가, 환류 등의 과정을 통해 실행된다.[7] 이러한 정책과정
(policy process)은 여러 정책의 통합적 시각에서 에서 추진되는 경우도 있고,

7 정책은 '바람직한 사회 생태를 지향하는 정책목표와 목표를 달성하기 위한 정책수단을 결정하는
  정부의 활동'으로 정의된다. 정책의 형성은 정책이 가지는 이상(vision), 목적(goals), 목표
  (objectives), 목표 달성을 위한 과제 등을 설정하는 정책의 기획과정이다. 정책 집행은 정책의
  기획과정을 통해 형성된 정책을 집행하는 과정으로 그 결과는 사회문제의 해결 여부로 나타난
  다. 정책 집행은 정책 내용을 실행시키는 과정으로 정부의 활동이 일반 국민에게 직접 영향을
  미치는 단계이다. 정책 평가는 집행과정에서 정책의 효과가 발생하였는지를 검토하고, 그 평가
  결과는 정책의 종결 또는 수정을 위한 정책결정과 집행과정에 환류된다(김형만·강경종·윤여인,
  2007: 23).

하위 정책의 집행과정에서 정책목표가 달성되지 않거나 연속적으로 추진되어야 하는 경우 정책분석과 정책기획을 하는 경우도 있다. 전자는 정책의 상위 목표와 실행을 해야 하는 경우이고, 후자는 하위 또는 세부 목표로 구성되는 정책영역이다. 인적자원정책은 여러 다른 정책들과 연관되어 있고, 정책 목표도 삶과 행복이라는 포괄성을 가지고 있으므로 상위에 위치한다. 반면 교육, 산업, 고용, 연구개발, 자격, 재난, 문화 등은 인적자원의 관점에서 하위 영역으로 연결된다.

이상과 같이 인적자원의 역량은 기존의 독자적인 영역을 가지고 있는 정책들에 내재해있다는 특징을 가진다. 더욱이 산업화시대에서 지식기반 시대로 이행에 이어서 최근 디지털 전환 시대로 이행하면서 인적자원은 여러 정책의 핵심 요소로 등장하고 있다. 인적자원정책은 인적자원의 양성, 활용, 삶(well-being)의 관점에서 범주가 설정될 수 있고, 이 범주는 인적자원의 역량을 바탕으로 기존의 여러 정책 영역과의 관련하여 정립될 수 있다. 따라서 인적자원정책은 국가 차원의 종합적인 정책의 성격을 가진다. 또한 여러 정책에서 산재한 인적자원 역량과 관련한 내용들을 포섭하기 위한 정책 정보와 정책 분석을 필요로 한다. 특히 인적자원의 관점에서 기존의 정부부처 정책을 분석하고 관리하는 것은 시급한 과제라고 할 수 있다.

2. 인적자원정책의 추진 과정

위의 정책 범주에서 정책들 간의 관계를 고려하면 인적자원정책은 여러 관련 정책을 총괄하고 조정하는 것이 핵심이 되어야 한다. 그 이유는 여러 개별 정책 영역들에서 인적자원의 역량이 중요한 요소로 산재해있어서 이를 종합적인 시각에서 조망할 필요가 있기 때문이다.[8] 더욱이 경제 및 사회가 선진화될수록 생산에 있어서 사람의 양적인 투입보다는 역량에 바탕을 두는

---

8 사실 산업화시대에는 가부장적 가족구조의 공동체 문화와 일터의 획일적 숙련이 요구되었고, 이러한 인적자원의 양적인 투입은 학습, 고용, 복지 등의 독자적인 정책으로 충분했다. 이 시기에 종합적인 총괄 조정은 경제개발계획이었다. 하지만 앞의 <표 10-1>에서와 같이 지식기반시대로 이행하면서 인적자원정책은 양성과 활용의 연계, 그리고 디지털 전환 시대에는 양성, 활용, 삶의 영역의 종합적인 시각을 필요로 하는 방향으로 정책 환경이 변화되고 있다.

질적인 투입으로 전환이 요구된다. 이러한 질적인 투입은 생산성 향상을 지향하는 혁신을 위한 경제정책과 포용 또는 모두를 위한 사회정책에서 공통적이다. 인적자원정책의 총괄 조정은 형성, 집행, 평가의 각 단계에서 이루어져야 하며, 이를 위한 정책 인프라를 필요로 한다.

첫째, 인적자원정책의 형성은 정책을 기획하는 단계로 정책이 추구하는 이상, 목표, 정책 과제를 설정하는 것이다. 정책의 이상과 목표는 정책 환경, 인적자원의 수급계획, 인적자원 역량과 관련되는 여러 정책 등의 세 부류의 정보에 바탕을 두고 설정되어야 한다. 정책 환경은 인구 및 사회적 여건, 디지털 전환 등이 가져오는 인적자원정책 환경에 미치는 영향이다. 인적자원수급계획은 인구구조 및 산업의 수요에 바탕을 두는 것으로 앞의 제7장 제4절의 방법으로 도출할 수 있다. 인적자원 전망은 미래의 산업별 및 직업별, 그리고 숙련수준별 소요인력에 대한 정보와 인구구조변화에 따른 중장기 인적자원의 수준별 공급에 대한 정보를 도출하는 것이다. 정책 정보의 분석은 교육, 훈련, 연구개발, 산업, 고용, 복지 및 사회보장, 재난안전, 환경, 문화 등의 정책에 대한 계획과 주요 내용을 분석하고, 인적자원과의 연계성을 찾는 것이다. 기획을 위한 정보가 수집·정리되면, 이를 토대로 정책의 주요 내용에 대한 정치적 의사결정을 하고, 그 결과는 최종 정책으로서 모양을 갖추게 된다.

둘째, 정책의 집행은 결정된 정책을 실행하는 것이다. 인적자원정책의 집행은 관련 개별 정책 영역의 실행 과정이다. 그 과정은 인적자원의 양성, 활용, 삶의 세 영역에 속하는 개별 정책들이 인적자원과 관련하여 상호 의존성을 가지는 것을 조정하는 것이다. 예컨대 신기술 산업에서의 소요인력은 교육정책을 통해서 길러져야 하므로 이는 산업정책과 교육정책이 인적자원의 역량을 고리로 연결되는 것이다. 또한 한국판 뉴딜 정책에서 디지털 뉴딜과 그린 뉴딜 분야의 육성을 위해 관련 고급 인적자원의 양성이 중요하게 포함되며, 이들 산업의 육성을 위해서 인력양성을 필요로 한다. 이외에도 고령화에 대응하여 보건복지 분야의 돌봄을 위한 인력수요가 크게 확장되고 있으며, 이들 인적자원 양성은 교육정책을 통해서 확립되어야 한다. 이와 같이 개별 정책 영역에서 접근하는 인적자원 역량은 다른 정책과 상호 의존성을 고려하는 종합적인 접근이 요구된다. 인적자원정책의 집행은 이러한 정책의 조정뿐만 아니라 독자적 추진에 따른 중복 또는 사각지대를 도출하고 보완하는 것이다.

셋째, 정책의 평가는 집행 결과에 대한 정책 목표의 달성 정도에 대한 성과를 평가하는 것이다. 통상적인 정책의 평가는 최종적으로 정책의 종결 또는 수정을 위한 정보를 생산하며, 그것은 정책 기획과 집행에 환류시키는 근거가 된다. 인적자원정책에 대한 평가는 정책 기획에서 설정된 과제들을 중심으로 하는 종합적인 평가가 중심이다. 하지만 종합적인 평가 결과는 개별 정책의 평가 결과를 취합하여 비교함에 의해 개별 관련 정책과의 정합성을 고려할 수 있어야 한다. 따라서 정책평가는 종합평가와 개별 평가가 이원적으로 존재하지만 종합평가는 정책의 환류를 위해서 개별 관련 정책의 평가 결과를 반영되는 것이 중요하다.

넷째, 인적자원정책과 연관되는 개별 관련 정책에 있어서 인적자원 역량의 관점에서의 총괄·조정이다. 정책의 총괄·조정은 정책의 형성, 집행, 평가의 과정의 모두와 상호 의존된다. 정책의 총괄은 주로 정책 기획과 평가 단계에 집중되고, 조정은 정책의 집행에 반영된다. 전자는 인적자원정책을 위한 중장기전략계획 또는 기본계획의 수립이다. 후자는 여러 정부부처의 소관정책의 하위 요소로 인적자원을 포함하는 분야별 정책으로 이것은 기본계획과 연계되는 시행계획으로 수립된다. 정책의 총괄·조정은 [그림 10-1]과 같다. 정책의 총괄·조정은 정책 환경, 인적자원수급계획, 분야별 정책에 대한 정보를 바탕으로 기본계획과 분야별 정책의 평가 정보에 바탕을 둔다. 인적자원정책을 추진하는 데에 필요한 질적인 정보를 생산하기 위해서는 통계정보 이외에 정책정보 생산도 중요하다. 인적자원과 관련한 정책정보를 분석하는 것은 정책을 총괄하고 조정할 수 있는 토대를 만드는 것이다.

이상에서와 같이 인적자원정책은 기본계획과 분야별 시행계획으로 추진될 수 있다. 이것은 앞에서 논의한 바와 같이 인적자원정책이 다른 여러 유형의 정책에 포함되기도 하고, 또한 개별 정책 간에 인적자원의 영역에서 서로 연계되는 특성을 반영하기도 한다. 기본계획은 중장기전략계획 또는 연동계획으로 추진될 수 있지만, 분야별 시행계획은 기존의 개별 관련 정책들에서 인적자원과 관련한 시행계획을 작성해야 한다. 인적자원정책은 개별 정책

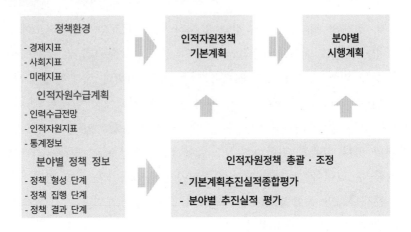

그림 10-1   인적자원정책 과정의 상호의존 구조

자료: 김형만(2005), 83쪽에서 수정.

들보다는 상위의 위상과 정책목표를 가진다. 그러므로 인적자원정책의 추진을 위해서는 정책 환경과 분야별 정책을 인적자원의 관점에서 분석하고 중장기 인적자원수급 전망 등을 위한 전문성을 필요로 한다.

3. 인적자원정책의 내용과 추진 경험

인적자원정책의 내용과 추진은 과거의 실행 경험을 통해서 살펴볼 수 있다. 하지만 인적자원정책의 총괄·조정이 중단되어 개별 부처의 분야별 정책의 하위 영역으로 추진되고 있다. 그리고 저출산·고령화와 디지털 전환이라는 정책 환경의 변화에 직면하여 새롭게 인적자원정책의 총괄·조정의 중요성이 제기되고 있다. 이러한 점을 고려하여 과거의 인적자원의 양성과 활용에 초점이 있었던 정책의 내용과 추진 경험을 조망할 수 있다.

먼저 김대중·노무현 정부에서 두 차례에 걸쳐 수립된 국가인적자원개발 기본계획이다. 이들 기본계획은 <표 10-2>와 같이 비전, 목표, 전략(정책기조), 정책과제로 구성되어 있다. 두 기본계획은 공통적으로 인적자원의 양성과 활용에 집중되어 있음을 알 수 있다. 또한 기본계획은 한국의 미래, 경제 및 사회 현황, 인적자원의 양성 및 활용의 실태를 분석하고 그 결과를 토

표 10-2 국가인적자원개발기본계획의 주요 내용

	제1차 기본계획	제2차 기본계획
비전 및 목표	경쟁력 있는 국민, 서로 신뢰하는 사회 - 인적자원 분야 국가 경쟁력 10위권 진입 -	학습사회, 인재강국 건설 - 인적자원분야 국가경쟁력 10위권 달성 -
	국민 개개인의 역량 강화, 사회적 신뢰구축과 결속의 강화, 새로운 성장동력의 창출	사람·지식 주도형 성장 - 신뢰사회 구축
전략	개방화·네트워크화, 정보화, 탈규제화·자율화, 여성활용 극대화	국가인적자원개발 추진체제 혁신 - 산업·노동계 등 수요측과 지자체의 참여확대 - HRD 투자 확대 및 효율성 제고 - HRD 사업 평가·조정 역량 강화
정책 과제	- 전국민 기본 역량 강화: (1) 국민기초교육보장 (2) 진취적·창의적 청소년 문화 육성 (3) 평생학습 활성화 (4) 취약계층 능력개발 지원 (5) 사회적 신뢰구축과 시민의식 제고 - 성장을 위한 지식과 인력개발: (6) 우수인재육성 (7) 국가 전략분야 인력양성 (8) 산·학·연 협력 강화 (9) 서비스산업분야 인적자원개발 (10) 문화예술 전문인력 양성 - 국가 인적자원 활용 및 관리 선진화: (11) 공직부문 인적자원 전문성 제고 (12) 민간부문 인적자원 활용 개선 (13) 여성인적자원 활용도 제고 - 국가 인적자원 인프라 구축: (14) 인적자원 정보 인프라 구축 (15) 지식유통체제 혁신 (16) 인적자원 정책 역량 강화	- 국제 경쟁력 있는 핵심 인재 양성: (1) 미래 유망산업 핵심 인력 양성 (2) 지식 서비스 전문인력 양성 (3) 대학교육의 산업현장 적합성 제고 (4) 인적자원개발 및 활용의 국제화 (5) 수월성 교육의 학대 - 전 국민의 평생학습 능력 향상: (6) 인적자원개발 최적화를 위한 교육체제 개편 (7) 국민의 기본 핵심능력 함양 (8) 평생 직업교육·훈련 체제 혁신 (9) 지역 인적자원개발 촉진 (10) 군·공직분야 인적자원개발의 활성화 - 사회통합 및 교육문화 복지 증진: (11) 여성 인적자원개발 활성화 (12) 청소년층 및 중고령층 인적자원개발 촉진 (13) 고용지원 서비스 및 고용 관형 혁신 (14) 사회적 신뢰·협력 네트워크 구축 (15) 사회적 형평성 제고를 위한 교육·문화 복지 증진 - 인적자원개발 인프라 확충: (16) 인력수급 전망체제 구축 (17) 인적자원·기술혁신 정보의 생성·제공 (18) 지식과 권리의 보호체계 확립 (19) 인적자원의 평가·인증체제 구축 (20) 인적자원개발 정책의 총괄·조정 기반 조성

자료: 대한민국(2001, 2005)

대로 인적자원정책을 기획하고 있다. 계획의 전반적인 흐름을 볼 때 제1차
기본계획은 식기반사회의 도래에 대비하여 '사람과 지식'에 초점이 있었던
반면 제2차 기본계획은 국가경쟁력을 제고하는 정책의 추진에 있어서 드러
난 정책의 총괄·조정 기능을 강화하는 것에 많은 비중을 두고 있다.

정책의 비전, 목표, 전략에서 두 계획은 개인의 역량과 사회적 신뢰에
바탕을 두고서 국가경력을 강화하는 것을 제시하고 있지만 추진전략에 있어
서는 제1차 기본계획이 개방, 자율, 탈규제 등의 시장기능 강화와 여성 인적
자원 활용을 제시하고 있다. 반면 제2차 기본계획은 산업과 지자체의 참여,
인적자원개발 투자 확대 및 효율성 제고, 사업 평가·조정 역량 강화 등을 통
해 국가인적자원개발 추진체제를 혁신하는 데 두고 있다.

정책과제는 네 개의 영역으로 구성되어 있고, 전체적으로 제1차 기본계
획이 인적자원의 양성 및 활용과 관련되는 내용 중심을 이루지만 성장을 위
한 지식을 중요한 영역으로 다루고 있다. 제2차 기본계획은 양성과 활용 이
외에 사회통합과 교육의 영역에서 복지를 상위 영역에 명시적으로 표현하고
있다.

제1차 기본계획의 정책과제는 4대 영역 16개 분야로 구성되어 있다. 첫
번째 영역 '전 국민 기본 역량 강화'에는 인적자원 양성 단계에서 모두를 위
한 인적 역량과 사회적 역량을 강화하는 교육의 형평성에 초점이 있다. 두
번째 영역 '성장을 위한 지식과 인력개발'은 새롭게 출현하는 분야에서의 경
제성장을 이끌 우수 역량을 기르는 것으로 수월성을 강조하는 것이다. 이 영
역도 인적자원의 양성에 초점이 있다. 세 번째 영역 '국가 인적자원 활용 및
관리 선진화'는 공공, 민간, 여성 등에 있어서의 인적자원 활용에 초점을 두
고 있다. 마지막 국가 인적자원 인프라 구축은 인적자원정책의 추진의 기반
을 확립하는 내용을 담고 있다.

그리고 제2차 기본계획의 과제는 4대 영역 20개 분야로 구성되어 있다.
첫 번째 영역 '국제 경쟁력 있는 핵심 인재 양성'은 국내를 넘어 글로벌 차원
의 역량을 기르는 내용으로 고급인적자원 양성에 초점이 있다. 두 번째 영역
'전 국민 평생학습 능력 향상'은 제1차 기본계획의 첫 번째 영역의 내용에 더
하여 지역인적자원과 군인적자원 등의 특정 분야 인적자원 양성에 초점이 있

다. 세 번째 영역 '사회통합 및 교육·문화 복지 증진'은 사회적 위험에 처한 계층과 사회적 역량과 관련한 내용이다. 네 번째 영역 '인적자원개발 인프라 확충' 제1차 기본계획의 내용에 더하여 인력수급전망, 정보의 생성·제공, 평가인정, 총괄·조정 등이 구체화되고 있다.

　　이상의 국가인적자원개발기본계획은 인적자원정책의 내용을 모두 포괄하고 있다. 두 기본계획에서 드러난 정책은 인적자원의 양성과 활용에 집중되어 있다. 제2차 기본계획은 중앙정부가 주도하던 인적자원정책에서 지방자치단체의 역할을 부여하는 지역인적자원개발을 명시적으로 포함하여 정책의 집행의 실효성을 높이려 하고 있었다. 그렇지만 사회적 역량과 관련한 영역도 포함되어 있기는 하지만 부분적이면서도 추상적으로 제시되어 있다. 결과적으로 학교교육 또는 학습을 통해서 기르는 역량과 노동시장에서 이러한 역량이 활용되는 것에 초점을 맞추고 있기는 하지만 양자가 융합되지는 못해 양성과 활용의 실질적인 연계에 한계가 있었다.

　　그리고 두 차례의 기본계획이 수립·시행된 기간은 약 7년 정도에 불과하다. 그 이유는 2008년 이명박 정부에서 이러한 기본계획을 추진할 정부조직을 폐지시켰기 때문이다. 이것은 인적자원정책이 한국의 정책에 대한 의사결정을 하는 정치적 과정에 의해 크게 영향을 받을 수 있음을 보여주는 것이다. 하지만 이후 이들 두 기본계획의 내용은 각 부처의 소관 정책에 산재되어 추진되고 있다. 최근에는 일자리정책, 한국판 뉴딜 등에서 교육훈련, 또는 사람 투자 등은 인적자원정책의 중요한 부분이다. 하지만 이들의 대부분은 인적자원 양성에 국한되는 퇴보를 보이고 있다. 이제 저출산·고령화 및 디지털 시대의 인적자원정책으로 인적자원의 양성 및 활용 이외에 삶(well-being)을 고려하는 새로운 조명이 요구된다.

03 제도적 기반

인적자원정책의 추진은 정부의 추진 조직을 기반으로 정책의 기획, 집행, 평가, 환류 등의 활동을 하는 것이다. 이러한 정부의 활동을 위한 추진 조직과 추진 내용은 법령에 근거를 둔다. 앞의 절에서 살펴본 바와 같이 인적자원정책의 분야별 내용은 부처에서 추진되지만 정책을 종합적으로 기획하고 추진하는 것은 이를 전담한 조직과 기구를 필요로 한다. 이 절에서는 추진체계와 법에 나타난 제도적 특성과 실효성에 대해 논의한다.

1. 인적자원정책 추진 체계

인적자원정책의 추진은 중앙정부와 지방자치단체가 함께 해야 한다. 중앙의 관련 부처와 지방자치단체는 인적자원정책 각 분야의 정책을 실제로 집행하기 때문이다. 뿐만 아니라 인적자원정책이 여러 부처의 정책에 산재하는 특성이 있기 때문에 각각의 정책영역에서의 정책정보, 특히 인적자원과 관련한 정보를 분석할 수 있는 전문성을 필요로 한다. 또한 인적자원정책은 여러 부처에 분산되어 있어서 인적자원 역량을 위한 정책의 추진에 있어서 사각지대 또는 중복될 가능성이 높고, 각 정책 분야별 이해관계의 충돌을 조정할 수 있어야 한다.

이러한 점을 고려하여 「인적자원개발기본법」에 근거한 정책 추진 체계는 [그림 10−2]와 같이 나타낼 수 있다. 법에 의하면 가장 중심이 되는 주체는 국가인적자원위원회이다. 동 위원회의 장은 대통령이고, 부의장은 법령에 제시된 교육부 장관이다. 그리고 위원회에는 관련 중앙 정부부처와 지방자치단체와 민간전문가가 참여하여 구성된다. 국가인적자원위원회는 기본계획의 수립, 분야별 인적자원 관련 정책의 기획·조정 및 평가, 인적자원정책 관련 예산 등의 투자 등과 관련한 사항을 심의하는 위상을 가진다.

그림 10-2 인적자원정책 추진 체계

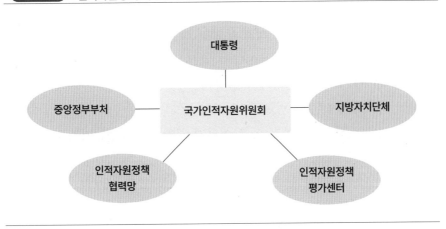

자료: 김형만(2005), 83쪽에서 수정.

　　한편 「인적자원개발기본법」은 정책의 분석 및 기획에 있어서 협력망과 평가센터를 통하여 정책에 대한 전문성을 확보할 수 있도록 하고 있다. 협력망은 국책연구기관을 중심으로 전문가들의 집단지성을 결집하는 역할을 한다. 그리고 평가센터는 정책의 기획을 위한 중장기인력수급전망모형 구축, 인적자원정책의 분석 및 정보생성을 수행한다. 협력망과 평가센터로부터 생산되는 지식과 정보는 여러 부처에 산재해 있는 분야별 정책을 국가인적자원위원회를 통하여 총괄·조정하고, 이해 당사자들 사이의 협력을 끌어내는 기초가 되어야 한다.

　　이상의 법에 근거한 개략적인 인적자원정책 추진체계는 이명박 정부 이후 정부 내에 추진조직이 없어졌다. 하지만 인구구조변화와 디지털 전환으로 인적자원정책 정책 추진의 종합적인 접근의 필요성이 증대하고 있다. 특히 제대로 된 인적자원정책 추진체계를 확립하는 것은 성찰적이고 대승적인 정치적 의사결정을 필요로 한다. 왜냐하면 현재의 분산된 분야별 인적자원정책만으로는 인적자원을 활용하고 삶의 질을 개선하는 충분한 역량을 확보하기에는 한계가 있기 때문이다.

2. 「인적자원개발기본법」의 주요 내용과 위상

인적자원정책이 기본법에 의해 뒷받침 하는 이유는 분야별 정책에 인적자원 역량이 내포되어 있기 때문이다. 더욱이 분야별 정책은 개별 법령에 의해 정책이 추진되고 있는 상황에서 법령의 수직적 위계도 고려해야 한다. 비록 현재 「인적자원개발기본법」이 작동되지 않고 있지만 그 내용을 살펴봄에 의해 인적자원정책이 무엇이고 향후 어떻게 전개 될 수 있는지에 대한 대강의 윤곽을 파악할 수 있다. 위에서 논의한 인적자원정책의 내용과 추진에 대한 내용은 기본법에 담겨 있다. 「인적자원개발기본법」은 14개의 조문으로 구성되어 있다.9 이들은 목적과 정의, 다른 법과의 관계 및 국가의 책무, 정책의 특성, 정책 추진 주체, 정보 생성 등의 다섯 가지의 범주화하여 정리할 수 있다.

첫째, 법의 목적과 정의이다(제1조와 제2조). 법의 목적은 국민의 삶의 질 향상과 국가경쟁력을 강화하기 위해 인적자원정책을 수립, 총괄·조정, 평가 등을 행하는 데 있다. 그리고 인적자원은 '지식, 기술, 태도 등 인간이 지니는 품성과 능력'으로, 그리고 인적자원개발은 '인적자원을 양성, 배분, 활용하고 이와 관련되는 사회적 규범과 네트워크를 위한 제반활동'으로 정의한다. 이것은 인적 역량과 사회적 역량의 영역을 정의하는 것이다.

둘째, 법의 위상과 책무이다(제3조와 제4조). 법의 위상으로 다른 법률과 관계에서 우선한다고 정하고 있고, 국가와 지방자치단체가 종합적 시책을 세우고, 인력수급전망 등의 정보를 국민에게 알리도록 정하고 있다.

셋째, 법은 정부가 인적자원정책을 기획, 평가, 인정하도록 정하고 있다. 교육부장관이 매 5년마다 인적자원개발기본계획10을, 그리고 관련 부처들이 연도별 시행계획을 수립·추진할 것을 정하고 있고(제5조), 지방자치단체는

---

9 「인적자원개발기본법」은 2002년 7월 31일 정기국회에서 통과되어 8월 26일 제정되었으며, 현재의 법은 2007년 4월 27일 개정된 것이다(김형만·장원섭·황승록, 2014: 24).

10 법에 의하면 기본계획에 담겨야할 정책의 기획·조정 및 평가에 관한 사항은 '(1) 첨단분야의 인적자원개발, (2) 법률·의료·경영 등 전문서비스 분야의 인적자원개발, (3) 여성인적자원개발, (4) 직업교육 및 직업훈련 정책, (5) 산학협력 활성화, (6) 군 인적자원개발, (7) 국가 및 지방자치단체 등 공공부문의 인력활용, (8) 장애인, 고령자 및 준고령자 등 취약계층의 인적자원개발, (9) 지역인적자원개발, (10) 그 밖에 대통령령이 정하는 사항' 등이다(제7조 제②항).

지역인적자원 기본계획을 수립·시행하도록 하고 있다(제7조의 3). 또한 중앙
행정기관과 지방자치단체들이 인적자원개발사업 등에 대한 자체평가(제8조)
와 국가인적자원위원회에 의한 특정평가(제9조)를 정하고 있다. 그리고 인적
자원개발 우수기관을 인정(제14조)하도록 하고 있다.

넷째, 추진체계를 구성하는 것이다. 법 제7조는 [그림 10-2]에 있는 국
가인적자원위원회11 이외에 중앙행정기관장 및 전문가로 구성되는 운영위원
회 및 특별위원회를 구성하고, 동 위원회가 기본계획의 수립 및 변경, 관련
예산 등에 대하여 심의하도록 규정하고 있다. 국가인적자원위원회의 운영은
인적자원정책의 추진을 통할하는 것이다. 그리고 국가인적자원위원회의 사
무를 지원하는 조직으로 '인적자원정책 추진본부'를 교육부에 두고 본부장은
위원회의 간사가 되도록 정하고 있다. 또한 관련 부처에서는 인적자원정책을
총괄하는 인적자원정책책임관을 지정할 수 있도록 하고 있다(제10조).

다섯째, 정보의 생성과 정책 추진을 지원할 전문성을 확보하는 것이다.
인적자원정책의 추진을 지원하기 위한 정보의 생산·유통·활용하도록 정하
고 있고(제11조), 그리고 정책의 추진 및 정보의 생성·활용을 위한 평가센터
(제12조)와 협력망(제13조)을 운영하도록 정하고 있다. 평가센터와 협력망은
인적자원정책을 추진하는 데 필요한 정보 및 정책 분석을 위한 전문성을 확
보하는 것이다.

이상과 같이 「인적자원개발기본법」은 인적자원정책을 총괄·조정하는
데에 필요한 정책의 주요 영역을 기본계획에 반영하도록 하고, 이를 추진할
추진체계를 구축할 것을 정하고 있다. 또한 분야별 정책의 주요 사항들은 시
행계획에 반영하도록 하여 기본계획의 틀 속에서 분야별 정책을 연결시키는
구조를 가지고 있다. 또한 평가에서 분야별 범주를 넘어서는 영역에 대해서
는 특정평가를 실시하고, 분야별 정책에 대해서는 자체평가를 하도록 하여

---

11 위원장은 대통령이 되고 부위원장은 교육부장관이 된다. 그리고 위원은 대통령이 정하는 관계
중앙 행정기관 및 이에 준하는 기관의 장, 위원장이 위촉하는 전문가, 과학기술자문회의 위원
중 위원장이 위촉하는 자로 구성할 것을 정하고 있다. 여기서 중앙행정기관의 장은 기획재정부,
과학기술정보통신부, 국방부, 행정안전부, 산업통상자원부, 보건복지부, 고용노동부, 여성가족
부, 중소벤처기업부, 국무조정실장, 인사혁신처장 등이다(「인적자원개발기본법」 제7조의 ⑤항
및 시행령 제5조).

정책의 집행과 기획을 연결시키도록 하고 있다. 동 기본법은 정책의 집행 단계의 세부 프로그램에 대해서는 분야별 정책에 위임하고 있고, 이들 정책을 종합적으로 분석하여 기본계획의 주요 내용과 연계하도록 하고 있다. 따라서 「인적자원개발기본법」은 '국민의 삶의 질 향상과 국가경쟁력 강화'라는 목적을 실현하기 위한 여러 분야에 산재한 정책을 총괄·조정하기 위한 절차법의 성격을 가진다. 반면 분야별 정책과 관련한 각종 법령들은 권리와 의무가 명확히 드러나는 실체법의 성격을 가진다. 이러한 점을 고려하면 「인적자원개발기본법」은 인적자원정책을 총괄하는 규범으로서의 기본법에 속한다고 할 수 있다.[12] 하지만 법 제3조에서 다른 법에 우선하여 적용한다는 것을 명시하고 있지만 다른 법 또는 하위 법에서 집행될 수 있는 수단을 열거하거나 위임하지 않고 있다. 따라서 여러 부처에 산재해 있는 인적자원정책의 수립·총괄·조정할 수 있는 실질적인 수단을 확보하는 것은 커다란 과제라 할 수 있다(김형만·장원섭·황승록, 2014: 27).

3. 인적자원정책을 포함한 주요 관련 법령

「인적자원개발기본법」의 다른 법령들과의 관계는 인적자원정책이 분야별 여러 정책 영역과 연관성을 고려함에 의해 살펴볼 수 있다. 첫째, 인적자원 양성과 관련한 법령은 교육 및 훈련 이외에 연구개발, 정보통신, 문화 등의 영역에서 필요한 인력 양성을 규정하고 있다. 교육은 「교육기본법」의 하위 영역으로 영·유아교육, 초·중등교육, 고등교육, 평생교육 등과 기타 관련 법령들이 있다. 직업교육과 직업훈련은 「직업교육훈련촉진법」, 그리고 양성훈련은 「근로자직업능력개발법」에서 규정하고 있다. 그리고 과학기술, 문화,

---

12 통상 기본법은 헌장으로서의 기본법, 정책수단의 총괄 규범, 관리규범 등의 세 유형이 있다. 헌장으로서의 기본법은 특정 정책 분야에 대한 기본적인 사항을 선언적으로 규정하는 경우로 교육기본법, 양성평등기본법 등이 여기에 속한다. 정책수단의 총괄 규범으로서의 기본법은 헌장으로서 이념에 더하여 헌장의 실현을 위한 정책수단을 열거하는 것으로 고용정책기본법, 정보화촉진기본법, 중소기업기본법 등이 여기에 속한다. 마지막으로 관리규범으로서의 기본법은 기본법에 우월한 지위를 부여하고 특정한 제도 및 행정조직 또는 정책수단에 대한 관리 및 조정기능을 부여한 경우로 기금관리기본법, 자격기본법, 행정규제기본법 등이 해당된다(김형만·장원섭·황승록, 2014: 26)

국방 등과 관련한 개별 법령에서 인적자원을 양성하는 교육기관을 두거나 정규교육 프로그램과 연계하고 있다.

둘째, 인적자원의 활용과 관련한 영역이다. 고용관련 법령으로는 「고용정책기본법」에서 인력수급전망, 고용안정, 직업능력개발 등을 규정하고 있고, 개별 법령으로 「고용보험법」과 「근로자직업능력개발법」에서 적극적인 노동시장정책과 관련한 내용을 규정하고 있다. 그리고 산업인력과 관련해서는 「산업발전법」에서 산업의 인력수요에 관해 규정하고 있고, 기타 보건의료, 문화산업 등에서 인적자원 활용과 관련한 규정을 하고 있다. 이들 법령은 인적자원의 수요 측면에서 필요 인력을 규정하는 것이다.

셋째, 인적자원의 양성과 활용을 연계하는 자격과 관련한 법령이다. 자격은 국가자격, 국가기술자격, 민간자격 세 종류로 대별된다. 「자격기본법」은 국가직무능력표준, 국가자격의 총괄적 규범, 민간자격 등에 대해 규정하고 있으며, 「국가기술자격법」에서 산업이 요구하는 자격에 대해 규정하고 있다. 국가자격은 기술사, 교사, 의사, 법조인 등 약 75개의 개별 법령에서 200개가 넘는 자격의 취득과 발급에 대한 사항을 규정하고 있다.

넷째, 인적자원의 삶과 관련한 것이다. 삶과 관련한 법령은 사람과 관련한 대부분 영역의 법령들이 포함되지만 사회복지, 재난안전, 환경, 문화 및 성

표 10-3 인적자원정책 내용을 포함하는 주요 법령

영역	관련 법령
양성	교육기본법, 유아교육법, 초·중등교육법, 고등교육법, 평생교육법, 신보교육법, 학원의 설립·운영 및 과외교습에 관한 법률, 영재교육진흥법, 사립학교법, 과학·수학·정보교육 진흥법, 지방대학 및 지역균형인재 육성에 관한 법률, 학술진흥법, 직업교육훈련: 직업교육훈련촉진법, 근로자직업능력개발법(양성훈련), 한국농수산대학설치법, 과학기술기본법, 지능정보화기본법, 지식재산기본법, 문화예술교육지원법, 보건의료기본법, 문화예술진흥법, 공무원교육훈련법, 통일교육지원법, 법교육지원법 등
연계	자격기본법, 국가기술자격법, 기술사 등 75개 개별 법령(국가자격), 산업교육진흥 및 산학협력 촉진에 관한 법률, 지역균형발전특별법(제9조의2) 등
활용	용정책기본법, 고용보험법, 근로자직업능력개발법(재직자훈련), 산업발전법, 여성농업인육성법, 농어업 경영체 육성 및 지원에 관한 법률, 보건의료인력지원법 등
삶	저출산고령사회기본법, 사회보장기본법, 아동복지법, 노인복지법, 국민기초생활보장법, 장애인복지법, 환경정책기본법, 지속가능발전법, 재난및안전관리기본법, 대중문화예술산업발전법, 양성평등기본법, 다문화가족지원법 등

자료: 국가법령정보센터의 법령을 토대로 필자가 작성.

평등 등과 관련되는 것이다. 이들은 「인적자원개발기본법」에 근거한 정책이 추진되던 시기에 고려되지 못했던 영역이지만 디지털 전환 시대에 새롭게 사람의 생애주기와 삶의 질(well-being)의 관점에서 재조명될 수 있는 영역이다.

이상과 같이 인적자원정책과 관련한 내용은 여러 법령의 조항 또는 하위 조항에 산재해 있다. 인적자원정책이 여러 영역에 산재한 이유는 교육훈련과 자격 등과 같이 전통적인 인적자원정책 영역 이외에도 개별 법령에서 분야별 정책을 추진하는 데 있어서 인적자원과 관련한 내용을 필요로 하는 데 연유한다. 성장을 위한 창의적 역량을 함양함과 아울러 모두를 위한 잠재된 사회적 위험에 대비해야 하는 경제·사회의 구조적 변화가 개별 법령에 분산되어 반영되고 있는 것이다. 이것은 그동안 일, 학습, 삶이 함께하는 구조로, 그리고 생산, 소비, 여가가 긴밀해지는 시대적 변화에 기인하는 것이다. 향후 이러한 변화는 더욱 빨라질 것으로 예상되고 있어서 인적자원정책의 방향도 새롭게 정비될 필요가 있을 것이다.

04 쟁점과 과제

인적자원정책이라는 용어가 정책 현장에서 정착된 것이 아니다. 산업화 시대에 산업인력이 논의의 초점이었고, 이명박 정부 이후 지금까지 인재라는 용어가 사용되고 있다. 하지만 인력이라는 용어는 길러진 인력을 사용한다는 뜻이 강하다는 점을 고려하면 디지털 전환 시대에 일터에서도 역량이 지속적으로 길러져야 한다는 점에서 과거에 적합한 용어라 할 수 있다. 인재는 우수한 인력이 경제성장의 동력이 될 것이라는 점을 상정할 수 있겠지만 불평등이 고착되고 사회적 이동성이 약화되어 오히려 혁신과 성장 동력을 약화시킨다는 점에서 전체적인 역량의 일부만 다루는 한계가 있다. 이러한 점을 고려하여 인적자원정책의 쟁점과 과제를 정리한다.

1. 인적자원의 질적 투입으로 전환

지식기반사회로 이행의 특성은 일터에서 정형화 또는 획일화된 역량을 필요로 하던 생산 양식을 바꾼다는 데에 있다. 지식기반사회는 산업구조가 생산요소의 질적 투입을 필요로 하는 구조적 변화를 요구하고, 따라서 일터에서 지식정보의 중요성은 획일적 숙련에 바탕을 두는 평생직장이 수시로 역량을 바꾸면서 지속할 수 있는 평생직업으로 바뀌고 있는 것이다. 즉 산업의 인적자원 수요 패턴이 양적인 투입에서 질적인 투입으로 변화를 필요로 하는 것이다. 과거 김대중 정부와 노무현 정부에서 두 차례 수립되었던 국가인적자원개발기본계획의 기본 방향이 인적자원의 질적 향상을 지향하는 것이었다. <표 10-2>에서 '경쟁력 있는 국민을 위한 개인의 역량 강화'와 '인재강국을 위한 사람·지식 주도'는 인적자원의 질적 수준을 향상시키려는 것이다.

그러면 당시의 인적자원의 양성과 활용의 현실에 있어서 질적 수준에 대한 정책의 효과는 어떻게 평가할 수 있는가? 현실에서 인적자원의 질적 수준은 정책이 의도하는 정도로 향상되지 못했다고 할 수 있다. 인적자원의 질적 수준은 두 가지로 나누어 볼 수 있겠다. 하나는 학력수준의 향상이고, 다른 하나는 역량의 향상을 통한 노동시장에서의 생산성의 향상이다. 전자의 관점에서 고학력화의 진전으로 고등교육이 보편화되었다. 학력수준의 향상에 의해 노동력의 고급화가 크게 진전되었다. 하지만 전 국민의 역량이 고루 향상되지 못해 소규모 기업에서의 생산성 향상에 기여하지 못했다. 특히 중소기업에서 인적자원의 질적 수급불일치가 심화되어왔다. 이러한 현상은 산업의 구조적 특성뿐만 아니라 고등교육의 양적 성장에 비해 경쟁력은 미흡한데에 그 원인이 있다고 할 수 있다.

따라서 현재에도 인적자원의 질적 투입을 위한 전략은 중요한 과제라고 할 수 있다. 디지털 전환은 지식기반경제 시대보다 더욱 빠르게 일터의 소멸 또는 일터에서의 역량의 수명이 단축시키고 있어서 상시적인 학습을 통한 역량개발을 필요로 한다. 과학기술의 발전은 지식과 정보의 생산보급을 더욱 빠르게 진전시키고, 나아가 노동시장에서 인적자원을 몰아내고, 새로운 일자리가 창출되고 있다. 학습에 있어서도 일방적인 지식전달보다는 학습할 역량을 기르고, 개별화된 역량개발이 학교뿐만 아니라 일터에서도 상시적으로 이루어질 수 있는 변화를 요구받고 있다. 따라서 모두의 역량을 강화하는 것과 함께 우수한 인적자원을 육성하는 전략이 함께 고려될 필요가 있다. 하지만 여러 부처에 분산되어 독자적으로 추진되고 있는 현재의 분리된 인적자원정책은 사람의 역량에 대한 종합적 접근에 한계가 있다. 이러한 정책 환경을 재구조화하는 새로운 전략도 함께 요구된다.

2. 경제정책과 사회정책의 조화

과거의 인적자원정책은 경제성장을 달성하기 위한 수단으로서 의미를 가졌다. 생산요소의 양적인 투입을 위한 경제정책의 잔재가 지식기반경제로 이행하는 과정에서도 깊은 뿌리를 가지고 있었다. 또한 산업의 구조변화가 빨라지면서 인적자원의 공급측면인 교육에 있어서도 시장기능이 작동되어야 한다는 정책적 인식도 강조되었다. 실제로 이명박 정부 이후 재정지원 방식에 있어서 개인의 선택권을 확장하고, 자율형 사립고를 설립하는 등은 교육의 선택권을 학습자에게 돌리려는 시장주의 철학에 근거한 것이었다.

그러나 시장주의 철학에 의한 교육정책이 고등교육이 보편화되는, 즉 고등교육이 양적으로 팽창하는 시기에 질적 수준을 향상시키도록 방향을 전환했다는 증거는 없었다. 한편 교육계에서는 인적자원을 교육과 같은 개념으로 보아 인적자원정책에서 역량을 세분화된 하위 역량 요소들로 계측하려 한다고 비판하면서 역량의 해석을 좁은 범주로 한정하였다. 실제로 교육 현장에서 인적자원 역량의 질적인 특성을 고려하는 것에 소홀한 것이다. 직업훈련은 지속적으로 현장의 숙련수요에 맞추려는 노력을 해 왔지만 여전히 정규교육 특히 고등교육의 선호에 있어서 전체적으로 이류로 밀려나 있었다.

이러한 가운데 평생직장이 보장되던 남성가부장 중심의 고용의 틀 속에서 고착되어 온 여성의 경력단절 등의 취약한 고용관행이 지속되어 왔다. 디지털 전환이 가속화되면서 노동시장에서 일터 역량의 갱신의 필요성이 증대하였고, 이로 인해 남성 가부장적 노동시장의 고용불안이 가중되고 있다. 중요한 것은 사회정책이 표면에 드러난 사회적 위험을 대상으로 하던 시대에서 잠재되어 있는 사회적 위험도 고려해야 하는 상황에 직면하고 있다는 점이다. 인공지능, 지능형 로봇, 사물인터넷 등은 생산에 있어서 디지털화에 더하여 생산에 유통과 소비의 정보가 그대로 반영되도록 함에 의해 일터의 환경이 역량의 유형과 수준에 대한 요구를 빠르게 변화시키고 있다. 이러한 변화는 경제구조의 변화뿐만 아니라 잠재적 사회적 위험도 크게 증가시키고 있다. 인적자원의 사회적 이동성을 약화시켜 불평등의 대물림을 심화시키고 있다. 최근 대기업과 중소기업의 생산성 격차가 높고, 소규모 기업의 종사자를 중심으로 소득불평등이 심화되어 온 것은 산업의 구조적 여건도 사회적 위험의 특성과 연계되어 있음을 보여주는 것이다.

인적자원정책은 경제성장의 목표 이외에 사회안전망을 위한 목표로서도 중요한 의미를 가지게 되었다. 일터학습과 작업장 혁신을 통해서 역량에 바탕을 두고 생산성을 향상시킬 수 있는 전략이 요구된다. 또한 고용과 복지의 차원에서는 과거의 적극적인 노동시장정책의 상징이었던 노동연계복지(workfare)를 넘어서 일, 삶, 학습이 함께 하는 학습복지(learnfare)의 중요성이 증대되었다. 디지털 전환 시대에는 학습, 고용, 복지가 공존하는 인적자원정책을 필요로 한다. 또한 인적자원의 역량은 비대면 시대에 일터와 학교에서 현실과 가상공간의 경계와 시간의 제약을 허무는 것에 중심에 있어야 할 것이다. 학습은 일과 여가의 기회를 강화시킬 수 있는 수단이 될 수 있을 뿐만 아니라 인적자원의 역량을 상시적으로 개발·향상시킬 수 있는 기반이다.

3. 정치적 의사결정의 문제

인적자원정책의 실체에 있어서 가장 중요한 것은 정치적 의사결정의 변화무쌍함이라 할 수 있다. 개혁이라는 명분하에 행해지는 파괴적 의사결정은 인적자원정책의 중요성을 물밑으로 수장시킨다. 왜냐하면 앞에서 논의한 바와 같이 인적자원정책은 여러 정부부처의 정책들과 연계되거나 또는 그 정책에 내포되어 있기 때문이다. 정책입안자들의 이해관계도 기존의 권한을 유지하려는 관성을 가지고 있어서 새롭게 부각되는 영역을 경계하는 경향이 있다. 인적자원의 관점에서 정책을 추진하기 위해서는 기존의 권한을 포기해야

그림 10-3 K-뉴딜 및 일자리 정책과 인적자원의 위상

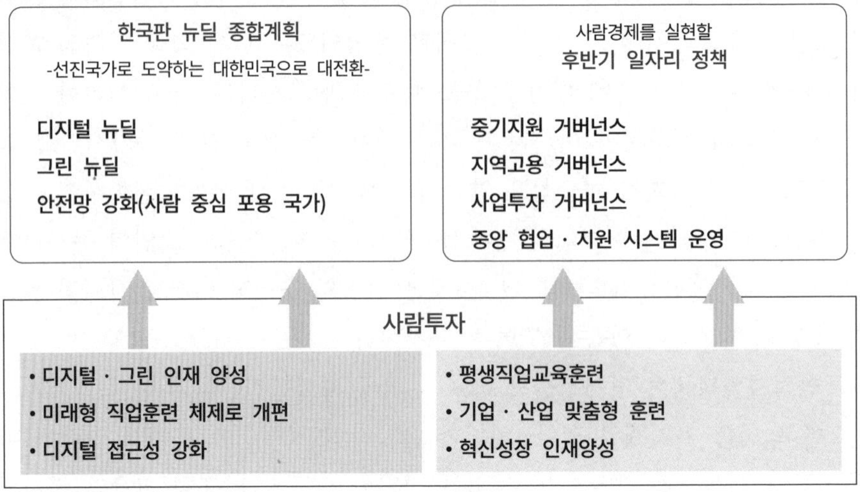

한국판 뉴딜 종합계획	사람경제를 실현할 후반기 일자리 정책
-선진국가로 도약하는 대한민국으로 대전환-	
디지털 뉴딜	중기지원 거버넌스
그린 뉴딜	지역고용 거버넌스
안전망 강화(사람 중심 포용 국가)	사업투자 거버넌스
	중앙 협업·지원 시스템 운영

사람투자

• 디지털·그린 인재 양성	• 평생직업교육훈련
• 미래형 직업훈련 체제로 개편	• 기업·산업 맞춤형 훈련
• 디지털 접근성 강화	• 혁신성장 인재양성

자료: 대한민국정부(2020.3, 2020.7)을 바탕으로 필자가 작성.

하고, 새로운 관점을 정립하기 위해서는 많은 노력과 학습을 해야 한다. 왜냐하면 정책입안자가 올바른 개혁의 주체가 되는 데에는 불확실성과 위험이 뒤따르기 때문이다.

정치적 의사결정의 사례는 이명박 정권이 정부조직에서 인적자원정책의 추진주체를 없앤 데에서 찾을 수 있다. 당시 교육인적자원부의 부총리 부서를 교육과학기술부로 조직을 개편하면서 인적자원정책본부를 없앴다. 「인적자원개발기본법」 제10조에서 인적자원정책책임관을 지정하도록 정하고 있음에도 권력이양기의 정치적 의사결정에 의해 인적자원정책의 총괄·조정 기능의 실체가 사라진 것이다. 이후 인적자원정책은 개별 정부부처의 영역별 정책에서 독자적으로 추진되고 있다.

그렇다면 인적자원정책이 정부의 정책에서 의미가 없는 것인가? 최근 문재인 정부에서는 인적자원정책을 사람 투자라는 용어로 사용하고 있다. [그림 10-3]에서와 같이 한국판 뉴딜 종합계획은 디지털뉴딜, 그린뉴딜, 안전망강화의 세 영역으로 구성된다. 여기서 안전망 강화는 사람 중심 포용국가를 추구하고 있으며, 한국판 뉴딜은 디지털 및 그린 인재양성, 미래형 직업훈련체제로 개편, 디지털 접근성 강화 등을 중요하게 고려하고 있다. 이들 정책은

인적자원정책의 핵심적 부분이다. 그리고 일자리 정책에서는 사람투자 거버 넌스를 위해 사회부총리 중심의 인재양성 기반을 구축할 것을 기획하고 있다.

하지만 한국판 뉴딜정책과 일자리정책에서 사람투자를 중요한 요소로 고려하고는 있지만 법에 의한 기획, 총괄·조정에 대한 실체는 없는 상황이다. 실제로 인적자원차원의 종합적 접근에 한계를 노정하고 있다고 할 수 있다. 인적자원의 역량을 기반으로 경제성장과 잠재적 사회적 위험을 극복하는 것 은 중요한 당면 과제가 되고 있다. 그리고 '일, 삶, 학습'이 공존하는 사회로 전환도 근본적으로 인적자원의 역량에 초점을 두어야 할 것이다. 이러한 점 에서 인적자원정책으로부터 국가경쟁력을 강화하고 공동체의 삶의 질을 향 상시키는 전략이 새롭게 구상될 필요가 있다.

Chapter **11**

미래의 인적자원정책

인간이 추구하는 행복은 일, 삶, 학습과 밀접한 관계를 가진다. 학습과 일의 성과에 따라 성공적인 삶을 영위할 수도, 그리고 사회적 위험에 처할 수도 있다. 또한 다수의 사람들이 성공적인 삶을 유지할 때 경제는 지속적인 성장을 유지할 수 있고, 사회는 통합적 또는 포용적 발전을 할 수 있다. 우리나라에서 본격적으로 경제정책이 추진된 이래 인적자원정책은 산업인력정책, 지식 중심의 국가인적자원개발, 디지털 전환의 대응을 위한 사람투자로 이어진다. 이들 정책은 모두 경제성장과 사회통합을 함께 고려하는 인적자원정책으로서의 자리매김을 하지 못했다. 저출산·고령화, 디지털 전환, 비대면의 확장 등은 인적자원정책이 경제 또는 산업의 양극화를 극복하기 위해서 뿐만 아니라 예비적인 또는 잠재적인 사회적 위험을 극복하기 위해서 중요한 역할을 할 것을 요구하고 있다. 미래의 인적자원정책은 학습을 일과 연계시키는 정도를 넘어서 학습과 일이 공존하고, 이를 바탕으로 사람의 삶의 전 영역에서의 역량을 증진시키는 전략을 필요로 한다.

01 도전과 미래의 정책 방향

제10장의 인적자원정책에 대한 논의에서 그동안 추진해 온 정부정책의 한계를 극복할 수 있는 전략의 필요성이 제기되었다. 논의되었던 한계점은 대부분 인적자원정책이 여러 분야에 산재해 있고, 그로 인해 정치적 의사결

정의 어려움이 있다는 것이었다. 더욱이 최근에 지식기반경제로의 이행을 넘어 디지털 전환이 본격화되고 있고, 최근 코로나 19로 인한 비대면의 확장되고 있다. 이것은 인적자원정책의 환경이 과거에 비해 매우 빠르게 변화하고 있음을 의미하는 것이다. 이 절에서는 이러한 환경변화로부터 등장하는 도전을 바탕으로 미래의 정책 방향을 제시한다.

1. 경제 · 사회 환경의 변화

경제 · 사회 환경을 변화시키는 중요한 동인으로 인구구조 변화, 고등교육의 보편화, 디지털 전환, 비대면의 확산 등의 네 가지 요소를 생각할 수 있다. 이 중에서 인구구조변화와 고등교육 보편화는 인적자원의 공급 측면에서, 그리고 디지털 전환과 비대면의 확산은 수요 측면에서 상대적으로 큰 충격을 가져오고 있다. 이로부터의 도전은 인적자원 수요와 공급의 양 측면에서 동시에 등장하고 있다.

첫째, 인구구조 변화는 그동안 진행되어 온 낮은 출산과 고령화의 문제이다. 지금까지와는 달리 2020년부터 총인구가 감소하기 시작하였으며, 향후 저출산과 고령화의 영향은 향후 더욱 확대될 것으로 전망된다. 통계청의 장래인구추계에 따르면 [그림 11-1]에서와 같이 15~64세 인구는 그동안 감소해왔지만 미래에 더욱 빠르게 감소할 것으로, 그리고 65세 이상 인구는 지속적으로 증가하는 반면 0~14세 인구는 줄어들 것으로 전망된다. 이와 같은 인구구조의 변화는 생산가능인구의 양적인 축소와 함께 노년부양비가 크게 증가할 것임을 예상케 하는 것이다.

한편 저출산이 가져오는 직접적인 영향은 학령인구의 감소로 인한 교육시장에 가져오는 충격이다. 이미 초 · 중등 단계의 학령인구가 감소해왔고, 향후 15년 이내에 급격한 감소세가 나타날 것으로 예상되고 있다. 고등교육 단계인 18~23세 인구는 2020년부터 2028년 사이에 28%(약 100만 명)나 감소할 전망이다. 비슷한 시기에 0~5세 영 · 유아 인구가 급격하게 감소하여 향후 2030년대 중반에 다시 고등교육 학령인구의 급격한 감소에 직면하게 될 것으로 예상된다.

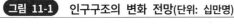

그림 11-1 인구구조의 변화 전망(단위: 십만명)

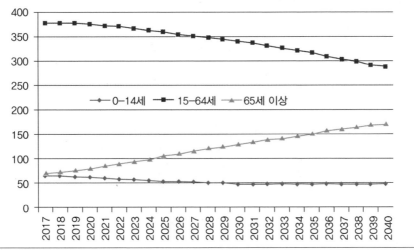

자료: 통계청, 장래인구추계.

그림 11-2 학령인구의 변화 전망(단위: 십만명)

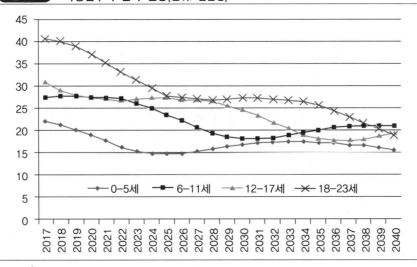

자료: 통계청, 장래인구추계.

　　둘째, 인적자원의 공급 측면의 충격으로 노동력의 고학력화가 빠르게 진전되고 있다. [그림 11-3]에서와 같이 2000년대 중반 고등교육 진학률이 급격하게 상승하여 2008년 진학률이 83.8%를 정점으로 하락하기는 했지만

그림 11-3 고등교육 진학률과 청년 고용률 추세(단위: %)

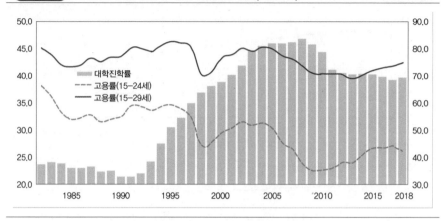

자료: 통계청, 경제활동인구조사, 교육부·한국교육개발원, 교육통계연보.

그림 11-4 OECD 주요국 25-34세 노동력의 학력수준(2019년)

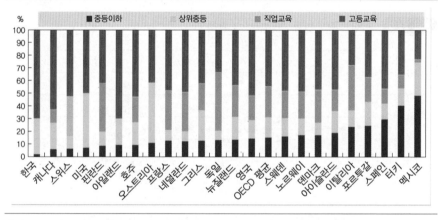

자료: OECD(2020), 37쪽.

최근까지 약 70%수준을 유지하고 있다. 이러한 결과 노동시장에서 인적자원의 고학력화가 빠르게 진전되고 있으며, [그림 11-4]에서와 같이 OECD 국가들 중에서 24~34세 노동력 중 고학력자의 비중이 70%로 가장 높은 수준이다. 고등교육의 보편화는 노동시장에서 인적자원의 학력수준 상승으로 생산성을 향상시키는 데 기여할 수 있다는 점에서 긍정적이다. 그러나 [그림 11-3]에서 청년 고용률은 과거에 비해 낮은 추세를 보이고 있다. 노동시장에서 인적자원의 고학력화와 함께 수급 불일치가 지속되고 있다.

셋째, 디지털 전환의 진전이다. 4차 산업혁명으로 명명되는 디지털 혁신은 노동시장에서 단순노동뿐만 아니라 전문직 일자리도 기계 또는 로봇이 대체할 가능성이 높아지고 있다. 그리고 디지털 전환에 따라 창출될 새로운 일자리에서는 과거와는 다른 디지털 역량의 필요성이 제기될 뿐만 아니라 일자리에서 요구되는 역량의 수명도 크게 단축되고 있다. 디지털 혁신에 따라 공유경제 또는 긱경제가 확산되면서 고용구조도 크게 바뀌고 있고, 미래 사회는 협력과 역량에 바탕을 둔 자본주의의 새로운 모습이 등장할 것으로 전망된다. 또한 경제·사회 전반에서 디지털 격차(digital divide)를 확대시킴에 따라 새로운 사회적 불평등을 야기하고 있다. 디지털 역량이 인적자원 역량의 새로운 영역으로 부각되고 있다.

넷째, 일과 학습에 있어서 비대면 방식이 크게 확장되고 있다. 코로나 19는 비대면 소통을 크게 확장시키고 있다. 일터에서는 정해진 시간과 공간에서의 위계적 조직에서 비대면 방식의 소통과 협력이 확산되면서 수평적 조직의 운영으로 빠르게 진화하고 있다. 학교에서도 역병 '코로나 19'는 학교라는 공간과 정형화된 학습시간에서 시간과 공간을 초월하는 가상공간의 비대면 학습을 빠르게 확산시키고 있다. 이러한 비대면 소통은 디지털 기술의 활용을 더욱 빠르게 진전시키면서 일과 학습에 있어서 빅데이터와 연계된 인공지능과 블록체인 기술과 결합되고 있다.

이상과 같이 고학력의 디지털 시대에 일과 학습은 점점 더 밀착되고 있으며, 일을 통해 학습하고 학습결과가 일로 이어져 상시적인 인적자원의 역량개발이 필요한 상황이다. 디지털 역량은 이와 같이 학습과 일이 병행되면서 인적자원 역량을 축적하게 하는 기본역량이 되고 있다.

2. 인적자원정책의 도전과 과제

이상과 같은 경제·사회 환경의 변화는 인적자원정책에 있어서 새로운 도전이 되고 있다. 경제 양극화의 악순환 고리를 끊기 위한 수단으로서의 인적자원정책이 중요하겠지만 새롭게 잠재적 사회적 위험과 불평등의 대물림을 차단하는 수단으로서의 인적자원정책도 중요성이 증대되고 있다. 앞의 네

가지 환경의 변화에 대하여 인적자원정책의 도전과 과제를 다음 다섯 가지로
정리해 볼 수 있다.

첫째, 고령화의 급속한 진전은 노년부양비를 빠르게 증가시키고 연금재
정의 고갈이라는 문제를 야기한다. 인적자원정책이 추구하는 좋은 삶을 위해
노년에 많은 사람들이 사회적 위험에 직면하지 않도록 하는 것은 미래의 과
제이다.

둘째, 낮은 출산율은 학령인구를 급격하게 감소시켜 고등교육기관의 폐
교가 속출할 것으로 예상된다. 이러한 학령인구의 감소는 지역 간의 인적자
원불균형을 심화시킬 뿐만 아니라 지방에 소재한 대학이 소멸하여 지역이 황
폐화되는 문제를 야기할 것으로 예상된다. 이러한 상황에서 저출산 시대에
불평등의 악순환 고리를 끊기 위해 영·유아 또는 어린이의 돌봄을 넘어 학습
의 공평한 기회를 제공하는 지역 단위의 인적자원정책은 새로운 과제이다.
또한 고등교육이 양적으로 확대되었지만, 질적 경쟁력이 글로벌 차원에서 높
은 수준에 오르지 못하고 있는 현실을 극복하는 것도 미래의 중요한 과제이
다(김형만 외, 2017: 96).

셋째, 노동력의 고학력화가 빠르게 진전되고 있지만 여전히 고등교육의
질적 향상의 여지를 남기고 있다. 노동시장에서 소규모 기업에서의 낮은 생
산성은 인적자원의 수급에 있어서 질적 불일치를 야기하고 있다. 고등교육의
질적 향상과 중소제조업 중심의 작업장 혁신은 인적자원정책의 새로운 과제
라고 할 수 있다.

넷째, 디지털 전환은 일자리가 요구하는 숙련의 생존주기를 빠르게 단축
시키고 있고, 가상공간에서 소통할 수 있는 기반을 제공하고 있다([그림
11-5] 참조). 이에 따라 잠재적 사회적 위험을 예방할 수 있도록 인적자원 역
량을 강화함에 의해 고용안전망을 강화하는 것은 미래의 새로운 과제이다.
뿐만 아니라 디지털 격차를 해소하기 위한 디지털 역량을 강화하는 것은 인
적자원정책의 주요한 과제로 등장하고 있다.

다섯째, 코로나 19로 확산되는 비대면 시대에 학습격차와 일터에서 디지
털 격차는 인적자원정책에 있어서 새로운 도전이다. 디지털 기술과 코로나
19의 재난은 [그림 11-5]에서와 같이 현실공간과 비동시적인 시간에 일하고

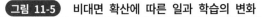

그림 11-5   비대면 확산에 따른 일과 학습의 변화

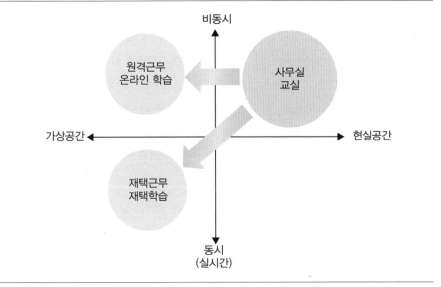

학습하던 구조가 가상공간의 비동시적으로 일과 학습하게 만들고 있다. 일터에서도 학교에서도 정해진 공간과 시간에 행해지던 전통적인 방식의 일과 학습의 방식을 빠르게 변화시키고 있다. 가상공간에서 일과 학습을 할 수 있는 역량은 미래의 새로운 과제라 할 수 있다.

이상과 같이 미래의 등장하는 도전을 극복할 과제는 저출산 고령화에 대응할 수 있는 '인구경쟁력 강화, 노동시장에서 인력수급불일치, 디지털 역량, 비대면시대의 소통 역량' 등의 다섯 가지로 요약될 수 있다. 이러한 과제는 현재의 각 부처에 산재한 분야별 정책으로는 문제를 해결하는 데 한계가 있다. 각 정책 분야마다 인적자원과 관련하여 이들 환경을 고려함에 의해 중복으로 인한 정책 추진의 비효율성이 높아지는 문제를 야기하고 있다.

3. 고려해야 할 전략 및 정책 방향

경제·사회 환경의 변화에 따라 등장하는 도전들을 극복해야 할 과제들의 근본은 인적자원의 역량을 향상시키는 것에 초점이 모아진다. 더욱이 미래에 예상되는 정책 환경의 변화는 과거의 인적자원 정책의 중심축이었던 교육과 노동시장 관점의 양성과 활용에 대한 영역을 크게 넘어서는 것이다. 미래지향적인 인적자원정책의 기본 방향은 다음 네 가지를 고려할 수 있다.

첫 번째는 생애 단계를 고려하는 것이다. 그동안 인적자원정책의 양성 및 활용은 근로 연령층의 학습과 노동시장 진입에 초점이 있었다. 영·유아와 노인 연령층의 돌봄은 학습에서 새롭게 의미를 가진다. 영·유아의 경우 인적 자원 투자에 있어서 차이가 학교에서의 학습부진과 노동시장에서의 저소득에 의한 불평등으로 이어진다. 그리고 노인 돌봄과 학습이 부진할 경우 개인의 삶의 질을 악화키는 문제를 야기한다. 생애단계를 고려하는 인적자원정책은 사회정책으로서의 중요한 의미를 가진다.

두 번째는 일, 학습, 삶이 연계되도록 하는 것이다. 과거의 국가인적자원정책에서 삶은 중요하게 고려하지 못했다. 그리고 교육과 노동시장을 고려하는 것도 일과 학습이 분리된 현실을 상정하고 있었다. 하지만 디지털 전환과 비대면의 확장은 일과 학습이 함께 하는 일터학습의 새로운 형태, 나아가 학교교육에 있어서도 직업세계와 삶이 함께 하는 구조로의 전환을 필요로 한다. 미래의 인적자원정책은 지식전달 방식의 학습이 아닌 일과 삶의 현장에서의 체험을 통한 학습의 영역을 정립하는 것이어야 한다.

세 번째는 디지털 시대의 상시적으로 역량을 갱신하는 것이다. 디지털 시대에는 경제정책과 사회정책의 초석으로서 개인에 체화된 인적 역량, 다른 사람과 함께 하는 사회적 역량, 공동체적 의사결정에 참여할 수 있는 민주시민 역량 등의 인적자원 역량을 강화하는 것이다. 디지털 역량은 이들 본원적 역량을 뒷받침하는 데 있어서 중요해지고 있다. 디지털 역량은 개인과 사회의 유기적인 연계를 강화할 수 있는 역량을 기르는 바탕이 되는 것이다.

네 번째는 수월성(excellence)과 형평성(equality)을 조화시키는 것이다. 전통적으로 수월성은 우수한 인재를 기르는 것이었다. 수월성을 지나치게 강조하면 뛰어난 인재를 기르기 위한 인적자원 양성체계에 집중하게 되고, 그 결과 교육의 과도한 경쟁을 유발하여 전체적으로 학습의 격차를 확대시킬 수 있다. 더욱이 수월성을 교육에 있어서 시장기능의 관점에서 재해석하는 신자유주의적 입장에 서게 되면 교육의 형평성에 문제를 야기할 수 있다. 또한 교육에 있어서 형평성을 지나치게 강조하게 되면 우수한 인재의 양성 가능성을 위축시키게 된다. 미래에는 우수한 인재양성도 필요하고, 동시에 모두를 위한 학습기회를 창출하는 것도 중요하다. 양자의 상충관계로 인식하기보다는 독립적인 관계임을 견지할 필요가 있다.

이상 미래의 인적자원정책으로서 인구경쟁력 강화, 디지털 전환 및 비대면 준비, 모두를 위한 학습기회 창출 등은 과거에 경험했던 인적자원정책과는 달리 새롭게 고려되어야 할 방향이다. 교육시장과 노동시장에 한정되는 인적자원정책만으로 저출산·고령화 시대의 인구경쟁력 확보, 비대면·디지털 시대의 가상공간 활동, 잠재적인 사회적 위험에 대처 등의 요구에 부응하기 어렵다. 미래에는 여러 정책 영역을 포괄할 수 있는 인적자원정책이 국가발전 전략의 핵심이 되어야 한다.

02 인구경쟁력을 위한 역량

인구경쟁력은 인구구조의 변화와 노동력 공급 감소에 대응하는 것이다. 그동안 인구구조의 변화에 대한 대응은 주로 주거, 육아, 교육 등의 부담과 관련되는 사회복지정책에 초점이 있었다. 생산가능인구가 감소하는 상황에서는 인적자원의 역량을 강화함에 의해 높은 생산성을 바탕으로 모두에게 좋은 삶을 가질 수 있도록 하는 것이 중요하다. 이것은 인적자원의 역량이 경제성장뿐만 아니라 잠재된 사회적 위험과도 깊은 관계가 있음을 의미한다. 이러한 관점은 인적자원을 취학 이전 연령층, 근로연령층, 노인층의 세 단계를 구분하여 살펴볼 수 있다.

1. 영·유아 돌봄과 학습 통합적 접근

영·유아의 시기는 사람이 태어나서 인적자원으로서의 출발선에 있는 단계이다. 인간으로서 존엄과 위상을 갖추기 위해서 인적 역량, 사회적 역량,

민주시민 역량을 갖추기 위한 시작 단계라고 할 수 있다. 영·유아 단계에 양질의 돌봄과 학습은 성인기에 학습격차에 직면하지 않게 한다는 점에서 중요한 의미를 가진다. 학교교육 이전 단계의 인적자원 투자는 모두를 위해 공평한 기회가 제공되어야 한다. 출발선에서 뒤처짐은 자신의 개발될 수 있는 역량과 무관하게 이후 학습과 소득에 있어서 불평등뿐만 아니라 잠재적 사회적 위험도 더 큰 상황을 만들기 때문이다.

인적자원정책으로서 미래의 영·유아의 학습과 돌봄과 관련한 정책 대안은 세 가지로 집약된다. 첫 번째는 영·유아 학습과 돌봄에 접근의 장벽을 제거하는 것이다. 그 장벽은 영·유아 학습과 돌봄 시설의 이용가능성, 비용, 서비스에 대한 정보 등에 제약이다. 두 번째는 학습과 돌봄의 질을 개선하는 것이다. 건강, 안전, 그리고 여타의 조건에 있어서의 열악한 환경은 어린이들의 육체적 및 정서적 발달뿐만 아니라 학습결과에 부정적인 결과를 낳는다. 보육 또는 유치원 교사와 원생의 비율, 교사의 자격과 역량, 서비스의 질적 수준 등은 영·유아 시기의 잠재적 역량에 영향을 미친다. 뿐만 아니라 시설의 디자인, 배치도, 공간과 위생 등에 대한 표준을 확립하는 것도 중요하다. 세 번째는 가족 및 공동체의 관심과 지원이다. 영·유아는 대부분의 시간을 부모와 가족의 돌봄에 의존하게 되므로 가정환경은 영·유아의 정서 발달과 잠재적 학습역량에 있어서 중요하다. 따라서 가정 학습으로 부모를 위한 프로그램, 가정방문, 보조금 등이 학습 환경을 개선하는 데에 집중될 필요가 있다.

또한 정부의 정책에 있어서도 돌봄과 학습이 공존해야 하는 가에 대한 문제도 인적자원 투자의 관점에서 재조명할 필요가 있다. 오랫동안 돌봄을 중심에 두는 보육은 사회복지정책, 그리고 유아교육은 교육 또는 학습으로 서로 독립적인 정책 영역에 속해 있었다. 현실적으로 어린이집과 유치원이 공존하면서 아이들을 돌보고 학습하는 장소이어야 하지만 양자는 복지와 교육의 이원적 정책의 영역으로 나누어져 있다. 영·유아 및 취학 전 아동에 대한 돌봄과 학습의 융합 또는 통합된 접근을 요구하는 인적자원 투자의 관점에서 새로운 전략을 필요로 한다. 돌봄과 학습의 유기적인 연계는 돌봄과 학습의 질적 향상과 함께 이를 뒷받침할 가르침과 보육의 전문성을 확보하는 것이 중요하다. 취학 전 아동에 대한 질적 향상을 지향하는 인적자원정책은 출산율의 급격한 하락을 막는 데 있어서도 중요하다. 흔히 낮은 출산율의 원인으로 지적되어 온 높은 양육비 또는 보육비를 줄이는 복지정책도 아이의 미래 역량을 기르는 인적자원정책의 관점을 고려하는 새로운 전략을 필요로 한다.

2. 근로연령층의 생산성 향상 전략

인구감소에 따라 노동력의 공급 여력이 축소되는 상황에서 일터에서의 생산성 향상은 미래 인적자원정책의 중요한 부분이다. 과거의 인적자원 정책은 일터에서 생산성의 문제는 중요하게 고려하지 못했다.[1] 그러한 배경에는 생산성을 추상적인 개념으로 명시적으로 측정하기가 어려운 데에 따른 것이다. 하지만 시장에서 기업의 생존과 일터의 존속이 적정 수준의 생산성을 유지하거나 지속적인 향상 없이 불가능하다는 것은 알려진 사실이다. 특히 노동시장 이중구조가 지속되는 상황에서 낮은 생산성 기업의 존재는 소득불평등의 근원이 되고, 그 결과 근로취약계층이 늘어나게 되어 사회문제로까지 영향을 미치게 된다. 이러한 문제를 해결하기 위하여 인적자원정책의 관점에서 생산성을 향상시키기 위한 목표지향적인 산업의 혁신을 고려해야 한다.

또한 최근 디지털 기술에 기반을 두는 신산업의 생존과 발전은 인적자원의 역량을 바탕으로 생산성을 창출함에 의해 좌우되고 있다. 신산업의 육성 전략은 생산에 있어서 새로운 기술에 기반을 두는 조직을 구축하는 것이다. 생산조직에 있어서 혁신적인 기술의 적용은 관련 기술 분야의 인적자원 역량이 핵심이다. 하지만 인적자원의 조달에 있어서 신산업 분야는 학교에서 길러진 인력을 활용하는 데에 한계가 있다. 왜냐하면 신산업은 학교교육을 통해 인적자원을 조달하기 보다는 기존의 일터에서 기본적인 역량을 갖춘 인적자원을 활용함에 의해 빠른 기술변화 또는 새로운 산업으로 전환에 신속하게 대응할 수 있기 때문이다. 이러한 환경은 신산업 분야를 중심으로 학교에

---

1 앞의 장에서 살펴본 "국가인적자원개발기본계획"에 담긴 정책과제들 중에서 산업에서의 생산성과 공동체적 또는 사회적 생산성에 대한 내용은 없다. 이것은 사실상 인적자원 활용의 측면에서 질적 수준을 고려하지 못하고 있음을 보여주는 것이다. 즉 이들 기본계획은 일터에서의 생산성과 인적자원 역량의 관계를 설정하지 못하고 있다.

서의 학습보다 일터 학습의 중요성이 더 확대될 것임을 예상케 하는 것이다. 이것은 신산업 분야를 중심으로 일과 학습이 함께하는 일터 학습과 같은 미래의 평생학습에 있어서 새로운 장이 열리고 있음을 의미한다.

한편 중소기업에서의 인적자원정책으로서 일터 혁신은 노동력의 생산성을 향상시키는 중요한 인적자원정책이다. 인구경쟁력을 강화시키기 위해서는 전체 고용의 약 80%를 차지하고 있는 중소기업에서의 인적자원 생산성 향상은 필수적이라고 할 수 있다. 또한 생산성이 상대적으로 낮은 중소기업 영역에서의 일터혁신을 통한 생산성 향상은 고등교육이 보편화된 상황에서 인적자원의 활용 여지를 확장시키는 역할을 한다. 고등교육의 보편화와 청년층 취업난이 가중되는 상황에서 중소기업에서의 생산성 향상은 고등교육 졸업자들의 고용흡수력을 확장할 수 있다. 하지만 시장에 맡겨진 혁신은 자본 집약적인 대기업 중심의 승자독식이 만연할 가능성이 높다. 디지털 시대에 시장에서 경쟁해야 하는 소규모 기업은 혁신에 뒤처지게 되어 생산성을 향상시킬 여력을 상실하게 되면 산업의 양극화는 확대되고 노동시장 이중구조는 더욱 심화된다. 이중구조를 차단하는 것은 미래 인적자원정책의 중요한 부분이다.

미래의 인적자원정책으로서 근로연령층의 생산성 향상에 있어서 중요한 점은 근로연령층의 생산성의 성과가 생산 방식과 조직의 특성, 산출품의 시장 환경 등과 밀접하게 관련되어 나타나게 된다는 점이다. 직업훈련 또는 집체훈련 등의 교육훈련은 이들의 생산성을 향상시키는 한 부분에 불과하다. 따라서 근로연령층의 생산성 향상을 위한 미래의 인적자원정책은 일터의 생산방식과 산업의 기술 및 구조적 특성도 함께 고려되어야 한다.

3. 고령 인적자원의 활용

고령 인적자원 활용은 인구구조의 급격한 변화에 따라 발생하는 사회문제를 해결한다는 의미에서 중요성을 갖는다. [그림 11-1]에서와 같이 총인구와 그에 따른 생산가능인구의 감소가 미래에 지속되는 동시에 64세 고령인구는 지속적으로 증가할 것으로 예상된다. 이러한 상황에서 제9장에서 논의한 바와 같이 고령자는 빈곤과 질병으로 삶의 질이 낮은 상황에 직면하고 있다. 대부분의 고령 인적자원은 오랜 기간 일터에서 축적한 역량을 보유하고 있지만 활용하지 못하고 있다. 이것은 인구경쟁력의 관점에서 활용될 수 있는 역량을 사장시키는 것이다. 이에 대응하는 고령자 인적자원정책으로 다음 세 가지를 고려할 수 있다.

첫째, 고령 인적자원을 활용으로서 가장 쉽게 고려할 수 있는 것은 은퇴 이후에도 계속 일을 하게 하는 것이다. 제도적으로는 정년연장이 미래의 인적자원정책에 있어서 쟁점이 될 전망이다. 이것은 노인의 빈곤을 예방하는 차원에서의 미래 인적자원정책이다. 일을 할 수 있는 고령자가 소득을 얻기 위해서는 고령자에게 적합한 일자리의 창출이 요구된다. 그리고 고령자들의 일은 건강과 연계되어 일을 통한 삶의 질을 추구하는 것이 중요하다.

둘째, 은퇴 이전의 일과 학습을 통해 쌓은 역량을 바탕으로 가지고 있는 재능을 기부를 하는 것이다. 특정 분야에 오랜 경험에 바탕을 두는 자문과 사회봉사는 그 분야의 조직에 전문성을 축적·향상시키는 데에 도움이 될 수 있다. 문제는 과거의 일터에서 경험과 그 경험 또는 역량을 전수하는 것은 다르다는 점이다. 노하우를 전수할 수 있는 새로운 역량을 발휘하기 위한 학습이 요구된다.

셋째, 사회적 관계와 건강관리를 하는 것이다. 은퇴 이후 일과 재능 기부는 통상 파트타임으로 수행될 가능성이 높다. 나머지 시간은 노년의 건강과 사회적 관계를 지속하는 데 소비할 수 있는 삶의 패턴을 고려할 필요가 있다. 그리고 건강관리와 사회적 관계는 질병이나 고독으로부터 벗어나게 함에 의해 사회적 비용을 줄이는 역할을 한다.

이상의 고령 인적자원의 활용의 핵심으로 "일, 재능기부, 건강과 사회적 관계" 등은 학습과 정보를 바탕으로 실현될 수 있다. 학습은 노인들이 노동시장 은퇴 이후 새로운 일과 여가의 조화로운 선택을 할 수 있는 역량을 개발하는 것이다. 고령자의 학습수요가 다양함을 고려하여 노인의 활동 유형에 따라 다양한 학습프로그램의 공급이 뒤따라야 할 것이다. 그리고 노인 인적자원의 정보는 고령자의 역량을 수요자와 연결하여 활용할 수 있는 기반이다. 이러한 정보는 과거 일에 대한 경험, 학습결과에 대한 내용으로 구성되어야 한다. 노인의 학습결과인정시스템도 새롭게 구축될 필요가 있다.

03 디지털 전환 및 비대면 준비

앞의 [그림 11-5]와 같이 디지털 전환과 비대면의 확장은 일과 학습에 있어서 큰 변화를 가져오고 있다. 그동안 디지털 전환의 중요한 요소로 가상 공간에서의 활동은 매래에 관한 상상의 영역으로 인식되던 것이 최근 코로나 19로 인해 현실로 등장하고 있다. 이것은 인적자원정책에 있어서 과거에 논의되었던 교육과 노동시장의 통합 또는 연계하는 전략과는 다른 새로운 환경이다. 미래의 인적자원정책도 새로운 환경을 바탕으로 전개될 필요가 있다.

1. 디지털 역량 배양

디지털 기술은 시간과 공간을 초월하여 사람과 사람, 사람과 기계 사이의 소통을 가능하게 하고 있다. 디지털 시대에 컴퓨터를 사용하는 능력 이외에 가상공간에서 제공되는 정보를 해득하는 능력도 일과 삶에 있어서 문제를 해결할 수 있는 중요한 위상을 가진다. 제4차 산업혁명 시대에 디지털 역량 (digital competency)이 인적자원의 역량의 주요한 요소로 부각되고 있는 것이다.[2] 디지털 역량은 '디지털 사회의 이해와 시민의식', '디지털 기술을 이용한 의사소통과 협력', '비판적 사고능력과 정보에 대한 소양', '컴퓨팅 사고와 문제해결', '창의·융합적 사고와 콘텐츠 창작' 등의 능력을 의미한다(최숙영, 2018: 33). 디지털 역량은 시간과 공간을 초월하여 일하고 학습하는 것이 일상화되는 시대의 핵심 역량이 되고 있다. 더욱이 최근 전례 없는 역병은 디지

---

2 디지털 리터러시(digital literacy)도 디지털 역량과 같은 의미로 사용되고 있다. 하지만 전통적 리터러시가 읽고, 쓰고, 말하는 것의 의미에서 정보 리터러시 컴퓨터 리터러시, ICT 리터러시, 미디어 리터러시 등으로 용어 사용이 진화되어 다양하게 사용되고 있으므로 디지털 역량은 이들을 종합적인 의미를 가진다.

털 역량에 바탕을 두는 비대면 소통을 크게 확장시키고 있다. 따라서 미래의 인적자원정책은 디지털 역량의 관점에서 재조명할 필요가 있다.

일터에서 재택근무 등의 비대면 업무 수행을 위해서는 가상공간과 비동시적 소통이 요구된다. 이와 같은 비대면 소통과 협업 방식은 일터의 조직도 가상의 비동시적 소통을 위해서는 수평적 의사결정을 필요로 한다. 이러한 일하는 방식의 변화는 디지털 역량에 근거해야 하고 디지털 역량은 디지털 기술의 변화와 함께 빠르게 변하므로 상시적인 역량 갱신을 필요로 한다. 일터 학습은 디지털 역량을 갱신하기 위해서 그 중요성이 증대될 것이다.

또한 원활한 비대면 학습을 위해서는 교사뿐만 아니라 학부모도 디지털 역량을 갖추어야 한다. 그렇지 못하면 학생들의 디지털 격차를 발생시키고 이로 인해 교육격차와 사회적 불평등이 확대될 가능성이 높아진다. 가상공간에서 이루어지는 비대면 학습은 학습결과 인정에 있어서도 디지털 기술을 활용해야 할 것이고, 이에 상응하여 학생들도 디지털 역량을 갖추어야 할 것이다.

한편 삶에 있어서도 비대면 시대에 디지털 기술의 활용이 일상화되고 있다. 온라인 거래가 확대되어 왔고, 사람들 사이의 소통도 가상공간에서 행해지고 있다. 금융거래에 있어서도 온라인 거래가 일상화되었고, 주식거래 등의 금융상품 거래에 있어서 컴퓨터와 모바일에서 행해지고 있다. 더욱이 의료서비스의 거래도 가상공간에서의 진료가 행해지고, 기타의 건강 또는 의료 정보도 온라인을 통해 제공될 것이다. 이들 모두 디지털 기술의 발달에 기초하는 것으로 디지털 역량을 필요로 한다.

이상과 같이 디지털 역량은 일, 학습, 삶의 모든 영역에서 미래의 핵심 역량으로 부상하고 있다. 더욱이 디지털 기술이 빠르게 발전하고 있어서 이러한 빠른 변화에 대응하기 위해서 디지털 역량은 지속적으로 길러져야한다. 학교교육에서의 디지털과 관련한 기초역량도 중요하지만 성인들의 평생학습도 디지털 역량을 상시적으로 기를 수 있도록 하는 것이 중요하다.

2. 일과 학습 방식의 전환

디지털 전환은 사회 전반에 디지털 기술이 적용되어 전통적인 일과 학습의 방식의 변화를 가지고 오고 있다. 이러한 변화는 코로나 19로 인해 더욱 빨라지고 있다. 그동안 과학기술 영역으로만 인식되어 오던 블록체인, 인공지능, 빅데이터 등의 용어는 일과 학습의 영역에서 모두에게 등장하였다.

일터 환경 변화의 본질은 디지털 기술이 일하는 문화를 바꾸고 있다는 점이다. 디지털 기술이 도입되어 일터 현장에서 나타나는 성과는 조직의 형태, 부서 간 갈등, 구성원의 적응 등의 다양한 형태의 충돌의 과정을 극복한 이후에 나타난다. 그러한 극복 과정은 부서가 따로 없이 일하고, 시간의 제약 없이 소통할 수 있는 유연한 협력과 공유가 만들어질 때 완성된다. 디지털 시대의 일터 조직은 사업의 특성과 현안에 따라 생겨났다가 사라지는 업무에 직면하게 되고 일 중심으로 개인을 넘어서 조직간 수평적인 업무처리를 할 수 있어야 한다. 일터에서 다양한 업무처리 내용과 성과에 대한 결과, 의사결정 과정 등이 실시간으로 공유되는 것 이외에도 조직 또는 공간을 넘어서 정보에 접근할 수 있어야 한다. 디지털 기술은 일대일 소통을 넘어 다자간 또는 다차원 소통과 협업을 할 수 있게 한다. 하지만 디지털 전환 특히 비대면 확장은 단순한 기술의 영역을 넘어 일하는 방법을 혁신하여 새로운 문화를 만들고 있다.

또한 디지털 전환과 비대면 확장은 학습에 있어서도 새로운 장을 열고 있다. 이미 우리의 주변에 온라인과 오프라인이 결합된 하이브리드러닝(hybrid leaning), 모바일 환경에서의 짧고 간단한 콘텐츠를 활용하는 마이크로러닝(micro learning), 디지털 기술을 활용하여 학습자의 특성에 맞는 맞춤형 학습을 하는 적응학습(adaptive learning) 등이 새로운 학습형태로 등장하고 있다(전재식 외, 2019: 158). 인공지능, 블록체인 등의 최첨단 기술이 학습에 활용되면 교실에서의 학습을 떠나 언제 어디서나 접근할 수 있는 학습의 기회를 창출한다. 비대면 학습의 확산은 디지털 기기를 활용한 교수학습, 그리고 교실과 온라인 공간이 함께 하는 학습을 요구하고 있으며, 디지털 공간은 학습을 위한 소통과 협력의 새로운 장이 될 수 있다. 또한 디지털 기반 교수학습은 디지털 정보를 효과적으로 활용하면서 학습자들이 스스로 정보와 콘텐츠를 생성할 수 있는 새로운 방식을 요구한다. 이러한 학습 방식의 전환은 개별화된 맞춤형 학습을 통해 인적자원 투자의 성과를 향상시킬 수 있다.

한편 개인의 특성과 재능을 발현하게 하는 교수학습은 전통적인 학교교육의 형태를 벗어날 것을 요구한다. 학교의 형태도 정형화된 학습장소 또는 공간이 아닌 자연 환경 속에서의 학습(원시시대의 학습) 방식을 확장하는 것이다. 또한 이러한 미래형 학교는 학생들의 연령에 따라 학습의 내용과 영역을 구분하여 나이별 학습의 위계가 결정됨에 의해 개인의 정서와 사고를 특정된 틀에 고정시키는 문제를 극복할 할 수 있다. 미국의 서드베리벨리 학교(피터 그레이, 2015: 황기우 역)와 같은 학교가 우리의 주변에서도 크게 확장될 수 있다.

미래의 일과 학습 방식에 있어서 변화는 일과 학습을 연계하는 차원이 아니라 학교는 가정과 함께하는 관계에서 학습이 진행되고, 일터에서는 일 속에서 학습이 지속되는 상황이 전개될 것이다. 비대면의 디지털 시대에는 인적자원의 역량이 생애 동안 지속적으로 확충될 때 생산성과 삶의 질을 강화할 수 있게 된다. 따라서 미래의 인적자원정책은 생애 전 단계를 고려하는 것이어야 한다.

3. 미래의 교수학습을 위한 전문성

교수자의 전문성도 디지털 전환과 비대면 활동이 확장되는 미래에 큰 변화를 경험하게 될 전망이다. 체계적 학습에서의 교수학습은 통상적으로 지식과 실행, 과학과 기술, 이론적 모형과 실행의 상호 의존관계 속에서 실행된다. 지식, 과학, 이론은 정형화된 틀을 가지고 있지만, 실행하는 것은 현실의 여러 요소들에 의해 영향을 받는다. 교실의 환경, 학교 주변의 학습소재, 학습장비, 학습자의 참여 여건 등에 의해 학습의 성과는 달라질 수 있다. 디지털 기술은 이러한 학습 여건을 매우 풍부하게 할 수 있다(전재식 외, 2019: 161).

미래의 학습은 교수자의 지식전수가 아닌 학습자가 주도적으로 참여할 수 있도록 지식을 구성하고, 추상화된 정보가 아닌 실제적 지식의 적용을 구현하는 것이다. 디지털 기술의 활용은 이와 같은 학습을 구현하기 위한 경험의 장을 확장시킬 수 있다. <표 11-1>은 미래의 교수학습과 교수학습을 구사하는 특성을 보여주고 있다. 미래의 교수학습이 발전적으로 진화하기 위

표 11-1　혁신적 교수학습의 6가지 유형

유형	내용	실행 형태
혼합학습 (blended learning)	온라인과 오프라인의 결합, 학교의 안과 밖의 연속된 학습. 가르침과 학습을 결합하는 것으로 디지털 환경에서 실행	거꾸로 교실, 랩 기반 모델, 교실 내의 혼합학습
게임 (gamification)	학생의 관심을 학습으로 돌리는 놀이 학습. 학생들의 지적, 정서적, 사회적 웰빙에 효과적임.	기계적 요소(빠른 피드백, 배치 및 목표, 참가, 진전된 도전), 정서적 요소(내레이션과 정체성, 협력과 경쟁)
컴퓨터 사고 (computational thinking)	컴퓨터 과학을 통한 문제해결을 전개. 근사 솔루션, 병렬 추론, 모델 검색, 디버깅, 탐색전략 등의 기법이 사용됨. ICT와 디지털 문해가 중요함.	논리적 추론, 분해, 알고리즘, 추론, 패턴
실험학습 (experiential learning)	활동 경험, 탐구 및 반추 등을 통한 학습. 내용과 과정의 혼합, 참여 증진, 학습과 넓은 환경의 연결, 경험으로부터 통찰 생성 등의 경험 학습	구체적 경험, 반성적 관찰, 추상적 개념화, 활동적 실험
구현학습 (embodied learning)	사회, 정서, 예술, 체육 등을 포함하는 모두를 위한 학습. 창의성과 표현을 중심에 두는 학습	학교 기반 체육, 예술 통합 학습, 메이커 문화
다중 및 토론기반 교수 (multiliteracies and discussion-based teaching)	언어적 다양성과 질문에 바탕을 두는 문화적 거리와 비판적 능력을 고려하는 학습. 정치적, 문화적, 작가적 맥락에서 상황 지식을 함양	삶의 경험을 이용하는 상황 실행, 적극적 교사 개입, 비판적 시각 형성, 문화 및 상황의 변형 실행

자료: 전재식 외(2019: 163)

해서는 지식과 실행이 상호 의존되는 전문성을 요한다. 교실에 갇힌 교육에서 일과 삶의 현장으로 열려 있는 환경을 조성하는 것이 중요할 것이다.

　특히 디지털 시대의 개별화된 학습을 진행하기 위해서는 교수자의 역량이 학습을 과학과 기술로 조화시키는 전문성 발휘의 중심에 있어야 한다. 대학, 초·중등교육, 기타 평생학습의 모든 학습에 있어서 교수자의 전문성은 디지털 전환에 바탕을 두는 비대면 학습을 효과적으로 선도할 수 있을 것이다.

4. 사회적 및 민주시민 역량의 중요성 증대

비대면 방식의 일과 학습은 위계적 의사결정에서 수평적 의사결정으로 전환을 필요로 한다. 일터에서 조직의 운영에 있어서 직무수행은 학습의 연속일 가능성이 높아지고 있다. 일터 조직은 구성원들 사이의 신뢰와 협력이 중요하며, 이것은 사회적 역량에 해당한다. 생산조직에서 수평적 의사결정이 확산되기 위해서는 이러한 사회적 역량이 축적되어야 한다. 특히 미래에는 배우면서 업무를 수행하는 것이 일상화될 것이다. 따라서 일과 학습이 융합된 새로운 형태의 학습은 과거 성인 학습을 중심으로 논의되던 평생학습의 형태와는 다른 사회적 역량을 강화하는 것이어야 할 것이다. 새로운 형태의 학습결과 인정시스템을 확립하는 것은 미래 인적자원정책으로써 자격제도의 본질을 변화시키는 것이다.

디지털 전환의 비대면 시대에는 일과 학습이 융합되는 상황에서 학교를 졸업하고 바로 취업하지 못하면 학교에서 쌓았던 역량이 빠르게 소멸하게 될 것이다. 뿐만 아니라 실업에 머물 경우에도 노동력의 마모는 이전에 비해 훨씬 빠른 상황에 놓일 것이다. 한번 일터에서 멀어지면 생산성을 올릴 수 있는 일자리를 다시 얻는 데 매우 큰 어려움을 겪게 될 것이다. 따라서 이들을 위한 일터 밖에서의 학습은 역량의 마모를 방지하고 지속적으로 역량을 축적할 수 있어야 할 것이다. 디지털 전환은 잠재적인 사회적 위험을 더욱 증폭시키고, 사회안전망도 시혜적 복지의 관점이 아닌 학습과 연계하는 인적자원정책의 관점에서 재조명될 필요가 있다.

한편 인구의 급격한 감소는 여러 지역에서 인구 소멸이 나타고, 나아가 여러 지역에서 대학이 사라지게 할 것이다. 따라서 지역의 특성에 따라 인적자원을 기르고 활용하는 전략이 요구된다. 미래의 인적자원정책은 과거와 같은 광역자치단체 중심의 지역인적자원개발이 아닌 시·군·구 또는 그 아래의 마을단위에서의 역량을 축적하고 활용하는 것도 중요하게 고려할 수 있어야 한다. 예컨대 지역에 산재해 있는 자연과 산업은 지역에 소재한 학교의 학습자원으로 활용되어야 하고, 이러한 학습자원화는 지역의 주민의 민주시민 역량을 필요로 한다. 또한 지역에 소재한 대학은 지역의 주민과 함께 사회문제

해결과 연계되는 지식을 생산할 수 있을 것이다. 지역 수준의 인적자원정책은 민주시민 역량과 밀접한 관계를 가진다.

　이상과 같이 일터에서의 조직 공동체와 지역공동체가 중심이 되는 역량의 축적은 사회적 역량과 민주시민 역량이다. 교육과 노동시장의 관계에서 인적 역량에만 집중했던 과거와는 달리 미래에는 일터와 지역 단위에서의 사회적 역량과 민주시민 역량의 부분이 크게 확장될 것이다. 인적자원정책도 과거에 인적 역량을 기르고 활용하던 방식에서 인적 역량과 함께 사회적 역량과 민주시민 역량도 중요하게 고려하는 것이어야 한다.

04　인적자원정책 추진 인프라

　인적자원정책은 분야별 여러 정책들과 연관성을 고려해야 하므로 중장기의 관점에서 종합적으로 접근할 필요가 있다. 정책을 추진하기 위한 인프라는 종합적인 정책 추진 기반을 갖추는 것이다. 현재와 같이 여러 부처에 흩어진 채로 추진되는 정책으로는 디지털 전환의 비대면 시대에 대응하기 어렵다. 이 절에서는 종합적 시각에서 추진할 수 있는 미래의 인적자원정책을 제시한다.

1. 학습복지제도의 확립

　학습복지체제는 인적자원정책을 교육과 고용 중심에서 복지도 함께 고려하는 체제를 확립하는 것이다. 이것은 산업에서 필요로 하는 인적자원을 양성하고 활용하는 것에서 사람의 삶도 정책의 영역으로 구체화하는 것을 의미한다. 학습복지체제를 확립하는 것은 학습을 통해서 사람들이 생애 동안에 잠재적인 사회적 위험에 처하지 않게 하는 제도적 장치를 구축하는 것이기도 하다. 이러한 학습복지체제는 여섯 가지의 영역을 중심으로 전개될 수 있다.

　첫째, 지역자원을 기반으로 취학 전 학습과 초·중등교육 운영체제를 확립하는 것이다. 취학 전 아동의 경우 돌봄과 학습이 통합적으로 운영하도록 전환하여 인적자원 투자의 성과를 높일 수 있도록 하는 것이다. 초·중등교육의 경우 마을 주민들을 참여하게 하여 지역의 자원을 활용할 수 있다. 이를 위해서는 학교 또는 교실의 운영의 자율성을 부여하는 교육에 있어서의 협력적 거버넌스를 필요로 한다. 중앙집권적인 교육체제에서 교실 중심의 교육체제로 전환은 교육제도의 큰 변화를 필요로 하는 것이지만 중앙 또는 시도교육청의 정책 영역과 교실 단위의 정책을 구분하는 것이 중요하다.

둘째, 대학의 정규교육 과정에 성인학습 영역을 확장하는 것이다. 이것은 대학이 평생학습의 중심지로서 역할을 재확립하는 큰 전환을 필요로 하는 것이다. 이를 위해서는 대학의 기능이 우수한 인재를 육성하는 것과 모두의 역량을 강화하는 것의 두 축으로 재확립되어야 한다. 대학에서 모두의 역량을 강화하는 영역은 대학이 소재한 지역 수준에서 운영되도록 하는 것으로 지역의 산업과 고용의 특성을 반영하는 프로그램이 운영되어야 할 것이다. 이것은 학령인구가 급속하게 감소하는 상황에서 대학의 지역 수준의 모두를 위한 역량을 개발할 수 있는 장으로 구조개혁을 하는 것이다.

셋째는 근로연령층의 학습기회를 확충하는 것이다. 이것은 앞의 논의에 조응하여 근로연령층이 대학의 학생자원이 되어 생애 역량을 개발할 수 있는 기회를 확장하는 것이다. 현재의 고용보험제도 개편이 요구된다. 노동력의 고학력화가 진전되어 고등교육이 보편화된 점을 고려하여 재직 근로자들이 대학에서 학습을 할 수 있게 함에 의해 그들의 역량을 지속적으로 축적할 수 있는 기회를 확장하는 것이다. 이를 위해 현재의 직업훈련기관과 대학을 부분적으로 통합하는 구조개편이 요구된다. 이와 함께 근로연령층의 학습결과를 인정할 수 있는 제도로 '전문학위제도(professional degree system)'를 새롭게 운영할 필요가 있다. 전문 학위는 일터에서의 경험학습과 연계하여 대학에서의 추가적 학습을 통해서 부여할 수 있게 하는 것이다.

넷째는 경험학습인증제를 중심으로 자격제도를 재확립하는 것이다. 경험학습인증제는 일터학습 또는 현장경험을 통해 쌓은 역량을 인정하여 대학에서의 학습 또는 기타의 학습으로 이어지도록 하는 기반을 구축하는 것이다. 경험학습인증 결과는 앞의 전문학위제도와 연계하여 시행할 수 있다. 이를 위해서 「자격기본법」을 경험학습 인정제도를 운영할 수 있도록 개정하고, 경험학습에 대한 성과를 평가인정할 수 있는 시스템을 구축할 필요가 있다. 현행 국가기술자격과 국가자격도 경험학습에 근거하여 운영될 수 있도록 제도개선을 해야 할 것이다. 특히, 교사, 의사 등의 독점적 지위가 부여되는 자격도 경험학습을 반영하여 자격을 갱신할 수 있도록 해야 할 것이다.

　　다섯째 학습복지기금을 마련하는 것이다. 학습복지기금은 아동학습, 고등교육, 근로연령층 역량개발, 경험학습인증제운영 등의 네 영역에 소요되는 재원을 공급하기 위한 것이다. 재원의 조달은 학습자(재직자), 학부모(아동 및 초중등), 기업, 조세(지자체, 중앙정부)가 분담하여 조성하는 것이 필요하다. 그리고 고용보험기금에서 직업능력개발사업의 부분은 학습기금으로 전환하고, 기업의 부담 범위를 재설정할 필요가 있다. 학습복지기금은 지역별로 운영할 수 있도록 관리하여 지역 차원에서 인적자원정책이 진행될 수 있도록 해야 할 것이다.

　　마지막은 학습복지제도의 운영체제를 구축하는 것이다. 학습복지제도 운영체제는 아래에서 논의될 인적자원정책위원회의 하위 기구로 학습복지운영위원회의 명칭으로 구성될 수 있을 것이다. 학습복지위원회는 앞의 다섯 가지 영역 - 아동학습, 고등교육, 근로연령층 역량개발, 경험학습제도, 학습복지기금관리 - 을 주요 임무로 활동할 수 있다.

2. 학습공간(Learning Space) 구축

　　학습공간은 자생적인 인적자원의 역량을 기르는 방식으로 창조공동체로서의 학습 플랫폼이다. 기존의 학교교육에서의 역량을 기르는 방식과는 달리 개인의 창의적 역량을 발휘할 수 있는 공간과 시간의 흐름이 공존하는 곳이다. 학습 플랫폼은 기본적으로 언제든지 누구나 참여하여 창의적 역량을 발휘하는 데 몰입할 수 있는 공간이어야 할 것이다. 이러한 학습공간은 현존하는 교육훈련의 제도적 틀을 벗어나 미래지향적인 역량을 기르고 분출할 수 있는 장이 되도록 하는 것이다. 창작공간, 세대 및 분야 간의 융합, 미래형 장인 육성, 지역발전 기반 등의 네 가지 유형의 관점에서 기획되고 추진할 수 있을 것이다.

　첫째, 창작공간은 다양한 인적 네트워크에 기반을 두는 창조공동체의 특성을 가지도록 구조화하는 것이다. 소위 우수한 재능이 발현될 수 있는 공간을 구축하는 것이다. 창작공간에서는 지식, 창업 및 특허 등의 정보가 공개되고, 기술 또는 노하우가 공유될 수 있게 하는 것이다. 좀 더 수준 높은 창작공간은 창의적인 아이디어를 바탕으로 시제품을 만들기 위해 고급 장비를 활용할 수 있을 뿐만 아니라 크라우드펀딩(crowd funding) 등을 통한 투자재원 조달이 가능하게 하는 것이다. 창작공간은 과학기술원(KIAST, DGIST, GIST, UNIST)와 지역의 폴리텍대학 등에서 구축될 수 있다.

　둘째, 세대 및 분야 간의 융합은 학습공간을 통하여 현재 세대 및 분야 사이의 장벽을 제거하는 전략으로서 역할을 하게 하는 것이다. 이것은 고령화 시대에 은퇴한 고급인적자원의 경험과 역량을 청년 및 중년층과 교류 · 협력을 통하여 활용할 수 있는 길을 모색하는 것이다. 특히 학습공간에서 과학기술계와 경제 · 인문사회계의 분야 간의 협력은 융합적인 지식을 생산할 뿐만 아니라 지식의 활용 기회를 확장할 수 있다. 또한 세대 간 협력으로 마이스터고등학교 또는 특성화고등학교 학생들이 함께 하는 프로젝트를 수행하는 것은 인적자원의 양성의 질적 향상을 도모할 수 있다. 기존의 교사 중심의 지식전달에 의한 직업교육의 한계를 극복하는 토대가 될 수 있다. 나아가 학습공간에서 수행되는 프로젝트에 기업이 참여함에 의해 청년들의 취업과 창업의 기회를 확장할 수 있다.

　셋째, 학습공간은 성찰과 몰입의 삶을 이어갈 수 있게 하는 미래형 장인을 육성하는 장으로서의 기능을 하도록 구축될 수 있다. 우리의 주변에 스스로 끊임없이 탐구하여 자신의 분야에 최고봉에 오른 사람들이 있다. 이들은 스스로 몰입을 즐기면서 자신의 직업(일)의 성취감을 즐기는 사람이다. 학습공간이 추구하는 전략은 이들의 성찰적 자세의 장인정신의 특성을 살릴 수 있는 공간으로 확장하는 것이다. 학습공간은 다른 사람과 협력을 통하여 최고의 경지를 지향하는 미래형 학습의 장을 만드는 것이다. 학령인구가 급격하게 감소하는 시기에 지역에 소재한 대학들 중에 장인대학으로 재탄생하는 것을 검토할 수 있다.

334 Chapter 11 미래의 인적자원정책

넷째, 학습공간은 지역단위에서 지역의 특성에 부합하도록 구축되어야 한다. 학습공간에서의 추진되는 프로젝트들이 지역의 특성을 반영하게 하고, 나아가 지역의 문제를 해결할 수 있도록 구체화하는 것이다. 지역의 인적자원 수요에 상응하는 지식을 생산하고 지역민과 함께 문제를 해결하는 것이다. 이 또한 지방대학의 지역별 특성화 전략의 일환으로 추진될 수 있다.

이상 네 가지 유형의 학습공간은 지역의 특성을 반영하도록 추진될 필요가 있다. 공통적인 것은 학습공간이 지식의 생산과 활용의 공간으로서 기능을 확립하는 것이다. 학습공간의 역할은 기존의 교육에서 인력양성, 특히 직업교육에 의한 인력양성의 질적 수준을 향상시킴에 의해 최근 신산업 분야에서 요구되는 역량을 확충할 수 있도록 하는 것이다.

3. 정책의 총괄·조정 체제 구축

앞의 여러 곳에서 논의된 바와 같이 인적자원정책은 여러 분야의 정책과 연관되어 정부의 여러 부처에서 추진되고 있다. 그리고 인적자원정책은 개인의 생애주기와 관련되는 장기적인 관점을 필요로 한다. 또한 인적자원정책이 여러 부처에 산재하다 보니 디지털 전환 기반 비대면 시대에 대응하는 정부의 정책에 있어서 중장기적 관점이 고려되지 못하고 있다. 앞 장의 [그림 10-3]에서 살펴본 바와 같이 최근 정부의 핵심적인 정책인 뉴딜 정책과 일자리정책에서 인적자원이 정책의 중요한 기반임에도 불구하고 이에 대한 종합적인 그림이 없다. 이러한 점을 고려하여 정책의 총괄·조정 기반은 다음 네 가지를 핵심으로 확립될 수 있다.

첫째, 인적자원정책위원회와 실무위원회를 실효적으로 가동하는 것이다. 현재 「인적자원개발기본법」의 제7조에 국가인적자원위원회를 규정하고 있지만 그 운영은 중단되어 있는 상태이다. 인적자원정책의 기획과 총괄·조정할 수 있는 실체는 제10장의 [그림 10-2]와 같은 구조로 대통령이 의장이 되는 위원회를 구성하는 것이다. 인적자원정책위원회는 대통령 직속기구로 설치하고 정책을 기획하고 점검 및 평가하는 것과 관련한 의사결정을 할 수 있어야 한다. 실무위원회는 부처의 관계자와 관련분야 전문가들로 구성하되 인적자원정책위원회의 하위 조직으로 운영할 필요가 있다.

둘째, 인적자원정책에 대한 전문성을 확립하는 것이다. 정책을 기획하고 총괄·조정하기 위한 전문적인 역량을 창출하고, 관련 정보를 수집·분석하는 기능을 확립하는 것이다. 그것은 「인적자원개발기본법」에 규정하고 있는 바에 따라 협력망과 평가지원센터를 설치하여 운영하는 것을 고려할 수 있다. 중요한 것은 협력망과 지원센터의 전문성을 갖춘 싱크탱크 기능으로 위상을 갖추는 것이다. 협력망은 여러 정책 영역별 전문가들이 참여하는 유연하게 전문성을 결집할 수 있도록 전문가 네트워크를 바탕으로 운영하는 것이다. 그리고 지원센터는 협력망을 운영하는 것 이외에 정책을 분석하고 기획하는 싱크탱크 조직이 되어야 한다. 지원센터는 국가인적자원위원회 내의 상시의 지속적인 조직으로 운영할 필요가 있다.

셋째, 중·장기 전략계획을 수립하는 것이다. 현행 「인적자원개발기본법」 제5조가 정하고 있는 5년 단위 기본계획과 연도별 시행계획의 수립을 10년 단위의 중장기 계획을 바탕으로 탄력적으로 연동계획을 수립하여 장기계획을 상시적으로 수정 보완할 필요가 있다. 왜냐하면 디지털 전환의 비대면 시대에는 정책 환경이 빠르게 변화하는 데에 대응할 필요가 있기 때문이다. 중장기 전략계획의 수립에는 여러 부처에 산재한 정책들이 종합적으로 고려되어야 한다. 이를 위해서 매년 관련 부처에서 인적자원에 관한 추진계획을 수립하여 인적자원정책위원회에 보고하고, 이들 정책의 장기 추진 과정에 대한 분석 결과들이 중장기 계획에 반영되도록 하는 것이다. 중장기 전략계획의 수립과정은 인적자원정책의 기획단계에서 총괄·조정을 하는 것이다.

넷째, 전략계획과 전략계획에 포함된 분야별 정책과 관련한 추진 상황을 점검하고 평가하는 것이다. 인적자원정책의 점검·평가는 정책의 집행 결과에 대한 성과를 확인하는 것이다. 전략계획에 포함된 주요 분야별 정책의 추진에 대해 연도별 추진 실태를 점검·평가하여 정책 정보를 축적하고, 그 결과를 바탕으로 여러 관련 정책들을 인적자원의 관점에서 총괄·조정할 수 있어야 한다. 이것은 정책의 집행 단계에서의 총괄·조정이다.

이상의 인적자원정책의 추진체제는 「인적자원개발기본법」이 규정하고 있는 것보다 진전된 것이다. 특별히 정책 추진에 있어서 정책을 분석하고 기획할 수 있는 전문성을 강화하는 것이 그 요체이다. 미래의 인적자원정책이 새로운 위상을 갖추기 위해서는 법의 개정이 요구된다.

4. 정책 인프라 구축

인적자원정책은 추진 조직 또는 주친 주체를 설치하는 것 이외에 실제로 정책을 추진할 수 있는 근거와 전문성을 확립하는 것도 중요하다. 정책의 추진체계는 앞에서 살펴본 바와 같이 기존의 정부부처에서 분야별 정책들과는 다른 구조이므로 정치적 의사결정을 필요로 한다. 반면 전문성의 확립은 전문가들의 집단지성과 지속적인 정책분석과 관련 정보를 축적하는 것이다. 이러한 점에서 인적자원정책을 추진하기 위한 인프라는 법에 근거한 제도적 인프라와 정보인프라의 두 축에서 확립되는 것이 중요하다.

먼저 제도적 인프라는 현행 「인적자원개발기본법」을 재확립하는 것이다. 현행법은 인적자원정책의 큰 줄기가 '인적자원개발'이라는 용어에서와 같이 교육과 노동시장에서 역량을 양성·활용하는 것에 집중되어 있어서 인적자원의 생애 모든 단계를 고려하지 못하고 있다. 또한 5년 단위의 기본계획과 정책의 평가와의 관계가 분명하지 않다. 그리고 동 법에서 규정하고 있는 국가인적자원위원회의 운영이 교육부가 중심이 되도록 하고 있다. 하지만 미래의 인적자원정책은 인적자원의 양성뿐만 아니라 활용과 삶의 질에 대한 것도 중요하게 고려해야 하므로 특정 정부부처가 중심이 되어 인적자원정책을 주도할 수 없는 정책 환경에 직면하고 있다.

따라서 미래 인적자원정책의 추진 주체는 개별 정부부처가 아닌 대통령 직속의 위원회로 하거나 또는 국무총리실의 특별 정책수행 부서로 확립될 필요가 있다. 이러한 점을 고려하여 현재의 「인적자원개발기본법」은 '인적자원기본법' 정도로 명칭을 변경하여 중장기 전략계획수립, 국가인적자원위원회, 정책 평가 등의 내용을 개정하고, 특히 협력망을 전문가의 집단 지성을 결집하는 기능으로, 그리고 지원센터를 정보의 분석과 정책기획의 전문성을 위한 장기지속적인 조직으로 개정하는 정비가 필요하다. 미래의 인적자원정책을 위한 법은 역량의 관점을 인적 역량, 사회적 역량, 민주시민 역량의 세 영역을 고루 반영하면서 사람의 생애 단계를 모두 고려하는 양성, 활용, 삶의 질 등을 법의 내용으로 균형 있게 포괄할 수 있어야 한다.

다음 정보인프라의 정비는 인적자원정책에 대한 전문성을 확립하는 토대가 되도록 하기 위한 것이다. 인적자원정책을 위한 정보인프라는 정보의 생성과 분석을 통계정보와 정책정보로 구분하는 것이 중요하다. 통계정보는 기존의 통계정보에 대한 분석기능 이외에 기술과 관련한 통계와 산업에서의 인적자원수요에 대한 신규통계를 생산할 수 있어야 한다. 인적자원과 관련한 통계의 종합적 분석 및 관리하는 내용을 법 개정에서 구체화 할 필요가 있다. 특히 정보의 분석기능은 거시경제모형과 인력수급전망모형을 결합하는 중장기 경제·사회 변화를 예측하는 시스템 구축을 필요로 한다.

또한 정책분석은 여러 부처에 산재한 정책들을 주기적으로 수집·분석하여 정책의 기획과 평가를 위한 기초정보를 제공할 수 있도록 하는 것이다. 이를 위해 인적자원분야의 정책 분류체계를 마련하고, 정책의 집행에 투입된 예산, 인력, 기타 자원 등을 체계적으로 정리된 데이터베이스가 구축되어야 한다. 또한 수집된 기초자료를 가공·분석한 2차 정보를 생산할 수 있어야 한다. 이러한 분석된 정보는 인적자원정책과 관련한 의사결정을 하는 토대가 될 수 있다.

이와 같은 통계정보와 정책정보의 수집·분석을 위해서는 높은 수준의 전문성이 요구된다. 따라서 미래의 인적자원을 전망하고 관련정책을 분석하는 상시적인 조직을 필요로 한다. 또한 조직의 역량도 국가 차원의 싱크탱크 조직으로서의 위상을 갖출 필요가 있다.

찾아보기(인명)

찾아보기(사항)

강용수(2015), "쇼펜하우어의 행복론 – 의지의 지향성과 고통의 개념을 중심으로
　　–", 『철학탐구』 제40집, 149－180.

고영준(2010), "실천적 개념으로서의 역량", 『역량기반교육 – 새로운 과학을 위한
　　서설』, 서울대학교 BK21 핵심역량 연구센터, 교육과학사, 113－139.

곽현근(2020), "왜 숙의 민주주의인가?", 제20차 공공리더십 세미나 자료집, 한국행
　　정연구원.

고용노동부, 「고용형태별근로실태조사」(KOSIS에서 2021년 7월 9일 인출).

교육부·한국교육개발원, 교육통계연보.

구성열(1996), 『인구경제론』, 박영사.

권대봉(2003), 『인적자원개발의 개념 변천과 이론에 대한 종합적 고찰』, 서울: 민원
　　사.

권대봉·현영섭·정은정·장은하·우성화(2016), 『지역인적자원개발 정책 활성화 방
　　안 연구』, 고려대학교 HRD 정책연구소.

권태환·김두섭(2002), 『인구의 이해』, 서울대학교출판부.

권헌익(2012), 학살, 그 이후: 1968년 베트남전 희생자들을 위한 추모의 인류학, 유
　　강은 옮김, Archieve.

김광연(2019), "아리스토텔레스의 행복론과 외부적 좋음 – 한국사회에서의 행복의
　　기준과 덕의 실천 –", 『철학논총』 제97집 제3권, 새한철학회 논집.

김남옥·유승호·김문조·장안식·석혜승(2017), "마이너리티 차별과 인정 갈등: 서
　　울시 자치구 비교를 중심으로", 『사회사상과 문화』 20권 2호, pp. 209－250.

김대오(2000), "아리스토텔레스의 행복론", 『서양고전학연구』, 한국서양고전학회.

김봉환·정철영·김병석(2006), 『학교진로상담』, 학지사.

김영례(2020), "칸트 인식론에서 언어와 마음 – 초월적 언어학과 초월적 심리학
　　–", 『철학논총』, 제102집, 제4권.

김진아(2020), "스토아철학 행복론의 철학상담적 함의: hegemonikon을 중심으로",
　　『생명연구』 제57집, 1－15.

김충기(2004), 『미래사회와 진로선택』, 한국학술정보[주].

김형만(2014), 해외 국가자격체계(NQF) 구축 동향, 『HRD Review』, 16권 3호, 한국
　직업능력개발원.

김형만(2005), "제2장 인적자원정책의 전개", 『한국의 인적자원: 도전과 새 패러다
　임』, 김장호 편저, 법문사.

김형만(1999), "근로자 숙련형성을 위한 기업의 훈련 선택," 『직업능력개발연구』,
　제2권, 한국직업능력개발원, 99－125.

김형만·강경종·윤여인(2007), 『인적자원 관련 기본계획 분석 연구』, 교육인적자원
　부.

김형만·강홍렬·김창환·김영생·한애리·김호진(2017), 『제4차 산업혁명 시대의
　지역인적자원개발』, 한국직업능력개발원.

김형만·반가운·양정승·윤여인·정택수(2014), 『국가숙련전망조사(2014)』, 한국직
　업능력개발원.

김형만 외(2005), 『제2차 국가인적자원개발기본계획 수립 추진 연구 － 인적자원정
　책 추진 전략보고서 －』, 교육부·한국직업능력개발원.

김형만·장원섭·황승록(2014), 『인적자원정책 인프라 진단 및 정비 방안』, 한국직
　업능력개발원.

김형만·최영섭·노대명(2018), 『사회정책 추진체제 구축 연구』, 한국직업능력개발
　원.

김호균(2015), 『경제정책론』, 정목출판사.

김홍규(2012), "과학기술인력양성정책의 변화와 시사점", 『경영사학』 제27집 제2호,
　(사)한국경영사학회.

나리타 마미·장은영(2020), 한국에 거주하는 일본인 결혼이주여성의 마이크로어그
　레이션 경험에 관한 연구, 다문화교육연구, Vol.13. No.4, pp. 75－101.

남상호(2018), 『재원조달 방안별 복지지출의 파급효과 분석』, 한국보건사회연구원.

남상호 외(2015), 『빈곤과 불평등 분석을 위한 한국의 동태적 연산가능 일반균형
　(CGE) 모형 개발』, 경제·인문사회연구회.

남성일(2017), 『쉬운 노동경제학』, 자유와창의교육원/박영사.

남유진(2016), 『평생학습 맥락에서의 직업경험 인정과 고등교육 접근성의 변화에
　관한 연구』, 교육학석사학위논문, 서울대학교.

대한민국정부(2015), 제3차 저출산·고령사회 기본계획.

대한민국정부(2005), 인재강국코리아(Creative Korea) 제2차 국가인적자원개발기본
　계획.

대한민국정부(2001), 사람, 지식, 그리고 도약, 국가인적자원개발기본계획.

데이비드 애쉬톤·조니 성(2003), 『고성과작업과 작업장학습』, 이호창·안정화 옮김, 한국노동교육원.

류지한·장혜정(2018), "에피쿠로스의 쾌락주의 행복론에 관한 비판적 고찰: 쾌락과 행복의 관계 및 쾌락의 최고선론을 중심으로", 『철학논총』 제94집 제4권, 151－169.

문용린 외(2010), "개인의 역량 측정을 위한 다중지능 하위요소의 재분석", 『역량기반교육 － 새로운 과학을 위한 서설』, 서울대학교 BK21 핵심역량 연구센터, 교육과학사, 267－296.

문장수(2020), "피아제의 발생학적 인식론에 의한 칸트 수학철학 비판", 『철학연구』, 제62집, 고려대학교 철학연구소.

민황기(2019), "유학사상에 있어서의 도덕적 행복론과 인간존재", 『동서철학연구』 제91호, 59－82.

박경호·김창환·남궁지영·백승주·양희준·김성식·김위정·하봉운(2017), 『교육격차 실태 종합분석』, 한국교육개발원.

박세일(2008), "공동체자유주의: 이념과 정책", 『공동체자유주의』, 박세일·나성린·신도철 공편, pp.219－278.

박추환(2015), 『신 경제정책론』, 율곡출판사.

박호성(2014), 『공동체론: 화해와 통합의 사회·정치적 기초』, 효형출판.

박효종(2008), "공동체주의에 대한 성찰", 『공동체자유주의』, 박세일·나성린·신도철 공편, pp.125－174.

백지연(2018), 『경력개발전략 － 이론과 실제 －』, 학지사.

법무부, 『출입국·외국인정책 통계월보』.

변양균(2017), 『경제철학의 전환』, 바다출판사.

성신형(2013), "공리주의 행복론에 대한 기독교 사회 윤리학적 접근 － 행복의 공공성에 대한 이해를 중심으로 －", 『기독사회윤리』 제25집. 67－90.

소경희(2010), "역량기반 교육의 교육과정사적 기반 및 자유교육적 성격 탐색", 『역량기반교육 － 새로운 과학을 위한 서설』, 서울대학교 BK21 핵심역량 연구센터, 교육과학사, 173－191.

송경영(2015), 『평생학습사회를 위한 평생교육의 이해』, 교육아카데미.

신석하(2005), 거시경제량모형을 이용한 외생적 와인의 경제적 파급효과 분석, 한국개발연구원.

신태영·박영무(1998), 『거시계량모형을 이용한 연구개발투자의 정책효과 분석』, 과학기술정책연구원.

신춘호(2010), "심성함양과 역량계발: 교육이론의 성격", 『역량기반교육 – 새로운 과학을 위한 서설』, 서울대학교 BK21 핵심역량 연구센터, 교육과학사, 99 – 111.

안국신(1995), 『현대 거시경제학』, 박영사.

안병영·정무권·신동면·양재진(2018), 『복지국가와 사회복지정책』, 다산출판사.

애덤 스미스(2016), 『도덕감정론』, 박세일·민경국 공역, 비봉출판사.

애덤 스미스(2007), 『국부론』, 김수행 역, 비봉출판사.

오계택·조성재·김동배·노용진·임주환·이문호·정승국(2018), 『일터혁신의 정책 과제』, 한국노동연구원.

오헌석(2010), "역량중심 인적자원개발의 비판과 쟁점 분석", 『역량기반교육 – 새로운 과학을 위한 서설』, 서울대학교 BK21 핵심역량 연구센터, 교육과학사, 35 – 56.

오호영(2005), "제1장 인적자원의 구조와 특성", 『한국의 인적자원: 도전과 새 패러다임』, 김장호 편저, 법문사.

우천식 외(2007), 『선진한국을 위한 정책방향과 과제: 6대 전략분야를 중심으로』, KDI.

위키백과(ko.wikipedia; 2020년 11월 10일 인출).

유병로·조현구(2013), "환경갈등 완화를 위한 환경영향평가제도 역할 연구: 정보비 대칭성을 중심으로", 『한국행정논집』 제25권 제3호.

윤순진(2004), "환경갈등의 예방완화해소를 위한 환경영향평가제도 개선방안 – 시민참여적 사회영향평가의 제도화를 중심으로", 『한국사회와 행정연구』 제15권 제1호, 서울행정학회.

윤인주·김예승(2015), "소득수준과 환경불평등 간의 관계에 관한 연구", 『분쟁해결 연구』, 제13권 제2호.

윤자영(2020), "여성 임금 근로자의 직장 내 성차별 인식에 관한 연구 – 기업 특성과 고용형태를 중심으로", 『페미니즘연구』, 20(1), 37 – 81.

윤정일(2010), "인간 능력으로서의 역량에 대한 고찰: 역량의 특성과 차원", 『역량 기반교육 – 새로운 과학을 위한 서설』, 서울대학교 BK21 핵심역량 연구센터, 교육과학사, 13 – 34.

은재호 외(2016), 『재난갈등의 원인과 해법공동체경제를 위하여』, 한국행정연구원.

이근식(2008), "자유주의란 무엇인가", 『공동체자유주의』, 박세일·나성린 ·신도철 공편, pp.25-51.

이돈희(2020), 『존 듀이와 함께한 질성적 사고와 교육적 경험』, 학지사.

이병준·김태준·송진휘·박응희(2008), 민주시민교육 핵심역량 실천모형 개발연구, 민주화운동기념사업회.

이상돈·황규희·유한구·전재식·민주홍·윤여인·김민경(2008), 『중장기 인력수급 전망모형 개발 및 인프라 확충』, 교육과학기술부.

이상일(2002), 『인력예측모형의 국제비교』, 한국노동연구원.

이상형(2017), "의사결정의 세 가지 모델", 『철학연구』 제144집, 대한철학회논문집.

이쌍철·허은정·이호준(2020), "학생 시민의식에 영향을 주는 요인 분석", 『교육행정학연구』, 제38권, 제1호, pp.53-78.

이우성 외(2012), 『연구개발투자의 경제적 효과 평가 및 예측모형 개발』, 과학기술정책연구원.

이은미(2010), "듀이의 경험 개념에 비추어 본 역량의 총체성", 『역량기반교육 - 새로운 과학을 위한 서설』, 서울대학교 BK21 핵심역량 연구센터, 교육과학사, 157-169.

이인회(2008), "환경불평등에 관한 이론적 고찰: 환경정의 연구의 연구쟁점과 연구 경향", 『공간과 사회』, 통권 제29호.

이종재·송경호(2007), "핵심역량 개발과 마음의 계발: 중용(中庸)의 관점", 『역량기반교육 - 새로운 과학을 위한 서설』, 서울대학교 BK21 핵심역량 연구센터, 교육과학사, 73-95.

이진면·최용재·변창욱·이상호(2008), 『산업별 고용전망 계량모형에 관한 조사연구』, 한국고용정보원.

이현림(2007), 『진로상담』, 양서원.

이현우(2012), 참여민주주의 모델의 대안적 구상: 선택대표자의 개념을 중심으로, 『한국정당학회보』, 제11권 제3호, 69-92.

이호영·서우석(2010), "디지털 시대의 문화자본과 불평등", 『문화정책논총』, 문화관광연구원.

장석민·정태화(1998), "직업기술교육", 『교육 50년사』, 교육부.

장원섭(2011), 『인적자원개발: 이론과 실천』, 학지사.

장원섭(2015), 『장인의 탄생』, 학지사.

장원섭·장지현·김민영(2015), 『함께 배우기 일터학습』, 교문사.

장홍근·조성재·박명준·이영호·이호창(2012), 『일터혁신 지원사업의 평가와 발전

방안』, 한국노동연구원.

전재식 외(2019), 『일과 학습의 미래』, 경제인문사회연구회.

정경희·김경래·서제희·유재언·이선희·김현정(2018),『죽음의 질 제고를 통한 노년기 존엄성 확보 방안』, 한국보건사회연구원.

정지범(2013), 『재난상황에서 발생하는 갈등의현황과 대응 전략 마련』, 한국행정연구원.

정진우(2013), "스토아주의와 붓다의 행복론",『동서철학연구』제70호, 한국동서철학회 논문집.

정택수(2008), 『직업능력개발제도 변천사』, 한국직업능력개발원.

정택수(2005), "제5장 직업훈련",『한국의 인적자원: 도전과 새 패러다임』, 김장호 편저, 법문사.

조경엽·김창배·장경호(2010). KERI 2010 한국경제 거시계량 모형, 한국경제연구원.

조순경·김선욱·정경아·정형옥·한승희(2002),『간접차별 판단 기준을 위한 연구』, 노동부.

존 스튜어트 밀(2020),『공리주의』, 이종인 옮김, 현대지성.

존 스튜어트 밀(2018),『자유론』, 박문재 옮김, 현대지성.

칼 마르크스(1987),『자본론』, 김영민 옮김, 이론과 실천.

피터 그레이(2015),『언스쿨링』, 황기우 교수 역, 박영 story.

통계청, 인구총조사.

통계청, 경제활동인구조사.

통계청(2019.12),『장래인구추계』, 통계정보보고서.

채종헌·최호진·이재호(2018),『재난 불평등 해소와 사회통합 전략에 관한 연구』, 한국행정연구원.

최동락(2011), "사서에서 본 마음 수양에 관한 소고",『동양고전연구』, 제42집. 233－267.

최숙영(2018), "제4차 산업혁명 시대의 디지털 역량에 관한 고찰", 한국컴퓨터교육학회 논문지 제21권 제5호.

하유진(2016), "불교의 행복론 － 열반을 중심으로", 동계학술발표회.

한국은행(각 연도), 국민계정.

한국은행(2005),『한국은행 분기 거시계량경제모형 재구축』, 한국은행.

한승희(2010), "역량은 상품화된 인간능력이다",『역량기반교육－새로운 과학을 위한 서설』, 서울대학교 BK21 핵심역량 연구센터, 교육과학사, 57－72.

활성(2017), 『참선과 팔정도』, 엮은이 김용호, 고요한소리.

활성(2016), 『불교의 시작과 끝 - 사성제의 짜임새』, 엮은이 김용호, 고요한소리.

활성(2015), 『지식과 지혜』, 엮은이 김용호, 고요한소리.

황경식(2020), 『존 롤스 정의론』, 쌤앤파커스.

홍윤경(2010), "삶의 총체적 능력으로서의 역량: '아레테'의 개념을 중심으로", 『역량기반교육 - 새로운 과학을 위한 서설』, 서울대학교 BK21 핵심역량 연구센터, 교육과학사, 141 - 155.

Becker, Gary S.(1993), *Human Capital: A Theoretical and Empirical Analysis, with special Reference to Education*, Third Education, The University of Chicago Press.

Bjørnåvold, Jens and Mike Coles (2010), Added Value of National Qualifications Frameworks in Implementing the EQF, *European Qualifications Framework Series: Note 2*, Luxembourg: Publications Office of the European Union.

Bobbit, F.(1918), *The Curriculum*. Boston: Houghton Mifflin.

Bourdieu, P. (1979), Les Trois états du capital curtural", Actes de la recherche en sciences sociales, No. 30 (L'institution soclaire"), pp.s.3 - 6.

Bourdieu, P. (1984), Distinction: A Social Critique of the Judgement of Taste, London: Routledge & Kegan Paul.

Bourdieu, P. (1985), The Forms of Capital, In J. E. Richardson (ed), Handbook of Theory of Research for the Sociology of Education, Greenwood Press, New York, pp.241 - 258.

Boyatzis, A. R. (1982), *The Competent manager: A model for effective perform - ance*, New York: J. Wiley.

Cain, G. G.(1976), The challenge of segmented labor market theories to orthodox theory: a survey, *Journal of Economic Literature*, 14(4), 1215 - 1257.

Cheetham, G & G. Chivers(1998), The reflective (and competent) practitioner: a model of professional competence which seeks to harmonies the reflective practitioner and competence - based approaches, *Journal of European Industrial Training*, 22(7), 267 - 276.

Chiang, Alpha C.(1984), Fundamental Methods of Mathematical Economic, Third Edition, McGraw - Hill Book Company.

Chomsky, N. (1968), *Language and Mind*, New York: Harcourt Brace.

Coleman, J.(1988), "Social Capital in the Creation of Human Capital", American Journal of Sociology, Vol. 94, Supplement: Organizations and Institutions: Sociological and Economic Approaches to the Analysis of Social Structure, pp. S95−S120.

Dewey, J.(1966), *Democracy and Education*. New York: Free Press(Originally published 1915)

Durkheim, Emile(1984), *The Division of Labor in Society*, With an introduction by Lewis A. Coser(1984), Translated by W. D. Halls, The Free Press.

European Parliament and Council (2008), Recommendation of the European Parliament and Council of 23 April 2008 on the establishment of the European Qualifications Framework for life long learning, 2008/C 111/01. *Official Journal of the European Union*, 6 May.

Fukuyama, F.(1995), Trust: The Social Vitues and the Creation of Prosperity, The Free Press, New York.

Fukuyama, F.(1999), *The Great Disruption: Human Nature and the Reconstitution of Social Order*, The Free Press, New York.

Giddens, A.(1998), *The Third Way*, Cambridge: Polity Press.

Glaeser, E. L.(2001), "The Formation of Social Capital", in J. F. Helliwell(ed), *The contribution of Human and Social Capital to Sustained Economic Growth and Well−being: International Symposium Report*, Human Resources Development Canada and OECD.

Kim, Woohee(2021), "Breaking the silence and inspiring activism on Japanese military sesual slavery: Legace of Kim Hak−soon (1924−97)." In Jurlinal Dresvina (Ed.), Thanks for trying: Remembering forgotten women in history, Bloomsburty.

Kim, Woohee(2019), *Learning to Resist: An Exploration of How Korean Youth Activists' Educational Experiences Shape their Activist Journeys*. University of Oxford (master's thesis).

Kim, Woohee(2018), Youth activism, resistance, and collective dreaming: Trans−border pedagogies of 저항 − resistance between youth activists in South Korea and the U.S., Colgate University (B. A. thesis).

Krugman, Paul(1994), "The Myth of Asia's Miracle", *Foreign Affairs*, Vol.73 No.6, pp.62−78.

Lau, Lawrence J.(1996), "The prospects for East Asian Economic Growth: Implications from the Global Experience", *Working paper*, CA: Stanford University.

Layard, Richard and George Psacharopoulos(1974), "The Screening Hypothesis and the returns to Education," *Journal of Political Economy*, Vol.82, No.5, pp.985−998.

Lucas, Robert E,(1988), "On the Mechanics of Economic Development," *Journal of Monetary Economics*, Vol.22, pp.3−42.

Mackinsey & Company (2018), *The skilling challenge*, McKinsey & Company.

McCleland, D. C. (1973), Testing for competence rather than for "intelligence", American Psychologist, 28(1), 1−14.

McConnell, Campbell R., Stanley L. Brue and David A Macpherson (2006), *CONTEMPORARY Labor Economic*, McGraw−Hill Irwin.

MeLeod, Saul(2018), *Jean Piaget's Theory of Cognitive Development*. (https://www.simplypshchology.org/piaget.htmal)

Mincer, J.(1962), On−the−Job Training: Costs Returns and Some Implications, Journal of Political Economy Vol.70, No.5, pp.50−79.

Mincer, J.(1974), Schooling, experience and earning, New York; NBER.

OECD(2001), *The Well−being of Nations: THE ROLE OF HUMAN AND SOCIAL CAPITAL*, OECD Publishing, Paris.

OECD(2002), Definition and Selection of Competences(DECO): Theoretical and Conceptual Foundations, DELSA/ED/CERI/CD.

OECD(2005), *Extending Opportunities: HOW ACTIVE SOCIAL POLICY CAN BENEFIT US ALL*, OECD in Paris.

OECD (2007), *Qualifications Systems: Bridges to Lifelong Learning*, OECD, in Paris.

OECD(2012), OECD *Environmental Outlook to 2050*, OECD Publishing, Paris.

OECD(2014), *Skills beyond School: Synthesis Report*, OECD Reviews of Vocational Education and Training, OECD Publishing.

OECD(2014a), Report on OECD framework for inclusive grow the, Paris: OECD.

OECD(2015), *How's Life? 2015: MEASURING WELL—BEING*, OECD Publishing in Paris.

OECD(2016), *The Survey of Adult Skills: Reader's Companion*, Second Education, OECD Skills Studies, OECD Publishing, Paris.

OECD(2016a), *The Productivity—inclusiveness Nexus*, OECD Publishing, Paris.

OECD(2017), *Educational Opportunity for all: Overcoming Inequality throughout the Life Course*, OECD Publishing, Paris.

OECD(2018a), *OECD Compendium of Productivity Indicators 2018*, OECD Publishing, Paris.

OECD(2018b), OECD *Economic Survey Korea: Korea 2018*, OECD Publishing, Paris.

OECD(2019), *Measuring Distance to the SDG Targets 2019: AN ASSESSMENT OF WHERE OECD COUNTRIES STAND*, OECD Publishing, Paris.

OECD(2020), Education at a glance 2020, OECD Indicators, OECD Publishing, Paris.

Paniagua, A. and D. Istance(2018), *Teachers as Designers of Learning Environments: The Importance of Innovative Pedagogies*, Educational Research and Innovation, OECD Publishing, Paris.

Peterson, R. A. & R, Kern(1996), "Changing highbrow taste", *American Sociological Review* 61: 900—907.

Putnam, R. (1993), Making Democracy Work: Civic Tradition in Modern Italy, Princeton University Press, New Jersey.

Raffe, David (2012), *Qualification Systems: rides to Lifelong Learning*, OECD, in Paris.

Romer, David(1996), *Advanced Macroeconomics*, McGRAW—HILL INTERNATIONAL EDITIONS, Economic Series.

Romer, Paul M.(1990), "Endogenous Technological Change," *Journal of Political Economy*, pp.s71-s102.

Romer, Paul M.(1986), "Increasing Returns and Long Run Growth," *Journal of Political Economy*, pp.1002—1037.

Scrivens, Katherine and Conal Smith(2013), Four Interpretations of Social Capital: An Agenda for Measurement, *OECD Statistics Working Papers* No 55, OECD.

Spencer, L. & Spencer, S. (1993), *Competence at work: Model for superior per—formance*, New York: John Wiley & Sons, Inc.

Sattinger, M. (1980), Capital and the Distribution of Labor Earnings, Amsterdam: North—Holland.

Schumpter, Joseph A.(1942), Capitalism, Socialism and Democracy, Introduction by Richard Swedbeg. Routledge.

Sopegina, V. T, Chapaev, N.K & Simonova, M. V. (2016), Integration of Pedagogical and Technological Knowledge in Forming Meta—Competence of a Modern Worker. *International journal of Environmental & Scoence Education.* 11(15), 7836—7846.

Taylor, F.(1911), *The principles of scientific management*, New York: Harper & Brothers.

Williamson, Oliver E.(1985), *The Economic Institutions of Capital*, Free Press, A Division of Macmillan, Inc.

White, R. (1959), Motivation reconsidered: The concept of competence, *Psychological Review*, 66, 279—333.

Woolcock, M.(1998), "Social Capital and Economic Development: Towards a Theoretical Synthesis and Policy Framework." *Theory and Society* 27, pp. 151—208.

Young, A.(1995), "The Tyranny of Numbers: Confornting the Statistical Realities of East Asian Growth Experience", *The Quarterly Journal of Economic*, Vol.110 No.3, pp.641—680.

김형만

서강대학교에서 경제학 박사학위를 받았다. 한국직업능력개발원에서 23년(1997~2020)간 재직하였고, 연세대학교 대학원에서 강의하였다. 현재 한국직업능력개발원에서 은퇴하고 고려대학교 세종 분교에서 강의하고 있다. 인적자원협력망 운영위원, 저출산고령사회위원회 위원, 대학구조개혁위원회 위원, 정부정책평가 전문위원, 한국폴리텍대학 비상임이사 등의 정부정책에 참여하였다. 저서는 국가인적자원개발기본계획수립 연구, 자격기본계획수립 연구, 국가중장기전략(교육인력분야) 수립 연구, 사회정책추진체제 구축 연구, 인적자원정책 인프라 정비방안 연구 등의 다수 정책연구가 있다.

인적자원이론과 정책

초판발행   2021년 8월 20일

지은이   김형만
펴낸이   안종만 · 안상준

편 집   전채린
기획/마케팅   오치웅
표지디자인   이미연
제 작   고철민 · 조영환

펴낸곳   (주) 박영사
             서울특별시 금천구 가산디지털2로 53, 210호(가산동, 한라시그마밸리)
             등록 1959. 3. 11. 제300-1959-1호(倫)

전 화   02)733-6771
f a x   02)736-4818
e-mail   pys@pybook.co.kr
homepage   www.pybook.co.kr
ISBN   979-11-303-1353-5   93320

정 가   23,000원